Vamık D. Volkan
Das Versagen der Diplomatie

Das Anliegen der Buchreihe BIBLIOTHEK DER PSYCHOANALYSE besteht darin, ein Forum der Auseinandersetzung zu schaffen, das der Psychoanalyse als Grundlagenwissenschaft, als Human- und Kulturwissenschaft und als klinische Theorie und Praxis neue Impulse verleiht. Die verschiedenen Strömungen innerhalb der Psychoanalyse sollen zu Wort kommen, und der kritische Dialog mit den Nachbarwissenschaften soll intensiviert werden. Bislang haben sich folgende Themenschwerpunkte herauskristallisiert:

Die *Wiederentdeckung lange vergriffener Klassiker der Psychoanalyse* – wie beispielsweise die Werke von Otto Fenichel, Karl Abraham und Otto Rank – soll die gemeinsamen Wurzeln der von Zersplitterung bedrohten psychoanalytischen Bewegung stärken. Einen weiteren Baustein psychoanalytischer Identität bildet die *Beschäftigung mit dem Werk und der Person Sigmund Freuds und den Diskussionen und Konflikten in der Frühgeschichte der psychoanalytischen Bewegung.*

Im Zuge ihrer Etablierung als medizinisch-psychologisches Heilverfahren hat die Psychoanalyse ihre geisteswissenschaftlichen, kulturanalytischen und politischen Ansätze vernachlässigt. Indem der *Dialog mit den Nachbarwissenschaften* wiederaufgenommen wird, soll das kultur- und gesellschaftskritische Erbe der Psychoanalyse wiederbelebt und weiterentwickelt werden.

Stärker als früher steht die Psychoanalyse in Konkurrenz zu benachbarten Psychotherapieverfahren und der biologischen Psychiatrie. Als das anspruchsvollste unter den psychotherapeutischen Verfahren sollte sich die Psychoanalyse der *Überprüfung ihrer Verfahrensweisen* und ihrer Therapie-Erfolge durch die empirischen Wissenschaften stellen, aber auch eigene Kriterien und Konzepte zur Erfolgskontrolle entwickeln. In diesen Zusammenhang gehört auch die Wiederaufnahme der Diskussion über den besonderen *wissenschaftstheoretischen Status der Psychoanalyse.*

Hundert Jahre nach ihrer Schöpfung durch Sigmund Freud sieht sich die Psychoanalyse vor neue Herausforderungen gestellt, die sie nur bewältigen kann, wenn sie sich auf ihr kritisches Potential besinnt.

BIBLIOTHEK DER PSYCHOANALYSE
HERAUSGEGEBEN VON HANS-JÜRGEN WIRTH

Vamık D. Volkan

Das Versagen der Diplomatie

Zur Psychoanalyse nationaler, ethnischer und religiöser Konflikte

Aus dem Amerikanischen übersetzt
von Anni Pott

Psychosozial-Verlag

Die Deutsche Bibliothek - CIP-Einheitsaufnahme

Volkan, Vamik D.:
Das Versagen der Diplomatie : zur Psychoanalyse nationaler,
ethnischer und religiöser Konflikte / Vamik D. Volkan.
Aus dem Amerikan. übers. von Anni Pott. - Gießen : Psychosozial-Verl., 1999
(Bibliothek der Psychoanalyse)
ISBN 3-932133-49-8

2. Auflage 2000

Goethestraße 29, D-35390 Gießen,
Tel.: 0641/77819, Fax: 0641/77742
e-mail: info@psychosozial-verlag.de
www.psychosozial-verlag.de

Umschlagabbildung: © Conroy Maddox, La rue de Seine, 1944.
Umschlaggestaltung: Atelier Warminski, Büdingen
Schrift: Stempel Garamond
ISBN 3-932133-49-8

Dieses Buch ist meinen Kollegen am Center for the Study of Mind and Human Interaction an der University of Virginia gewidmet.

Durch unsere Arbeit bei vielen Großgruppenprojekten und ihre Freundschaft sowie intellektuelle Unterstützung konnte ich die Konzepte und Theorien über die Großgruppenpsychologie formulieren, die in diesem Buch dargelegt werden.

Inhaltsverzeichnis

Vorwort zur deutschen Ausgabe

Es war Sigmund Freuds Vision, die Psychoanalyse möge dereinst nicht als ein Unterkapitel im Lehrbuch der Psychiatrie abgehandelt werden, sondern als Lehre vom Unbewußten alle Wissenschaften vom Menschen befruchten. Diese Hoffnung ist bislang nur teilweise in Erfüllung gegangen. Im Zuge ihrer Etablierung als medizinisch-psychologisches Heilverfahren hat die Psychoanalyse ihre geisteswissenschaftlichen, kulturanalytischen und politischen Ansätze vernachlässigt. Die Psychoanalyse ist als klinische Theorie und Praxis ungleich weiter entwickelt und erfolgreicher denn als generelle Wissenschaft vom Unbewußten. Gleichwohl ist ihr tiefgreifender Einfluß auf die Gesellschaftswissenschaften, die Literaturwissenschaften, die Kulturwissenschaften, die Ethnologie, die Geschichtswissenschaft, die Politikwissenschaft usw. nicht zu übersehen.

Vamık Volkans Buch ist ein hervorragendes Beispiel dafür, wie fruchtbar der wissenschaftliche Dialog zwischen der Psychoanalyse und ihren Nachbarwissenschaften sein kann. Gerade auf dem Gebiet der Politik könnte die Psychoanalyse sowohl in theoretischer als auch in praktischer Hinsicht einen bedeutsamen Beitrag zur Aufklärung über unbewußte Hintergründe scheinbar rationalen Handelns leisten, ist doch unbestreitbar, daß irrationale Motive die Politik in geradezu erschreckendem Maße beeinflussen.

Vamık Volkan vermittelt in seinem Buch einen grundlegenden theoretischen Überblick über die psychoanalytischen Ansätze zur Erklärung von Krieg und ethnischen Konflikten. Auf dieser Grundlage entwickelt er eigene originäre theoretische Konzepte zur Erklärung von Großgruppen-Konflikten und zu den Möglichkeiten ihrer Beeinflussung durch die Diplomatie. Sein Buch bezieht sich hauptsächlich auf Arbeiten, die im angelsächsischen Sprachraum publiziert wurden, vor allem aber fußt es auf den langjährigen Erfahrungen, die der Autor als Gründer und Leiter eines interdisziplinären Forschungsinstitutes, des „Center for the Study of Mind and Human Interaction" (CSMHI), sammeln konnte. (Dessen Aufgabe ist es, ethnische, nationale und andere Großgruppen-Konflikte wissenschaftlich zu untersuchen und ihre Bearbeitung praktisch zu erproben.)

Volkans Buch fügt sich gut in die Forschungsansätze zum Thema „Psychoanalyse und Politik" ein, die Psychoanalytiker in Deutschland in den letzten Jahrzehnten entwickelt haben. Die Psychoanalyse in Deutschland hat sich hauptsächlich mit solchen politischen Problemen beschäftigt, die mit der nationalsozialistischen Vergangenheit in Verbindung stehen. Zu Recht verweist

Volkan auf Alexander Mitscherlich, dessen großes Verdienst es ist, daß die Psychoanalyse nach der Niederlage des Nationalsozialismus in Deutschland recht bald wieder Fuß fassen konnte und auch wieder internationales Ansehen erlangte. Dazu trug erheblich bei, daß sich Mitscherlich mit psychoanalytischen Mitteln kritisch mit der nationalsozialistischen Vergangenheit auseinandersetzte. Mitscherlichs besonderes Anliegen bestand darin, die Psychoanalyse auf gesellschaftliche und politische Prozesse anzuwenden, wie beispielsweise sein Buch *Auf dem Weg zur vaterlosen Gesellschaft* (1963) zeigt. Zweifellos noch bedeutungsvoller ist das 1967 erschienene Buch *Die Unfähigkeit zu trauern. Grundlagen kollektiven Verhaltens* von Alexander und Margarete Mitscherlich, das einen ganz außergewöhnlich starken Einfluß auf die öffentliche Diskussion über den Nationalsozialismus hatte. Es gibt nur wenige psychologische Fachbücher, denen es vergönnt war, sich über Jahrzehnte hinweg derart beständig in der öffentlichen Diskussion zu behaupten. Der Begriff von der notwendigen „Trauerabeit" ist noch heute ein geflügeltes Wort in der öffentlichen Debatte über den Nationalsozialismus. Im übrigen bestätigen auch Vamık Volkans Forschungsergebnisse die Bedeutung von Trauerprozessen für die Aufarbeitung von kollektiven Traumata, wie er am Beispiel der Serben und der Armenier ausführt.

Einen wichtigen Schritt bei der Anwendung psychoanalytischer Erkenntnisse auf Bereiche außerhalb des klassischen Settings stellt die psychoanalytische Familientherapie dar, wie sie in Deutschland von Horst-Eberhard Richter (1963, 1970) und zeitlich parallel dazu in Amerika von Helm Stierlin (1973) entwickelt wurde. Auch wenn die Psychoanalyse bereits in ihrem Ursprung eine Interaktions- bzw. Beziehungs-Perspektive enthält, eröffnet erst die psychoanalytische Familientherapie wirklich konsequent den Blick auf die Beziehung zwischen mehreren Personen und entwickelt das theoretische Rüstzeug, um die Beziehungsdynamik zwischen Personen, Gruppen und auch Großgruppen zu verstehen. Des weiteren erlaubt die Familientherapie die Mehrgenerationen-Perspektive (vgl. Sperling u. a. 1982), also den Blick auf die transgenerationale Weitergabe von Traumata oder auch von neurotischen Konflikten und Abwehrmustern von einer Generation an die nächste. Dies spielt – wie Volkan zeigt – auch bei politischen Zusammenhängen eine zentrale Rolle. Einen besonders wichtigen Anwendungsbereich familiendynamischer Forschungen stellt die transgenerationale Traumatisierung von Holocaustopfern dar (vgl. z. B. Rosenthal 1997, Wardi 1992).

Horst-Eberhard Richter hat die familiendynamische Perspektive auf Prozesse zwischen Ethnien, Nationen, Staaten und Großgruppen insbesondere unter dem Gesichtspunkt eines wechselseitigen Austauschs von psychosozialen Abwehrmechanismen erweitert und übertragen. Auch einige von Volkans theoretischen Konzepten ließen sich unter dem Abwehraspekt formulieren. Richter hat in seinen Bücher *Alle redeten vom Frieden* (1981) und *Zur Psychologie des Friedens* (1982) die Entstehung und die psychosoziale Funktion von Feindbildern untersucht. In *Russen und Deutsche* (Richter 1989) berichten Richter und seine Forschungsgruppe von einer unter psychoanalytischen Aspekten konzeptualisierten, aber mit Methoden der empirisch-statistischen Psychologie durchgeführten Studie, in der die wechselseitigen Selbst- und Fremdbilder von Russen und Deutschen untersucht wurden. Ein zentrales Ergebnis dieser Studie war übrigens, daß die Bereitschaft zur Aussöhnung zwischen diesen Völkern auf beiden Seiten wesentlich dadurch gestärkt wird, daß man sich mit der eigenen totalitären – im einen Fall nationalsozialistischen, im anderen Fall stalinistischen – Vergangenheit auseinanderzusetzen bereit ist (vgl. Wirth, Schürhoff 1990).

Weitere zentrale Beiträge zur psychonalytischen Aufklärung ethnischer Konflikte wurden von der Ethnopsychoanalyse entwickelt, deren wichtigste Vertreter George Devereux (1970, 1972, 1973), Paul Parin (1978, 1986) und Mario Erdheim (1982, 1988) sind. Von George Devereux stammt die hilfreiche Unterscheidung zwischen dem ethnischen und dem idiosynkratischen Unbewußten: Das idiosynkratische Unbewußte enthält verdrängte Inhalte, die aufgrund ganz spezifischer, individueller Umstände verdrängt wurden. Eine idiosynkratische Störung ist eine einzigartige, ganz individuelle Störung. Das ethnische Unbewußte ist demgegenüber der Teil des Unbewußten, den das Individuum gemeinsam mit der Mehrzahl der Mitglieder seiner Kultur teilt. Das ethnische Unbewußte ist das, was die Kultur zu verdrängen lehrt. Die Kultur bietet auch ethnische Abwehrmittel an, d. h. Abwehrmuster, die kulturspezifisch vorgegeben sind. Richter spricht in diesem Zusammenhang beispielsweise von der kollektiven Sündenbock-Projektion auf Außenfeinde, Volkan von der Externalisation nicht integrierter „böser" Selbst- und Objektbilder auf Großgruppen-Feinde. Den Begriff der ethnischen Störung definiert Devereux als eine psychische Störung, an der nicht nur vereinzelte Individuen, sondern eine große Zahl der Mitglieder eines Kollektivs leiden. In Anlehnung an Rolf Vogt (1995) könnte man das Trauma des Holocaust als die ethnische Störung der Juden, die Unfähigkeit zu trauern und die kollektiven unbewußten Schuldgefühle als die ethnische Störung der Deutschen bezeichnen. Kollektive oder ethnische Abwehrmuster bieten dem Individuum kulturelle „Modelle des Fehlverhaltens" (Devereux 1970, S. 64) an, die es diesem ermöglichen, in sozial akzeptabler Weise normabweichend zu sein. Das Motto könnte lauten: „Tu es nicht, aber wenn du es doch tust, dann mußt du es so und so machen." In politischen Ausnahmesituationen kann daraus auch das Motto werden: „Eigentlich ist es nicht erlaubt, seine Mitmenschen zu mißhandeln und zu töten, aber wenn die eigene Großgruppe ein solches Verhalten billigt oder gar als vorbildlich anpreist, kannst du alle deine Bedenken und Gewissensbisse über Bord werfen."

Interessanterweise hat der in Deutschland lebende Psychoanalytiker griechischer Abstammung, Stavros Mentzos, in seinem Buch *Der Krieg und seine psychosozialen Funktionen* (1993) ganz ähnliche Gedanken und Konzepte entwickelt wie der in Amerika lebende Psychoanalytiker türkischer Abstammung, Vamık Volkan. Mit seiner Theorie der Großgruppen-Identität hat Volkan ein Arbeitskonzept geschaffen, das in dieser Form neu ist und verblüffende Einsichten vermittelt.

Als ich Vamık Volkan einlud, für die BIBLIOTHEK DER PSYCHOANALYSE eine Sammlung seiner wichtigsten Aufsätze zum Thema „Psychoanalyse und Politik" zusammenzustellen, antwortete er mit dem Angebot, ein gänzlich neues Buch zu dieser Thematik zu schreiben. Ich freue mich, daß dieses ungewöhnliche Buch hiermit vorliegt und daß es den deutschsprachigen Leserinnen und Lesern so schnell zugänglich ist.

Hans-Jürgen Wirth

Literatur

Devereux, G. (1970): Normal und anormal. Frankfurt 1974 (Suhrkamp).

Devereux, G. (1972): Ethnopsychoanalyse. Frankfurt 1978 (Suhrkamp).

Devereux, G. (1973): Angst und Methode in den Verhaltenswissenschaften. München (Hanser).

Erdheim, M. (1982): Die gesellschaftliche Produktion von Unbewußtheit. Eine Einführung in den ethnopsychoanalytischen Prozeß. Frankfurt (Suhrkamp).

Erdheim, M. (1988): Die Psychoanalyse und das Unbewußte in der Kultur. Frankfurt (Suhrkamp).

Mentzos, S. (1993): Der Krieg und seine psychosozialen Funktionen. Frankfurt (Fischer).

Mitscherlich, A. (1963): Auf dem Weg zur vaterlosen Gesellschaft. Ideen zur Sozialpsychologie. München (Piper).

Mitscherlich, A, und M. (1967): Die Unfähigkeit zu trauern. Grundlagen kollektiven Verhaltens. München (Piper).

Parin, P., Parin-Matthéy. G. (1978): Der Widerspruch im Subjekt. Frankfurt (Syndikat).

Parin, P., Parin-Matthéy. G. (1986): Subjekt im Widerspruch. Frankfurt (Syndikat).

Richter, H.-E. (1963): Eltern, Kind und Neurose. Zur Psychoanalyse der kindlichen Rolle in der Familie. Reinbek (Rowohlt).

Richter, H.-E. (1972): Patient Familie. Entstehung, Struktur und Therapie von Konflikten in Ehe und Familie. Reinbek (Rowohlt).

Richter, H.-E. (1981): Alle redeten vom Frieden. Versuch einer paradoxen Intervention. Reinbek (Rowohlt).

Richter, H.-E. (1982), Zur Psychologie des Friedens. Neuausgabe Gießen 1998 (Psychosozial-Verlag).

Richter, H.-E. (Hg.), (1982): Russen und Deutsche. Alte Feindbilder weichen neuen Hoffnungen. Hamburg (Hoffmann und Campe).
Rosenthal, G. (Hg.), (1997): Der Holocaust im Leben von drei Generationen. Gießen (Psychosozial-Verlag).
Sperling, E., Massing, A., Georgi, H., Reich, G., Wöbbe-Mönks, E. (1982): Die Mehrgenerationen-Familientherapie. Göttingen (Vandenhoeck & Ruprecht).
Stierlin, H. (1973): Von der Psychoanalyse zur Familientherapie. Stuttgart (Klett-Cotta).
Vogt, R. (1995): Rainer Werner Fassbinders „Der Müll, die Stadt und der Tod" – eine deutsche Seelenlandschaft. In: Psyche 49. Jhg., S. 309-372.
Wardi, D. (1992): Memorial Candles: Children of the Holocaust. London/New York (Routledge).
Wirth, H.-J., Schürhoff, R. (1991): Können sich Deutsche und Russen aussöhnen? Ergebnisse einer vergleichenden sozialpsychologischen Studie, In: psychosozial 45, 14. Jhg., S. 129-136.

Danksagung

Das Ergebnis meines ersten Versuchs, psychoanalytische Beobachtungen bei Großgruppen anzuwenden, war *Cyprus – War and Adaptation* (1979). Dieses Buch geht auf meine Untersuchung der Reaktionen seitens zypriotischer Türken auf die Ereignisse in Zypern zwischen 1963 und 1975 ein. Diesen ersten Ausführungen über die Großgruppenidentitäten folgte alsbald *The Need to Have Enemies and Allies: From Clinical Practice to International Relationships* (1988) hinzu. In dem Zuge, wie ich neue Konzepte und Theorien zur Erhellung dieses Bereiches entwickelte, versuchte ich, mich zunehmend auf jene Aspekte der Großgruppenpsychologie zu konzentrieren, die für Diplomaten, Politiker, politische Entscheidungsträger, Mitglieder nicht-staatlicher Organisationen und andere nützlich sein könnten, die im alltäglichen Rahmen mit internationalen Beziehungen zu tun haben. In einem dritten Buch, *Bloodlines: From Ethnic Pride to Ethnic Terrorism* (1997), habe ich sodann psychoanalytisch beleuchtete Berichte über Massengewalt und Versuche von Großgruppen präsentiert, sich nach einem Konflikt dem Leben wieder anzupassen. Die beiden letztgenannten Bücher, *The Need to Have Enemies and Allies* und *Bloodlines*, liefern Erkenntnisse darüber, wie die persönliche Identität mit der Großgruppenidentität verknüpft ist, und warum der Haß auf andere Teil unseres Selbstgefühls wird. Letzteres veranschaulicht darüber hinaus, wie Psychoanalytiker mit Personen arbeiten können, die in der Außenpolitik tätig sind oder sich damit befassen, und wie viele Bereiche davon profitieren können.

In der hier vorliegenden Arbeit systematisiere ich meine Erkenntnisse über die Psychologie von Großgruppen, ihre Konflikte und Rituale und zeige die Komponenten auf, aus denen heraus eine Großgruppenidentität entsteht. Ich versuche dabei, die individuelle und Großgruppenpsychologie sowohl miteinander zu verbinden als beides auch voneinander zu trennen, und präsentiere neue Ideen, die eine Verbindung zwischen Psychoanalyse und Politik, Diplomatie sowie Geschichte herstellen.

Ich freue mich sehr, daß dieses Buch, *Das Versagen der Diplomatie*, in Deutsch veröffentlicht wird, da viele deutsche Kollegen, die ich im Laufe der Jahre kennenlernte, mich in meiner Arbeit ermutigt haben. Die deutschen Freunde, mit denen ich über meine Ideen sprach, sind zu zahlreich, um sie alle namentlich zu nennen. Ausdrücklich zu danken habe ich allerdings Kelly Hale, Bruce Edwards, Kathryn Sparks und Joy Boissevain für ihre Hilfe bei der Zusammenstellung und Herausgabe des englischen Manuskriptes. Erwähnen möchte ich auch Dr. Gabriele Ast, meine Co-Autorin bei früheren Büchern, die bereits in Deutsch veröffentlicht wurden, und ihr für ihre Mühe und Unterstützung danken. Danken möchte ich auch dem Verleger Dr. Hans-Jürgen Wirth, der mich animiert hat, dieses Buch für die deutschen Leser zu schreiben, und Anni Pott für die Übersetzung. Darüber hinaus war Stephan Vopel, der Leiter des Psychosozial-Verlages, eine große Hilfe, dieses Buch zur Veröffentlichung zu bringen.

1. Psychoanalytiker und Diplomaten – Seite an Seite

Psychoanalytiker haben seit jeher, und zwar angefangen mit Sigmund Freud, über eine Vielzahl von Themen aus dem diplomatischen und politischen Bereich geschrieben. Ihre Beiträge waren meist jedoch theoretischer Natur und für Diplomaten und Politiker kaum von praktischem Nutzen. Sie haben die Gruppenpsychologie, politische Führer und deren Beziehungen zu ihren Anhängern sowie die Frage der Massengewalt und des Krieges untersucht. Sie haben Theorien über den Aggressionstrieb als Ursache von Kriegen schlechthin oder auch darüber entwickelt, daß ein Staat oder eine Nation als Mutter wahrgenommen wird, und über Gruppen, die auf einen Führer wie auf einen Vater reagieren, sowie über die Identifikation der Gruppenmitglieder untereinander. Leider haben sie dabei oft die psychodynamischen Beobachtungen, die bei Kleingruppen wie Therapiegruppen, die aus sechs bis zwölf Personen bestehen, oder bei Organisationen mit einigen Hundert Mitgliedern gemacht wurden, auf die Psychodynamiken von Großgruppen übertragen, die Millionen von Menschen umfassen. Und nur wenige Theoretiker haben den Unterschieden Rechnung getragen, die zwischen den Prozessen in einer stabilen Großgruppe und denen in einer kollektiv regredierten Gruppe zutage treten, oder auch vor dem Hintergrund der Frage, ob eine Gruppe intensiv mit einer benachbarten Gruppe beschäftigt ist oder nicht. Diplomaten neigen indes dazu, sich an die Diktate der *Realpolitik* zu halten und die Effekte psychologischer Kräfte im allgemeinen und unbewußter Kräfte im besonderen zu ignorieren. Während solche Konzepte wie das der Regression von Führern und Gruppenmitgliedern oder jenes der massenhaften Nutzung der Projektion den Diplomaten sicherlich helfen könnten, die irrationalen Aspekte internationaler Beziehungen zu verstehen, bleibt festzustellen, daß die Psychoanalyse bisher keinen nennenswerten Einfluß auf die Politikwissenschaft oder Diplomatie genommen hat.

Das Konzept der Realpolitik wurde ursprünglich von Ludwig von Rochau mit seinem Werk *Grundsätze der Realpolitik* (1853) eingeführt. Rochau legte Politikern nahe, sorgfältig abzuschätzen, was die Opposition oder gegnerische Partei wirklich vorhatte, und sich diesbezüglich nicht auf ihre vordergründigen verbalen Absichtserklärungen zu verlassen, und wenn nötig, auch bereit und gerüstet zu sein, entsprechend Druck auszuüben. Der Begriff der *Realpolitik* stand schließlich für die rationale Bewertung und realistische Einschätzung der Optionen, die die eigene Gruppe und die Feinde jeweils hatten. Und diese Interpretation der Realpolitik bestimmte in den Vereinigten Staaten, insbesondere nach dem Zweiten Weltkrieg, unter Begriffen wie dem „Rational Actor Model" die politischen Analysen. Dieses Modell geht (in seinen verschiedenen Formen) davon aus, daß Entscheidungen auf der Grundlage rationaler Kosten- und Nutzenkalkulationen getroffen werden und daß Führer, Regierungen und Nationen rationale „Akteure" sind. Dabei wurde in den Vereinigten Staaten bei den meisten politischen Analysen zudem davon ausgegangen, daß dieses sogar als das „Amerikanische Modell" etikettierte „Rational Actor Model" auch von anderen hochentwickelten Ländern genutzt wurde. (Verschiedene Untersuchungen dieses Modells, seinen Modifikationen und Kritiken dazu lieferten zum Beispiel: Etzioni, 1967; Allison, 1971; White, 1980; Barner-Barry und Rosenwein, 1985; Achen und Snidal, 1989.)

Die sogenannten „Abschreckungstheorien", die die Ära des Kalten Krieges charakterisierten, gingen von rationalen Erwägungen und Überlegungen aus. Kincade, Sonnenberg und Ferrari (1984) faßten im Rahmen des normativen Paradigmas der Abschreckung sechs Prinzipien zusammen:

1. Die rationalen Akteure formulieren eine Drohung, die den Feind von aggressiven Handlungen abhalten soll.
2. Die formulierte Drohung, die das Versprechen mit einschließt, aggressive Handlungen zu bestrafen, veranlaßt den Feind zu einer nochmaligen Bewertung seiner Fähigkeiten, seine Ziele durch aggressive Akte zu erreichen.
3. Die Akteure teilen die Drohung einander unmißverständlich mit.
4. Das physische Kräftepotential, das wesentlich für die Plausibilität der Drohung ist, wird demonstriert.
5. Um ihren Absichten Glaubwürdigkeit zu verleihen, verdeutlichen die Akteure auch die Bereitschaft, die Drohung gegebenenfalls umzusetzen.
6. Die Abschreckungsstrategie funktioniert nur, wenn die vorgenannten Prinzipien über einen längeren Zeitraum hinweg befolgt und aufrechterhalten werden.

Während des Kalten Krieges bezogen sich die Abschreckungstheorien konkret auf die Möglichkeit eines Atomkrieges zwischen den Vereinigten Staaten und der Sowjetunion. Sie wurden in den fünfziger Jahren als ein modernes Allheilmittel gesehen, genau wie dann ähnlich in den sechziger Jahren die auf den „Rational Actor"-Modellen basierenden Rüstungskontrolltheorien. Auf diese oder jene Weise spielten beide, die Abschreckungs- wie die Rüstungskontrolltheorie, bei den politischen amerikanisch-sowjetischen Ritualen bis zum Zusammenbruch der Sowjetunion 1991 eine tragende Rolle.

Viele politischen Analysen gingen von der Überzeugung aus, daß die nach den „Rational Actor"-Modellen getroffenen Entscheidungen die Sowjets und

US-Amerikaner davon abhielten, ihre Atomwaffenarsenale zu nutzen. Was höchst wahrscheinlich wohl auch so war und ist. Gleichwohl können diese Modelle jedoch nicht erklären, warum diese Abschreckungsstrategien in regionalen Konflikten gescheitert sind. In ihren politischen Analysen waren die Experten sich zum Beispiel alle einig darin, daß der ägyptische Staatspräsident Anwar as Sadat 1973 sehr wohl wußte, daß die Israelis ebenso entschlossen wie in der Lage waren, sich gegen Aggressionen zur Wehr zu setzen. Dennoch handelte er entgegen den Prämissen der Abschreckungstheorien und entschied sich für den Krieg. Er wußte, daß die ägyptische Luftwaffe in einem totalen Krieg für die israelischen Luftstreitkräfte nie eine ernsthafte Herausforderung würde sein können und ein Sieg somit unwahrscheinlich war. Warum ließ er sich also dennoch nicht abschrecken?

Die Antwort auf diese Frage ist vielleicht, daß das ägyptische Staatsoberhaupt sich bewußt dafür entschied, einen Krieg anzufangen, um aus der festgefahrenen Situation im ägyptisch-israelischen Konflikt herauszukommen und eine andere Ausgangsbasis zu finden. Die Antwort schließt möglicherweise auch Faktoren mit ein, die auf Sadats Persönlichkeitsorganisation beruhen, wonach sein gesteigerter Narzißmus ihn vielleicht in der Illusion wiegte, er könnte den Krieg dennoch gewinnen. Aber was auch immer die Antwort sein mag, sie ändert nichts an der Tatsache, daß das „Rational Actor"-Modell bei den Ereignissen 1973 zwischen Ägypten und Israel nicht anwendbar war.

Ein anderes anschauliches Beispiel für die Nichtanwendbarkeit der Abschreckungstheorie bei einem weiteren regionalen Konflikt war die Falkland-Krise 1982. Die Emotionen und psychologischen Implikationen, die bei diesem scheinbar unbedeutenden Fleckchen Land sowohl auf seiten Großbritanniens als auch Argentiniens eine Rolle spielten, die beide rechtmäßige Besitzansprüche erheben zu können glaubten, waren wichtige Faktoren in diesem Krieg.

Nachdem die Mangelhaftigkeit der verschiedenen „Rational Actor"-Modelle evident geworden war, wurden neue Anläufe unternommen, um die Entscheidungen, Präferenzen und Kalkulationen einzelner Führer und Entscheidungsträger verstehen zu lernen (Stein und Tanter, 1980). Und damit setzte sich sodann allmählich auch die Idee durch, auch psychologische Erkenntnisse zum Verständnis internationaler Beziehungen und politischer oder diplomatischer Entscheidungsfindungen heranzuziehen. Die bei der politischen Analyse internationaler Beziehungen genutzten psychologischen Ansätze konzentrierten sich anfänglich indes auf die Erkenntnisse der kognitiven Psychologie und nicht auf die Psychoanalyse.

Kognitive Psychologie

Anfang der achtziger Jahre griffen Politikwissenschaftler und politische Analytiker pauschal auf kognitive Konzepte zurück, um „fehlerhafte" Entscheidungsfindungen zu erklären. Die kognitive Psychologie erkennt die Bedeutung der persönlichen Überzeugungssysteme der jeweiligen Entscheidungsträger und der sich daraus ergebenden Interferenz- und Wahlprozesse an, welche die Entscheidungsfindung beeinflussen. Nach Rokeachs Definition (1984) ist unter einem Überzeugungssystem „das ganze Universum der Überzeugungen, die eine Person zur physischen Welt, zur sozialen Welt und zum Selbst hat" (S. 123f) zu verstehen. Und bei einem *politischen* Überzeugungssystem handelt es sich nach der früheren Beschreibung Georges (1969) um die Überzeugungen, die der einzelne bezüglich der Welt der Politik und Diplomatie hat.

Der kognitiven Psychologie zufolge kann die Konstruktion und Nutzung solcher Überzeugungssysteme zu einer verzerrten Logik und zu fehlerhaften kausalen Schlußfolgerungen führen, da Führer in ihren Denkmöglichkeiten durch ihre eigenen Erfahrungen und ihre subjektiv strukturierte Wahrnehmung eingeschränkt werden und im Zweifel keine umfassende Bewertung aller denkbaren Optionen vornehmen können. Die Überlegungen werden von vornherein nachhaltig, im Sinne eines bestimmten Ergebnisses, von prägenden Erfahrungen beeinflußt – so daß eingehende Informationen im Rahmen eines bestimmten Clusters von Werten, Ideen und historischen Erinnerungen interpretiert werden. Kein Individuum vermag wirklich alle denkbaren Optionen umfassend zu bewerten, noch wirklich offen und vorbehaltlos an Probleme heranzugehen, ohne dabei an die Grenzen und Schranken seiner persönlichen Erfahrungen und Neigungen zu stoßen. Man denke hier nur an das klassische zweideutige Bild, in dem man ebensogut eine Vase wie zwei menschliche Gesichter im Profil sehen kann.

Nachdem man schließlich erkannt und akzeptiert hatte, daß psychologische Variablen unsere subjektive Wahrnehmung unserer Umwelt einschränken und einengen können, gingen Politikwissenschaftler dazu über, auf *grundlegende Attribuierungsfehler* zu verweisen: Die menschliche Neigung, bei den Motiven, die anderen Gruppen und deren Führern unterstellt wurden, von einem *worst-case*-Szenario auszugehen. Das heißt, daß wir zwar erwarten, daß andere uns nach unseren Absichten beurteilen, wir andere jedoch danach beurteilen, wozu sie aus unserer Sicht faktisch oder theoretisch prinzipiell fähig und in der Lage sind. Während des Kalten Krieges behaupteten die Vereinigten Staaten zum Beispiel, die Sowjets bräuchten sich durch das US-amerikanische Atomwaffenarsenal nicht bedroht zu fühlen, da sie nie die erste Atomrakete starten würden; gleichzeitig hatten viele US-Amerikaner jedoch die Sorge, daß dies für die Sowjets umgekehrt nicht galt, sondern daß diese in der Tat einen Atomkrieg anfangen könnten.

Kognitive Psychologen sprechen von einer *egozentrischen Neigung* und einer damit engverwandten *Neigung zu übersteigertem Selbstvertrauen*. Die egozentrische Neigung bewirkt, daß eine Gruppe sich selbst bei der Einschätzung der Handlung einer gegnerischen Gruppe als den zentralen Bezugspunkt sieht. Während des Vietnamkriegs zum Beispiel gaben sich die US-Strategen alle Mühe bei der Planung des Einsatzes der US-amerikanischen Truppen in Südvietnam. Dabei wurden feine Nuancen in den Gefechtsformationen sehr ernst genommen, wobei die US-Amerikaner es als selbstverständlich voraussetzten, daß die gegnerische Seite sich ebenso ernsthafte Gedanken über den Einsatz ihrer Streitkräfte machte. Die nordvietnamesischen Führer in Hanoi wußten jedoch nicht, welche Entscheidungen die US-amerikanischen Militärführer im Vorfeld getroffen hatten oder welche Bedeutung den US-amerikanischen Stationierungsaktivitäten im einzelnen zukam (Stein, 1988). Die US-amerikanischen Strategien, auch wenn sie scheinbar auf rationalen und logischen Kalkulationen beruhten, waren jedoch aufgrund subjektiver Befangenheiten, die in den Beurteilungsprozeß einflossen, fehlerhaft und somit vielfach weniger effektiv und mitunter auch verhängnisvoll.

Darüber hinaus verweisen kognitive Psychologen noch auf eine *Proportionalitätsneigung*, die politische Entscheidungsträger davon ausgehen läßt, daß die gegnerische Seite ihre Anstrengungen proportional im Sinne ihrer anvisierten Ziele ausdehnt (Jervis, Lebow und Stein, 1985). Als die Sowjets in Afghanistan einmarschierten, hielten die US-Amerikaner die politischen und militärischen Konsequenzen der Invasion angesichts des hohen Preises für gefährlich. Sie gingen davon aus, daß die Invasion in Afghanistan zum Abbruch der Rüstungskontrollgespräche (SALT II) führen und das Ende der Entspannungspolitik bedeuten würde. Die Geschichte zeigt jedoch, daß dem nicht so war.

Ein interessanter Aspekt der kognitiven Theorie ist das Hauptaugenmerk, das bei politischen Entscheidungsfindungen dem linearen Einfluß historischer Analogien geschenkt wird: Das heißt, daß von Führern und Diplomaten erwartet wird, daß neue Informationen vor dem Hintergrund historischer Erfahrungen interpretiert werden, wobei jeder einzelne bei seinen Analogien natürlich auf andere historische Ereignisse zurückgreift. Daß Dwight D. Eisenhower sich 1954 gegen eine Intervention in Dien Bien Phu entschied, erklären kognitive Psychologen zum Beispiel damit, daß Korea seine allüberragende Analogie gewesen sei. Aus Korea habe er die Lektion gelernt, daß die Vereinigten Staaten sich in keinem Fall in einen weiteren Landkrieg verwickeln lassen durften – und wenn sie den Franzosen bei der Bombardierung von Dien Bien Phu geholfen hätten, wäre das genau der erste Schritt in diese Richtung gewesen.

Für Lyndon B. Johnson war hingegen nicht Korea, sondern der Zweite Weltkrieg die dominierende historische Analogie. Angesichts der drastischen Eskalation des Vietnamkrieges im Februar 1965 war Ho Chi Minh in seinen Augen ein weiterer Adolf Hitler, dessen Anhänger ebenso aggressiv und brutal waren. Aus Johnsons Sicht waren die Kommunisten fest entschlossen, die Vorherrschaft zu erringen, und diese Aggression konnten die Vereinigten Staaten nicht einfach so hinnehmen. Wenn man den Kommunismus als eine ungefährliche Ideologie betrachtete, würde man nur die Fehler von München, das heißt des Viermächte-Abkommens von 1938, wiederholen, das die britischen und französischen Führungen eingelullt und in dem Glauben gelassen hatte, Deutschland werde künftig alle Probleme auf dem Konsultationswege statt durch Krieg lösen.

Die kognitive Psychologie kann natürlich auch herangezogen werden, um Ereignisse jüngeren Datums zu verstehen. Ein glänzendes Beispiel ist etwa, daß die Israelis es 1973 versäumten, die Aufrüstung der Ägypter zu durchschauen. Ägypten hatte auch schon vor 1973 mehrfach Rüstungsvorbereitungen für einen Krieg getroffen, aber dann trotz der hohen Mobilisierungskosten letztlich doch nie einen Krieg angefangen. Im Licht dieser vergangenen Erfahrungen interpretierten die Israelis somit 1973 denn auch die Informationen über die neuerlichen Rüstungsvorbereitungen, wobei sie mit ihrer Deutung jedoch falsch lagen, da die Ägypter diesmal tatsächlich zum Kampf entschlossen waren.

Eine Brücke zwischen kognitiver Psychologie und Psychoanalyse

Ideen der kognitiven Psychologie haben zum Verständnis politischer Entscheidungsfindungen beigetragen und Diplomaten und Politikern neue Instrumente zur Untersuchung internationaler Beziehungen und der von ihren eigenen Großgruppen betriebenen Politik anhand gegeben. Bei jenen Analogien, die politische Entscheidungsträger beim Vergleich aktueller Situationen mit vergangenen Ereignissen herstellten, wurde allgemein davon ausgegangen, daß sie bewußt hergestellt wurden. Psychoanalytische Konzepte über unbewußte Prozesse, die mit Emotionen, Phantasien, Wiederholungszwängen, mentalen

Abwehrmechanismen, den Verflechtungen der äußeren und inneren Welt, dem Prinzip der mehrfachen Funktion, Funktionsänderungen, Identitätsfragen oder Übertragungsverzerrungen zwischen Führern und Anhängern zusammenhängen, wurden soweit nicht genutzt, um die Gedankengänge und Handlungen von Politikern und Diplomaten oder die Umtriebe zwischen Großgruppen zu erhellen.

Das 1977 von Janis und Mann eingeführte Konzept des *Entscheidungskonfliktes* schien eine Brücke zwischen der kognitiven Psychologie und der Psychoanalyse herzustellen. Der Entscheidungskonflikt bezieht sich auf „die bei einem Individuum gleichzeitig bestehenden entgegengesetzten Neigungen, eine bestimmte Handlungsrichtung zu akzeptieren oder abzulehnen" (S. 46), wodurch „emotionaler Streß" und mögliche Symptome des „Zögerns, Schwankens [und] Gefühle der Unsicherheit" (S. 45) hervorgerufen werden. Das heißt, daß ein Individuum, das seine Entscheidungsfindung in einer bestimmten Richtung beginnt und dabei auf eine Herausforderung oder ein Risiko stößt, den Prozeß fortsetzt, wenn diese Herausforderung oder das Risiko belanglos erscheinen. Ein Dilemma entsteht jedoch, sofern es sich dabei um eine ernste Herausforderung oder ein ernstes Risiko handelt und von dem Individuum verlangt wird abzuwägen, ob es den ursprünglichen Entscheidungsprozeß fortsetzen kann oder modifizieren muß. Sofern die Lösung relativ einfach ist, werden sich keine Streßsymptome zeigen. Sollte sie jedoch nicht so einfach sein und die Entscheidung, ob man bei der einmal eingeschlagenen Richtung in der Entscheidungsfindung bleiben kann oder den Prozeß ändern muß, in beiden Fällen mit erheblichen Risiken verbunden sein, treten Streßsymptome auf.

Es gibt verschiedene Bewältigungsmuster, die der einzelne – wie auch Politiker und Diplomaten – nutzen kann, um mit dem Streß umzugehen, der mit risikoreichen Entscheidungen verbundenen ist. Das erste ist die *Vigilanz*. Sie sorgt dafür, daß der Entscheidungsträger außergewöhnlich wachsam und motiviert ist, gesunde und vernünftige Entscheidungsfindungsverfahren zu nutzen: Er sucht nach relevanten Informationen und wägt die Konsequenzen sorgfältig ab. Die Vigilanz hat einen positiven Wert. Der zweite Bewältigungsmechanismus ist die *Hypervigilanz*. Sie bedingt eine hektische, verzweifelte und ineffiziente Suche nach einem Ausweg aus einem qualvollen Dilemma. Der hypervigilante Politiker oder Diplomat kann selbst dort eine Krise wahrnehmen, wo es keine gibt, oder durch Überreaktion eine Krise herbeiführen. Das dritte, ebenfalls ineffektive Bewältigungsmuster ist die *defensive Vermeidung*, bei der ein Entscheidungsträger sich in Wunschdenken ergeht und sich auf Illusionen und Rationalisierungen stützt. Dabei kommen drei grundlegende Vermeidungsmuster zum Tragen:

1. Verzögern und Verschleppen: Wenn es keine augenscheinliche Strafe für ein Aufschieben der Entscheidung gibt, vermeidet der Entscheidungsträger es, sich überhaupt mit dem Problem der Entscheidung auseinanderzusetzen.
2. Verlagerung der Verantwortung: Sofern ein Verzögern und Verschleppen der Entscheidung mit Risiken verbunden und eine unverrückbare Frist vorgegeben ist, bezieht der Entscheidungsträger andere Personen mit ein. Er rationalisiert dieses Handeln oder gibt dann im Zweifel sogar anderen die Schuld, wenn keine Lösung gefunden wurde.
3. Abfedernde Taktik: Der Entscheidungsträger übertreibt positive Ergebnisse, während er ungünstige zugleich herunterspielt. Er leugnet, daß es überhaupt potentiell ungünstige Konsequenzen geben kann.

Janis und Mann (1977) haben bei der Beschäftigung mit dem Konzept des Entscheidungskonfliktes und den entsprechenden Bewältigungsmustern einen Weg gesucht, um diese Prozesse wissenschaftlich zu messen. Dabei stießen sie jedoch auf die Schwierigkeit, angesichts der bestehenden unbewußten Einflüsse das dazu erforderliche Präzisionsniveau zu erreichen. „Um eine Untersuchung unbewußter Motive [d.h. Verleugnung, Rationalisierung und Abfederungskonzepte], welche die Entscheidungsfindung beeinflussen, überhaupt durchführen zu können, ist es notwendig", schrieben sie, „andere Arten der Forschung, einschließlich psychoanalytische Fallstudien, einzubeziehen" (S. 98). Einer der von Janis und Mann untersuchten psychoanalytischen Fälle war Sigmund Freuds (1901) Fall Dora: eines achtzehnjährigen Mädchens, dessen „Entscheidungskonflikt" darin bestand, ob es sich mit Herrn K., der verheiratet und mit Doras Familie befreundet war, auf eine verbotene Liebesaffäre einlassen sollte. Nachdem sie sich gegen die Affäre entschieden hatte, litt Dora dann unter großem „Nach-Entscheidungsbedauern" – um die von Janis und Mann gewählte Terminologie zu verwenden – und blieb in einem „Nach-Entscheidungskonflikt". Dabei stand für Janis und Mann mehr Doras fortgesetzte intensive Beschäftigung mit ihrer Entscheidung als die tatsächliche Entscheidung als solche im Vordergrund.

Janis und Mann zufolge erwuchs Doras „Nach-Entscheidungsbedauern" aus der Tatsache heraus, daß Herr K. (ein Substitut für Doras ödipalen Vater) der erste Mann war, der ihre Sexualität erregt hatte. Ihre Zuneigung zu Herrn K. half ihr, das ödipale Verlangen nach ihrem Vater abzuwehren. Freud behauptete zudem, Dora habe auch ein unbewußtes homosexuelles Verlangen nach Frau K. gehabt und dieses offenbart, indem sie sich statt dessen auf den Ehemann von Frau K. konzentrierte. Aufgrund dieser Gefühle, meinten Janis und Mann, hätte Dora „den Nach-Entscheidungskonflikt nicht normal aufarbeiten und lösen" können (1977, S. 100).

Durch die von Janis und Mann veranschaulichte Nutzung psychoanalytischer Fallstudien, um in tiefere Aspekte der menschlichen Psyche vorzudringen, wurde eine Verbindung zwischen kognitiver Psychologie und Psychoanalyse und der Rolle hergestellt, die psychoanalytischen Erkenntnissen in der diplomatischen und politischen Arena zukommt. Während die kognitive Psychologie wie auch die Psychoanalyse den Einfluß früherer historischer Ereignisse bei der Entscheidungsfindung berücksichtigen, trägt die psychoanalytische Theorie jedoch von Natur aus mehr als nur den bewußten Motivationsfaktoren und analogen Assoziationen Rechnung. Sie untersucht der Abwehr dienende Abänderungen früherer Erfahrungen, übereinandergelagerte persönliche Bedeutungen von Ereignissen, Kondensationen unbewußter Motivationen, Übertragungsverzerrungen und die Persönlichkeitsorganisation der Entscheidungsträger. Bei der Bewertung jedes Entscheidungsfindungsprozesses wie auch der diplomatischen und politischen Prozesse muß in jedem Fall das von Waelder 1930 erstmals detailliert beschriebene Prinzip der mehrfachen Funktion und Überdeterminierung berücksichtigt werden.

Selbst die logischsten Prozesse schließen unbewußte Schichten mit ein. Sofern wir in der politischen und diplomatischen Arena auf Ereignisse stoßen, die sich jeder rationalen Erklärung entziehen, kommen wir nicht umhin, bestimmte unsichtbare (unbewußte) Faktoren in Erwägung zu ziehen. Manche dieser Faktoren können deutlich mit den inneren Welten der Entscheidungsträger zusammenhängen. Warum gab Richard Nixon am 17. März 1969 den Befehl für die insgeheime Bombardierung nordvietnamesischer Stützpunkte in Kambodscha oder am 30. April 1970 für die Entsendung US-amerikanischer Streitkräfte nach Kambodscha? Beide Entscheidungen scheinen weitaus mehr Nixons Psyche als irgendeiner militärischen Strategie gedient zu haben. Er setzte sich mit seinen Entscheidungen sogar über den Rat einiger militärischer Berater hinweg. In seiner detaillierten Untersuchung über Nixons Entscheidungen zu Kambodscha stellt Steinberg (1996) eine klare Verbindung zwischen gesteigerten Gefühlen der Scham und Demütigung auf seiten Nixons, des Führers, und der Wut her, die er dann im militärischen Bereich entlud. Nixon war, unmittelbar ehe er diese Entscheidungen traf, frustriert und gedemütigt worden, da der US-amerikanische Kongreß zwei der von ihm für den Obersten Gerichtshof ernannten Richter abgelehnt hatte. Barber (1979) meinte, Nixon sei hier von der „Niederlage zum Angriff" übergegangen (S. 429).

Im klinischen Setting sind Psychoanalytiker mit dem Prinzip der mehrfachen Funktion und der Überdeterminierung sowie mit Übertragungen konfrontiert und haben sich selbst zu Werkzeugen bei der Untersuchung solcher Phänomene entwickelt. Somit wäre es angezeigt, daß psychoanalytische Beobachtungen und Konzepte von Psychoanalytikern selbst in den Bereich der Politikwissenschaft und Diplomatie eingebracht werden. Einen nützlichen Austausch zwischen diesen Disziplinen hat es bisher noch nicht sehr oft gegeben. Dabei drängte der deutsche Psychoanalytiker Alexander Mitscherlich bereits 1971 darauf, daß Psychoanalytiker sich an der Erforschung des kollektiven Verhaltens von Großgruppen und den politischen Implikationen solchen Verhaltens beteiligen sollten. Er schrieb:

> Beharren wir als Analytiker ausschließlich auf dem ärztlich-klinischen Standpunkt, dann wird die Großgruppenforschung, z. B. die psychologische Kriegsforschung, ohne unsere Beteiligung erfolgen. Es ist abzusehen, daß dies zu einer weiteren Ausplünderung analytischer Arbeitsergebnisse und Theorien führen würde, ohne daß von seiten der Analytiker eine wirkungsvolle Mitlenkung der Forschung oder ein Protest wirkungsvoller Art erfolgen könnte. Man hätte sich dann vielmehr in eine selbstverschuldete Isolierung manövriert (S. 75).

Mitscherlich meinte, Psychoanalytiker müßten bei dieser Art der Forschung zur Zusammenarbeit mit wissenschaftlichen Nachbardisziplinen bereit sein. Die gemeinsamen Anstrengungen dürften jedoch nicht bei isolierten, arbeitsteiligen Sammlungen von Ergebnissen enden, sondern müßten zu einem Prozeß zusammengeführt werden, damit das Ganze nicht von vornherein durch Konkurrenz zwischen den beteiligten Disziplinen und durch die Schwierigkeit, eine gemeinsame Sprache zu finden, zum Scheitern verurteilt wäre (Bateson, 1972).

Sechs Jahre nach Mitscherlichs Vorstoß waren es dann letztlich die Bemerkungen zweier Politiker, die das Interesse der Psychoanalytiker zu wecken vermochten. Einer dieser Politiker war Bülent Ecevit, der 1974 bei der von der türkischen Armee durchgeführten Teilung Zyperns in den türkischen Sektor im Norden und den griechischen im Süden Premierminister der Türkei war. Ecevit verdeutlichte in einigen seiner politischen Reden, daß die meisten Probleme zwischen den Türken und Griechen nach seinem Dafürhalten psychologischer Natur waren. Und in mindestens einem seiner Gedichte hatte Ecevit als Dichter auch über die emotionalen Beziehungen und Ambivalenzen zwischen den Türken und Griechen geschrieben (Ecevit, 1976).

Und der zweite war Anwar as Sadat, der 1977 bei einem historischen Besuch in Israel in einer Rede, die er vor der Knesset hielt, ebenso erklärte, daß die Probleme zwischen den Arabern und Israelis aus seiner Sicht zu siebzig Prozent psychologischer Natur waren. Während Ecevits Bemerkungen bei den Psychoanalytikern kaum ein nachhaltiges Interesse hatten wecken können (Volkan und Itzkowitz, 1994), gab Sadats Äußerung dank seiner Stellung in der Weltarena und in den Vereinigten Staaten Ende der siebziger Jahre dann letztlich den Anstoß zu einer Untersuchung der Beziehung zwischen der Psychoanalyse und der Diplomatie sowie des Einflusses unbewußter Faktoren, die in der Beziehung zwischen Großgruppen und ihren Führern eine Rolle spielen.

Im Rahmen eines sechsjährigen, von 1979 bis 1986 durchgeführten Projektes wurden einflußreiche Ägypter, Israelis und schließlich auch Palästinenser aus dem Westjordanland und dem Gazastreifen zu einer psychopolitischen Dialogreihe zusammengebracht, die unter der Schirmherrschaft der American Psychiatric Association (APA) durchgeführt wurde. Diese, wenn auch inoffiziellen Begegnungen hatten den Segen der US-amerikanischen, der ägyptischen und der israelischen Regierung. Das als neutraler Mittler fungierende US-amerikanische Team setzte sich aus Psychiatern, Psychoanalytikern, zwei Diplomaten und einem Psychologen zusammen. Den israelischen und arabischen Gruppen gehörten zwar ebenfalls drei Psychiater und zwei Psychoanalytiker an, sie setzten sich abgesehen davon jedoch überwiegend aus einflußreichen Persönlichkeiten – Botschaftern, einem ehemaligen hohen Militäroffizier, Journalisten und anderen – zusammen, die in inoffizieller Funktion an den Treffen teilnahmen. Als Mitglied des APA-Teams konnte ich so aus nächster Nähe beobachten, was geschieht, wenn Repräsentanten verfeindeter Gruppen sich zu einer Gesprächsreihe zusammenfinden.

Harold Saunders, ein Nahost-Experte des US-Außenministeriums während der Regierungszeit Jimmy Carters, nahm in den letzten drei von insgesamt sechs Jahren, in denen die von der APA geförderte Dialogreihe stattfand, an den Gesprächen teil. In seiner diplomatischen Laufbahn hatte Saunders an den offiziellen diplomatischen Verhandlungen zwischen den Israelis und den Ägyptern teilgenommen und war zusammen mit dem damaligen US-Außenminister Henry Kissinger ständig zwischen Jerusalem und Kairo hin und her gependelt. Saunders war auch bei den Treffen in Camp David zwischen Jimmy Carter, Anwar as Sadat, Menachem Begin und deren Gefolge mit dabei. Bei allen Erfahrungen, die er in der offiziellen Diplomatie gesammelt hatte, genügte es Saunders nicht so recht, was er von den Widerständen gegenüber dem Friedensprozeß mitbekommen und begriffen hatte: Es mußte noch irgendeinen unbewußten psychologischen Prozeß geben, der sich den Diplomaten entzog und die Verhandlungen vergiftete. Dies war einer der Gründe, warum er sich schon bald nach seinem Ausscheiden aus den Regierungsdiensten den APA-Aktivitäten anschloß.

1991 schrieb Saunders, die mit zwischenstaatlichen Beziehungen assoziierten traditionellen Konzepte könnten die in seinem Fachgebiet dominierenden Fragen und Probleme nicht voll und ganz erklären. Für ihn war ein Umdenken in der Frage des Umgangs zwischen Nationen und ethnischen Gruppen dringend geboten: „... wenn alte Linsen die Welt nicht mehr scharf erfassen können", meinte er, „und ein traditionelles Vokabular sie nicht länger präzise beschreiben kann, ist es sowohl realistischer- als auch klugerweise geboten, neue Linsen zu schleifen und eine frische Sprache einzuführen" (S. 30).

Vor dem Hintergrund des Verständnisses des arabisch-israelischen Konfliktes und der internationalen Beziehungen wurde durch die von der APA geförderten arabisch-israelischen Dialoge ein psychodynamischer Fokus geschaffen, bei dem Anstrengungen im Rahmen der kognitiven Psychologie Rechnung getragen wurde (Volkan, 1988; 1991b; Julius, 1991; Montville, 1991). Zwei Jahre nach Beendigung dieser Dialoge wurde das Center for the Study of Mind and Human Interaction (CSMHI) an der University of Virginia School of Medicine gegründet, um ebenjene „neuen Linsen zu schleifen." Der interdisziplinären Fakultät des CSMHI gehören auch Veteranen der APA-Gruppe an.

Center for the Study of Mind and Human Interaction (CSMHI)

Ziel des CSMHI ist die Untersuchung von Großgruppenprozessen, wie sie etwa bei Ethnonationalismus, Rassismus, Terrorismus, bei gesellschaftlichen Traumata, den Führer-Anhänger-Beziehungen und bei diplomatischen und politischen Entscheidungsfindungen zum Tragen kommen. Da keine einzelne Disziplin solche tiefverwurzelten und komplexen Fragen umfassend durchleuchten und klären kann, gehören der CSMHI-Fakultät Experten aus den Bereichen der Psychoanalyse, Psychiatrie, Psychologie, Diplomatie, Politikwissenschaft, Geschichte und Umweltpolitik an. Ihre hier gebündelten Perspektiven und Erfahrungen ermöglichen eine tiefgreifende Analyse von politischen, historischen und gesellschaftlichen Fragen, wobei die Nutzung einer „psychoanalytischen Linse" im Mittelpunkt steht, die leicht zu beobachtende wie auch unbewußte Aspekte dieser Fragen verdeutlicht und vergrößert.

Das CSMHI wurde als ein Forum geschaffen, das auf einer empirischen Ebene solide Brücken zwischen Psychoanalyse, Diplomatie, Politikwissenschaft, Geschichte und anderen verwandten Gebieten bauen sollte. Das CSMHI formuliert darüber hinaus auch Methodologien zur Diagnose von Großgruppenkonflikten und zur Erleichterung von Anstrengungen zur Reduzierung von Großgruppenspannungen sowie zum Aufbau der Demokratie. Da die Schwerpunktsetzung auf dem Abbau von gewalttätigem Verhalten liegt, das zu mentalem sowie physischem Leiden führt und mit Erfahrungen des Verlustes, der Erniedrigung und Wut verbunden ist, fanden wir es angemessen, das

CSMHI unter dem Dach eines medizinischen Fachbereichs zu halten, da seine Arbeit als „Präventivmedizin" betrachtet werden kann.

Unter dem Schirm des CSMHI haben meine Kollegen und ich durch die Teilnahme an zahlreichen und unterschiedlichsten Programmen etliches an Wissen über die Großgruppenpsychologie dazugewonnen. Wir haben mit sowjetischen Psychologen und Diplomaten zusammengearbeitet, um die sowjetisch-amerikanischen Beziehungen während der letzten Jahre des Bestehens der UdSSR zu untersuchen. Nach dem Zusammenbruch der Sowjetunion haben wir von 1993 bis 1997 eine Reihe von psychopolitischen Dialogen zwischen einflußreichen Vertretern der Russischen Föderation und den Baltischen Staaten durchgeführt (Volkan und Harris, 1992, 1993; Thomson, 1993; Apprey, 1996; Volkan, 1997). Zudem bin ich 1992 als Mitglied des Carter Center's International Negotiation Network (INN) zu Begegnungen mit afrikanischen Führern in den Senegal gereist. Und ich war auch mit diagnostischen Studien über Zypern (Volkan, 1979), Rumänien, Albanien, die Slowakei und Georgien befaßt, nachdem der Kommunismus in diesen Ländern zusammengebrochen war (Volkan, 1995a, 1997).

Nach der Befreiung Kuwaits von der irakischen Okkupation 1991 schloß Nathaniel Howell, der US-Botschafter in Kuwait während der irakischen Invasion, sich der CSMHI-Fakultät als deren Diplomat vor Ort an. Unter Howells Leitung hat das CSMHI dann auch Forschungen über die gesellschaftlichen Folgen eines massiven Traumas (die irakische Invasion) in der kuwaitischen Gesellschaft durchgeführt (Howell, 1993, 1995; Saathoff, 1995, 1996). Mit diesen und anderen Aktivitäten sind wir schließlich Mitscherlichs Appell von 1971 gefolgt, der darauf gedrängt hatte, daß Psychoanalytiker bei der Erforschung kollektiven Verhaltens Seite an Seite mit Gesellschaftswissenschaftlern und Diplomaten zusammenarbeiten sollten.

Der Ausbruch ethnischer Konflikte

Drei Monate vor dem Zusammenbruch der Sowjetunion war ich als Gast der Diplomatischen Akademie des sowjetischen Außenministeriums in Moskau. Bei dem einwöchigen Workshop, den ich über Ethnizität durchführte, waren Vertreter aus den meisten Sowjetrepubliken dabei. Michail Gorbatschows *Glasnost* und *Perestroika* hatten in der Sowjetunion unterdessen bereits eine Büchse der Pandora geöffnet, und verschiedene ethnische Sentiments waren damals bereits stark zu spüren gewesen. Bereits vor dem endgültigen Zusammenbruch der Sowjetunion hatte es zwischen Armeniern und Aserbaidschanern blutige Konflikte wie auch Schwierigkeiten in Moldawien und anderswo gegeben. Litauen, Lettland und Estland hatten neuerlich ihre Unabhängigkeit erklärt. Und wenn ihre Erklärung von der sowjetischen Regierung anfänglich auch nicht akzeptiert wurde, sollte die Russische Föderation die Unabhängigkeit der Baltischen Staaten später doch anerkennen.

Nach dem Zusammenbruch der UdSSR setzte bei verschiedenen Großgruppen, die innerhalb der Sowjetunion und in den kommunistisch beherrschten Regionen Europas scheinbar in Frieden zusammengelebt hatten, eine Rückbesinnung auf ihre Identitäten und die Wunden und Mißstände in ihrer früheren Geschichte ein. Die im Ergebnis daraus erwachsenen und sich um Identitätsfragen drehenden neuen Großgruppenkonflikte entsprachen ähnlichen, bereits in Afrika, Indien und anderwo schwelenden Konflikten, die nach dem Abzug der Kolonialmächte aufgetreten waren. Da diese ethnischen Gewalttätigkeiten sich in weiten Teilen innerhalb souveräner Landesgrenzen entluden, stellten alle internationalen Lösungsversuche eine Strapazierung der bestehenden internationalen Gesetze und Traditionen dar. Die Charta der Vereinten Nationen beugt bei innenpolitischen Krisen weitestgehend einer Intervention in souveränen Staaten vor.

Nach der Ära des Kalten Krieges wurden in der diplomatischen und politischen Welt Fragen bezüglich der Definition und, wichtiger noch, der unsichtbaren „Macht" von Großgruppenidentitäten wie der ethnischen Identität laut. Viele Politikwissenschaftler und Diplomaten schlossen sich nun offen den Meinungen Bülent Ecevits und Anwar as Sadats an und erklärten, daß die Großgruppenpsychologie in internationalen Beziehungen eine Schlüsselrolle spielt und mit den wirtschaftlichen, rechtlichen, umweltpolitischen und militärischen Fragen der realen Welt verknüpft ist und diese damit kompliziert.

Horowitz (1985), ein Politikwissenschaftler und Rechtsexperte, schrieb eine umfassende Abhandlung über ein als „ethnische Arithmetik" bekanntes Phänomen, das in vielen neuentstandenen Vielvölkerstaaten angewendet wurde. Hinter diesem Konzept steht der Versuch, durch gezielte Berufungen in öffentliche Ämter oder durch Quotenregelungen bei den Zulassungen in Schulen für eine ausgeglichene Vertretung ethnischer Gruppen zu sorgen. Aber im Zusammenhang mit ethnischen Konflikten und den dabei geweckten Leidenschaften, schrieb Horowitz, könnten solche Konflikte ohne Berücksichtigung der Gefühle nicht voll und ganz verstanden werden. „Ein blutiges Phänomen", meinte er, „kann nicht mit einer blutleeren Theorie erklärt werden" (S. 140).

Howell (1996), der auf dem College Basketball spielte, ehe er seine diplomatische Laufbahn einschlug, meinte, in der internationalen Politik wäre es ebenso natürlich wie notwendig, Spielregeln festzulegen, wie sie auch für die Konzipierung des Spielverlaufs beim Basketball bestehen. Eine gut gemachte Außenpolitik wie auch ein gut durchgeführtes Basketballspiel seien unter angemessenen Umständen, und wenn sie den Absichten entsprechend umgesetzt werden, mustergültige Beispiele von Takt und Schicklichkeit, Effektivität und eines ökonomischen Leistungseinsatzes. Aber dennoch, meinte Howell, gäbe es immer noch Faktoren, die auch den sorgfältigst konzipierten Spielplan sprengen könnten. Und in der politischen Arena sind die ethnischen Spannungen und Konflikte in der heutigen Welt für ihn die vielleicht unvorhersehbarsten Elemente. Arndt (1995), ein weiterer ehemaliger Diplomat, teilt diese Ansicht und plädiert für ein Umdenken in den internationalen Beziehungen, bei dem der kulturellen Vielfalt und Verschiedenheit sowie den Großgruppenidentitätskonflikten Rechnung getragen werden müßte. Ehe ich im einzelnen beschreibe, wie die Psychoanalyse zum „Schleifen neuer Linsen" beitragen kann, erscheint es mir notwendig, zunächst die aktuellen Großgruppenkonzepte zu beschreiben.

2. Beschreibungen der Großgruppenidentitätskonzepte

Im Zeitraum von acht Jahren, von 1989 bis 1996, fanden weltweit insgesamt einhunderteins bewaffnete Konflikte statt, bei denen es jeweils mindestens fünfundzwanzig Tote pro Jahr infolge von Kampfhandlungen gab. 1996 waren allein sechsunddreißig solcher Konflikte akut. Bei siebzehn davon lag die Zahl der zu beklagenden Todesopfer unter eintausend, und bei sechs dieser Konflikte über eintausend. Bei anderen, über den Zeitraum eines Jahres hinaus anhaltenden Konflikten belief sich die Gesamtzahl der Todesopfer auf über eintausend, lag jedoch unter eintausend pro Jahr (Sollenberg, 1997). 1997 waren dreißig anhaltende bewaffnete Konflikte zu verzeichnen. Viele dieser Kriege sind innerhalb der Landesgrenzen souveräner Staaten zwischen ethnischen Gruppen entbrannt, und sie haben *Ethnizität*, ethnischen Terrorismus und ethnische Säuberungen zu ebenso feststehenden wie alltäglichen Begriffen gemacht. Da ethnische Fragen so oft in den Nachrichten vorkommen, sollte man meinen, es dürfte kein Problem sein, eine einheitliche und akzeptable Definition der Ethnizität zu finden. Dem ist jedoch nicht so. Die Ethnizität sollte kein rigides, feststehendes Konzept sein (Horowitz, 1985).

Das Wort „Ethnizität" kommt von dem griechischen Wort „ethnos", was soviel wie Gesellschaft, Volk oder Stamm bedeutet. Scrutons (1982) *Dictionary of Political Thought* definiert eine ethnische Gruppe als eine Gruppe, die „kraft einer langen Verbindung über Generationen, komplexe Verwandtschaftsbeziehungen, eine gemeinsame Kultur und in der Regel religiöse Uniformität und gemeinsame territoriale Bindungen und Verhaftungen hinweg" besteht (S. 157). Der Anthropologe De Vos (1975) verweist auf eine Reihe von Elementen, die von den Mitgliedern einer ethnischen Gruppe geteilt werden und bei anderen fehlen, mit denen die erste Gruppe verbunden oder denen sie angegliedert ist. Zur Liste dieser Elemente gehören volkstümliche religiöse Überzeugungen und Praktiken, die Sprache, ein Gefühl von historischer Kontinuität, der Glaube an eine gemeinsame Abstammung und Ahnenreihe und einen gemeinsamen Ursprungsort sowie an eine gemeinsame Geschichte. Ein anderer Anthropologe, Stein (1990), vertritt die Auffassung, daß die Ethnizität keine naturgegebene Kategorie, sondern eine Denkweise ist.

Ein mit der Ethnizität engverwandtes Konzept ist die *Rasse*, das sich auf naturgegebene Kategorien konzentriert. Es beruht auf der Idee, daß Menschen nach der Verschiedenheit ihrer Hautfarbe, der Beschaffenheit ihres Haares, den Gesichtsmerkmalen oder anderen physischen Charakteristika in Subspezies unterteilt werden können. Solche Unterscheidungen gehen jedoch in *Rassismus* über, wenn dabei unterstellt wird, sie würden zugleich verschiedene Stufen der menschlichen Entwicklung widerspiegeln, und als Rechtfertigung für das Zugeständnis oder den Entzug von Rechten und Privilegien herangezogen und benutzt werden.

In vielen Ecken der Welt gibt es immer noch Rassismus, der inzwischen allerdings, und zwar insbesondere in Westeuropa, durch ein neues Konzept, den *Neorassismus*, ersetzt wurde. Neorassismus ist weder in der Biologie noch in den physischen Merkmalen von Menschen begründet, sondern in der Anthropologie und in ideologischen Verbrämungen der Bedeutung des Unterschieds zu anderen. In manchen Kreisen in Europa werden zum Beispiel die für Immigranten afrikanischen, nahöstlichen oder asiatischen Ursprungs typischen religiösen Bräuche, Sprachen oder Wertesysteme zur Rechtfertigung der Notwendigkeit herausgestellt, die Gemeinschaften getrennt voneinander zu halten (Unterausschuß der Menschenrechtskommission zum Schutz vor Diskriminierung und zum Schutz von Minderheiten, Vereinte Nationen, 1992). Der Neorassismus ähnelt dem Konzept des *Ethnozentrismus*, der kennzeichnend für Einstellungen ist, die unkritisch oder ungerechtfertigt Thesen von der Überlegenheit einer ethnischen Gruppe gegenüber einer anderen unterstützen.

Darüber hinaus gibt es auch eine enge Verbindung zwischen einer ethnischen Gruppe und dem Konzept der *Nation*, sofern eine Nation sich aus einer homogenen Menschengruppe zusammensetzt. Der Hauptunterschied zwischen einer Nation und einer ethnischen Gruppe besteht darin, daß eine Nation politische Autonomie, feststehende Grenzen oder zumindest Organisationen impliziert, durch die Rollen und Positionen geschaffen werden und Status verliehen wird (Gittler, 1977). Gleichwohl sind manche Beschreibungen des Wortes Nation fast identisch mit Beschreibungen ethnischer Gruppen. Petersen (1980) beschreibt eine Nation zum Beispiel als „ein Volk, das durch die gemeinsame Herkunft von mutmaßlichen Vorfahren und durch sein gemeinsames Territorium, seine gemeinsame Geschichte, Sprache, Religion und/oder Lebensweise miteinander verbunden ist" (S. 235). Er erweitert das Konzept der Nation um die, wie er sie nennt, *Subnation*, eine Einheit, die kleiner als eine Nation ist. Dieser Begriff kann sinnfällig zum Verständnis ethnischer Gruppen genutzt werden, die die Grenzen einer Subnation haben und „selten direkt mit dem Pendant eines seine Landesgrenzen schützenden Staates assoziiert" werden (S. 235).

Nationen können auf verschiedene Art und Weise „geboren" werden. Mancherorts, wie im neunzehnten Jahrhundert in Europa, ersetzten Nationen die Souveränität eines Monarchen und durch die Propagierung und Förderung der Menschenrechte den Einfluß der Kirche. Worte wie Nation und Nationalismus gewannen damit neue Bedeutungen, die sich von ähnlichen, im klassischen griechischen Denken verwendeten Begriffen unterschieden. Als die Landkarte Europas nach der Geburt der französischen und amerikanischen Republiken mit dem Aufkommen vereinigter Nationalstaaten neugestaltet wurde, entwickelte sich der Nationalismus dann im neunzehnten und zwanzigsten Jahrhundert zu einer dominierenden politischen Bewegung.

In Europa war die Gründung von Nationen mit Kämpfen, oft blutigen Kämpfen, verbunden. Andernorts wurden Nationen demgegenüber auf völlig andere Art und Weise „geboren". Kuwait wurde zum Beispiel von der Al-Sabah-Dynastie und zwei weiteren Familien gegründet, die auf der Suche nach einem besseren Leben von der arabischen Halbinsel dorthin immigriert waren. Ihnen schlossen sich im Laufe der Jahrhunderte weitere Immigranten – arabischen wie auch persischen Ursprungs – aus den umliegenden Gebieten an. Die sodann aus der langsamen Verschmelzung hervorgegangene ethnische Identität war weder ein unausweichliches noch ein zufälliges Produkt. Sie war vielmehr das Ergebnis sowohl bewußter als auch unbewußter Entscheidungen, geteilter Verschreibungen und Zuneigungen sowie einer gemeinsamen Geschichte (Howell, 1995).

Der Historiker Loewenberg (1995) bezeichnete Kuwait als eine Art „synthetischer Nation" (S. 196). Synthetische Nationen – die Vereinigten Staaten, Brasilien, Indonesien und Israel – werden „erfunden", wenn unterschiedliche, verschiedenartige Menschen zusammengeführt werden und ihre Unterschiede transzendieren. Loewenberg verweist auf Bauers (1907) Begriff der „Schicksalsgemeinschaft" als das gemeinsame Element, das solche verschiedenartigen Individuen miteinander verbindet und sie zu einer Großgruppe macht. Bauer beschrieb eine Nation als eine durch geteilte Erfahrungen geformte und geprägte Gemeinschaft. Da Nationen auf unterschiedliche Weise „geboren" werden, gibt es auch von Nation zu Nation Unterschiede, inwieweit einzelne einbezogen oder ausgeschlossen, benachteiligt oder anspruchsberechtigt sind.

Der Begriff des *Nationalismus* bezieht sich auf die von den Mitgliedern einer Gruppe geteilten Verbundenheit mit ihrer Nation. Kohn (1944) beschreibt den Begriff wie folgt:

> Der Nationalismus – unsere Identifizierung mit dem Leben und den Aspirationen unzähliger Millionen, die wir nie kennen werden, innerhalb eines Territoriums, das wir in seiner Gesamtheit nie besuchen werden – unterscheidet sich qualitativ von der Liebe zur Familie oder heimatlichen Umgebung. Er ähnelt qualitativ der Liebe zur Menschheit oder zur ganzen Erde (S. 9).

Petersen (1980) stellte fest, daß der Nationalismus bei jedem Individuum einen eigenen Charakter und eine eigene Intensität haben kann und sich mit dem Wechsel der Zeit, Örtlichkeiten und Umstände verändern kann. Die Geschichte zeigt darüber hinaus, daß das Konzept des Nationalismus nicht immer mit Freiheit und hohen humanistischen Idealen verbunden ist. Es kann auch mit Rassismus, Totalitarismus und Zerstörung verknüpft sein. Die Nazi-Version des Nationalismus zog zum Beispiel gegen demokratische und liberale Ideen zu Felde und war auf Rassismus gegründet. Vor diesem Hintergrund scheint denn auch vielfach zwischen „gutem" und „schlechtem" Nationalismus unterschieden zu werden.

Ein gutartiger, staatsbürgerlicher Nationalismus wird mitunter als *Patriotismus* bezeichnet. Der Schriftsteller George Orwell (1945) beschrieb Patriotismus als eine „tiefe Zuneigung zu einem bestimmten Ort und einer bestimmten Lebensweise, die man für die beste der Welt hält, ohne dabei jedoch den Wunsch zu haben, sie anderen aufzuzwängen" (S. 362). Orwell zufolge ist Patriotismus defensiv, sowohl militärisch als auch kulturell. Nationalismus war für ihn indes negativ umgeschlagener Patriotismus, und er beschrieb ihn als „Machthunger, der durch Selbsttäuschung gemäßigt wird" (S. 367). Ebenso haben Wissenschaftler und Gelehrte in der Politikwissenschaft und den Gesellschaftswissenschaften zwischen gutartigem, staatsbürgerlichem und malignem, autoritärem Nationalismus unterschieden (Tehranian, 1993; Nodia, 1994; Kupchan, 1995; Kecmanovic, 1997).

Vor dem Nationalismus und Patriotismus gab es die *Religion*. Das Wort „Religion" kommt von dem lateinischen *religo*, was „(wieder) zusammenbinden" bedeutet. Die jahrhundertealten Religionen schufen ein Band zwischen dem Menschen und Gott und durch die primäre Gruppenzugehörigkeit ein Zusammengehörigkeitsgefühl für die Menschen. Neuere Konzepte der Nation versuchten sodann, das zuvor durch die Religion besetzte Vakuum zu füllen. Die Franzosen sollten zum Beispiel weiterhin religiöse Überzeugungen mit anderen außerhalb ihres Nationalstaates teilen, wobei die Nation nunmehr jedoch einen engeren Bezugsrahmen für ihr Zusammengehörigkeitsgefühl lieferte. Menschen und ihre Ideologien können hingegen nicht voll und ganz die von Göttern gegebenen Direktiven ersetzen (Chasseguet-Smirgel, 1996). Scruton (1982) meinte:

> Religion und Politik können weder in den Köpfen der Gläubigen noch derjenigen, die sie zu regieren gedenken, voneinander getrennt werden, und religiöse Konzeptionen haben fast alle Konzepte und Institutionen des modernen westlichen Regierungssystems beeinflußt: das Gesetz – durch das kanonische Recht und das Naturgesetz; die Souveränität – durch die Doktrinen der internationalen Rechtsprechung; Eigentum und Besitz – durch die Doktrinen vom gerechten Lohn und den Wucherzinsen; die soziale

> Wohlfahrt sowie Bildung und Erziehung – durch das Gebot der Nächstenliebe und Wohltätigkeit; die politische Pflicht – durch die Gebote der Pietät und des Gehorsams; und die politische Stabilität – durch den Glauben, daß die Vollkommenheit nicht zu dieser Welt, sondern zu einer anderen gehört (S. 399).

Der ethnische Terrorismus im Nahen Osten wird heute offen mit der Religion in Verbindung gebracht. Ebenso werden die sich seit Anfang der neunziger Jahre in den Vereinigten Staaten formierenden Milizen und deren Sympathisanten durch die Literatur der radikalen Rechten wie auch den apokalyptischen evangelischen Protestantismus beeinflußt. Barkun (1995) vertrat die Auffassung, daß „... die oberflächlich säkulare Ideologie der Milizen – die Überzeugung, daß die verfassungsmäßige Regierung durch geheime politische und wirtschaftliche Kräfte bedroht wird – enge und direkte religiöse Verbindungen maskiert. Diese Vereinigungen verbinden die Verschwörung mit dem Kampf Satans gegen Gott, dem Auftreten des Antichristen und der unmittelbar bevorstehenden Endzeit." Fest steht, daß die Religion als Großgruppenkonzept bleiben und weiterhin in der nationalen Politik und den internationalen Beziehungen eine Rolle – und mitunter eine Schlüsselrolle – spielen wird.

Schlußbemerkung

Die Überschneidungen bei den in diesem kurzen Überblick dargestellten verschiedenen Großgruppenkonzepten verdeutlichen die Notwendigkeit zur Flexibilität bei der Definition von Großgruppenidentitätskonzepten – dabei sollte der Relativität der jeweils aktuellen Situationen Rechnung getragen werden. Die Kopten in Ägypten sind zum Beispiel stolz auf ihren einmaligen religiösen Glauben und identifizieren sich nach dieser religiösen Unterscheidung von anderen. Sie glauben, die direkten Nachkommen der alten Ägypter zu sein, die von den Pharaonen regiert wurden. Sie sondern sich, ethnisch gesehen, also von der Mehrzahl der Ägypter ab, die Araber sind. Um sich in Ägypten sicher zu fühlen, betrachten sie sich indes auch als zur ägyptischen Nation gehörig. Sie definieren sich, abhängig von den jeweiligen Umständen, nach den Konzepten der Religion, Ethnizität oder Nationalität.

In diesem Buch geht es mir hauptsächlich um die psychodynamischen Prozesse in Zusammenhang mit Großgruppen und nicht darum, eine präzise Definition für irgendeines dieser Konzepte zu finden. Da sie sich jedoch alle auf die Identität einer Großgruppe beziehen, beginne ich meine psychoanalytische Untersuchung der Großgruppenpsychologie damit, daß ich zunächst herausarbeiten möchte, was mit Identität gemeint ist. Und den Begriff der

Identität möchte ich als erstes in Zusammenhang mit dem Individuum untersuchen, denn eine derartige Studie liefert den notwendigen Hintergrund für eine Untersuchung der Großgruppenidentität.

3. Die individuelle Identität

In den letzten zwei Jahrzehnten haben Psychoanalytiker sehr vieles über Borderline- und narzißtische Patienten dazugelernt. Diesen Patienten fehlt eine integrierte Identität – eine Erkenntnis, die nunmehr zu einer verstärkten Nutzung des Konzeptes der Identität geführt hat. In der psychischen Organisation solcher Patienten sind widersprüchliche Selbst- und Objektbilder nicht integriert – bei ihnen liegt eine Spaltung zwischen ihren „guten" und „bösen" Selbst- und Objektbildern vor, die sich auch in ihren zwischenmenschlichen Beziehungen widerspiegelt. Da sie nicht über eine integrierte und kohärente Identität verfügen, sind sie innerlich übermäßig mit dem Gefühl beschäftigt, wer sie sind. Niemand zeigt diese intensive Beschäftigung äußerlich besser als narzißtische Personen. Sie wollen, daß andere zum Beispiel ihr inneres Gefühl von Größe und Großartigkeit bestätigen, und tragen dieses Gefühl der Grandiosität wie eine Fahne vor sich her, damit andere sie sehen können. Innerlich fühlen sie sich unglaublich schön oder intelligent oder mächtig. Sie wünschen sich von anderen die Anerkennung, daß sie ein Geschenk Gottes für diese Erde sind. Aber abgespalten von ihrem Gefühl offenkundiger Grandiosität, gibt es jedoch gleichzeitig auch verborgene, entwertete, „hungrige" Teile. Einer meiner Patienten, ein junger Mann, den ich George nannte (Volkan, 1976, dt. 1978), sah jeden Morgen in den Spiegel und sagte: „Verzieh dich, Robert Redford, hier komme ich. Ich bin schöner als jeder Filmstar!" Er war einmal nach Griechenland gefahren und dort am Strand spazierengegangen und hatte dabei das Gefühl gehabt, ein griechischer Gott zu sein, und daß jeder am Strand ihn bewunderte und anhimmelte. Ein andermal, als er für einen Künstler in New York nackt als Modell posierte (er war in der Tat ein attraktiver Mann), stellte er sich vor, er würde einen wahnsinnigen Verkehrsstau in der Stadt verursachen, da jeder gleich losstürmen würde, um seinen nackten Körper zu sehen. Dieser Mann hatte allerdings die Gewohnheit, einen übermäßigen Vorrat mit Hunderten von Lebensmittelkonserven in seinen Küchenschränken zu horten, damit er nie Gefahr lief, hungern zu müssen. Sobald sich dieser Vorrat auch nur geringfügig verringerte, befiel ihn Angst, die sich erst wieder legte, wenn er die Vorräte neuerlich aufgestockt hatte.

Aufgrund unserer klinischen Erfahrung mit Patienten wie George oder mit Borderline-Patienten, die sich selbst und ihre innere Welt in „gute" und „böse" Kategorien unterteilen, nehmen Kliniker bei Diskussionen über Fälle im Kollegenkreis oft auf das Konzept der Identität bezug. Identitätsschwierigkeiten werden auch in der heutigen psychoanalytischen Literatur erwähnt. Gleichwohl ist das Konzept der Identität in der Psychoanalyse relativ neu, und es gibt keine umfassende und allgemein akzeptierte Definition. Akhtar (1992) fand zum Beispiel vor einigen Jahren, als er die verfügbare Literatur über die Identität sichtete, statt einer einheitlichen Definition insgesamt sieben Merkmale der Identität. Dies erinnert mich an die Anekdote von den blinden Männern, die gebeten werden, unter Zuhilfenahme ihres Tastsinnes einen Elefanten zu beschreiben. Jeder der Männer beschreibt sodann verschiedene Merkmale des Tieres, aber keiner von ihnen ist in der Lage, den Elefanten in seiner Ganzheit zu erfassen. Im Unterschied zu den Blinden integriert Akhtar jene sieben Merkmale der Identität jedoch in einem vielfach determinierten und facettenreichen Konzept.

Ehe wir jedoch auf die jüngsten Vorstellungen über die Identität zu sprechen kommen, möchte ich zunächst auf Freuds Ansatz bei diesem Thema eingehen. Er sprach selten von der Identität, und wenn er es tat, dann in einem umgangssprachlichen oder allgemeinen, unspezifizierten Sinne. Ein wohlbekannter Verweis auf die Identität ist in einer Rede Freuds zu finden, die er vor dem B'nai B'rith hielt. Bei seiner Ansprache fragte er sich, was ihn ans Judentum band, da ihm als einem Ungläubigen nie ethnonationaler Stolz oder religiöser Glaube eingeflößt worden waren. Nichtsdestotrotz empfand er die „Heimlichkeit der gleichen seelischen Konstruktion" und bemerkte eine „klare Bewußtheit der inneren Identität" als Jude (Freud, 1926b, S. 51f).

Interessant ist, daß Freud mit dieser Bemerkung seine individuelle Identität mit seiner Großgruppenidentität verknüpfte, da genau dies das Thema dieses Buches ist. Auf diese Verbindung werde ich noch detaillierter in den nächsten Kapiteln eingehen und die Entwicklung der Großgruppenidentität beschreiben, das heißt die nationale oder ethnische Identität, und dabei auf die Rolle gemeinsamer Rituale zur Einflößung, Aufrechterhaltung und zum Schutz der Großgruppenidentität eingehen und aufzeigen, wie dieser Prozeß sich in einen malignen und zerstörerischen Prozeß verkehren kann. Dazu ist es jedoch notwendig, zunächst einmal kurz unser derzeitiges Verständnis von der individuellen Identität und deren Entwicklung zusammenzufassen.

Beschreibung der individuellen Identität

Auch wenn ich gerade festgestellt habe, daß es im spezifischen psychoanalytischen Sinne keine klare Beschreibung der Identität gibt, herrscht Einvernehmen darüber, daß die Identität sich auf eine subjektive Erfahrung bezieht. Sie kann somit von anderen verwandten Konzepten unterschieden werden, mit denen sie vielfach verwechselt wird. Die Identität wird manchmal fälschlicherweise mit dem *Charakter* und der *Persönlichkeit* verknüpft. Diese Begriffe werden oft in einem austauschbaren Sinne verwendet, um die Eindrücke zu beschreiben, die andere von den emotionalen Äußerungen, Sprachmodi und gewohnheitsmäßigen Denk- und Verhaltensmustern einer Person wahrnehmen. Unter Charakter ist traditionell das gewohnheitsmäßige ich-syntone Muster einer Person zur Beilegung intrapsychischer Konflikte zu verstehen. Manche Autoren sind der Auffassung, daß die Persönlichkeit ein Oberbegriff ist, der sowohl den Charakter als auch das *Temperament* abdeckt. Letzteres bezieht sich auf die konstitutionell determinierten affektiven, motorischen und kognitiven Neigungen eines Individuums (Moore und Fine, 1990). Wenn wir jemanden beobachten, der gewohnheitsmäßig reinlich, ordentlich und geizig ist, der übertrieben intellektualisiert und seine emotionalen Ausdrucksweisen kontrolliert, sprechen wir davon, daß diese Person einen zwanghaften Charakter hat. Beobachten wir jemanden, der unverhohlen argwöhnisch und vorsichtig ist und dessen äußere Erscheinung darauf schließen läßt, daß er seine Umwelt permanent auf mögliche Gefahren hin überprüft und absucht, sagen wir, daß diese Person eine paranoide Persönlichkeit hat.

Im Unterschied zu Charakter und Persönlichkeit, die von anderen beobachtet und wahrgenommen werden, bezieht sich die Identität auf das innere Funktionsmodell eines Individuums – das es selbst, nicht ein Außenstehender, spürt und erfährt. Einige Autoren wie Kernberg (1975, dt. 1978; 1976, dt. 1985; 1984, dt. 1990) und ich (Volkan, 1976, dt. 1978; 1987; 1995b) verwenden den Terminus der *Persönlichkeitsorganisation* und unterscheiden ihn vom einfachen Begriff der „Persönlichkeit". Die Persönlichkeitsorganisation ist eine theoretische und metapsychologische Erklärung der inneren Erfahrung und Konstruktion der Selbstvorstellung [oder auch Selbstrepräsentanz; die Begriffe *Repräsentanz* und *Vorstellung* werden synonym verwendet] sowie der Natur der Objektbeziehungen (zu Personen oder Dingen) einer Person. Die Persönlichkeitsorganisation ist ein Konzept, das der Identität näherkommt und benutzt wird, um zu beschreiben, ob letztere kohärent oder unentwickelt ist.

Erik Erikson, ein Psychoanalytiker, der sich auf die Identität konzentrierte, verwendete zuerst den Begriff der „Ich-Identität", ließ das Wort „Ich" dann jedoch fallen und sprach einfach nur noch von „Identität" (Erikson, 1956, dt. 1973). Er beschrieb die Identität als „ein dauerndes inneres Sich-Selbst-Gleichsein wie ein dauerndes Teilhaben an bestimmten gruppenspezifischen Charakterzügen" (S. 124). Bezeichnend für ein erwachsenes Individuum ist, daß es sich im alltäglichen Leben mit zahlreichen Aspekten seiner Identität in

Zusammenhang mit seinem gesellschaftlichen oder beruflichen Status identifizieren kann – man kann sich gleichzeitig als Mutter oder Vater, als Arzt oder Anthropologe oder als jemanden wahrnehmen, der Spaß an speziellen Sportarten oder Freizeitbeschäftigungen hat. Diese Facetten der Identität scheinen, oberflächlich betrachtet, zu Eriksons Definition zu passen. Ich glaube jedoch nicht, daß solche individuellen Manifestationen dessen, was wir als unsere einmalige Identität wahrnehmen, wirklich ein Gefühl von einem inneren Sich-Selbst-Gleichsein, also selbst immer derselbe zu sein, im psychoanalytischen Sinne reflektieren. Wenn die gesellschaftliche oder berufliche Identität einer Person bedroht ist, kommen möglicherweise Ängste ins Spiel. Es ist wahrscheinlicher, daß Ängste auftreten, wenn die Bedrohung – meist unbewußt – mit einem inneren Gefahrensignal verbunden ist, welches auf einen drohenden Verlust eines geliebten Menschen (Mutter) oder dessen Liebe, eines Körperteils (Kastration) oder des Selbstwertgefühls hindeutet. Diese Angst kann in manchen Fällen so gravierend sein, daß die betreffende Person sich in Behandlung begibt; sofern die Kernidentität als solche im übrigen jedoch „gesund" ist, ist es allerdings unwahrscheinlich, daß etwa durch berufliche Veränderungen oder einen Wechsel zu einem anderen Sportverein schwerwiegende psychologische Probleme verursacht werden.

Nehmen wir auf der anderen Seite einen Erwachsenen, der dekompensiert und schizophren wird. Bei einem solchen Individuum kommt es zu einer Fragmentierung seiner Identität, wobei der Betreffende innerlich das Gefühl haben kann, wie ein in Milliarden Teile explodierender Stern zu sein. Er empfindet in jedem Fall Angst; eine Angst, die in der Tat so extrem ist, daß sie unsäglich erschreckend ist (Pao, 1979; Glass, 1989; Volkan, 1995b). Um diesem Entsetzen zu entkommen, entwickelt der Betreffende, sobald er dazu imstande ist, ein neues, wenn auch ein falsches (psychotisches) Identitätsgefühl, so daß er nunmehr vielleicht glaubt, Jesus Christus oder Mutter Theresa zu sein. Wenn wir einen Patienten nach der Herauskristallisation seiner Schizophrenie sehen, können wir die Diagnose weitaus sicherer stellen, wenn wir in der Anamnese eine Fragmentierung der Identität, das Erleben des Entsetzens, gefolgt von der Reorganisation einer neuen, wenn auch psychotischen Identität, entdecken können. Das Erleben des Schizophrenen hilft bei der Definition dessen, was ich unter *Kernidentität* verstehe, und unterscheidet diese von anderen gesellschafts- oder berufsbezogenen Identitäten. Keine Kernidentität zu haben, ist unerträglich – und gleichbedeutend mit psychischem Tod.

Als Erikson auf den Aspekt der Identität einging, bei dem es um ein Gefühl des Teilens und Gleichseins mit anderen geht, spezifizierte er wiederum die Kernidentität. Fan einer bestimmten Sportmannschaft zu sein, mag zwar ein gemeinsam geteilter Aspekt der Identität sein und jemanden mit vielen anderen verbinden, dies ist jedoch *kein* Aspekt der Kernidentität im psychoanalytischen Sinne. Demgegenüber *sind* jedoch bei normaler Entwicklung die zahlreichen und facettenreichen Dinge, die eine Person in ihre Großgruppe investiert, ein Teil ihrer Kernidentität. Ein Mann, der beispielsweise in Deutschland geboren wurde, in Deutschland lebt und sich als Deutscher wahrnimmt, kann seine Beschäftigung als Hobbyfotograph aufgeben und statt dessen anfangen, sich als Hobbyschreiner zu betätigen, er kann jedoch nicht aufhören, Deutscher zu sein, und statt dessen Türke werden. Sein Deutschsein ist Teil seiner Großgruppenkernidentität, die mit seiner individuellen Identität verknüpft ist. Sofern die eigenen Eltern jedoch aus verschiedenen ethnonationalen Gruppen kommen, oder wenn man in ein anderes Land emigriert, ist dieser Aspekt der Kernidentität hingegen vielleicht nicht so einfach zu definieren. Fest steht indes, daß sowohl die individuellen als auch die Großgruppenfacetten der Kernidentität sich in der Kindheit entwickeln und in der Adoleszenz miteinander verwoben werden, sich kristallisieren (Volkan, 1988, 1997) und Teil der Struktur des Erwachsenen-Selbst werden.

Die Entwicklung der individuellen Identität

Nach unserem heutigen Verständnis gehen wir davon aus, daß die Entwicklung des inneren Gefühls des Sich-Selbst-Gleichseins (Identität) auf der Internalisierung früher Objektbeziehungen, der Entwicklung einer integrierten Selbstvorstellung und der Erreichung einer *Objektkonstanz* basiert. Die Objektkonstanz bezieht sich im allgemeinen auf die von einem Kind entwickelte Fähigkeit, intrapsychisch das Bild seiner Mutter zu bewahren, auch wenn sie nicht anwesend ist, und dieses Bild genauso zu verwenden, als sei die Mutter libidinös verfügbar gewesen – für die Ernährung, Versorgung, Behaglichkeit und Liebe (Mahler und Furer, 1966; siehe auch Hartmann, 1952, und Akhtar, Kramer und Parens, 1996, bezüglich dieses Konzepts). Das Kind beginnt früh im Leben mit dem Prozeß, mit dem es zwei wesentliche Aufgaben erfüllt, die der *Differenzierung* und der *Integration*, die es ihm ermöglichen, eine Objektkonstanz zu erreichen und eine Kernidentität zu bilden.

Aus der modernen Säuglings- und Kleinkindforschung (Stern, 1985, dt. 1992; Emde, 1988a, 1988b, 1991) wissen wir, daß der Geist eines Säuglings aktiver ist, als wir uns ihn bisher vorgestellt haben. Er besitzt Potentiale für eine Vielzahl geistiger Aktivitäten. Die Idee von einer „autistischen Phase", wie Mahler (1968, dt. 1973) sie beschrieben hat, müssen wir somit fallenlassen. Die

Entwicklung des kindlichen Geistes wie auch seines Identitätsgefühls hängt in weiten Teilen von den Erfahrungen ab, die das Kind mit der Mutter oder den Mutter-Substituten macht, die die Grundlage für sein psychologisches Wachstum darstellen.

Durch die wiederholten Erfahrungen mit bedürfnisbefriedigenden und bedürfnisfrustrierenden äußeren Quellen entwickelt das Kind Selbst- und Objektbilder, die zunächst undifferenziert sind: Die Selbst- und Objektbilder werden auf einem Kontinuum erfahren. Sie werden nach affektiven Linien in libidinös besetzte („gute") und aggressiv besetzte („böse") undifferenzierte Selbst-/Objektbilder unterteilt. Eine der frühen Aufgaben des Kind-Ichs besteht darin, mit der Differenzierung zwischen seinen Selbstbildern und den Bildern von anderen Personen oder Dingen (Objekten) zu beginnen, um eine eigene psychologische Grenze zu entwickeln. Diese Differenzierung der Selbstbilder von Objektbildern in den ersten Lebensmonaten ist eine der entscheidenden Ich-Funktionen in Zusammenhang mit der Entwicklung der Identität (Jacobson, 1964, dt. 1973; Mahler, 1968, dt. 1973; Kernberg, 1975, dt. 1978; 1976, dt. 1985; 1984, dt. 1990). Bei diesem Prozeß entwickeln sich Selbst- und Objektbilder, ohne integriert zu werden.

Mit der Zeit setzt dann ein psychobiologischer Entwicklungsschub ein, um die zweite Aufgabe des frühen Ichs zu erfüllen – die entgegengesetzten („guten" und „bösen") Objektbilder zu integrieren und sie zu Objektvorstellungen (oder Objektrepräsentanzen) zu verbinden und die entgegengesetzten Selbstbilder zu integrieren und sie zu einer integrierten Selbstvorstellung (oder Selbstrepräsentanz) zu verbinden. Der Begriff der *Vorstellung* (oder *Repräsentanz*) bezieht sich auf eine stabilere und beständigere Sammlung von miteinander verbundenen Selbst- bzw. Objektbildern.

Vor der Integration von entgegengesetzten Selbst- und Objektbildern neigt das Kind dazu, sich selbst und andere in einem „Schwarzweiß"-Schema zu sehen. Bei normaler Entwicklung beginnt die Integration von entgegengesetzten Selbst- und Objektbildern etwa im Alter von sechs Monaten und ist in den meisten Fällen etwa nach sechsunddreißig Monaten abgeschlossen, wenn das Kind Ambivalenzen tolerieren können sollte – das heißt, dieselbe Person oder sich selbst jeweils zu lieben und zu hassen. Wenn das Kind dann über eine integrierte Selbstvorstellung verfügt, beginnt es, ein „dauerndes inneres Sich-Selbst-Gleichsein" zu erfahren und erlebt sich selbst und andere dann auch nicht mehr in einem Schwarzweiß-Schema. Zudem werden auch die mit den entgegengesetzten Bildern verbundenen Emotionen zusammengebracht, so daß das Kind einen „zahmeren" Modus bezüglich der emotionalen Besetzungen sich selbst und anderen gegenüber entwickelt. Es ist in einem gewissen

Sinne realistischer und hat jetzt die Grundlage seiner Kernidentität gebildet. Wenn diese Grundlage etabliert ist, beginnt das Kind, eine Objektkonstanz zu erreichen.

Sobald die Selbstvorstellung integriert und kohärent geworden ist, bereichern die Erfahrungen mit Objekten oder ihren Bildern, die von außen aufgenommen und assimiliert werden (dieser Prozeß wird als *Identifikation* bezeichnet) diese Selbstvorstellung. Wenn ein Kind sich mit den Bildern anderer identifiziert und die mit diesen Bildern verbundenen Aufgaben übernimmt, nimmt seine Fähigkeit zu, sich auf sich selbst verlassen und auf sich selbst vertrauen zu können. Dabei gibt es natürlich auch maladaptive Identifikationen, sie sind jedoch nicht das zentrale Thema dieses Buches. Im Sinne einer allgemeinen und „normalen" Identitätsbildung gehe ich nur auf anpassungsfähige, wachstumsfördernde Identifikationen ein.

Die Identifikationen sind von Natur aus auf jeder Stufe der Entwicklungsleiter verschieden. In der präödipalen Phase geben entscheidende Identifikationen dem Kind ein Zugehörigkeitsgefühl zu seiner Mutter und den Mutter-Substituten, während es zugleich ein separates Identitätsgefühl entwickelt. Diese Identifikationen geben dem Kind auch die Fähigkeit, die Dinge zu tun, die seine Versorger tun. Das Kind identifiziert sich zudem auch mit dem „Frustrator" (Volkan, 1982), und diese Identifikation befähigt das Kind, effektiv „nein" sagen zu können und im weiteren seine eigene separate Identität zu finden. Die Identifizierung mit einem „Angreifer" (A. Freud, 1936) ermöglicht es einem Kind, seine Passivität in Aktivität oder Selbstbehauptung zu verwandeln.

In der ödipalen Phase assimiliert das Kind durch „Überich-Identifizierungen" (die eng mit der Identifizierung mit einem Angreifer verwandt sind) elterliche Verbote und Werte wie auch idealisierte Bilder von ihnen in seiner Identität. Solche Identifizierungen verbinden das Kind mit dem kulturellen und Gruppenerbe seiner Eltern. Erzieherische und bildungsspezifische Aktivitäten in der Latenzphase führen zu Identifizierungen mit Lehrern und anderen Schülern (und Geschwistern) und deren geistigen Vorstellungen. Solche Identifizierungen beeinflussen und sorgen für eine sekundärprozeßhafte Wertschätzung und Würdigung der Einmaligkeit des Kindes, seiner Verbindung mit anderen, die weitestgehend wie es selbst sind, wie auch die Gemeinsamkeit bestimmter Charakteristika, die es mit anderen teilt. Identifikationen und Identität sind verwandte, aber keine austauschbaren Konzepte. Wie Erikson (1956, dt. 1973) feststellte, beginnt die Identität, wo der Prozeß der Identifikation endet. Ich modifiziere dies, indem ich sage, daß eine kohärente Kernidentität sich vergrößert und zunimmt, wenn die Identifikationen in eine differenzierte und integrierte Selbstvorstellung (der Grundlage der Kernidentität) assimiliert werden.

Die Kernidentität, die im Alter von drei Jahren beginnt und sich in der ödipalen und Latenzphase vergrößert, kristallisiert sich in der Adoleszenz heraus. Blos (1979) hat bereits detailliert beschrieben, wie sich der Charakter eines Individuums in dieser Zeit aus der Verbindung verschiedener Charakterzüge formt, und nach meiner Auffassung wird in dieser Periode auch die Bildung der Kernidentität abgeschlossen (Volkan, 1977). Blos (1979) listet vier Voraussetzungen auf, ohne die die endgültige „Charakterbildung" (Persönlichkeitsorganisation, die von anderen beobachtet werden kann) nicht ordnungsgemäß verlaufen kann. Die erste von Blos genannte Voraussetzung ist die sogenannte *zweite Individuation*, die sich auf die Beobachtung bezieht, daß der Adoleszent während des Übergangs der Adoleszenz regrediert und seine inneren Bindungen an die Objektbilder und -vorstellungen und die entsprechenden Selbstbilder und -vorstellungen aus seiner Kindheit lockert. Diese Regression findet im Dienste der weiteren psychischen Entwicklung und Konsolidierung der inneren Welt des Jugendlichen statt und erfolgt unwillkürlich. Unbewußt überprüft der Adoleszent seine Identifikationen, die er in der Kindheit gebildet hat, modifiziert sie und läßt einige von ihnen sogar ganz fallen. Dann mischt er die verbleibenden Identifikationen mit ihren Modifikationen und Zusätzen neu und läßt sie sich setzen. Hier sind auch zusätzliche Identifikationen möglich, da innere Bindungen an bestehende Objektbilder und -vorstellungen gelockert werden, so daß das Kind neue äußere und außerfamiliäre Liebes- und Haßobjekte finden und sich mit ihren Bildern oder Vorstellungen identifizieren kann. Nichtsdestotrotz bleibt der Einfluß der ursprünglichen Kindheitsidentifikationen immer eine innere Kraft, die Einfluß auf die zweite Individuation hat, die gründliche Überprüfung und Überholung des bestehenden Charakters wie auch der Identität.

Die zweite von Blos angeführte Voraussetzung bezieht sich auf die Überwindung von *Resttraumata*, die Reste von Zuständen und Bedingungen, die ungünstig und schädlich für die psychische Entwicklung des Kindes waren. In der Adoleszenz werden Symptome von Resttraumata oder defensive Anpassungen an Resttraumata als neue Charakterzüge im Gesamtcharakter assimiliert und wecken dann keine Signalängste mehr. Stellen Sie sich ein Kind mit einem Resttrauma in Zusammenhang mit Kastrationsängsten vor, das Signalängste erfährt, wenn es in die Nähe von scharfen Gegenständen wie einem Schlachtermesser kommt, die für das Kind den gefährlichen Phallus seines Vaters repräsentieren. Es hat eine Messerphobie und meidet daher Schlachtermesser. Sofern es in der Adoleszenz dann einen antiphobischen Charakterzug entwickelt und seine Identität einen gewissen Mut mit einschließt, wird es sodann keine Signalängste mehr erfahren, wenn es in die Nähe von Messern kommt. Es verfügt jetzt über ein Selbstgefühl, das es als Teil seiner Einmaligkeit erfährt: Es hat weniger Ängste als viele anderen, Risiken einzugehen.

Die dritte Voraussetzung schließt die Maßnahmen mit ein, die unternommen werden, um eine dem Kind aufgezwungene Verzerrung in der Familiengeschichte (dem *Familienmythos*) zu korrigieren. Bestimmte Wahrnehmungen, die von einem Kind als Realität erfahren werden, gehören von ihrem Ursprung her zu seinen Eltern und anderen Versorgern. In der Adoleszenz läßt es vielleicht unbewußt seine Kindheitsidentifikation mit dem Bild von seiner Mutter oder seinem Vater (oder dem Bild von anderen Versorgern) fallen, das diese eigentümliche Wahrnehmung der „Realität" bedingt. Bei der Neubewertung und -beurteilung der Bürde des Familienmythos schüttelt es diesen Aspekt seiner Identität dann ab oder modifiziert ihn. Nach der Familiengeschichte wird ein Kind beispielsweise vielleicht wie ein „Ersatzkind" behandelt (Cain und Cain, 1964; Poznanski, 1972; Volkan und Ast, 1997): Während es aufwächst, ist seine Selbstvorstellung ein „Reservoir" der Vorstellung von einem toten Geschwisterteil. Seine Mutter hat ihre Objektvorstellung von ihrem toten Kind in das sich entwickelnde Selbstgefühl ihres neuen Kindes hineinverlagert. Das Ersatzkind muß das, was in ihm deponiert wurde, mit seiner übrigen Identität integrieren. Wenn es Schwierigkeiten hat, diese Integration in seiner Kindheit zu erreichen, hat es in der Adoleszenz eine zweite Chance, etwas daran zu tun, daß es ein Ersatzkind ist. Es kann die nicht assimilierte Vorstellung von dem toten Geschwisterteil aus seiner Identität fallenlassen oder dafür sorgen, daß sie weniger oder fortan anders als in den Prä-Adoleszenzjahren Einfluß auf sein Gefühl des Sich-Selbst-Gleichseins nimmt.

Die vierte Voraussetzung hängt mit dem Entstehen der *sexuellen Identität* zusammen. Wenn in der frühen Kindheit die Grundlage der Kernidentität gelegt wird, schließt sie auch die Erfahrung des Kindes mit seinem Körperbild mit ein. In seiner weiteren geistigen Entwicklung differenziert das Kind sich dann in einer subtileren, ausgereifteren Weise von anderen. Wenn es die anatomischen Unterschiede zwischen den Geschlechtern entdeckt, fügt es seiner Kernidentität eine „Geschlechtsidentität" hinzu. Die Geschlechtsidentität etabliert sich also in der frühen Kindheit, während die „sexuelle Identität mit definitiven, d.h. irreversiblen Grenzen erst verspätet als Begleiterscheinung der sexuellen Reife in der Pubertät zutage tritt" (Blos, 1979, S. 186).

Die Kernidentität, die im Alter von drei Jahren beginnt, bleibt, nachdem sie sich in der Adoleszenz herauskristallisiert hat, für das Individuum den Rest seines Lebens der Mittelpunkt des Gefühls des Sich-Selbst-Gleichseins. Es ist zwar keine Frage, daß das Individuum nach der Adoleszenz viele neue Bindungen entwickelt und neue Identifizierungen eingeht, die seine Identität verändern, aber diese Veränderungen liegen an der Peripherie der Kernidentität, die aus praktischen Zwecken unveränderlich bleibt.

Im Erwachsenenalter können durch Liebesbeziehungen, die Anpassung an eine Ehe, dadurch, daß man Vater oder Mutter wird, daß man zum Einwanderer wird, daß man ins Exil geschickt wird oder schweren traumatischen Erfahrungen ausgesetzt ist, unbewußt innere Abläufe in Gang gesetzt werden, die dem ähneln, was in der Adoleszenz geschieht: Elemente verschiedener Identifikationen werden nochmals einer Prüfung unterzogen und dann in modifizierter Form wieder im Selbstgefühl des Individuums untergebracht. Die Kernidentität wird durch eine unbewußte Überprüfung der Kindheitsidentifikationen im Erwachsenenalter im allgemeinen nicht verändert, sofern die Regression, die eine derartige Überprüfung auslöst, nicht außergewöhnlich gravierend ist. Ein Individuum entwickelt, wie bereits an früherer Stelle erwähnt, auch in Zusammenhang mit seiner Karriere, seinem gesellschaftlichen und beruflichen Status multiple Identitäten.

Nachdem sich die Kernidentität einer Person herauskristallisiert hat, kann sie aus verschiedenen Blickwinkeln definiert werden. Dabei müssen wir das, was wir aus verschiedenen Blickwinkeln sehen, natürlich integrieren, um nicht dem Beispiel der Blinden zu folgen und den Elefanten (die Identität) aus isolierten Blickwinkeln und fragmentarisch zu beschreiben. Akhtar (1992) führte sieben Möglichkeiten auf, wie man das Konzept betrachten kann. Und zwar kurzgefaßt folgende:

1. Ein dauerndes Gefühl eines inneren Sich-Selbst-Gleichseins, also selbst immer derselbe zu sein, während man zugleich bestimmte Charakterzüge mit anderen teilt (Erikson, 1956, dt. 1973, S. 124).
2. Zeitliche Kontinuität im Selbsterleben. Vergangenheit, Gegenwart und Zukunft werden in einem glatten, ebenen Kontinuum erinnerter, gefühlter und für das Individuum erwarteter Existenz integriert.
3. Echtheit und Authentizität, damit die Person diese innere Existenz nicht so empfindet, „als ob" sie diese oder jene Person sei (Deutsch, 1942), und/oder sie einen „chamäleonhaften" Zug erhält (Kernberg, 1975, dt. 1978).
4. Ein realistisches Körperbild. Da die Bildung der Kernidentität die Erfahrung mit dem eigenen Körper und dessen verschiedenen Bildern mit einbezieht, heißt, eine solide Kernidentität zu haben, zugleich auch, daß man ein realistisches Körperbild hat.
5. Ein Gefühl der inneren Stabilität und die damit verbundene Fähigkeit, allein sein zu können. Dies bezieht sich auf die Erreichung einer Objektkonstanz.

6. Subjektive Klarheit über das eigene Geschlecht.
7. Eine gut internalisierte innere Moralität (Gewissen) und eine innere Solidarität mit der eigenen Großgruppe – zum Beispiel mit den Idealen einer ethnischen Gruppe.

Das letzte von Akhtar beschriebene Charakteristikum der Identität eines Individuums bezieht sich auf eine Verbindung zwischen der persönlichen Identität und der Großgruppenidentität. Akhtars Beschreibung dieses Charakteristikums impliziert, daß diese Verbindung auf der ödipalen Ebene stattfindet, wenn sich das „Gewissen" (Überich) eines Kindes herauskristallisiert. Es identifiziert sich dann mit den Verboten und Idealen seiner Eltern und darüber hinausgehend im weiteren mit den Verboten und Idealen seiner Großgruppe. Um diese Sicht zu untermauern, verweist Akhtar auf die Bemerkung Chasseguet-Smirgels (1984, dt. 1987), wonach eine erfolgreiche Lösung des Ödipuskomplexes dazu beiträgt, daß das Kind in die väterliche Welt eintreten kann. Das ist richtig, wobei ich jedoch meine, daß die Grundlage der Großgruppenkernidentität in der präödipalen Phase geschaffen wird; ödipale Einflüsse, wie wichtig sie auch sein mögen, werden erst später hinzugefügt.

4. Einführung zur Großgruppenidentität

Freuds Ideen zur Großgruppenpsychologie entsprachen seinem Verständnis vom Konzept der Religion. 1901 kehrte er den bekannten Satz in Genesis, „Gott schuf also den Menschen als sein Abbild", um und beschrieb, wie der Mensch Gott nach seinem eigenen Bilde schuf. Freud (1913, 1921, 1927) zufolge haben die Menschen eine Erinnerungsspur von einem Urvater geerbt, der in der Frühphase der Zivilisation ermordet wurde. Gott steht für die Repräsentanz des Vaters, und soweit es um die Gruppenpsychologie geht, steht auch der Führer der Gruppe für die Repräsentanz des Vaters.

Freud stützte seine Theorie über Großgruppen vor allem auf die psychologischen Prozesse der ödipalen Phase und war der Meinung, daß eine Feindseligkeit zwischen einem Mitglied einer Großgruppe und deren Führer von dem Mitglied in eine Art Loyalität gegenüber dem Führer umgewandelt werden muß. Genau wie der Sohn sich nach der Lösung oder versuchten Lösung des ödipalen Konfliktes mit dem ödipalen Vater identifiziert, so identifiziert sich das Mitglied einer Großgruppe mit dem Führer. Unterdessen identifizieren die Mitglieder sich auch gegenseitig miteinander und teilen ihre Hingabe und Ergebenheit gegenüber dem Führer. Eine Forderung nach Gleichheit bezieht sich auf die Gruppenmitglieder und nicht auf den Führer, der idealisiert wird.

Kris (1943) glaubte, Freud habe sein Essay über die Gruppenpsychologie hauptsächlich geschrieben, um damit die strukturelle (Es-Ich-Überich) Theorie der Psyche, an der er damals arbeitete, weiter zu klären, und er habe somit Gruppenfragen gewählt, die seine strukturelle Theorie unterstützten. Kris beschrieb zwei Ebenen des Funktionierens einer Gruppe. Auf der regredierten Ebene sind individuelle Unterschiede nicht wichtig, und die Gruppe und ihr Führer handeln gemeinsam. Auf einer reifen Ebene halten die Mitglieder der Gruppe an ihrer Individualität fest und nehmen die Botschaft des Führers aufgrund ihrer persönlichen Erfahrungen vielleicht auch anders als andere Mitglieder wahr.

Wie Waelder (1971) feststellte, beschränkte Freud sich auf regressiv gebildete Grupen, vor allem auf solche, die gebildet wurden, wenn die Mitglieder einer Gruppe eine gemeinsame Gefahr wahrnahmen und ihre Ergebenheit und ihren Gehorsam gegenüber dem Führer in der Erwartung erhöhten, daß er die Gruppe schützen würde. Freuds Theorie versuchte nicht, die verflochtene und sich gegenseitig verstärkende Beziehung zwischen einem Führer und seinen Anhängern oder die Rolle des Aggressionstriebes oder die Frage zu erklären, warum und wie Investitionen in emotional verbundenen Großgruppen manchmal zu erhöhter Gewalt führen. Und sie ging insbesondere auch nicht auf die Aspekte der präödipalen Phase ein, die zur Bildung der Großgruppenidentität beitragen.

In dem Zuge, wie die Untersuchungen der präödipalen Entwicklung in der Psychologie des Individuums zugenommen haben, ist auch das Interesse an den präödipalen Determinanten des Gruppenverhaltens gewachsen. Und mit dieser Entwicklung begannen die Analytiker dann auch, sich auf die unbewußten Phantasien zu konzentrieren, die bei einem Individuum durch seine Zugehörigkeit zu einer Gruppe aktiviert werden. Bions (1961, dt. 1971) Werk über diese Thematik ist hinlänglich bekannt. Er vertrat die These, daß eine Gruppe durch die Aufgabe definiert wird, für deren Erfüllung sie sich zusammengeschlossen hat. Wenn eine Gruppe auf einer reifen Ebene arbeitete, bezeichnete Bion sie als *Arbeitsgruppe*. Funktionierte die Gruppe auf einer regredierten Ebene, sprach er von einer *Grundannahmegruppe*, was bedeutete, daß das Gruppenverhalten durch bestimmte gemeinsame unbewußte Phantasien bestimmt wurde. Bion zufolge gibt es drei Arten von Grundannahmegruppen. Der erste Typus operiert unter einer „Abhängigkeits"-Annahme: Die Mitglieder idealisieren den Führer, während sie sich selbst als abhängig und unzulänglich wahrnehmen. Der zweite Typus der regredierten Gruppe funktioniert unter dem Einfluß einer „Kampf-Flucht"-Annahme: Die Gruppe wird in der Antizipation einer äußeren Gefahr vereint. Der dritte Typus teilt eine „Paarbildungs"-Annahme: Die Mitglieder konzentrieren sich auf ein Paar innerhalb der Gruppe (das nicht unbedingt heterosexuell ist), wobei die Mitglieder die Phantasie teilen, daß das Paar für die Fortpflanzung (Reproduktion) steht und die Gruppe sich fortpflanzen (reproduzieren) kann, wenn ihre Identität bedroht ist.

Bions Ideen entwickelten sich jedoch aus seiner Arbeit als Militärpsychiater heraus, im Rahmen derer er sich bemühte, effektive Methoden zur Auswahl von Offizieren zu finden, sowie aus seiner Arbeit mit Kleingruppen, die in psychiatrischen Kliniken zur Behandlung waren. Aus Bions Sicht war die Armee eine Institution, die aufgrund von Kampf-Flucht-Annahmen strukturiert war, und die Kirche eine Institution, die nach den Annahmen einer Abhängigskeits-Gruppe strukturiert war. Andere Analytiker erweiterten Bions Grundideen, um die Struktur anderer Organisationen zu erklären und damit auch einen Beitrag zur Förderung des Bereiches der Organisations- und Unternehmensberatung zu leisten (Pines, 1985). Soweit ich weiß, wurden seine Erkenntnisse jedoch nicht auf Großgruppen wie ethnische Gruppen übertragen, die Tausende oder Millionen von Menschen umfassen.

Anzieu (1971, 1984) und Chasseguet-Smirgel (1984, dt. 1987) vertraten die Ansicht, daß unstrukturierte und regredierte Gruppen eine idealisierte, alles befriedigende Mutter der frühen Entwicklungsphasen („Brust-Mutter") repräsentieren, die alle narzißtischen Verletzungen wiedergutmacht. Die Mitglieder solcher regredierten Gruppen wählen, wenn ihnen die Gelegenheit dazu gegeben wird, Führer, die solche Illusionen der Befriedigung fördern. Und sie werden gewalttätig und versuchen, eine äußere Realität zu zerstören, die mit dieser gemeinsam geteilten Illusion als nicht vereinbar wahrgenommen wird.

Kernbergs (1980, dt. 1988; 1989) Beobachtungen von Kleingruppen, Großgruppen und Massen führten ihn zu dem Schluß, daß die Regression in solchen Gruppen eine grundlegende Bedrohung für die persönliche Identität der Mitglieder darstellt. In Gruppensituationen treten primitive Objektbeziehungen (d.h. solche, die einer Objektkonstanz vorausgehen), primitive Abwehrvorgänge und insbesondere primitive Aggressionen zutage. In seiner neuerlichen Untersuchung von Freuds Theorien über die Gruppenpsychologie stellte Kernberg fest, daß Freuds Beschreibung der libidinösen Bindungen unter den Mitgliedern in einer Gruppe in der Tat eine Abwehr gegen präödipale Bedingungen reflektiert. Darüber hinaus, sagt er, „impliziert die Phantasie bei der Klein- wie auch der Großgruppenbildung stets eine primitive Führung, eine Führung, die näher beim primitiven mütterlichen Ichideal als beim Vater der Urhorde liegt, die aber selbst angesichts dieser Phantasiestruktur bereits eine Abwehr gegen die grundlegenden Bedrohungen der Identität und Gewalt in der Großgruppe darzustellen scheint" (Kernberg, 1989).

In den psychoanalytischen Ansätzen zu Gruppen hat eindeutig eine Verlagerung von der Betonung des Führers als einem idealisierten Vater zum Führer als einer idealisierten, nährenden Mutter stattgefunden. Kernberg wie auch andere unterscheiden jedoch nicht klar zwischen Klein- und Großgruppen oder zwischen der individuellen Identität und der Großgruppenidentität, die der einzelne mit Tausenden oder Millionen anderen Menschen teilt. Das wichtigste ist jedoch, daß diese Theorien eine Gruppe aus der Perspektive des Individuums zu verstehen suchen – sein Verlangen nach einem idealisierten Vater oder einer idealisierten Mutter oder sein Bedürfnis, Schutz in einer unstrukturierten und regredierten Gruppe zu suchen, in der frühe Objektbeziehungen, primitive Abwehrmechanismen und Aggression reaktiviert werden.

Ich habe nichts gegen metapsychologische Theorien einzuwenden, die die in Gruppen aktivierten, von den Mitgliedern geteilten Phantasien und die Beziehung zu definieren und zu erklären versuchen, die die Mitglieder zueinander und zu ihrem Führer haben. Mein Ansatz zur Großgruppenpsychologie unterscheidet sich jedoch erheblich von den Ansätzen anderer Theoretiker. Zunächst einmal geht meine Untersuchung der Großgruppenpsychologie auf meine Teilnahme an kleinen Tagungen zurück, bei denen Vertreter großer verfeindeter Gruppen an einem Tisch zusammengebracht wurden. Ich habe dabei festgestellt, daß die Teilnehmer aus den verfeindeten Gruppen nicht nur über ihre individuellen Identitäten, Erwartungen und Ängste sprachen und daß dabei nicht nur die von Bion beschriebenen Dynamiken augenscheinlich zutage traten, sondern daß die Teilnehmer sich dabei auch zu Sprechern der Großgruppen entwickelten, denen sie jeweils angehörten. Es war, als würden sie zwei Lagen Kleidung tragen. Die zu den Großgruppen gehörenden geteilten Phantasien waren immer, auch wenn sie in einem metapsychologischen Sinne in Zusammenhang mit ödipalen oder präödipalen Fragen erklärt werden konnten, mit der vergangenen Geschichte und den aktuellen sozialen, politischen, rechtlichen oder militärischen Realitäten der jeweiligen Gruppe, der das Individuum angehörte, verknüpft. Die gemeinsam geteilten Phantasien einer Gruppe können den gemeinsam geteilten Phantasien einer anderen Gruppe metapsychologisch ähneln, sie unterscheiden sich jedoch in jedem Fall in ihrer Perspektive zur spezifischen Geschichte und Realität der jeweiligen Gruppe. Angesichts der Entschlossenheit, mit der die einzelnen offenbar die Identität ihrer Großgruppe zu schützen versuchten, setzte sich bei mir die Überzeugung durch, daß es notwendig war, die Großgruppenidentität eingehender zu untersuchen. Da es zudem eine direkte Korrelation zwischen der Großgruppenidentität und den Beziehungen zwischen Staaten oder Nationen zu geben schien, habe ich mich bemüht, meine Theorie so darzustellen, daß sie auch von Politikern, Diplomaten und anderen, die täglich mit den Dynamiken von Großgruppen zu tun haben, verstanden werden können. Ich habe mich gefragt, auf welchen politischen und gesellschaftlichen Wegen Großgruppen konkret ihre Identität wahren und schützen.

Ehe ich versuche, diese Frage zu beantworten, ist es sicher hilfreich, zunächst die Großgruppenidentität zu beschreiben. In Abänderung von Eriksons (1956, dt. 1978) Beschreibung der individuellen Identität definiere ich die Großgruppenidentität – ob sie sich auf die Religion, Nationalität oder Ethnizität bezieht – als die subjektive Erfahrung von Tausenden oder Millionen von Menschen, die durch ein dauerndes Gefühl des Gleichseins miteinander verbunden sind, während sie gleichzeitig auch viele Charakteristika mit anderen fremden Gruppen teilen.

Um die Großgruppenidentität zu erklären, ist es hilfreich, auf die Analogie von einer großen Zeltplane (Volkan, 1992, 1997) zurückzugreifen. Stellen Sie sich vor, man würde von Kindheit an lernen, zwei Lagen Kleidung zu tragen. Die erste Lage, die zu dem Individuum gehört, das sie trägt, sitzt paßgenau. Sie ist die persönliche Kernidentität, die dem Individuum das Gefühl von einem dauernden inneren Gleichsein gibt. Die zweite Lage, die eigene Großgruppenidentität, ist ein lose sitzender, weiter Überzug, der es dem einzelnen ermöglicht, unter demselben Großgruppenzelt ein fortwährendes Gefühl des Gleichseins mit anderen zu teilen. Während es die Zeltstütze – der Führer – ist, die das Zelt aufrechthält, schützt die Zeltplane (die Großgruppenidentität) die Gruppe. Diese Metapher von der Zeltplane ist natürlich kein psychoanalytisches Konstrukt – sie veranschaulicht einfach eine Idee. Von psychoanalytischen Konzepten wird verlangt, daß sie die verschiedenen Komponenten der Plane beschreiben – die einzelnen „Fäden", die zu einem Stoff miteinander verwoben werden. Die Beschreibung dieser Fäden stellt den Kern dieses Buches dar.

Die sieben Fäden

Es sind sieben Fäden, aus denen, wenn sie zusammengewoben werden, die Zeltplane geschaffen und die Großgruppenidentität gebildet wird. Jeder dieser Fäden wird in den nachfolgenden Kapiteln detailliert beschrieben. Es sind im einzelnen folgende:

1. Passende Ziele der nicht integrierten „guten" Selbst- und Objektbilder der Kinder einer Großgruppe und der Projektionen von geschätzten Elementen.
2. Von den Kindern geteilte Identifikationen.
3. Passende Ziele der nicht integrierten „bösen" Selbst- und Objektbilder der Feinde der Gruppe und Reservoire der von den Feinden ausgehenden Projektionen unerwünschter Elemente.
4. Ausgewählte Ruhmesblätter und geistige Vorstellungen vom Mythos und der Geschichte, wie die Gruppe „geboren" wurde.
5. Ausgewählte Traumata.
6. Externalisierte Bilder der inneren Welten von (revolutionären) Führern und deren Ideologien.
7. Symbolbildung.

5. Die ersten zwei Fäden der Großgruppenidentität

Die individuelle und die Gruppenidentität sind bereits sehr früh im Leben miteinander verknüpft. Die Säuglingsforschung der letzten Jahrzehnte verdeutlichte, daß ein Säugling über viele angeborene Potentiale für verschiedene Ich-Funktionen und bereits existierende Ich-Funktionen verfügt, darunter auch jene, die die Bildung von Objektbeziehungen betreffen (als Beispiele siehe: Ainsworth, Bell und Stayton, 1974; Brazelton, Koslowski und Main, 1974; Klaus und Kennell, 1976; Meltzoff und Moore, 1977; Stern, 1985, dt. 1992; Emde, 1988a, 1988b, 1991, Greenspan, 1989). Emde stellte 1991 das Konzept vom „exekutiven Wir" auf: einer im Geist des Kindes existierenden „Idee", daß es gemeinsam mit den Versorgern agiert. Da aber die Umgebung eines Säuglings und kleinen Kindes auf Eltern, Geschwister, Verwandte und Freunde beschränkt ist, beinhaltet das psychobiologische Potential für „Wir-heit" keine Dimension einer Großgruppenidentität (z.B. ethnische). Fest steht, daß das Kind kein passiver (autistischer) Partner bei den Kind-Mutter-Interaktionen ist, wie manche früher glaubten. Nichtsdestotrotz verfügt ein Säugling weder über ein separates Selbstgefühl oder eine ausgebildete Identität, noch über reife Ich-Funktionen, die miteinander koordiniert wären. Die Kind-Mutter-Interaktionen fungieren als Inkubator (Volkan, 1995b; Volkan und Akhtar, 1997), in dem sich das Selbstgefühl des Kindes langsam differenziert und seine schon existierenden Ich-Funktionen und Potentiale für Ich-Funktionen allmählich reifen, neue Ich-Funktionen sich entwickeln und alle miteinander koordiniert werden. Die Grundlage der Kernidentität eines Individuums ist, wie bereits beschrieben, etwa im Alter von sechsunddreißig Monaten etabliert.

Obwohl dann bereits eine eindeutige individuelle Identität existiert, bleiben manche, sowohl „gute" (libidinös besetzte) als auch „böse" (aggressiv besetzte) Bilder immer unintegriert – dies ist eine der Lebensaufgaben, die nie ganz erfüllt werden. Da diese nicht integrierten Bilder die Stabilität des etablierten Kerns bedrohen, ist es problematisch, sie frei flottierend im Selbst zu behalten und es so zu belassen, da dies zu dem vormaligen nicht kohärenten Zustand führen kann – eine unbewußte Erinnerung an die potentielle Diffusion der Kernidentität. Gelingt es nicht, diese nicht integrierten Teile loszuwerden, wird dies im Ergebnis dazu führen, daß die Kernidentität des Kindes in seinen Entwicklungsjahren und auch noch darüber hinaus destabilisiert wird und Objektbeziehungskonflikte verursacht werden.

Das Kind probiert folglich verschiedene Wege und Möglichkeiten aus, mit potentiellen Objektbeziehungskonflikten umzugehen, da sein Ich gezwungen wird, sich mit den nicht integrierten Selbst- und Objektbildern und den mit ihnen verbundenen Emotionen auseinanderzusetzen. Im psychoanalytischen Sinne kann das reifende Ich mit seiner wachsenden Fähigkeit zu verdrängen, nicht integrierte Selbst- und Objektbilder zum Beispiel ins Es schieben (van der Waals, 1952; Kernberg, 1976, dt. 1985). Andere nicht integrierte Bilder werden vom Überich absorbiert und fördern die Vervollständigung der Überich-Bildung. Die aggressiv determinierten nicht integrierten Selbst- und Objektbilder verstärken, wenn sie ins Überich aufgenommen worden sind, die hemmenden, verbietenden und strafenden Funktionen des Überichs. Und die libidinös determinierten nicht integrierten Selbst- und Objektbilder fördern, wenn sie vom Überich assimiliert sind, die idealisierenden Aspekte des Überichs. Mit der Reife verfügt das Überich über ein Gleichgewicht zwischen seinen verbietenden/strafenden und idealisierenden Elementen.

Ein Kind kann mit diesen nicht integrierten Selbst- und Objektbildern auch in der Form umgehen, daß es sie externalisiert und in einer Person oder einem Gegenstand außerhalb von sich selbst deponiert. Die *Externalisation* ist eine primitive Form der Projektion, bei der Aspekte von sich selbst nach außen projiziert werden. (Der Begriff der „Externalisation" wurde bewußt gewählt, um die Prozeßhaftigkeit der Externalisierung zu verdeutlichen. Ebenso handelt es sich bei dem Begriff des „[gemeinsam] geteilten passenden Reservoirs" um einen feststehenden Begriff des Autors – Anm. d.Ü.) Ein sinnfälliges Beispiel hierfür wäre, wenn ein Kind hinfällt und sagt: „Ich bin nicht hingefallen, das war die Puppe" (Novick und Kelly, 1970).

Die Externalisation wird gewöhnlich von Kindern genutzt, wenn sie ihre innere Welt integrieren und die Grundlage der Kernidentität entwickeln. Es ist leicht zu verstehen, warum ein Kind ein „schlechtes" nicht integriertes Bild externalisiert: wenn das Kind solche Bilder in sich behält, fühlt es sich angegriffen, und sein Selbstwertgefühl wird verletzt und seine Identität bedroht. Indem es zum Beispiel sagt, daß es die Puppe war, die hingefallen ist, verleugnet das Kind sein „böses" Selbstbild (jemanden, der fällt) und schützt sich vor Gefühlen der Demütigung und Erniedrigung.

Aber warum sollte es für ein Kind notwendig sein, auch nicht integrierte „gute" Bilder zu externalisieren? Der Grund ist, genau wie bei den „bösen" Selbstbildern, darüber die Bildung einer erfolgreicheren und anpassungsfähigeren Kernidentität zu erleichtern. Wenn das Kind alle seine „guten" Bilder in sich behält, neigt es dazu, sich zu idealisieren und von der Außenwelt eine ähnliche Idealisierung zu erwarten. Das Leben würde sich als grausam erweisen, wenn andere es versäumten, diese maladaptive Idealisierung zu unterstützen. Statt dessen nutzt ein Kind möglicherweise zum Beispiel eine Tante oder einen Onkel als Container für nicht integrierte „gute" Bilder, wobei dann diese Tante oder dieser Onkel und nicht das Kind selbst idealisiert wird. Im späteren Leben integriert das Kind dann vielleicht einen Teil dessen, was es ursprünglich auf die Tante oder den Onkel externalisiert hat, und entwickelt eine realistischere Sicht von ihr oder ihm. Kurz, wenn nicht integrierte Bilder, seien es „gute" oder „böse", nicht abgeschüttelt werden, würde die Kernidentität gefährdet. Die Externalisation wird somit in der Kindheit für gewöhnlich vorübergehend, bisweilen jedoch möglicherweise auch darüber hinaus noch lange genutzt.

Durch die spezielle Bedeutung, die ein Kind einem Objekt beimißt, das nicht integrierte gute Teile des Selbst enthält, wird nicht unbedingt eine Verbindung zur Großgruppe des Kindes hergestellt oder ein Aspekt der Gruppenidentität (d.h. der ethnischen, nationalen oder religiösen Identität) etabliert. Es ist einfach ein Teil der persönlichen entwickungsspezifischen Erfahrung und kann viele Formen annehmen und oft wechseln. Eine spezielle Puppe oder ein Tuch wird durch die Investierungen des Kindes in etwas anderes ersetzt, obgleich der einzelne dieses Objekt noch viele Jahre als Andenken behalten oder von früher Kindheit an eine lebenslange besondere Beziehung zu einem Freund entwickeln kann. Es gibt jedoch auch Voraussetzungen, bei denen die Externalisation „guter" nicht integrierter Selbst- und Objektbilder, ohne daß das Kind sich dessen bewußt ist, eine entscheidende präödipale Besetzung der eigenen Großgruppe auslösen kann.

Der erste Faden: Geteilte Reservoire für „gute" Externalisierungen

Ein Kind nutzt bei der Externalisation viele Dinge, wobei sowohl lebendige als auch leblose Objekte „unschuldig" zur Förderung und zum Schutz der individuellen Identität genutzt werden. Während einige dieser „Reservoire der Externalisierungen" (der externalisierten nicht integrierten Bilder) wertneutral sind, sind viele auch durch eine spezifische Bedeutung mit der Großgruppe des Kindes verknüpft. Oft wählt das Kind diese Objekte eigenständig aus, in manchen Fällen bekommt es jedoch auch „Hilfe" bei der Wahl. Viele US-amerikanische Jungen haben zum Beispiel einen Cowboyhut. Dieser Cowboyhut ist oft sowohl ein Spielzeug als auch ein Container der individuellen nicht integrierten „guten" Selbst- und Objektbilder – der Junge trägt den Hut, während er im Spiel gegen die „Bösen" kämpft; gleichzeitig hat der Cowboyhut für ihn persönlich jedoch auch eine so große Bedeutung, daß er ihn vielleicht überhaupt nicht abnehmen mag, bis der Vater oder die Mutter ihn dazu zwingen, wenn es Zeit ist, zu Bett zu gehen. Der Cowboyhut ist für das Kind also ein effektives Reservoir, und zwar teils aufgrund der ihm eigenen natürlichen Eigenschaften, und teils da er für die US-Amerikaner als Gruppe eine symbolische Bedeutung hat und in dem Sinne von der Gruppe gefördert und unterstützt wird. Die Eltern liefern ihrerseits unweigerlich auch weitere passende und kulturell spezifische Reservoire: Ein bestimmtes Kinderlied, das einem Kind abends vorgesungen wird; die Hühnernudelsuppe oder ein anderes Allheilmittel, das dem Kind gegeben wird, wenn es krank ist; oder die Sportarten oder Aktivitäten, die von Haus aus gefördert werden. Ein deutsches Kind würde wohl kaum ein nigerianisches Kinderlied lernen, ein brasilianischer Junge würde keinen Schottenrock tragen und kein Interesse daran haben, Dudelsack zu spielen, und ein marokkanisches Mädchen würde keine Matzoklößchensuppe bekommen, wenn es krank wäre.

Die persönliche und die Großgruppenidentität werden miteinander verknüpft, wenn die Reservoire, die die „guten" nicht integrierten Selbst- und Objektbilder der Kinder aufnehmen, zwei Eigenschaften haben: (1) wenn sie von allen Kindern in der Gruppe geteilt werden; und (2) wenn sie dauerhaft sind. Das ist der erste Faden, der das Kind an seine Gruppe bindet und den ich als gemeinsam *geteilte passende Reservoire für externalisierte Bilder* bezeichne (Volkan, 1988, 1992, 1997). Mack (1984) bezeichnete diese geteilten und sowohl mit einer individuellen als auch kulturellen Bedeutung behafteten Objekte als *kulturelle Verstärker*. Die Erwachsenen in der Gruppe führen die Kinder zu diesen kulturellen Verstärkern hin. Indem sie nicht integrierte „gute" Aspekte von sich selbst in diese Reservoire externalisieren, entwickeln Kinder ein unsichtbares Netz, eine „Wir-heit". Während ein präödipales Kind nach sechsunddreißig Monaten die Grundlage seiner persönlichen Kernidentität bildet, ist es durch die gemeinsamen passenden Reservoire der externalisierten Bilder, die die nicht integrierten „guten" Selbst- und Objektbilder von allen absorbieren und die ethnische, nationale und religiöse Identität der Kinder bekräftigen, zugleich auch mit den anderen Kindern in seiner Gruppe verbunden. Dieser Prozeß kann sicher einfach als „Akkulturation" bezeichnet werden, er ist jedoch mit spezifischen psychologischen Prozessen verbunden.

Die geteilten Reservoire der externalisierten Bilder werden mit höherentwickelten Prozessen wie der Projektion idealisierter Gedanken verknüpft. So mag ein holländisches Kind zum Beispiel zunächst nicht integrierte „gute" Bilder in die Holzschuhe hineinverlagern, die eine Besonderheit der Großgruppe sind, und damit eine Verbundenheit mit anderen holländischen Kindern herstellen. Durch die Projektion idealisierter Gedanken bekommen die holländischen Kinder später dann das Gefühl, daß Holzschuhe nicht nur eine Besonderheit der Holländer sind, sondern daß die Holländer dadurch, daß sie sie tragen, auch ein sauberes Volk und sauberer als eine benachbarte Gruppe sind.

Soweit es um eine ausgeformte Großgruppenidentität geht, ist das Kind anfänglich ein *generalistisches Lebewesen*, um Eriksons (1966, dt. 1968) Begriff zu verwenden. Sobald es dann jedoch die gemeinsam geteilten Reservoire der externalisierten Bilder nutzt, wird es nicht mehr ein so generalistisches Lebewesen sein: Was die innere Welt angeht, ist es jetzt ein Mitglied einer spezifischen Gruppe. Nicht integrierte und libidinös besetzte Selbst- und Objektbilder werden mit ähnlichen Bildern verknüpft, die zu anderen Kindern in der Gruppe gehören. Da solche kulturellen Verstärker stabil und beständig sind, sind sie dauerhafte Container der externalisierten „guten" Aspekte aller Kinder in einer Gruppe. Das Kind ist sich seiner Zugehörigkeit zu einer Großgruppe nicht voll bewußt; die meisten Mechanismen, die bei der Herstellung des ersten Fadens im Spiel sind, sind unbewußter Natur. Interessant ist, daß die Großgruppenaspekte der inneren Identität eines Individuums anfänglich von Objekten in der äußeren Welt abhängen.

Die intensive Beschäftigung und Bindung eines Kindes mit und zu seinen Eltern, anderen Familienmitgliedern und Lehrern wie auch seine Identifikationen mit ihren verschiedenen Bildern von sich fungieren als Brücke zu den von der Großgruppe geteilten Reservoiren, da die Erwachsenen in seinem Umfeld diesen Dingen (zumeist nicht-menschlichen Objekten), die die Gruppenidentität fördern, auch verhaftet sind. Mit den wachsenden geistigen Fähigkeiten des Kindes helfen diese Erwachsenen und die Identifikationen des Kindes mit ihren Bildern ihm auch, anspruchsvollere Ideen zur Gruppenmitgliedschaft zu entwickeln. Die abstrakteren Konzepte dessen, was es heißt, Finne, Schotte, Jude oder Deutscher zu sein, werden allmählich mit den stabilen Reservoiren der externalisierten Bilder verknüpft, die in der Tat die Grundlage der Gruppenidentität bilden.

So wird einem schottischen Kind zum Beispiel bewußt, daß ein Kilt oder Dudelsack vieles repräsentieren und mit vielen Dingen assoziiert werden: mit Männlichkeit, der Stammes- und nationalen Geschichte, bestimmten Helden, gewonnen und verlorenen Kämpfen um Unabhängigkeit, Liedern und Gedichten, der Sprache und dem Dialekt und anderen spezifischen Facetten der Großgruppe. Die Externalisationen in passende Reservoirs werden zunehmend von Projektionen von „guten" Gedanken, Wahrnehmungen und Gefühlen begleitet, die verfeinerter als reine „gute" Selbstbilder sind.

Gleichzeitig werden bestimmte Vorstellungen vom Schottischsein *internalisiert*; sie werden jetzt sowohl bewußt als auch unbewußt als Teil der Kernidentität des Individuums gefühlt oder empfunden, und die „Wir-heit" wird klarer als etwas „im Innern" des Betreffenden etabliert. Passende Reservoirs bleiben bedeutende äußere Verbindungen zum inneren Gefühl des Gleichseins des Individuums, obwohl sie bisweilen auch den Anschein des „Gewöhnlichen" haben und aufhören, der Haupt-„Leim" der Gruppenidentität zu sein. Das heißt, daß ein Schotte, der fern der Heimat ist, sich vielleicht eine Kassette mit Dudelsackmusik anhört, wenn er Heimweh hat oder anderweitig das Gefühl hat, seine Kernidentität müßte etwas „aufgepäppelt" werden, aber er muß – oder möchte – auch nicht jeden Tag Dudelsackmusik hören.

Abhängig davon, was im Brennpunkt einer Gruppenidentität steht, konzentriert das Kind sich auf die Ethnizität (Ich bin Araber), die Religion (Ich bin Katholik), die Nationalität (Ich bin Deutscher) oder auf eine Kombination davon. Eine psychoanalytische Untersuchung, wie die Großgruppenidentität sich entwickelt, geht über die Phänomenologie von Großgruppenidentitätskonzepten hinaus. Ein Kind, das in Haiderabad, Indien, geboren wird, wird sich bei der Entwicklung seiner Großgruppenidentität zum Beispiel auf religiöse/kulturelle Fragen konzentrieren, da die Erwachsenen dort ihre dominierenden Großgruppenidentitäten nach ihrer jeweiligen religiösen Zugehörigkeit – ob sie Hindu oder Moslem sind – definieren (Kakar, 1996). Entsprechend wird ein in Zypern geborenes Kind die vorherrschende Großgruppenidentität absorbieren, die durch ethnische/nationale Sentiments definiert wird, da das Entscheidende in diesem Teil der Welt derzeit die Frage ist, ob man Grieche oder Türke ist, und die Frage, ob man ein griechisch-orthodoxer Christ oder ein Sunnit, also Anhänger einer bestimmten moslemischen Schule ist, weniger Gewicht hat. Ob man sich auf die Ethnizität oder die gemeinsame Religion oder auf die Nationalität oder die Rasse konzentriert, ist jedoch nicht so entscheidend für das Verständnis der Großgruppenidentität wie die psychodynamischen Prozesse, bei denen es um die Verbindung der individuellen Selbsts mit der Plane eines Großgruppenzeltes geht.

Die Adoleszenz ist eine entscheidende Zeit für die Herauskristallisierung der Großgruppenidentität. Die von Blos (1979) formulierten Thesen zur Bildung des Charakters während der Adoleszenz weiterführend, möchte ich hier untersuchen, was in dieser Lebensphase mit den gemeinsam geteilten passenden Reservoiren der externalisierten Bilder geschieht. Während seiner zweiten Individuation überprüft der Jugendliche unbewußt seine Bindung an passende Reservoire der externalisierten Bilder und läßt dementsprechend einige seiner Besetzungen fallen, während er sie bei anderen verstärkt. Unter dem

Einfluß anderer in der Gruppe (vor allem seiner gleichaltrigen Gefährten) „entscheidet" das Kind jetzt unbewußt, welche kulturellen Verstärker für den Rest seines Lebens eine konkrete Form behalten und welche eher direkt in die Großgruppenidentität abstrahiert und internalisiert werden sollen. Eine Sauna kann zum Beispiel ein konkretes Objekt bleiben, das einen Finnen mit seinem „Finnisch-Sein" verbindet. Aber jenseits dieser Tradition, wonach man oft in die Sauna geht, wird sein „Finnisch-Sein" schließlich auch ein abstraktes Konzept, das der Jugendliche genau wie seine Gefährten idealisiert und das mit gemeinsamen emotionalen Investitionen verbunden ist.

Das Kind findet möglicherweise auch neue gemeinsam geteilte Reservoire der externalisierten Bilder, etwa einen lebenden oder toten Sporthelden, dessen Bild das Selbstwertgefühl der Großgruppe fördert. Jede Würdigung und Anerkennung des Wertes eines neuen „guten" Reservoirs der externalisierten Bilder, das von einer Peer-group geteilt wird, erhöht auch das Selbstwertgefühl des einzelnen. Eine nähere Untersuchung des neuen Reservoirs zeigt jedoch, daß es mit Kindheitsreservoiren kontaminiert ist und noch immer genutzt wird, um die Kinder mit einem unsichtbaren Netzwerk zu verbinden, das mit bereits existierenden Großgruppenerfahrungen und -objekten behaftet ist.

Die Absorbierung eines Resttraumas in einen Charakterzug, von Blos (1979) als eine der Voraussetzungen für die individualisierte adoleszente Charakterbildung betrachtet, wird nie ganz abgeschlossen. Blos spricht von diesem fehlenden Abschluß, wenn eine individuelle Pathologie vorliegt. Adoleszenten, denen es nicht gelingt, Symptome und defensive Anpassungen an Resttraumata in Charakterzüge zu transformieren, projizieren die Traumata verursachenden Erwartungen für gewöhnlich auf die äußere Welt, womit sie die Notwendigkeit umgehen, sich dieser Gefahr innerlich zu stellen. „Wenn es versäumt wird", meint Blos, „die Gefahrensituation zu internalisieren, wird die Chance, damit zurechtzukommen, verspielt; sie in der Adoleszenz auf die äußere Welt zu projizieren, führt zu einem Zustand der Angst, zum Opfer gemacht zu werden, was dann zu Unentschlossenheit und Verwirrung führt" (S. 184). Vor dem Hintergrund der Großgruppenidentität teilen die Kinder einer Gruppe dasselbe äußere Ziel, was ihre Traumata verursachenden Erwartungen angeht: Dadurch, daß man denselben „Feind" hat, wird ein Zusammenhalt unter den Kindern geschaffen. Worauf Blos sich bezieht, sind Projektionen von gefährlichen Situationen, die von Resttraumata stammen. Aber auch die nicht integrierten Selbst- und Objektbilder werden, nachdem ihre innere Besetzung gelockert wurde, in der Adoleszenz externalisiert. Wenn der Feind *sowohl* für die Projektionen von Resttraumata verursachenden Elementen *als auch* für die Externalisationen von nicht integrierten „bösen" Selbst-

und Objektbildern genutzt wird, wird er psychologisch unentbehrlich. Zudem kann auch die auf einer Lösung des Familienmythos basierende Etablierung einer historischen Kontinuität in der Adoleszenz von Externalisationen und Projektionen begleitet werden, bei denen möglicherweise Feindbilder genutzt werden. Und die so erreichten geteilten Unterscheidungen vom Feind erhöhen dann wiederum das Gefühl der „Wir-heit".

Wenn Adoleszenten ihre sexuelle Identität etablieren, sind auch die geteilten Reservoire der externalisierten Bilder sexuell durchdrungen. Mit anderen Worten, sowohl die männlichen als auch weiblichen Kinder einer bestimmten Großgruppe nutzen weiterhin die Reservoire, um gelockerte und nicht integrierte Selbst- und Objektbilder aufzunehmen. Und was die Großgruppenidentität angeht, sind unter dem Großgruppenzelt alle Individuen – ob männlich oder weiblich – gleich. (Dies gilt auch für ihre sozio-ökonomischen Bedingungen: Was die Ethnizität und andere Großgruppenidentitäten angeht, sind Arme und Reiche gleich.)

Nachdem sich in der Adoleszenz unsere individuelle wie auch Großgruppenidentität kristallisiert hat, ist es sehr schwer, wenn nicht gar unmöglich, unsere ursprüngliche Kern-„Wir-heit" noch einmal zu ändern. Ausnahmen kann es aufgrund äußerer Umstände geben, wenn man etwa beispielsweise in eine multi-ethnische Familie hineingeboren wurde, oder auch aufgrund innerer Umstände, wenn man beispielsweise gegen den eigenen Vater und weitergehend gegen die eigene Ethnizität oder ein anderes Großgruppenkonzept rebelliert. Aber selbst in diesen Situationen kann das Individuum der grundlegenden präödipalen emotionalen Verhaftung gegenüber seiner ursprünglichen Großgruppenidentität nicht wirklich entfliehen. Es kann sie nur verdrängen oder leugnen und rational erklären, daß es nunmehr zur ganzen Welt gehört. Ein detailliert beschriebenes Beispiel hierzu taucht in dem Werk *Passage to Ararat* des Schriftstellers Michael J. Arlen (1975) auf, worin er erzählt, wie er sich weigerte, während er in England lebte, anzuerkennen und zu akzeptieren, daß er Armenier war und seine Ethnizität erst wieder empfand, nachdem er dann das sowjetische Armenien besucht hatte.

Der zweite Faden: Geteilte Identifikationen

Die von den Kindern einer Gruppe geteilten Identifikationen hängen eng mit den geteilten Reservoiren der nicht integrierten „guten" Selbst- und Objektbilder zusammen. Durch die frühen Identifikationen mit den Versorgern, die zu seiner Gruppe gehören, beginnt das Kind schon ehe es die ödipale Phase erreicht, offene und verdeckte Aspekte der Einstellungen, der Kultur und Werte zu absorbieren, die von den Mitgliedern seiner Gruppe geteilt werden. Wobei natürlich nicht alle entwicklungsspezifischen Identifikationen im Zusammenhang mit Großgruppenfragen stehen. Aber nichtsdestotrotz erwerben die Individuen einer Großgruppe dieselbe Sprache und ähnliche Vorlieben, was die Eßgewohnheiten angeht, und sie lernen dieselben Kinderreime, Lieder und Tänze. In der ödipalen Phase werden die Kinder durch „Überich-Identifikationen" in triadische und dann multiple intrapsychische und zwischenmenschliche Beziehungen eingebunden, wobei ihre inneren Welten dann wirklich durch die Erweiterung ihrer psychischen Umwelt beeinflußt werden. Während sie auf der einen Seite Individuen mit ihren eigenen psychischen Veranlagungen bleiben, teilen sie auf der anderen auch unbewußt die Internalisierung der Umwelt, die zur Großgruppe ihrer Eltern gehört. In seiner weiteren Entwicklung identifiziert das Kind sich durch seine Identifikationen mit Lehrern, religiösen Autoritäten, Peer-groups, Führern der Gemeinschaft und Großgruppe auch mit deren Verhaftungen gegenüber der Religion, Ethnizität, Nationalität und so weiter und teilt deren Unterscheidung von Personen, die anders als die Gruppe und ihr feindlich gesinnt sind.

Aufgrund von äußeren Umständen, daß etwa die eigenen Eltern unterschiedlichen Rassen, Religionen oder Nationalitäten angehören, kann ein Kind sich auch mit mehr als nur einer ethnischen, nationalen oder religiösen Gruppe identifizieren. Es kann widersprüchliche Identifikationen integrieren, aber ebensogut können die Identifizierungen mit verschiedenen Erfahrungen mit anderen, wie Jacobson (1964, dt. 1973) feststellte, auch „in scharfem Konflikt miteinander [liegen], so daß ihre Versöhnung und Integration außerordentliche Probleme aufwerfen können" (S. 208). Es gibt eine sehr anschauliche Geschichte von einem jungen Navajo, der fest von zwei Kulturen durchdrungen zu sein schien: die der Navajo-Indianer und die des US-amerikanischen Hauptstroms. Als er in einer gesundheitlichen Krise steckte und gelähmt war, wußte er nicht, ob er sich zwecks Behandlung an den Medizinmann der Navajo oder den westlichen Arzt wenden sollte (Booth, 1986).

Bei meiner psychopolitischen Arbeit in der Post-Ceaucescu-Ära in Rumänien 1993 und 1994 habe ich ein Ehepaar und seine Kindern aus Timisoara (Temeschburg) interviewt. Der Vater, ein Rumäne, und die Mutter, eine in Rumänien lebende Ungarin, hatten sich auf der Hochschule ineinander verliebt und geheiratet. Bis zur rumänischen Revolution 1989, die in Timisoara ihren Anfang nahm und das Ceaucescu-Regime schließlich zu Fall brachte, hatten ihre drei Kinder keine ethnischen Probleme und Konflikte in ihrer Großgruppenidentität gezeigt. Nach diesen Ereignissen nahmen dann jedoch in Timisoara und andernorts in Transsylvanien die ethnischen Spannungen zwischen Rumänen und Ungarn zu, wobei die Ungarn, nachdem es kein diktatorisches Regime mehr gab, offener über ihre ethnischen Empfindungen sprechen konnten. Im Zuge dieser Entwicklungen ließen dann auch die Kinder des Ehepaares beunruhigende innere Konflikte erkennen: Sollten sie gegenüber ihrem Vater und dessen Gruppe loyal sein, oder konnten sie es sich erlauben, sich emotional der Gruppe ihrer Mutter verbunden zu fühlen? Das Ehepaar blieb liebevoll einander zugetan, obgleich bei näherer Betrachtung sichtbar wurde, daß bei beiden Ängste vorhanden waren. Beide versuchten zwar, ihre Ängste zu verbergen, aber dennoch spürten die Kinder sie, und jegliche Ambivalenzen gegenüber ihren Eltern, selbst jene, die auf andere entwicklungsspezifische Gründe zurückzuführen waren, konzentrierten sich jetzt offen oder versteckt auf den Konflikt zwischen Rumänen und Ungarn.

Zusammenfassung

Die Nutzung von passenden Reservoiren der externalisierten, nicht integrierten „guten" Selbst- und Objektbilder (Reservoiren der „Wir-heit"), die von Projektionen von „guten" Gedanken, Wahrnehmungen und Empfindungen unterstützt werden, schaffen eine äußere Welt, durch die die Kinder einer Großgruppe miteinander verbunden werden. Und ihr Zusammengehörigkeitsgefühl wird wiederum von jedem einzelnen Kind internalisiert. Dieser Prozeß ist der erste Faden, der in die Plane des Großgruppenzeltes gewoben wird. Eng verwandt damit sind die Identifikationen der Kinder mit denjenigen, die die Träger der Großgruppentraditionen und -verhaftungen (der zweite Faden) sind. Diese zwei Fäden verknüpfen die Kernidentität eines Individuums mit seiner primären Großgruppenidentität. Das ethnische, nationale oder religiöse Zelt einer Gruppe existiert jedoch nicht in einem Vakuum, sondern stößt an das Zelt einer anderen Gruppe. Und der dritte Faden in einem ethnischen Zelt ist ein Produkt der Interaktionen zwischen zwei benachbarten Zelten.

6. Großgruppenidentität, für die der „Andere" sorgt: Der dritte Faden

Erikson (1966, dt. 1978) prägte in Zusammenhang mit der Neigung des Menschen, die jeweils eigene Gruppe als „die Menschen" und andere Gruppen als minderwertiger darzustellen, den Begriff der „Pseudo-Spezies". Er stellte die Theorie auf, daß der primitive Mensch, indem er das schützende „Rüstzeug" der Tiere übernahm und ihre Häute, Federn oder Krallen trug, einen gewissen Schutz für seine unerträgliche Nacktheit suchte. Auf der Grundlage dieser äußeren „Kleidungsstücke" entwickelte jeder Stamm, jeder Clan oder jede Gruppe ein Identitätsgefühl wie auch die Überzeugung, daß er oder sie allein eine menschliche Identität hatte.

Eriksons Behauptungen fallen fraglos in den Bereich der Spekulation. Da die intensive Beschäftigung des Menschen mit einem gemeinsamen, geteilten „Anderen" jedoch real und nicht nur Theorie ist, wurden Eriksons Gedanken nichtsdestotrotz durch unabhängige Beobachtungen bestätigt. Der „Andere" taucht in vielen alten Dokumenten und Sprachen auf. Die alten Chinesen betrachteten sich als Volk und andere Rassen als *kuei* (jagende Geister). Die Apachen in den Vereinigten Staaten betrachteten ihren Indianerstamm als *indeh*, das Volk, und alle anderen als *indah*, den Feind (Boyer, 1986). Abgesehen von bestimmten Nachbarn, die in ihrer unmittelbaren Nähe lebten, teilten die in den brasilianischen Regenwäldern beheimateten Mundurucú ihre Welt in Mundurucú, die Menschen waren, und in Nicht-Mundurucú, die *pariwat*, Feinde, waren (Murphy, 1957). Es könnten noch weitere Beispiele zitiert werden. Der Anthropologe Howard Stein (1990) sagt, dieses Muster „kann zwar nicht buchstäblich für alle Kulturen verallgemeinert werden, es zeigt jedoch im Extrem den universalen Hang, was die Gefühle, Wahrnehmung und Handlungen gegenüber denjenigen betrifft, die nicht ‚das Volk' sind" (S. 118).

Ich möchte Eriksons These noch eine Idee hinzufügen, die des weiteren vielleicht erklären kann, was möglicherweise im Laufe der menschlichen Evolution geschehen ist. Jahrhundertelang hatten benachbarte Stämme aufgrund natürlicher Grenzen nur einander, jeweils nur den anderen, mit dem sie interagieren und um Land, Nahrungsmittel und Güter konkurrieren konnten. Wobei bei diesem Konkurrieren schließlich psychologische Implikationen hinzukamen. Ebenso nahmen lebenswichtige physische Dinge, abgesehen davon, daß sie genuine Lebensnotwendigkeiten blieben, auch mentale Bedeutungen – von Prestige oder Macht – an und entwickelten sich von Überlebenszeichen zu Großgruppensymbolen, die das Selbstwertgefühl und den Ruhm der Gruppen verkörperten.

Das Legat der Urvölker ist heute nach wie vor an den internationalen Problemen erkennbar, die weiterhin mit der Psychologie von Großgruppen zusammenhängen, die in nächster Nähe miteinander leben. Der Prototyp von Großgruppenkonflikten ist am besten in Gebieten zu beobachten, wo zwei Großgruppen physische Nachbarn sind – Armenier und Aserbaidschaner, Kroaten und Serben sowie Israelis und Palästinenser sind zum Beispiel allesamt Gruppen, die Eigentumsrechte an ein und demselben Stück Land teilen oder beanspruchen.

In der modernen Welt sind alle ethnischen oder nationalen Gruppen, wenn nicht physisch, so doch zumindest im übertragenen Sinne, durch die modernen Telekommunikationsmittel und andere moderne technologische Mittel, miteinander verbunden. Angesichts der auf diese Weise schrumpfenden Welt zeigen Großgruppen, die geographisch nicht benachbart sind, Verhaltensderivate, die auf der Psychologie von benachbarten Gruppen basieren, aber es mag mitunter schwierig sein, solche Derivate zu identifizieren.

Biologische und psychologische Grundlagen für die „Uns"- und „Ihnen"-Dichotomie

Pinderhughes (1979, 1982) erkannte zwar die Validität sozialer und psychologischer Ursachen an, ging bei seiner Theorie aber dennoch davon aus, daß die Wurzel des Triebes zur Dichotomie (uns versus ihnen) in der Biologie und Physiologie zu suchen ist. Pinderhughes nahm auf die Untersuchungen von Konrad Lorenz (1963) über das Bindungsverhalten von Tieren bezug, behauptete jedoch, Lorenz habe die Frage der Bindung nur im Sinne der Affiliation konzeptualisiert und sich nur auf eine Seite eines zweiseitigen Phänomens konzentriert. „Lorenz", schrieb Pinderhughes (1982), „konzeptualisierte die Frage der Bindung vor dem Hintergrund der Affiliation, jedoch nicht vor dem Hintergrund der Aggression. Die biologische Forschung hat sich in Zusammenhang mit dem Bindungsverhalten auf den Prägungsprozeß, auf territoriale und kameradschaftliche Verbundenheiten sowie Verbundenheiten mit dem Lebensgefährten konzentriert und sich in der Regel nicht mit aggressivem Verhalten als einem Bindungsphänomen befaßt" (Pinderhughes, 1982, S. 8). Nach Pinderhughes' Auffassung sind Menschen von ihrer Affiliation und Zuneigung her zwar bestimmten Ideen und Personen verbunden, aber auch auf einer aggressiven und trennenden Ebene wiederum mit anderen verbunden.

Der menschliche Körper enthält physiologische und anatomische Gegensatzpaare: sympathische und parasympathische Nerven sowie die Verdauungs- und Ausscheidungssysteme können hier als Beispiele genannt werden. Aus Pinderhughes' Sicht sind diese zum Körper gehörenden Gegensatzpaare ein Modell für die psychologische Motivation zur Zweiteilung. „In der Tat", sagt er, „scheinen die menschlichen psychophysiologischen Prozesse der Affiliation, Introjektion, Identifikation und Zuneigung die auf dem Fundament der Annäherungsphysiologie aufgebaute psychophysiologische Weiterentwicklung zu sein. Differenzierung, Projektion, Ablehnung und Aggression scheinen auf dem Fundament der Vermeidungsphysiologie aufgebaut zu sein" (Pinderhughes, 1982, S. 8).

Pinderhughes entwickelte die, wie er sie nannte, „differentielle paarweise Bindungstheorie", in der er einen universalen Trieb zur Zweiteilung postulierte, der auf biologische, physiologische, gesellschaftliche und psychologische Ursachen zurückzuführen ist. Säuglinge und Kleinkinder binden sich entweder mittels der affektiven oder der aggressiven Physiologie an geistige Bilder von anderen Personen und Dingen; dieser zweiteilige Bindungsprozeß hat viel mit dem späteren Mechanismus der Zweiteilung zu tun und hat auf der sozialen Ebene signifikante, weitreichende Folgen. Mitglieder einer Großgruppe, die Objekte der affektiven Bindung teilen, teilen auch die gemeinsam abgelehnten Ziele der aggressiven Bindung.

Die Idee, daß die menschliche Neigung, die eigene Welt in ein „Uns" und „Ihnen" zu teilen, eine biologische Grundlage hat, ist überzeugend und entspricht einer psychoanalytischen Grundannahme, wonach die Grundlage des Ichs ein körperliches Ich ist, das sowohl mit Libido als auch mit Aggression besetzt ist. Es gibt auch rein psychologische, in der frühen Kindheit begründete Ursachen für diese Dichotomie. Eines der wohlbekannten Experimente über Ängste vor dem „Anderen" wurde 1965 von Spitz durchgeführt. Er untersuchte die *Fremdenangst*, die sich im achten Lebensmonat manifestiert. Den Grund für die Fremdenangst lokalisierte Spitz in der zu diesem Zeitpunkt beim Kind erfolgten Etablierung eines einmaligen Liebesobjektes, der Mutter. Die Attribute der Mutter sind nicht mit denen einer anderen Person oder Sache austauschbar, wobei vertraute Familienmitglieder oder Freunde, die, psychologisch gesehen, in dieser Lebensphase Erweiterungen des Bildes von der Mutter sind, möglicherweise eine Ausnahme darstellen. Das Kind zeigt somit Angst, wenn ein Fremder sich ihm nähert. Die tatsächliche Identität des Fremden spielt dabei keine Rolle; was eine Rolle spielt, ist, wer der Fremde nicht ist. Die Reaktion auf den Fremden ist eine Funktion des Prozesses der Differenzierung der Mutter von der Nicht-Mutter oder der

„guten" Mutter von der „bösen", die auf die Bedürfnisse des Kindes nicht eingehen kann.

Parens (1979) fand Belege für einen im Alter von etwa neun Monaten zu verzeichnenden verblüffenden biologischen Schub beim Aggressionstrieb des Kindes, der für die Entwicklung von Halsstarrigkeit und Eigensinn verantwortlich ist. Parens' Arbeit ergänzt die ursprüngliche Arbeit von Spitz. Der Schub an Aggression induziert die Notwendigkeit, sie zu beherrschen und zu kanalisieren. Das Ich des Kindes versucht, die gegen das libidinöse Objekt, die Mutter und deren Substitute, gerichtete Entladung der Aggression zu hemmen, da es von der Liebe seiner Mutter abhängig ist; aggressive Impulse, die direkt entladen würden, wären für das Kind mit der Gefahr des möglichen Verlustes jener Liebe verbunden. Parens stellte fest, daß Kinder schnell neue Ich-Funktionen entwickeln und die *Affektverlagerung* und die *Projektion* nutzen, um mit diesem Problem umzugehen: Durch die Affektverlagerung steht jemand anderes für das libidinöse Objekt, und das Kind richtet seine Wut dann direkt gegen diesen Fremden. Und durch die Projektion schreibt das Kind dann auch seine inakzeptablen Gedanken und Impulse dieser Person zu. Dies signalisiert eine psychologische, von außen (dem „Anderen") kommende, gegen das Kind gerichtete Gefahr. Parens zufolge wird die Grundlage von *Vorurteilen* im Alter von neun Monaten gelegt.

Die Vorstellung von der auf der Biologie und Physiologie beruhenden differentiellen paarweisen Bindung oder der auf der menschlichen Psychologie beruhenden Trennung der frühen Umwelt in geliebte Personen und Fremde, ist *keineswegs* unvereinbar mit meiner Theorie von den gemeinsam geteilten passenden Reservoiren der externalisierten Bilder. Mit dieser Theorie, die erstmals detailliert in meinem Buch *The Need to Have Enemies and Allies* (Volkan, 1988) beschrieben wurde, beschreibe ich, wann das menschliche Bedürfnis, individuelle Verbündete und Feinde zu haben, in ein Bedürfnis umgewandelt wird, Großgruppen-Verbündete und -Feinde (gesellschaftlich/politisch Verbündete und Feinde) zu haben.

Im letzten Kapitel habe ich dargestellt, daß durch die Externalisation von nicht integrierten „guten" Selbst- und Objektbildern im dritten Lebensjahr ein Faden für die Zeltplane der Großgruppe geschaffen wird; durch diese Externalisation wird eine „Wir-heit" etabliert. Kinder, die zu einer Großgruppe gehören, externalisieren ihre nicht integrierten „bösen" Selbst- und Objektbilder auf die Plane des Zeltes einer andere Gruppe, wodurch Großgruppenfeinde geschaffen werden. Die Erwachsenen lenken auch hier wiederum die Aufmerksamkeit der Kinder auf stabile und dauerhafte „böse" Reservoire. Die „Wir-heit" wird mit der Etablierung eines Konzeptes von einem gesellschaftlichen und politischen Feind der Großgruppe ausgelöst, in der Regel einer benachbarten Großgruppe. Ein Kind ist auf unsichtbare Weise mit den anderen Kindern seiner Großgruppe nicht nur über die geteilten Reservoire der nicht integrierten „guten" Selbst- und Objektbilder der Kinder verbunden, sondern auch durch die geteilten Reservoire für die nicht integrierten aggressiv besetzten Selbst- und Objektbilder.

Man denke nur an Zypern vor 1963, wo Griechen und Türken in vielen Gegenden der Insel Seite an Seite lebten. Jedes türkische Kind lernte dort, die Farben Rot und Weiß, die türkischen Nationalfarben, libidinös zu besetzen. Die Farben sind Reservoire der externalisierten nicht integrierten „guten" Bilder, die von den Türken geteilt werden. Das türkische Kind würde jedoch ein Objekt, wie etwa ein Schwein, selbst wenn es süß oder niedlich wäre, als ein gemeinsam geteiltes Ziel für seine nicht integrierten „bösen" Selbst- und Objektbilder wahrnehmen. Das Schwein wird als schmutzig betrachtet, und dem moslemischen türkischen Kind ist es verboten, Schweinefleisch zu essen. Das Schwein ist als solches also ein passendes geteiltes Reservoir, das auf stabile und dauerhafte Weise einige der unerwünschten, nicht integrierten Bilder von allen zypriotischen türkischen Kindern aufnimmt. Da das Schwein nicht gegessen (einverleibt) wird, kann das, was auch immer von den Kindern darauf externalisiert und projiziert wird, auch nie zurückkommen. Die zypriotischen türkischen Kinder haben kollektiv das Gefühl, daß das Schwein zu dem „Anderen", in diesem Fall den zypriotischen Griechen gehört. Als stabiles und dauerhaftes Reservoir verbindet es jedoch auf unsichtbare Weise alle zypriotischen türkischen Kinder miteinander.

Die vorgenannte Beschreibung, wie geteilte gesellschaftliche und politische Feinde geschaffen werden, ist notwendig, um den dritten Faden zu verstehen, der in die Plane des Großgruppenzeltes gewoben wird.

Der dritte Faden: Geteilte „böse" Reservoire

Durch die Absorption und Nutzung der geteilten Reservoire für die „bösen" und nicht integrierten Selbst- und Objektbilder der Kinder in einer Großgruppe wird der dritte Faden im ethnischen Zelt einer Gruppe geschaffen. Bemerkenswert ist, daß dieser dritte Faden, ein Merkmal der „Wir-heit", quasi von einem gegnerischen Nachbarn geliefert wird.

Eine Studie über dieses Merkmal beginnt mit der Untersuchung der klinischen Erkenntnisse, wonach das Kind, wenn es sich mit Aspekten der Mutter identifiziert, sich gleichzeitig auch mit dem Bild identifiziert, das die Mutter von ihm hat, wenn sie es sieht, fühlt, riecht, hört und berührt (Loewald, 1960; Volkan, 1976, dt. 1978, S. 73). So werden frühe Identifizierungen nicht nur durch die Einverleibung (Aufnahme) des Wesens der Mutter aufgebaut, sondern auch durch die Einverleibung der Art und Weise, wie die Mutter das Kind sowohl in der Realität als auch in ihren unbewußten Phantasien sieht.

Bei der Untersuchung einer transsexuellen Frau und ihren Eltern haben Masri und ich (Volkan und Masri, 1989) dargestellt, wie eine Mutter unter sexuellem Entzug, während sie mit ihrer Tochter schwanger war, die unbewußten Phantasien hatte, ihr Kind sei ein Penis, der auf ihr sexuelles Verlangen einginge und es befriedigen würde. Die Mutter legte sich ihr Kind zwischen die Beine, um einschlafen zu können. Sie nannte die Kleine „Marsbewohner" und versuchte sie, wenn sie mit ihr draußen war, vor der Öffentlichkeit zu verstecken, wie man einen Penis vor der Öffentlichkeit versteckt. Wie wir feststellten, identifizierte sich das Kind mit der Sichtweise, die seine Mutter von ihm hatte. Als Teenager glaubte das Mädchen, es sei ein Mann, der im Körper einer Frau gefangen sei, und suchte nach einem Penis, der von Chirurgen geschaffen werden könnte.

Wie ein Kind, das sich mit der Art und Weise identifiziert, wie es von seiner Mutter wahrgenommen wird, kann auch eine Großgruppe für ihre Zeltplane einen Faden verwenden, der ursprünglich von einer dominierenden gegnerischen Gruppe dort hingelegt wurde. Stellen wir uns zwei nebeneinanderstehende Großgruppenzelte vor. Die Individuen des ersten Zeltes werfen Dreck, Exkremente und Unrat – die Externalisation ihrer nicht integrierten „bösen" Selbst- und Objektbilder und Projektionen von nicht akzeptablen Gedanken – auf die Plane des zweiten Zeltes. Die Bewohner des zweiten Zeltes tun umgekehrt das gleiche. Wenn die Personen des ersten Zeltes dominierend und ihre Externalisationen und Projektionen stark sind, wird das, was sie auf das zweite Zelt werfen, bis zu einem gewissen Grad von der Plane des zweiten Großgruppenzeltes aufgenommen und mit den bestehenden Fäden verknüpft werden. Der so entstandene „Schmutzfleck" entwickelt sich sodann zu einem Großgruppenmerkmal. Die Individuen des zweiten Zeltes halten kollektiv und oft unbewußt an diesem Merkmal fest. Da es aus „bösen" oder unerwünschten Elementen besteht, die ursprünglich zur gegnerischen Großgruppe gehörten, empfindet die Empfängergruppe Angst wegen dieses Merkmals.

Eine Veranschaulichung des dritten Fadens am Beispiel von Afro-Amerikanern: In der psychiatrischen Literatur, die vor den frühen sechziger Jahren in den Vereinigten Staaten erschienen ist, wird vielfach auf eine Art von Wahnvorstellung verwiesen, die unter afro-amerikanischen Patienten mit unterschiedlichsten Psychosen weitverbreitet ist: die Wahnvorstellung weiß zu sein. Die meisten Autoren folgten dabei den Spuren von John Lind, der 1914 Aufsätze über den „Farbkomplex" der „amerikanischen Neger" veröffentlicht hatte. Lind, ein Produkt seiner Zeit, begriff Afro-Amerikaner als „kleine Kinder" und sah in ihren Träumen eine direkte Erfüllung ihrer Wünsche. Nach einer Untersuchung der Träume von Afro-Amerikanern gelangte Lind zu dem Schluß, ihre Träume verdeutlichten den einfachen Wunsch, weiß zu sein, eine Deutung, die er des weiteren in den Wahnvorstellungen von Afro-Amerikanern unterstützt fand, die er untersuchte.

Jahrzehnte später und mit dem in den Vereinigten Staaten zu verzeichnenden Wandel in den Einstellungen zu Afro-Amerikanern befanden Psychiater dann, daß Linds Arbeit einen Mangel an hinreichenden kulturellen und soziologischen Informationen aufwies. Indes beobachteten diese Psychiater auch weiterhin eine weite Verbreitung von Wahnvorstellungen unter afro-amerikanischen Patienten. Wobei manche von ihnen ihre irrigen Überzeugungen, weiß zu sein, offen beschrieben und in bizarrer Weise rationalisierten. Ein schizophrener Afro-Amerikaner erklärte beispielsweise, er sei in Wirklichkeit weiß und seine Haut sei durch einen Flammenwerfer verbrannt worden. Ein anderer Patient entwickelte eine Besessenheit zu duschen, um seine „Sonnenbräune" abzuwaschen (Myers und Yochelson, 1948; Vitols, Waters und Keeler, 1963).

Psychiater und andere Experten aus dem Bereich der Psychohygiene versuchten, eine einleuchtende Begründung für solche Wahnvorstellungen zu finden, wobei sie auf eine Vielzahl äußerer Faktoren eingingen, jedoch nicht auf den Rassismus unter der weißen Bevölkerung. Die meisten Erklärungen schoben die Verantwortung für die Verursachung den schwarzen Eltern zu und spielten die Rolle des „Anderen" bei der Herstellung eines von Unzulänglichkeit, Demütigung und Erniedrigung geprägten Fadens sowohl in der individuellen als auch in der Gruppenidentität herunter. Eine Erklärung besagte zum Beispiel, daß schwarze Eltern, da sie um die Tatsache wußten, daß Sklaven gemischter Abstammung eine Vorzugsbehandlung erhielten, selbst eine helle Haut haben wollten und diese Empfindungen bereits bei den frühen Mutter-Kind-Interaktionen an die Kinder weitergaben (Manning, 1960).

Es liegt auf der Hand, daß eine bestimmte Wahnvorstellung spezifische Bedeutungen in der Psychologie des jeweiligen Individuums hat. Die Gemeinsamkeit geht jedoch auf die Verwendung der geistigen Vorstellung von der geteilten Erfahrung in den Rassenbeziehungen zurück. Anfang der sechziger Jahre, vor der Aufhebung der Rassentrennung, habe ich im Cherry Hospital in Goldsboro, North Carolina, gearbeitet – einer Nervenklinik, in der zu jener

Zeit nur Afro-Amerikaner untergebracht waren. Viele afro-amerikanischen Patienten, die ich dort hatte und die sich wünschten, weiß zu sein, hatten gleichzeitig auch Angst bei der Vorstellung, sie könnten weißes Blut in sich haben oder damit kontaminiert sein. Ihr „Weißsein" war auf etwas zurückzuführen, was ihrem Körperbild von außen hinzugefügt worden war und das auf einer Ebene etwas Erstrebenswertes und auf der anderen etwas Furchteinflößendes war.

Die geteilte Wahnvorstellung, weiß zu sein, war hauptsächlich auf die durch die dominierenden Weißen vorgenommenen Externalisationen und Projektionen auf das afro-amerikanische ethnische Zelt zurückzuführen. Indem sie sich „wünschten", wie die Dreckwerfer zu sein, versuchten die Afro-Amerikaner sowohl, sich mit dem Unterdrücker zu identifizieren, als auch den Schmerz zu leugnen, Reservoire „böser" Elemente zu sein. Dieser Versuch der Identifikation konnte nur offen von denen geäußert werden, die eine Psychose hatten, Brüche mit der Realität, und dennoch war es auch oft offensichtlich, daß diese Identifikation mit den „bösen" Elementen des Peinigers auch Angst einflößte.

Ende der sechziger und Anfang der siebziger Jahre beschrieben die afroamerikanischen Psychiater Charles Pinderhughes (1969) und Charles Wilkerson (1970) dann schwarz auf weiß, wie es für einen Afro-Amerikaner war, wenn er ein Reservoir der Externalisierungen und Projektionen der Weißen war. Diese Wissenschaftler entlarvten auch einige Mythen, indem sie beispielsweise zeigten, daß alle verarmten Kinder Gefahr liefen, in der Schule zu scheitern, nicht nur die schwarzen Kinder. Zwischenzeitlich hat in den Vereinigten Staaten nun auf der gesetzlichen wie auf der gesellschaftlichen Ebene ein Wandel stattgefunden, der die Rolle der Afro-Amerikaner als Ziele der Externalisationen und Projektionen der Weißen umzukehren versuchte. Ideen wie „black is beautiful", „Schwarz ist schön", sorgten dafür, daß das afro-amerikanische Zelt für rassistische Externalisationen und Projektionen dann nicht mehr so passend war, womit dann auch die weitverbreitete Erscheinung allmählich verschwand, daß afro-amerikanische psychiatrische Patienten die Wahnvorstellung hatten, weiß zu sein.

Aber trotz der positiven Veränderungen seit den sechziger Jahren ist die lange Geschichte der rassistischen Weißen, die die Afro-Amerikaner als passende Ziele der Externalisation und Projektion nutzten, immer noch, in modifizierter Form, auf dem ethnischen Zelt der Afro-Amerikaner erkennbar. Maurice Apprey (1987, 1993), ein in Ghana geborener Psychoanalytiker und Fakultätsmitglied des CSMHI, hat versucht, die geteilten unbewußten psychologischen Prozesse, die mit der geistigen Vorstellung von der Sklaverei zusammenhängen, herauszudestillieren, obwohl ihm die ökonomischen, politischen und sozialen Probleme mehr als bewußt sind, mit denen die afro-amerikanischen Gemeinschaften, insbesondere in den Innenstädten der Vereinigten Staaten, konfrontiert sind. Er veranschaulichte, wie die Afro-Amerikaner eine dritte Art von Faden, der ihnen von den Weißen geliefert wurde, in ihre Großgruppenidentität gewoben haben.

Apprey verfolgte diesen Faden über viele Generationen hinweg und stellte die Theorie auf, daß er mit der heutigen Kriminalität, den kriminellen Delikten, die von Schwarzen an Schwarzen verübt werden, wie auch mit der hohen Inzest- und Schwangerschaftsrate verknüpft ist, die unter jungen Afro-Amerikanerinnen zu verzeichnen ist. Viele Aspekte der Demütigung der Afro-Amerikaner durch die Weißen und wie sie von ihnen zu Opfern gemacht wurden, werden als selbstzerstörerisches Verhalten internalisiert, durch das afro-amerikanische Teenager unbewußt das Elend der Sklaverei weitererzählen, dem ihre Vorfahren anheimfielen.

Apprey griff auf Carolivia Herrons (1991) Roman *Thereafter Johnnie* zurück, um seine klinischen Erkenntnisse zu veranschaulichen. Herrons Roman ist eine autobiographische Schilderung ihrer eigenen Geschichte und der sechs Generationen, die vor ihr lebten. Sie beginnt mit einer schwarzen Sklavin, die bei dem Martyrium der Verschiffung von Afrika nach Virginia stirbt. Sie wurde „die Namenlose" genannt. Ihre Tochter, die sie hinterließ, „die Besondere" genannt, wurde verkauft; sie wurde die sexuelle Sklavin ihres weißen Herrn und gebar Laetitia, ein Kind mit braunen Augen und alabasterfarbener Haut. Der weiße Herr heiratete eine weiße Frau, mit der er auch einen Sohn hatte. Als Laetitia zwanzig Jahre alt war, war sie ein Inzestopfer und die Konkubine sowohl ihres weißen Vaters als auch ihres Stiefbruders geworden. Sie wurde schwanger und brachte Rowena zur Welt, die eine helle Haut und blaue Augen hatte. Rowena wurde als weißes Kind großgezogen, wobei man ihr erzählte, ihr Vater sei Soldat gewesen. und ihre Mutter, Laetitia, sei eine weiße Witwe. Als Rowena heranwuchs, las sie die Bibel und besuchte eine private Pensionsschule für Südstaatenmädchen. Eines Tages beobachtete sie, wie die zwei Herren, ihr Großvater und ihr Onkel, mit entblößten Genitalien die nackte Laetitia zwischen sich hielten. Als sie sahen, daß sie entdeckt worden waren, brüsteten die weißen Herren sich schamlos damit, daß Laetitia und Rowena schließlich nur „Nigger" seien, und sagten: „Wir können euch an jedem Tag der Woche verkaufen oder vergewaltigen" (Herron, 1991, S. 238).

Schockiert und niedergeschlagen in ihrem Leid verließ Rowena Virginia, ließ sich in Pennsylvania nieder und heiratete einen Mann indianischer Abstammung. Sie hatte eine Tochter, die schließlich einem Mädchen, Camille, das Leben schenkte. Camille heiratete einen Mann namens John Christopher, und sie hatten drei Kinder: Cynthia Jane, Eva und Patricia. Cynthia Jane wurde Nonne; Eva wurde eine drogenabhängige Prostituierte, und Patricia beging Selbstmord. Ehe sie sich umbrachte, war es zwischen Patricia und ihrem Vater, John Christopher, zum Inzest gekommen. Aus dieser inzestuösen Verbindung wurde Johnnie, ein sehr dunkelhäutiges Kind, geboren. Sie ist die Erzählerin dieser Geschichte von sechs Generationen.

Apprey stellt die Bedeutung dieser Geschichte wie folgt dar: Zur Zeit der Sklaverei wurden die schwarzen Frauen vergewaltigt und die Männer umgebracht oder verkauft. Die Männer, die weder umgebracht noch verkauft wurden, konnten die Frauen heiraten. Die versklavten Männer (oder ehemaligen Sklaven) rächten sich an den Frauen, die sie heirateten – sie betrachteten die Frauen, als hätten diese ihre Zustimmung zu der Erniedrigung gegeben, die sie, die Männer, durch die weißen Männer erfahren hatten. Mit den aus Herrons Roman und aus seiner eigenen klinischen Arbeit mit afro-amerikanischen Familien zusammengetragenen Belegen zeigte Apprey, wie Fälle dieser Art der Interaktion sich unter Afro-Amerikanern über mehrere Generationen hinweg fortsetzten und zu intrarassischen Vergewaltigungen und zu kriminellen Delikten führten, die von Schwarzen an Schwarzen verübt werden. Hier haben wir es also mit einer Folgeerscheinung der Sklaverei zu tun, die zwar verborgen bleibt, aber in die Psyche der heutigen Generation der Afro-Amerikaner assimiliert wurde. Was von den weißen Amerikanern auf die Afro-Amerikaner externalisiert und projiziert und ihnen faktisch angetan wurde, hat seine Spuren in der afro-amerikanischen Identität hinterlassen und beeinflußt weiterhin ihr Handeln. Jede Generation hat die Aufgabe, Rache zu suchen und die Gruppe zu schützen, an die jeweils nächste Generation weitergegeben. Aber die anhaltende Frustration und das jahrhundertealte Legat des Rassismus haben bewirkt, daß die ursprüngliche Aufgabe inzwischen in einer mutierten Form ausgeführt wird und die Afro-Amerikaner sich in der Konsequenz in manchen Fällen gegen sich selbst gewendet haben.

7. Gewählte Ruhmesblätter und gewählte Traumata: Der vierte und der fünfte Faden

Appreys Arbeit, über die im vorhergehenden Kapitel berichtet wurde, veranschaulicht die generationsübergreifende Weitergabe von Elementen, die von dem „Anderen" stammen und die Zeltplane der Empfängergruppe beflecken. Genau wie der dritte Faden, geht auch der vierte und fünfte Faden von seinem jeweiligen Ursprung her auf „Andere" zurück. In den letzteren Fällen gehören die „Anderen" jedoch nicht einer unterdrückenden oder gegnerischen dominierenden Feindgruppe an. Die „Anderen" sind die Vorfahren der Kinder, die einer einzelnen Gruppe angehören. Ich bezeichne den vierten Faden als *gewählte Ruhmesblätter* und den fünften als *gewählte Traumata.*

Der vierte Faden: Gewählte Ruhmesblätter

Nationen feiern ihren Unabhängigkeitstag, und alle Gruppen haben ritualisierte Erinnerungen an Ereignisse und Personen, deren geistige Repräsentanzen auch ein geteiltes, gemeinsames Erfolgs- und Triumphgefühl unter den Gruppenmitgliedern mit einschließen. Solche Ereignisse und Personen, die dabei eine Rolle gespielt haben, werden im Laufe der Zeit stark mythologisiert, wobei diese geistigen Repräsentanzen dann zu Großgruppenmerkmalen werden, die als gewählte Ruhmesblätter bezeichnet werden. Solche gewählten Ruhmesblätter werden durch die Eltern/Lehrer-Kind-Interaktionen und die Teilnahme an den Feierlichkeiten, mit denen vergangener erfolg- und ruhmreicher Ereignisse gedacht wird, durch generationsübergreifende Überlieferungen an die nachfolgenden Generationen weitergegeben. Gewählte Ruhmesblätter verbinden die Kinder einer Großgruppe miteinander und mit ihrer Gruppe, und die Kinder erfahren ein erhöhtes Selbstwertgefühl, wenn sie mit solchen Ruhmesblättern assoziiert werden. Es ist nicht schwer zu verstehen, warum Eltern und andere wichtige Erwachsene die geistige Repräsentanz von gewählten Ruhmesblättern an ihre Kinder weitergeben. Die geistigen Repräsentanzen von gewählten Ruhmesblättern sind mit den Derivaten des libidinösen Triebes besetzt; es ist schön und macht Freude, sie mit den nachfolgenden Generationen zu teilen.

Die US-Amerikaner feiern zum Beispiel alljährlich im November ihr Thanksgiving, ein nationaler Feiertag, mit dem eines Festes gedacht wird, daß die europäischen Einwanderer (die Pilgerväter), die die Siedlung Plymouth in Massachusetts gründeten, nach ihrer ersten erfolgreichen Ernte 1621 gefeiert hatten. Heute ist Thanksgiving eine eintägige Feier, bei der es in der Hauptsache um Essen mit speziellen Gerichten wie Truthahn und Kürbis-Pie und um das Gedenken einer Vielzahl von Dingen geht, für die die US-Amerikaner dankbar sind. Einige Familien messen dem Feiertag eine christlich religiöse Bedeutung bei, was andere indes nicht tun; manche nutzen den Anlaß, um gemeinnützige Werke zu verrichten, während andere hauptsächlich vor dem Fernseher sitzen, um sich Football anzusehen. Aber egal, wie der Feiertag auf der individuellen Ebene begangen wird, ist er eine wirksame Zeremonie, die die US-amerikanische Zusammengehörigkeit und Gruppenidentität markiert und die heroischen Leistungen der US-amerikanischen Vorfahren in Erinnerung ruft.

Die Ereignisse des ursprünglichen Festes, sofern es denn überhaupt stattgefunden hat, und die historischen Fakten über die ersten Jahre des Lebens der Pilgerväter in Nordamerika wurden im Laufe der Jahrhunderte jedoch erheblich abgeändert oder durch Mythen ersetzt. Dem Psychoanalytiker Robert Furman (1998) zufolge gibt es nur einen schriftlichen Augenzeugenbericht von dem Ereignis:

> Nachdem unsere Ernte eingebracht war, schickte unser Gouverneur vier Männer auf Vogeljagd, damit wir uns nach einer besonderen Sitte zusammen freuen könnten, nachdem wir die Früchte unserer schweren Arbeit geerntet hatten. Diese vier schossen an einem Tag so viele Vögel, daß mit einem kleinen Happen nebenbei die Gesellschaft fast eine Woche lang bewirtet werden konnte. Während wir neben anderen Belustigungen und Unterhaltungen unsere Waffen erprobten, kamen dann viele von den Indianern zu uns, unter anderem ihr größter König, Massasoit, mit rund neunzig Männern, die wir drei Tage unterhielten und festlich bewirteten, und sie gingen nach draußen und töteten fünf Stück Rotwild, die sie in die Siedlung brachten und unserem Gouverneur und dem Hauptmann und anderen schenkten. Und obwohl es bei uns in jener Zeit nicht immer so im Überfluß zuging, sind wir gleichwohl mit der Güte Gottes so weit von jeder Bedürftigkeit entfernt, daß wir oft wünschten, Sie hätten an unserem Überfluß teil.

Dieser Bericht ist in einer Sammlung von Geschichten über das erste Jahr der Pilgerväter in Amerika zu finden. Er wurde mit dem Ziel geschrieben, andere dazu zu verlocken, sich den Siedlern in der Neuen Welt anzuschließen (Furman, 1998). William Bradford, eine prominente Person, die in jener Zeit auch in Plymouth war, spricht in seinem Bericht „Aus der Plymouth-Siedlung, 1620-1647" hingegen nicht eigens von einem feiertagähnlichen Ereignis. Er schreibt vielmehr, daß die Pilgerväter „bei der kleinen Ernte, die sie hatten", zusammengekommen waren, „über die viele im nachhinein dann so groß an ihre Freunde in England von ihrem Überfluß hier schrieben, was keine gefälschten, sondern wahre Berichte waren." Jenseits der Wandlungen, die sich in Verbindung mit dem Thanksgiving-Feiertag als solchem vollzogen haben, ist die allgemeine Geschichte der Pilgerväter, oder zumindest die Version, die von den meisten US-Amerikanern für Geschichte gehalten wird, mit sehr vielen Mythen umwoben. Furman (1998) schreibt hierzu:

> Nach dem allgemeinen Geschichtsverständnis werden die Pilgerväter als eine Gruppe frommer Pioniere gesehen, die auf der Flucht vor religiöser Verfolgung einen Zufluchtsort in der Neuen Welt suchten. Sie werden oft für eine homogene Gruppe frommer Leute gehalten, die sich gegen ihre wilden Nachbarn bewaffneten und auf der Hut vor ihnen waren ... das Bild von der Pilgermaid, die ihren Fuß auf den Fels in Plymouth setzt, ist unverrückbar in den Köpfen vieler eingeprägt. Der Mayflower-Vertrag wird oft so dargestellt, als sei er geschrieben worden, um die Durchsetzung revolutionärer Prinzipien einer demokratischen Regierung in dem neuen Siedlungsgebiet, die ersten Schritte zur amerikanischen Unabhängigkeit von der englischen Herrschaft sicherzustellen. Ähnlich wird im allgemeinen davon ausgegangen, daß die Pilgerväter in ein wildes und völlig unbekanntes und unerforschtes Gebiet kamen, wo sie ihre Bleibe der Wildnis entreißen mußten. Ihr Überleben wird oft der Vorsehung ihres Gottes und ihrem standhaften Glauben an Ihn zugeschrieben.

Die Tatsachen sehen jedoch vielleicht etwas anders aus: Bei einer beachtlichen Mehrzahl der ersten Passagiere auf der *Mayflower*, dem berühmten Schiff, das sie aus England herüberbrachte, handelte es sich nicht um fromme, religiöse „freie Bürger", sondern um Gesinde, vertraglich gebundene Sklaven und Abenteurer ohne konkrete religiöse Zugehörigkeit; ein Großteil ihres Landes war bereits von den dort ansässigen Indianerstämmen gerodet worden, die seit vielen Jahren mit europäischen Fischerbooten Handel trieben; die Regierungsform war im wesentlichen eher autokratisch als demokratisch; und fast die Hälfte der ursprünglichen Siedler starb innerhalb des ersten Jahres infolge von mangelnder Ernährung oder Krankheiten. Ein Siedler, der 1623 in Plymouth ankam, berichtete, die Bewohner von Plymouth seien „mehr oder weniger halb nackt gewesen. [Ihr] sehr schlechter Zustand brachte [uns] zum Weinen, so daß wir angesichts dessen, was wir jetzt bei den anderen sahen, Gefallen an [unserem] eigenen Elend fanden."

Thanksgiving stellt somit eine Art von gewähltem Ruhmesblatt dar, das die „Geburt" der US-amerikanischen „Nation" idealisiert. Die Pilgerväter waren in der Tat mutige Pioniere, aber einige ihrer Aspekte wurden in der volkstümlichen Geschichtsschreibung und in der Kultur übertrieben, um so die Kontinuität und die Verpflichtung gegenüber bestimmten Kernprinzipien der US-amerikanischen Gruppenidentität herauszustellen und zu bekräftigen. Es gibt viele andere Beispiele von gewählten Ruhmesblättern, bei denen es etwa um vergangene Siege im Kampf oder große Leistungen und Errungenschaften auf technologischem oder künstlerischem Gebiet geht. Buchstäblich jede Großgruppe hat ihre ruhmvollen Geschichten, die mit ihrer Entstehung verbunden sind. Die Wichtigkeit, die solchen Ereignissen von allen gemeinsam beigemessen wird, ob diese jüngeren oder älteren Datums, real oder mythologisiert sind, trägt dazu bei, die Individuen in einer Gruppe miteinander zu verbinden und zusammenzuschließen.

In streßintensiven Zeiten oder kriegsähnlichen Situationen reaktivieren Führer die geistige Repräsentanz gewählter Ruhmesblätter, um das Selbstwertgefühl ihrer Gruppe zu stärken. Während des Golfkrieges stützte Saddam Hussein sich in starkem Maße auf gewählte Ruhmesblätter und stellte sogar eine Verbindung zwischen sich und Sultan Saladin her, der im zwölften Jahrhundert die christlichen Kreuzfahrer geschlagen hatte. Mit der Reaktivierung eines Ereignisses und eines Helden aus der Vergangenheit verfolgte Saddam das Ziel, die Illusion zu schaffen, daß sein Volk auch diesmal ein ähnliches triumphales Schicksal erwartete, und daß er, wie Saladin, ein Held war. Dabei spielte es für Saddam keine Rolle, daß Saladin kein Araber, sondern Kurde war und seine Herrschaft von Ägypten und nicht von dem Irak aus ausgeübt hatte.

Der Verweis eines Führers auf gewählte Ruhmesblätter begeistert seine Anhänger allein schon dadurch, daß darüber ein bereits existierendes, von allen geteiltes Großgruppenmerkmal belebt wird. Während es nicht um komplizierte psychologische Prozesse geht, wenn gewählte Ruhmesblätter das kollektive Selbstwertgefühl erhöhen, ist die Rolle eines verwandten Konzeptes, der gewählten Traumata, bei der Unterstützung des Großgruppenzusammenhaltes schon schwieriger zu verstehen.

Der fünfte Faden: Gewählte Traumata

Gewählte Traumata beziehen sich auf die geistige Repräsentanz von einem Ereignis, das dazu führte, daß eine Großgruppe durch eine andere Gruppe schwere Verluste hinnehmen mußte, dahin gebracht wurde, daß sie sich hilflos und als Opfer fühlte und eine demütigende Verletzung miteinander zu teilen hatte. Da eine Gruppe es nicht selbst wählt, Opfer zu werden oder Demütigungen zu erleiden, erheben manche Einwände gegen den Begriff „gewählte" Traumata. Ich glaube jedoch, daß er die unbewußte „Wahl" einer Gruppe widerspiegelt, die geistige Repräsentanz von einem Ereignis einer vergangenen Generation der eigenen Identität hinzuzufügen. Ein gewähltes Trauma ist mit der Unfähigkeit der vergangenen Generation verbunden, nach der Erfahrung eines geteilten traumatischen Ereignisses über die Verluste zu trauern, und ist ein Zeichen, daß es der Gruppe nicht gelungen ist, eine narzißtische Verletzung und Demütigung wiedergutzumachen (Volkan, 1991c, 1992, 1997; Volkan und Itzkowitz, 1993, 1994).

Während jedes Individuum in einer traumatisierten Gruppe seine eigene einmalige Identität und persönliche Reaktion auf Traumata hat, teilen alle Mitglieder die geistigen Repräsentanzen der Tragödien, von denen die Gruppe heimgesucht wurde. Ihre verletzten Selbstbilder, die mit der geistigen Repräsentanz des geteilten traumatischen Ereignisses verbunden sind, werden in der sich entwickelnden Selbstrepräsentanz der Kinder der nächsten Generation „deponiert", als wären diese Kinder imstande, den Verlust zu betrauern oder die Demütigung wiedergutzumachen. Ein solches Deponieren stellt eine zwischen den Generationen stattfindende Weitergabe von Traumata dar. Wenn die Kinder mit dem, was in ihnen deponiert wurde, nicht umgehen können, werden sie als Erwachsene umgekehrt dann auch wiederum die geistige Repräsentanz des Ereignisses an die nächste Generation weitergeben.

Da sie mit versuchten Lösungen unbewußt gestellter Aufgaben verbunden sind, haben gewählte Traumata einen durchdringenderen Einfluß auf die Gruppenidentität als gewählte Ruhmesblätter. Gewählte Traumata sind mit nachhaltigen Erfahrungen von Verlusten und Gefühlen der Demütigung, der Rache und des Hasses verbunden, die bei den Gruppenmitgliedern eine Vielzahl von geteilten Abwehrmechanismen auslösen, die darauf abzielen, diese Erlebnisse und Erfahrungen rückgängig zu machen oder ins Gegenteil zu verkehren. Sie unterscheiden sich somit erheblich von gewählten Ruhmesblättern, bei denen es keine Notwendigkeit gibt, sich um eine Wiedergutmachung oder Umkehrung der von den Vorfahren weitergegebenen Erfahrungen und Gefühle zu bemühen.

Generationsübergreifende Weitergaben

Da der Prozeß der generationsübergreifenden Weitergabe der Schlüsselmechanismus bei der Herstellung sowohl des vierten als auch des fünften Fadens in der Plane eines ethnischen Zeltes ist, möchte ich den Prozeß jetzt im einzelnen aus einer klinischen Perspektive untersuchen. Mit der Beschreibung von Individuen aus drei Generationen in einer Familie möchte ich diese generationsübergreifende Weitergabe von Traumata veranschaulichen. Dieser Fall wurde erstmals 1994 von Gabriele Ast und mir beschrieben (Volkan und Ast, 1994, S. 103ff). Wobei ich mich hier jedoch nur auf das Material beziehe, das die Interaktion zwischen Peter, einem Mann mittleren Alters, als er die psychoanalytische Behandlung begann, und Gregory, seinem Stiefvater, sowie Julie, Peters Tochter, veranschaulicht. Nachdem ich dieses Phänomen bei spezifischen Individuen aus verschiedenen Generationen verdeutlicht habe, werde ich dann im weiteren beschreiben, wie es zu einem signifikanten Prozeß in der Großgruppenidentität wird.

Peter: Peter war als ein kleiner dicker Junge im Haus von zwei Frauen – seiner Mutter und seiner Großmutter – „gefangen" gewesen, als ein gutaussehender Mann namens Gregory in sein Leben trat. Gregory war ein Überlebender des Bataan-Todesmarsches und japanischer Kriegsgefangenenlager, die während des Zweiten Weltkrieges so viele amerikanische Soldaten das Leben gekostet und auf den Philippinen den Geist so vieler gebrochen hatten. Nach seiner Rückkehr aus dem Krieg mußte der Soldat unbewußt eine Parallele zwischen dem frustrierten kleinen Jungen und seinem eigenen hilflosen Selbstbild gesehen haben, das sich im Südpazifik entwickelt hatte. Gregory deponierte dieses Selbstbild wie auch das defensive Selbstbild, das er entwickelte hatte, um mit seiner extremen Hilflosigkeit, Hoffnungslosigkeit und Angst umzugehen, in Peters noch in der Entwicklung begriffenem Selbstgefühl. Da er und der Junge sich ähnlich waren, versuchte Gregory, durch Peter seine eigene traumatische Erfahrung wiedergutzumachen.

Für Gregory war es eindeutig besser zu jagen, als gejagt zu werden – besser, ein starker, bewaffneter Angreifer als das Ziel der Aggression eines anderen zu sein. Diese Ideen flößte er Peter ein. Die beiden gingen zusammen auf die Jagd, und Gregory spornte Peter dazu an, seinen fetten Körper in einen muskulösen zu verwandeln, und ermöglichte es ihm, sich aus dem Gefängnis zu befreien, das seine Mutter und Großmutter für ihn bedeuteten. Peter idealisierte Gregory schließlich und identifizierte sich mit seinem idealisierten aggressiven Bild. Er wuchs auf, um ein Jäger, Kriegsveteran und ein einflußreicher Lobbyist in der US-amerikanischen Rüstungsindustrie zu werden. Hinter diesem mächtigen, starken Bild existierte jedoch weiterhin sein „gefangenes" Selbst, das Gregorys hilfloses Bild in sich aufgenommen hatte.

Peter hatte eine narzißtische Persönlichkeitsorganisation und offenbarte in seinen Alltagsaktivitäten die Charakteristika eines „grandiosen Selbst" (Kohut, 1971, dt. 1973; Kernberg, 1975, dt. 1978; Volkan und Ast, 1994). Er verhielt sich, als sei er die „Nummer Eins", was Brillanz und Macht anging, und habe somit bei allem nur Anspruch auf das Beste. Dennoch war er innerlich zerbrechlich, litt unter einem geringen Selbstwertgefühl und war neidisch auf andere. Seine verborgene Selbstvorstellung war die eines „hungrigen Selbst", das versteckt und vom dominierenden grandiosen Selbst abgespalten war. Was Peter dazu brachte, sich in Behandlung zu begeben, war jedoch nicht ein Symptom seines übertriebenen Narzißmus, sondern Bulimie, ein Ausdruck seines hungrigen Selbst.

Als Peter in der zweiten Hälfte seiner Vierziger war, litt er bereits seit zwanzig Jahren an seiner Bulimie und erbrach sich, nachdem er sich überessen hatte, oft bis zu dreimal am Tag. Er hatte, wie er meinte, die denkbar „stärksten"

Bauchmuskeln entwickelt, die es ihm ermöglichten, auf Anhieb erbrechen zu können. Diese physische Kontrolle zu haben, empfand er in seinem Narzißmus als befriedigend und konnte seine Bulimie nicht als Problem sehen. Seine Frau hatte jedoch gedroht, ihn zu verlassen, wenn er sich nicht in Behandlung begab, nachdem er sich bei einer Dinnerparty mit renommierten Gästen wieder einmal seiner Bulimieroutine hingegeben hatte. Die Angst vor der Möglichkeit, daß sie ihn im Stich lassen könnte, brachte ihn in die Behandlung. Er war insgeheim abhängig von seiner Frau, obwohl das an seinem Verhalten ihr gegenüber keineswegs erkennbar war.

Peter stellte sich zuerst als einer der wichtigsten Männer in den Vereinigten Staaten dar. Er hatte das Gefühl, daß die Herstellung und der Verkauf von Rüstungsgütern, von konventionellen Waffen bis zu Waffensystemen höchster Geheimhaltungsstufe, von seiner Weisheit abhingen. Er glaubte, das US-amerikanische Volk hinge ob seiner Sicherheit von ihm ab, und zeigte keine emotionalen Reaktionen, was die Schrecknisse anging, die sein Waffenarsenal bei einem feindlichen Volk anrichten könnte.

Peter war in Vietnam als Hubschrauberpilot viermal abgeschossen worden. Er hatte dem Tod so oft die Stirn geboten, daß sich bei ihm ein Omnipotenzgefühl herauskristallisiert hatte. In Vietnam hatte er von seinem Hubschrauber aus Frauen und Kinder wie auch feindliche Soldaten erschossen. Nachdem er den Militärdienst quittiert und angefangen hatte, für die Rüstungsindustrie zu arbeiten, führte Peter einen Privatkrieg gegen Tiere. Wenn ein angstauslösendes Ereignis stattfand, ging er auf die Jagd, manchmal auf unkonventionelle Weise, indem er von einem Hubschrauber aus eine Herde Rotwild massakrierte. Der Drang zu jagen, war besonders stark, wenn er mit einer drohenden Trennung konfrontiert war, wenn seine Frau etwa zu ihrer Familie zu Besuch fuhr oder sein Analytiker eine Sitzung absagte, oder wenn seine Omnipotenz bedroht war, etwa durch ein rechtliches Hindernis für einen Waffendeal, den er abschließen wollte.

Peter hatte eine traumatische Kindheit erlebt; sein Vater war von zu Hause weggegangen, als Peter gerade einmal zwei Wochen alt war, und seine Eltern waren danach geschieden worden. Nachdem sein Vater sie verlassen hatte, zog seine Mutter mit ihrem Sohn wieder ins Haus ihrer Mutter, die sich dann um Peter kümmerte, wenn seine Mutter zur Arbeit ging. Peter war in der späten Latenz, als die alte Frau starb, aber er hatte in seinen Entwicklungsjahren bei ihr geschlafen.

Erzählungen von ihrem Zusammenleben lassen darauf schließen, daß sowohl seine Mutter als auch die Großmutter ängstliche, frustrierte und wahrscheinlich depressive Frauen waren, die verärgert darüber waren, mit der Last von Peters Erziehung und Versorgung allein gelassen worden zu sein, und ihn überfütterten, bis er fett war. Sie behinderten seine Autonomie, indem sie ihn auch noch mit dem Löffel fütterten, nachdem er gelernt hatte, allein zu essen, und sie machten auch seine Hausaufgaben für die Schule für ihn. (Als bei der Behandlung Peters Übertragung die Umwelt seiner frühen Kindheit widerspiegelte, wurde er von paranoiden Ängsten und dem Gefühl überflutet, daß er als Gefangener in einer anderen Welt unter einer von zwei Frauen kontrollierten Glocke lebte.)

Als Peter in die ödipale Phase kam, nahm seine Mutter ihn mit, um seinen leiblichen Vater kennenzulernen, den er bis dahin noch nicht kannte. Seine Mutter zeigte dann auf ein Haus und wies ihren Sohn an, an die Tür zu gehen und nach seinem Vater zu fragen. Nachdem er geläutet hatte, erschien sein Vater, inzwischen wiederverheiratet, an der Tür und schickte ihn barsch weg, zurück zu seiner Mutter, die an der Straßenecke auf ihn wartete. Die Demütigung, die Peter empfand, färbte seine ganze Kindheit. Kurz vor diesem Ereignis, als er etwa drei Jahre alt war, war Gregory in sein Leben getreten. Er lebte schließlich in der Familie und heiratete alsbald Peters Mutter. Peter nannte ihn „Vater". Gregory arbeitete eine Zeitlang nicht, sondern blieb zu Hause und bemutterte den kleinen dicken Jungen, der ihn umgekehrt idolisierte.

Im vierten Jahr seiner Analyse erfaßte Peter in einem Traum die Bedeutung von Gregorys Ankunft bei sich zu Hause. Er träumte: „Ich stand mit einem Mann zusammen, der ebenso gut aussah wie mein Vater [Stiefvater] früher. Im Tal sah ich einige Füchse entlang rennen. Ich zeigte auf die Füchse, während er auf ein anderes Tier zeigte, einen verunstalteten Hirsch mit dicken plumpen Beinen und ohne Geweih" (Volkan und Ast, 1994, S. 139). Peter erkannte in den roten Füchsen seine Mutter und seine Großmutter. Ihre Farbe erinnerte ihn an den roten Bikini, den er mit seiner geistigen Vorstellung von seiner Großmutter verband, die rote Unterwäsche zu tragen pflegte. Er konnte sich nicht erinnern, jemals mitbekommen zu haben, daß eine der Frauen menstruierte, hielt es jedoch für wahrscheinlich, daß er irgendwann einmal ihre Genitalien gesehen hatte, als er mit ihnen im selben Bett geschlafen hatte. Der gutaussehende Mann im Traum war sein Stiefvater, der als ein starker ödipaler Vater „Peters Frauen" erobern konnte, so daß der Junge sich vor ihrem Aufdrängen und Einmischen in sein Leben retten konnte. Der verunstaltete Hirsch war Peter selbst.

Peter mußte Gregory um so mehr idealisieren, nachdem er von seinem leiblichen Vater so gedemütigt worden war. Obwohl Gregory kein sadistischer Mann war, bewirkte Peters Verlangen nach einem starken ödipalen Vater, der ihm die Frauen vom Leib hielt, daß er Gregory als aggressiv wahrnahm, und diese Wahrnehmung wurde durch das defensive Selbstbild des ehemaligen

Gefangenen noch verdichtet, das der Hilflosigkeit und Demütigung gegenüberstand, die er im Krieg erlitten hatte.

Was seine Erfahrung mit Gregory für den Jungen bedeutete, ist an einer Reihe von Träumen ablesbar, die er seinem Analytiker präsentierte und in denen er übers Wasser gehen konnte. Diese Träume reflektierten den manifesten Gehalt seiner narzißtischen Persönlichkeitsorganisation; Peter war, genau wie Jesus, so großartig, daß er übers Wasser gehen konnte. In einer neuen Version seines wiederkehrenden Traums konnte er sehen, wie ein U-Boot direkt unter der Wasseroberfläche trieb – das war es, dieses U-Boot, das es ihm ermöglicht hatte, übers Wasser zu gehen. Er wußte sofort, daß das U-Boot für Gregory stand, der auf U-Booten Dienst getan hatte. Was Peters grandioses Selbst unterstützte, war Gregorys Repräsentanz.

Das Vogelhaus und die Statue des Heiligen Joseph: Eine direkte Veranschaulichung der Rolle, die Gregory in Peters Leben spielte, trat im fünften Jahr von Peters Psychoanalyse zutage. Gregory und Peters Mutter, inzwischen beide in ihren Siebzigern, hatten beschlossen, das Haus, in dem sie seit ihrer Heirat gewohnt hatten, zu verkaufen und in eine Alterswohngemeinschaft zu ziehen. In diesem Haus hatte Gregory auch seinerzeit die Verantwortung übernommen, Peter großzuziehen.

Der bevorstehende Umzug machte Gregory und Peters Mutter jedoch auch angst. Ihre Angst hing insbesondere mit dem Schicksal eines Vogelhauses zusammen, das in Peters Kindheit auf dem Rasen errichtet worden war. Es war ein mehrstöckiges Schwalbenhaus auf einer Säule, die in einen schweren Zementsockel eingelassen war. Gregory hatte es mit ungeheuerer Mühe gebaut und sogar Nummern über jedes einzelne der vielen „Apartments" gemalt, in denen die Vogelfamilien wohnen sollten. Jahrzehntelang war es voller Vögel gewesen, die dort ihre Eier gelegt und ausgebrütet und von dort aus ihre Jungen zu ihren ersten Flugversuchen losgeschickt hatten. Bei allen Jungen hatte Gregory am Fuß einen Ring befestigt, der jeweils die Nummer des „Apartments" auswies, in denen ihre Familien wohnten. Wenn ein Junges versehentlich aus dem Schwalbenhaus fiel, wußte Gregory so immer, in welches „Apartment" es gehörte und konnte es zurücklegen. Ein Junges, das mit menschlicher Hilfe gerettet, aber ins falsche „Apartment" gelegt worden wäre, wäre abgelehnt worden und mit Sicherheit gestorben.

In der Psychoanalyse begriff Peter, daß Gregory hier eine Version von seinem japanischen Kriegsgefangenenlager gebaut hatte. Aber anstelle des allgegenwärtigen Schreckens und Todes war in der neuen Version (dem Vogelhaus) dafür gesorgt, daß keiner der Bewohner sterben durfte. Auf omnipotente Art hatte Gregory seine vergangene Realität umgekehrt und für sich und seine Kameraden (die Vogeljungen) ein neues Schicksal entwickelt und ein Lager errichtet, in dem jeder sicher und glücklich sein würde. Aufgrund seiner stabilen Externalisation seines hilflosen, gedemütigten und von den Qualen eines Opfers geprägten Selbstbildes auf äußere Reservoire hatte das Bataan-Trauma offenbar keine pathologischen Folgen bei ihm hinterlassen.

Peters Mutter hatte, nachdem Gregory das Vogelhaus fertiggestellt hatte, eine Statue des Heiligen Joseph daneben aufgestellt, was ein Beweis dafür war, daß beide Elternteile unbewußt die Zielsetzung „kannten", die im Vogelhaus widergespiegelt wurde. Gregory malte die Augen der Statue – entsprechend seiner eigenen Augenfarbe – blau an. Während er über das Vogelhaus und die Statue sprach, wurde Peter klar, daß er Gregory immer für einen Heiligen angesehen hatte, und die Statue des Heiligen Joseph repräsentierte symbolisch seinen Stiefvater; Joseph heiratete Maria und kümmerte sich um ihr Kind, den kleinen Jesus. Peters Mutter und Gregory hatten geheiratet, damit Gregory den kleinen Peter – wie die Vogeljungen – retten und beschützen konnte, indem er ihn omnipotent wie Jesus machte. Damit Peter omnipotent bleiben und Gregory mit seinem Kriegstrauma fertig werden konnte, mußte Peter das „Werkzeug" anhand gegeben werden, mit dem er seine Aggression gegen andere zum Ausdruck bringen und nicht zur Zielscheibe der Aggression anderer gemacht werden konnte. Peter mußte sich zunächst mit Gregorys externalisiertem hilflosen und gedemütigten Selbstbild identifizieren, dann seine defensive Aggression idealisieren und sich mit einem in seiner Phantasie aggressiven Gregory identifizieren, um mit seiner eigenen gedemütigten Selbstvorstellung umgehen zu können.

Tierpräparation: An den Wänden seines Hauses hängte Peter seine Jagdtrophäen auf, die er so geschickt präpariert hatte, daß sie wie lebendig aussahen. In der Psychoanalyse wurden die verschiedenen Bedeutungen und Funktionen seiner intensiven Beschäftigung mit der Tierpräparation aufgedeckt, wobei die ersten vier mit seinem Kindheitstrauma zusammenhingen:

1. Die ausgestopften und aufgehängten Tiere repräsentierten Peter selbst, der als Kind von seiner Mutter und Großmutter vollgestopft (überfüttert) worden war. Er entwickelte Krebsphobien; psychologisch „schlechtes Essen" war in ihn hineingestopft worden, und es stand zu erwarten, daß es vielleicht in seinen Körper eingedrungen war.
2. Die aufgestellten und aufgehängten Tiere repräsentierten auch seine Mutter und Großmutter sowie seinen leiblichen Vater. Seine ständige Suche nach Nervenkitzel bei der Jagd hing mit der Aufregung zusammen, die er verspürt

hatte, als er an die Tür seines leiblichen Vaters geklopft hatte; er war damals zurückgewiesen und gedemütigt worden. In der symbolischen Wiederholung dieses Ereignisses konnte er seinen leiblichen Vater (der in der Regel durch Kobras repräsentiert wurde) und seine Großmutter (die für gewöhnlich durch rote Füchse und schwarze Bären repräsentiert wurde) töten.

3. Seine große Sorge, daß seine ausgestellten Trophäen möglichst lebensecht, lebendig aussahen, zeigte, daß er seine Eltern doch nicht ganz abtun und verschwinden lassen wollte, da damit auch jede Hoffnung verschwunden wäre, geliebt zu werden. Während sein grandioses Selbst die Aggression benutzte, um sich selbst zu versichern, daß er niemanden brauchte, verlangte sein hungriges Selbst, daß er sich einen Weg offenhielt, um seine Abhängigkeitsbedürfnisse zu befriedigen.
4. Seine zwanghafte Beschäftigung mit den Fellen seiner Trophäen diente demselben Zweck wie das Phänomen das Juckens, das von Elbirlik (1980) und mir (Volkan, 1987) beschrieben wurde – es hilft, die Grenzen des Selbst zu definieren und Kontrolle zu gewinnen. Die Haut trennt einen von den anderen. Zwanghaftes Berühren der Haut oder Jucken ist ein Weg, um eine physische Grenze des eigenen psychologischen Seins zu spüren.

Die nachfolgenden Bedeutungen und Funktionen von Peters Tierpräparationshobby hängen mit seinen Erfahrungen und seiner Identifikation mit Gregorys hilflosen wie auch aggressiven Repräsentanzen zusammen:

5. Indem er sich mit toten Tieren umgab, identifizierte Peter sich mit Gregorys Kriegserfahrung, als er von toten Kameraden umgeben war.
6. Als ein „Überlebender" hatte er die Trophäen zu einem Mahnmal für die tödliche Umwelt von Gregorys Gefangenenlager gemacht, das durch die Umwelt seiner eigenen Kindheit verdichtet wurde. Jetzt hatte er nicht nur die Kontrolle, wer getötet wurde, sondern auch, wer ausgestopft und dem Leben zurückgegeben (eine Illusion) wurde.
7. Da Peter in sich die Illusion aufrechterhielt, die Tierleichen, die er mit nach Hause brachte, wieder zu „reparieren", konnte er mit seiner bewußten Schuld, Tiere zu töten (die sein Bild von dem verunstalteten Hirsch wie auch seine und Gregorys Hilflosigkeit repräsentierten), umgehen, obwohl in der Behandlung klar wurde, daß seine unbewußten Schuldgefühle dennoch geblieben waren.

Ins Wasser fallen: In der Psychoanalyse lernte Peter seine Identifikation mit Gregorys Selbstbild zu verstehen und auch, welche Ich-Funktionen eine Abwehr gegen Hilflosigkeit darstellten und welche seinen Glauben an seine Omnipotenz unterstützten. In Erinnerung an seinen Traum, in dem er übers

Wasser gegangen war, berichtete er von einem Folgetraum, in dem er sagte: „Ich ging auf einem Unterseeboot. Es tauchte, und ich fiel ins Wasser" (Volkan und Ast, 1994, S. 133). Es war ein Zeichen seines Bemühens, Gregorys Bild wegzuschieben und sich davon zu lösen. Er war nun nicht mehr das Depot dieses Bildes, und danach konnte er an seiner narzißtischen Persönlichkeitsorganisation arbeiten. Ohne sich auf Gregorys idealisiertes aggressives Bild stützen zu können, mußte er sich dem Druck seines hungrigen und hilflosen Selbsts stellen. Auf diesen Traum folgte eine Verschlimmerung seiner Krebsphobie, und er bekannte, daß er schon immer Angst vor dem Fliegen und auch bei der Jagd Angst vor gefährlichen Tieren hatte. Er begann dann ernsthaft, seine entgegengesetzten grandiosen und hungrigen Selbsts zu integrieren.

Ein Trauerprozeß: Im fünften Jahr seiner Psychoanalyse unternahm Peter schon bald, nachdem er davon geträumt hatte, ins Wasser gefallen zu sein, zusammen mit Gregory, der inzwischen in den Siebzigern war, seinen alljährlichen Jagdausflug. Dabei wurde Peter mit einemmal bewußt, wie schwach Gregory geworden war und wieviel er von seinem Jagdgeschick verloren hatte. Durch diese Beobachtung wurde bei ihm ein Trauerprozeß ausgelöst: Er mußte den Verlust des Bildes von Gregory betrauern, das seine eigene Omnipotenz unterstützte, oder das Bild von Gregory modifizieren. Zu seiner Trauer gehörte auch, daß er sich erfolgreich dafür einsetzte, daß Gregory anläßlich des 50. Jahrestages des Bataan-Todesmarsches eine Tapferkeitsmedaille verliehen und sein Mut damit offiziell gewürdigt wurde. Diese Auszeichnung war im Endeffekt ein geistiger Grabstein, mit dem Peter das geistige Bild Gregorys markierte, das er jetzt beerdigt hatte.

Etwa in dieser Zeit kam es auch zu einem Schrumpfen seines grandiosen Selbst. Seine Jagdbegeisterung bekam eine neue Bedeutung; er sprach jetzt von seinem Jagdsport als einem Weg, „Zwiesprache mit der Natur zu halten" und bezeichnete die Natur als „die gute Mutter" (Volkan und Ast, 1994, S. 135). Sein Bedürfnis, erbarmungslos wilde Tiere abzuschlachten, schwand, und ebenso verblaßte sein Interesse an Raketen und sonstigen Waffen. Er behielt zwar seinen Job, entwickelte sich jedoch zu einem engagierten Umweltschützer und wollte Interkontinentalraketensilos in Getreidesilos umwandeln.

Mit Peters Genesung verlor Gregory das Depot für seine hilflosen wie auch defensiv aggressiven Selbstbilder. Als er und seine Frau umzogen, gingen mit dem Entfernen des Vogelhauses und der Statue des Heiligen Joseph noch weitere Reservoire für stabile Externalisierungen verloren. Gregory wurde über Nacht krank, und Peter begriff die Bedeutung dieser Krankheit, die sich fast als fatal erwiesen hätte. Peter sah sich dann mit dem Dilemma konfrontiert, ob er seine psychischen Fortschritte fortsetzen oder weiterhin Gregorys Reservoir bleiben sollte. Er entschied sich letztlich für seine psychische Gesundung.

Eine andere Art der Identifikation: Die Identifikationen mit Gregorys Bildern, die Peter in seinen Entwicklungsjahren vollzog, waren problematisch für ihn und trugen mit zur Determinierung seiner Identität bei. In der Schlußphase seiner Psychoanalyse ersetzte Peter diese maladaptive Identität durch eine gesündere. Er erzählte, er habe einmal zu Hause im Wohnzimmer gesessen und mit einemmal Geräusche aus dem Kamin gehört. Nach genauem Hinhören war ihm klar, daß junge Vögel versehentlich hineingeraten waren und sich nicht mehr befreien konnten. Er wollte sie unbedingt retten und dachte sich alles mögliche aus, wie er dies bewerkstelligen könnte. Er versuchte sogar, aufs Dach zu klettern und ein Netz herzustellen, um sie zu fangen, damit ihnen nichts passierte. Und es gelang ihm schließlich, sie zu retten. Seine Assoziationen zu seinem Bericht über diesen Rettungsversuch machten deutlich, daß sich seine Verhaftungen gegenüber dem Bild von Gregory gelockert hatten, das Teil seines früheren grandiosen Selbst gewesen war. Gregory hatte sich jahrelang dafür verantwortlich gefühlt, Vögel zu retten, die aus dem Vogelhaus gefallen waren, und er hatte sich auch dafür verantwortlich gefühlt, den dicken kleinen Peter zu retten, in dem er sein eigenes hilfloses Bild deponiert hatte. Indem er die Vögel nun selbst rettete, erklärte Peter, daß er sich selbst um die Dinge kümmern konnte und Gregory (sein Bild) nicht mehr brauchte, dem er zu einer offiziellen Anerkennung verholfen und von dem er sich verabschiedet hatte. „Er kann jetzt seiner eigenen Wege gehen, da ich mich selbst um mich kümmern und auf mich verlassen kann", sagte er.

Gregory: Da ich nichts von Gregorys Entwicklungsgeschichte weiß, kann ich nicht sagen, welche Arten von individualisierten psychologischen Faktoren bei seiner Reaktion und Anpassung auf den Bataan-Todesmarsch, die japanischen Kriegsgefangenenlager und seine schlußendliche Befreiung im Spiel waren. Die Folgen eines unfaßbaren Traumas und der damit verbundenen Verluste, Demütigung und Hilflosigkeit verschwinden nicht mit der Zeit, obwohl der Betroffene in seinem Reaktionsrepertoire auf lange Sicht stabile Abwehrmechanismen und kreative Ausdrucksformen inkorporieren kann. In Gregorys Fall kam es Jahrzehnte nach dem Ereignis, nach der Entfernung des Schwalbenhauses und Peters Fortschritten, zu einem Wiederauftreten der mangelhaften Anpassung.

Julie: Peters Tochter Julie gehört zur dritten Generation. Zu Hause war Peter unverhohlen reserviert und behandelte seine Frau und Kinder mit Gleichgültigkeit. Insgeheim war er jedoch abhängig von ihnen. Solche simultan offenen und verdeckten Verhaltensmuster sind typisch für narzißtische Individuen (Kernberg, 1984, dt. 1990; Akhtar, 1992; Volkan und Ast, 1994).

Julie muß von Kindheit an oft die Tierpräparationen ihres Vaters gesehen und Peters Jagdgeschichten gehört haben. Sie muß die vielschichtigen Bedeutungen gespürt haben, die mit den Tieren verbunden waren. Peter hielt seine Tochter dazu an, Veterinärmedizin zu studieren. Genau das machte sie dann auch und wurde Tierärztin.

Während sie oberflächlich distanziert zu ihrem Vater blieb, reparierte sie als Tierärztin, die Tiere wiederherstellte und rettete, das Bild ihres Vaters als eines unförmigen und gedemütigten hornlosen Hirsches, das durch Gregorys Selbstbild vom Gefangenen verdichtet worden war und von Peters omnipotentem Aspekt (dem grandiosen Selbst) abgespalten war. Gregorys traumatisiertes Selbstbild war auch in Julie zu finden, und sie ging auf die unbewußte Botschaft ihres Großvaters ein, daß es weder Krankheit noch Tod geben sollte und die Schrecknisse des japanischen Gefangenenlagers revidiert und umgekehrt werden sollten.

Zusammenfassung

Die Person in der ersten Generation hatte ein traumatisiertes Selbstbild. Sie externalisierte es auf die Schwalben und auf eine Person in der zweiten Generation und versuchte, es so zu reparieren. Die Person in der zweiten Generation externalisierte die traumatisierten Selbstbilder auf Tiere und tötete sie. Die Art und Weise, mit dem traumatisierten Selbstbild umzugehen, änderte sich also. Ihre Versuche, es – durch Tierpräparationen – zu reparieren, waren ineffektiv. Und die Person in der dritten Generation nutzte dann, genau wie ihr Großvater, auch in einer externalisierten Weise wiederum hauptsächlich reparierende Aktivitäten.

Bei der Darstellung des Konzeptes der generationsübergreifenden Weitergabe und wie sie bei Individuen zum Tragen kommen, habe ich unbewußte Prozesse beschrieben, um zu zeigen, daß dieses Konzept durch eine einfache Beschreibung nicht voll und ganz verstanden werden kann. Bei Gruppen erfolgt diese generationsübergreifende Weitergabe, indem die geistige Repräsentanz eines traumatischen Ereignisses von Tausenden oder Millionen Menschen an die nächste Generation weitergegeben wird und ihre traumatisierten Bilder in den sich entwickelnden Selbstvorstellungen der Kinder deponiert werden.

8. Die Schlacht von Kosovo: Ein Beispiel des fünften Fadens

Gewählte Traumata sind ein entscheidendes Großgruppenmerkmal, ein Faden, der in die Plane des Großgruppenzeltes gewoben wird. Sobald die geistige Repräsentanz eines geteilten traumatischen Ereignisses zu einem gewählten Trauma wird, spielt die tatsächliche Geschichte des Ereignisses keine entscheidende Rolle mehr. Entscheidend ist seine unsichtbare Macht, mit der es die Mitglieder der Gruppe miteinander verbindet und ihnen ein Gefühl des Gleichseins gibt. Da es bei dem gewählten Trauma um den Aspekt der Demütigung und des Verlustes sowie die Unfähigkeit zu trauern geht, ist es gleichzeitig auch verbunden mit dem Wunsch, all das wiedergutzumachen, was den Vorfahren widerfahren ist, und dem Gefühl, ein Recht auf Rache zu haben. Sofern die äußere Realität die Möglichkeit der Rache nicht zuläßt, kann das gewählte Trauma zu einer gruppeninternen Idealisierung des Opferstatus führen.

Mit der Weitergabe von einer Generation zur nächsten kann sich mitunter die *Funktion* eines gewählten Traumas *ändern* (Apprey, 1987, 1993; Volkan, 1997), wie ich es auf der individuellen Ebene am Beispiel Peters verdeutlicht habe. In einer Generation unterstützt es vielleicht die Großgruppenidentität, die davon geprägt ist, daß die Gruppe nach ihrem Selbstverständnis zum Opfer gemacht wurde. In einer anderen Generation wird es vielleicht dazu herangezogen, der Gruppe eine Rächer-Identität zu verleihen. Darüber hinaus kann ein gewähltes Trauma auch im kollektiven „Gedächtnis" einer Gruppe schlummern und in streßintensiven oder Krisenzeiten, wenn die Identität der Gruppe bedroht ist, reaktiviert und von den Führern genutzt werden, um die geteilten Gefühle der Gruppe sowohl gegenüber sich selbst als auch dem Feind gegenüber zu wecken und zu entfachen. In dem Fall tritt dann ein *Zeitkollaps* ein, da das gewählte Trauma so erfahren wird, als hätte es sich erst gestern ereignet.

Viele Aspekte dieses Phänomens sind in Bosnien-Herzegowina augenscheinlich zu beobachten, wobei es mir hier jedoch nicht darum geht, eine umfassende psychopolitische Analyse der Situation im ehemaligen Jugoslawien zu liefern. Ich möchte mich hier vielmehr *nur* auf das „Schicksal" eines bestimmten Ereignisses konzentrieren – ein geteiltes Trauma, das sich vor über sechshundert Jahren ereignete – und verdeutlichen, welche Rolle es nach dem Zusammenbruch der kommunistischen Welt spielte.

Nach der im zwölften Jahrhundert erreichten Unabhängigkeit von Byzanz blühte das Serbische Reich fast zweihundert Jahre lang unter der Herrschaft der Nemanjiden-Dynastie, eine Blüte, die unter dem geliebten Zar Stephan Dušan ihren Höhepunkt erreichte. Am Ende von Dušans vierundzwanzigjähriger Herrschaft reichte das serbische Gebiet von der kroatischen Grenze im Norden bis zum Ägäischen Meer im Süden und vom Adriatischen Meer im Westen bis nach Konstantinopel im Osten. Dušan starb 1355, und kurze Zeit danach war die Nemanjiden-Dynastie beendet. 1371 kürten die serbischen Feudalherren Lazar Hrebeljanović zum Führer Serbiens, der jedoch nicht den Titel eines Zaren, sondern den eines Prinzen annahm.

Der hernach folgende Niedergang Serbiens wird hauptsächlich auf die Ausdehnung des Osmanischen Reiches auf serbischem Gebiet zurückgeführt, die am 28. Juni 1389 in der Schlacht von Kosovo auf dem Kosovo Polje (dem Amselfeld) im südlichen Teil der heutigen Bundesrepublik Jugoslawien gipfelte. Trotz der Spanne von rund siebzig Jahren, die zwischen der Schlacht von Kosovo und der vollständigen Okkupation Serbiens durch die Türken lag, entwickelte sich mit der Zeit ein Glaube, der die beiden Ereignisse miteinander verknüpfte.

Es gibt verschiedene Versionen der „historischen Wahrheit" zur Schlacht von Kosovo (Emmert, 1990). Was wir wissen, ist, daß der türkische Sultan Murat I. in oder nach der Schlacht von einem serbischen Attentäter tödlich verwundet wurde. Wir wissen auch, daß der verwundete Sultan oder sein Sohn Bayezit die Hinrichtung von Prinz Lazar befahl, der bei der Schlacht gefangengenommen worden war. Was den weiteren Ausgang der Schlacht angeht, gehen die Meinungen der Chronisten indes auseinander. Angesichts der schweren Verluste auf beiden Seiten und des Todes beider Führer ist der unmittelbare Ausgang der Schlacht in den Augen vieler unentschieden. Nach Kosovo kehrten die osmanischen Streitkräfte offenbar nach Adrianopel (Edirne) zurück, und Lazars Sohn, Stefan Lazarević, der sich später mit dem Nachfolger Murats verbündete, trat die Nachfolge seines Vaters an.

Siebzig Jahre später hatten die Türken in wesentlichen Teilen die Kontrolle über Serbien gewonnen, und damit entwickelte sich die Schlacht von Kosovo dann allmählich zu einem gewählten Trauma des serbischen Volkes. Von Generation zu Generation wurden mythologisierte Geschichten von der Schlacht weitergegeben, was durch die in Serbien ausgeprägte Tradition der mündlichen Überlieferung und starke religiöse Tradition gefördert wurde. Mit diesen Geschichten wurden die traumatisierten Selbstbilder der Serben immerwährend fortgeschrieben und verstärkt. Das Entscheidende hier wie in anderen Fällen ist nicht die historische Wahrheit, sondern der nachdrückliche Einfluß, den die geteilte geistige Repräsentanz des gewählten Traumas auf die Identität der Großgruppe hat. Marković (1983) spricht von der Erinnerung an Kosovo als von einem „heiligen Schmerz" (S. 111) und meint, daß die „bloße Erwähnung jenes Namens genügt, um einen Serben in der Tiefe seiner Seele zu erschüttern" (S. 111).

Es gibt eine Fülle von Belegen, die die Tatsache untermauern, daß die „Interpretation" der Ereignisse bei der Schlacht von Kosovo verschiedene Wandlungen durchgemacht hat. In frühen Chroniken über die Schlacht von Kosovo wird zum Beispiel der Name des Attentäters von Sultan Murat nicht erwähnt. In einer Version der Geschichte heißt es, eine kleine Gruppe von Soldaten sei durch die türkischen Verteidigungsstellungen geschlüpft, und einem sei es dann gelungen, Murat niederzustechen. In einer anderen heißt es, Lazar selbst habe diese Gruppe angeführt, während Miloš Kobila (oder Kobilić oder Obravitch), einer der Schwiegersöhne Lazars, der vor der Schlacht des Hochverrats beschuldigt worden war, in einem Bericht von 1497 als derjenige genannt wird, der der heroische Attentäter gewesen sein soll. Und nach einiger Zeit wurde schließlich Miloš gemeinhin als der tatsächliche Attentäter akzeptiert.

Bei der weiteren Entwicklung des gewählten Traumas wurden mehrere Faktoren unterdrückt – die Uneinigkeit der Slawen auf dem Balkan und selbst in Lazars eigener Familie sowie Lazars offensichtliche Ineffizienz als Führer und ebenso die Tatsache, daß Serbien noch viele Jahrzehnte nach der Schlacht weiterhin bestanden hatte. Als einer gemeinhin geteilten „Objektrepräsentanz", die bei der generationsübergreifenden Weitergabe der traumatisierten Selbstbilder der Serben eine Rolle spielte, mußte Lazar zunächst einmal die Absolution für die Besiegelung des Schicksals Serbiens erteilt werden. Der Legende zufolge ist der Heilige Elia Lazar am Vorabend der Schlacht in der Gestalt eines grauen Falken mit einer Botschaft von der Jungfrau Maria erschienen und hatte Lazar vor zwei Wahlmöglichkeiten gestellt. Die erste war: Er konnte die Schlacht gewinnen und ein Königreich auf Erden finden. Und die zweite: Er konnte die Schlacht verlieren, einen Märtyrertod sterben und ein Königreich im Himmel finden. Nach einer Version eines serbischen Volksliedes stand Lazar vor folgendem Dilemma:

> Lieber Gott, was soll ich tun und
> Welches Königreich soll ich wählen?
> Soll ich das Königreich im Himmel wählen
> Oder das Königreich auf Erden?
> Wenn ich das Königreich,
> Das Königreich auf Erden wähle,
> So ist das irdische Königreich von kurzer Dauer,
> Und das himmlische währt von jetzt bis in Ewigkeit.
> *(Zitiert nach Marković, 1983, S. 114.)*

Die Legende besagt, daß Lazar, ein frommer, religiöser Mensch, die Niederlage und den Tod wählte. Durch die Weiterverbreitung dieser Legende versuchten die Serben kollektiv, die Schmach und Demütigung zu leugnen. Die Hilflosigkeit und die Tatsache, daß sie zu Opfern gemacht worden waren, konnten jedoch nicht geleugnet werden, da sie unter osmanischer Herrschaft weder die Kraft noch Macht hatten, ihre glorreiche Vergangenheit zurückzuholen. Sie hielten statt dessen am Märtyrertum der Legende fest und identifizierten sich damit. Das Gefühl des Märtyrertums paßte im übrigen auch gut zu ihrer präosmanischen Wahrnehmung von sich selbst. Selbst in der Nemanjiden-Ära waren die Serben der Auffassung gewesen, sie hätten sich für andere Christen in Europa geopfert, da sie als Puffer gegen die vorrückenden moslemischen Türken gedient hatten. Die der griechisch-orthodoxen Kirche angehörenden Serben hatten seitens ihrer römisch-katholischen Nachbarn in Europa jedoch keine Anerkennung für ihr „Opfer" erhalten.

Als Ergebnis dieser traumatisierten und weitergegebenen, sich auf dasselbe gewählte Trauma beziehenden Selbstbilder hielten die Serben an einer Identität als „Opferlamm" fest und wurden ob des Verlustes von Kosovo zu „ewig Trauernden". Ewig Trauernde sind jene, die aus praktischen Gründen ihre Trauerarbeit nie abschließen und chronisch Trauernde bleiben (Volkan und Zintl, 1993). Diese geteilte Wahrnehmung wurde natürlich durch die Realität unterstützt, daß sie unter osmanische Besatzung geraten waren, und Kirchen- und Volkslieder sorgten dafür, daß das gewählte Trauma im öffentlichen Bewußtsein blieb. Der 28. Juni, der Tag der Schlacht von Kosovo, wurde fortan als St. Vitus-Tag begangen und war über die Jahrhunderte hinweg Gegenstand weiterer Legenden, welche die vom Opferstatus bestimmte Gruppenidentität stärkten.

Ähnlich wie Gregorys Schwalbenhaus wurde das Amselfeld zu einem „Monument". Aber im Unterschied zu Gregorys Vogelhaus, das er in ein „Lager" des Lebens verwandelt hatte, blieb das Schlachtfeld ein Symbol des Schmerzes und der Hilflosigkeit, das von den unter osmanischer Herrschaft lebenden Serben nicht „revidiert" werden konnte. Mit der Zeit entstand eine Volkssage, derzufolge die Blumen auf dem Hügel des Schlachtfeldes von Kosovo „weinten" – unter Bezugnahme auf die Tatsache, daß ihre Stiele gekrümmt waren und die Blumen ihre Köpfe vor Schmerz und Gram zu beugen schienen.

Die Osmanen zwangen die Serben nicht direkt, zum Islam zu konvertieren – abgesehen von den Kindern, die eingesammelt wurden, um sie die „Knabenlese" (devşirme) durchlaufen zu lassen. Dabei wurden christliche Jugendliche ihren Familien weggenommen, zum Islam bekehrt, in besonderen Schulen erzogen und ausgebildet und ganz auf die Person des Sultans eingeschworen, um ihm dann zu dienen. Nachdem die Osmanen auf den Balkan vorgerückt waren, „bezeugte der orthodoxe Patriarch persönlich 1385 in einem Schreiben an den Papst, daß der Sultan seiner Kirche völlige Handlungsfreiheit überlassen hatte"

(Kinross, 1977, S. 59). Während der Herrschaft Murats I. war bereits die Saat für die multikulturelle, multireligiöse und vielsprachige Gesellschaft des Osmanischen Reiches gesät worden. „Im Osmanischen Reich waren alle gleich, aber die Moslems waren gleicher" (Volkan und Itzkowitz, 1994, S. 64). Die Folge war, daß manche Slawen in den ersten zwei Jahrzehnten der osmanischen Herrschaft Moslems wurden, insbesondere in Bosnien, einer Grauzone zwischen dem orthodoxen und römisch-katholischen Einfluß. In der osmanischen Ära stellten diese Vorfahren der heutigen bosnischen Muslime schließlich die Mittel- und Oberschicht der Stadtbevölkerung in Bosnien-Herzegowina dar, während die Bauern in Serbien und Kroatien orthodox oder römisch-katholisch blieben. Bis zur Mitte des sechzehnten Jahrhunderts war die Hälfte der Bevölkerung Bosniens moslemisch, und Sarajevo war nahezu ganz moslemisch.

Bei denen, die Christen blieben, blieb die Idee, daß Prinz Lazar und in der Erweiterung die Serben ein Königreich im Himmel anstelle eines Königreiches auf Erden gewählt hatten, durch die Jahrhunderte hinweg lebendig. Die Serben hielten an ihrer Identität als Opfer fest und glorifizierten den Status des Opfers in Liedern wie folgendem:

> Trinkt, Serben, von Gottes Herrlichkeit
> Und erfüllt das christliche Gesetz;
> Und wenn wir auch unser Königreich verloren haben,
> So laßt uns doch unsere Seelen nicht verlieren.
> (Marković, 1983, S. 116.)

Im letzten Teil des neunzehnten Jahrhunderts traten mit dem Untergang des Osmanischen Reiches, der mit dem Erwachen des Nationalismus in Europa zusammenfiel, dann eher andere Aspekte der Lazar- und Kosovo-Legenden deutlicher zutage. Lazar wurde zunächst von einem ineffektiven Führer in einen Heiligen und Märtyrer verwandelt, und dann wurden sein Bild und Miloš' Bild langsam von dem des Märtyrers, Opfers und der tragischen Figur in das eines Helden und schließlich Rächers umgewandelt. In Gemälden und Ikonen der Renaissance werden Lazar und Miloš typischerweise zum Beispiel als heilige oder christusähnliche Gestalten dargestellt, während sie vom späten neunzehnten bis Anfang des zwanzigsten Jahrhunderts in manchen Kunstwerken zunehmend als starke und kriegerähnliche Figuren gezeigt werden. Die von den Serben geteilte Identität wäre ohne den Rahmen des Symbols von Kosovo nicht denkbar, ob dadurch nun das gemeinhin geteilte Gefühl, zu Opfern geworden zu sein, oder ein geteiltes Rachegefühl induziert wurde. Die Aufstände zwischen 1804 und 1815 konnten zwar letztlich im Keim erstickt werden, gleichwohl blieb der starke Wunsch nach serbischer Unabhängigkeit ungebrochen bestehen. Serbische Mütter gingen dazu über, ihre Kinder als die

„Rächer von Kosovo" anzusprechen – womit sie ihnen nicht nur direkt und indirekt die Botschaft übermittelten, sie müßten die Scham und Demütigung wiedergutmachen, sondern auch den Schmerz und die Hilflosigkeit ihrer geteilten Repräsentanzen beheben.

1878 wurde den Serben (wie auch den Montenegrinern) nach dem Berliner Vertrag ihre Unabhängigkeit vom Osmanischen Reich zuerkannt. Nach dem Vertrag wurden sie unter die Kontrolle Österreich-Ungarns gestellt, das hernach wiederum versuchte, Serbiens Kosovo-Geist zu unterdrücken. Aber Serbien war dann schon bald von 1912 bis 1913 in die Balkankriege verwickelt, durch die es den Kosovo schließlich nach über fünfhundert Jahren „befreien" konnte. Ein junger Soldat erinnerte sich später an diese Befreiung:

> Jeder von uns machte sich schon in der Wiege sein eigenes Bild vom Kosovo. Unsere Mütter wiegten uns mit den Liedern vom Kosovo in den Schlaf, und in unseren Schulen hörten unsere Lehrer nie mit ihren Geschichten von Lazar und Miloš auf.
> Mein Gott, was erwartete uns! Ein befreites Kosovo zu sehen ... Als wir im Kosovo ankamen ... starrte der Geist von Lazar, Miloš und all den Kosovo-Märtyrern auf uns (Aus *Vojincki Glasnik*, 28. Juni 1932, berichtet in Emmert [1990, S. 133f]).

Cvijić (1966) unterstützt die Idee, daß eine derartige Identifikation mit den Märtyrern von Kosovo ein Versuch war, die Demütigung und Hilflosigkeit zu revidieren und wiedergutzumachen: Für einen Soldaten „bedeutet viele Türken zu töten, nicht nur seine Vorfahren zu rächen, sondern auch die Schmerzen zu lindern, die er selbst empfindet" (Emmert, 1990, S. 135).

Nicht einmal zwei Jahre nach der Befreiung des Kosovo wurde Erzherzog Franz Ferdinand am St. Vitus-Tag 1914 zusammen mit seiner schwangeren Frau von einem bosnischen Serben namens Gavrilo Princip durch ein Attentat ermordet, was zum Ausbruch des Ersten Weltkrieges führte. Was von Princip bekannt ist, ist, daß er als Jugendlicher wie die meisten anderen serbischen Kinder erfüllt war von den Bildern, die Lazar und Miloš als Rächer darstellten (Emmert, 1990). Obwohl Serbien jetzt frei war, übte das österreichisch-ungarische Reich nach dem Abzug der Osmanen in weiten Teilen der Region erheblichen Einfluß aus. Es ist durchaus möglich, daß die alten und neuen „Unterdrücker" sich in Princips Vorstellung verdichteten und der Wunsch nach Rache auf den österreichisch-ungarischen Thronfolger übertragen wurde.

Nach dem Ersten Weltkrieg war den Bemühungen, alle südlichen Slawen in einem Königreich zu vereinigen, schließlich Erfolg beschieden, und so wurde das Königreich der Serben, Kroaten und Slowenen gegründet, das später als Jugoslawien bekannt werden sollte, was „Land der südlichen Slawen" bedeutet – um sie von den nördlichen Slawen wie Polen und Slowaken zu unterscheiden. Jugoslawien wurde aus fünf „Ländern" gebildet: Serbien, Montegro, Slowenien, Kroatien und Bosnien. Wie kaum anders zu erwarten, wurde das Königreich durch häufige Streitigkeiten gespalten. 1941 kapitulierte Jugoslawien vor den Nazis, und obwohl das, was in der Nazi-Zeit geschah, eine andere Geschichte ist, die sehr viel über die heutigen serbisch-kroatisch-moslemischen Feindseligkeiten sagt, möchte ich hier nicht weiter darauf eingehen.

1945 wurde Jugoslawien als kommunistischer Staat unter Marschall Josip Broz Tito an der Spitze neu organisiert. Das neue Jugoslawien schloß die ursprünglichen fünf „Länder", die jetzt Republiken genannt wurden, plus Mazedonien ein. Kosovo und Wojwodina, im Süden bzw. im Norden Serbiens, blieben „autonome" Gebiete. Unter dem kommunistischen Regime lebten Serben, Kroaten, Moslems, Slowenen, Montenegriner und andere in relativem Frieden in Jugoslawien zusammen, und das gewählte Trauma der Serben, die Schlacht von Kosovo, schlummerte im stillen, auch wenn es gelegentlich zwischen verschiedenen Gruppen zu Spannungen kam. So hatten kroatische Nationalisten zum Beispiel Ende der sechziger und Anfang der siebziger Jahre die Bildung eines unabhängigen Kroatien verlangt. Um solche Probleme zu bekämpfen, versuchten die Kommunisten, ähnlich dem sowjetischen Ideal des „Sowjetmenschen" einen „jugoslawischen Menschen" zu schaffen, wonach alle Menschen als gleich betrachtet wurden und durch die höheren Ziele der kommunistischen Ideologie miteinander verbunden waren. In Bosnien-Herzegowina waren zum Beispiel über ein Viertel aller geschlossenen Ehen Mischehen, und nicht einmal drei Prozent der Moslems nahmen an den Gebeten in einer Moschee teil (Vulliamy, 1994). Wir wissen inzwischen jedoch, daß jede Gruppe in Jugoslawien offen und versteckt an ihrer eigenen Identität festhielt, statt ein einziges „jugoslawisches" Volk zu werden. Nach der Einführung von Michail Gorbatschows *Glasnost* und *Perestroika* 1987 wurde die Sozialistische Republik Jugoslawien in ihren Grundfesten erschüttert: Jede Gruppe begann sich nun zu fragen: „Wer sind wir denn jetzt?" Und: „Inwieweit unterscheiden wir uns von anderen?" Fragen der Gruppenidentität gewannen an Bedeutung.

Die Reaktivierung des serbischen gewählten Traumas

Im April 1987 nahm Slobodan Milošević, der derzeitige Präsident des „neuen" Jugoslawien (der serbisch-montenegrinischen Bundesrepublik) und damals ein kommunistischer Bürokrat, an einer Versammlung von dreihundert Parteidelegierten im Kosovo teil. Zu jener Zeit waren nur zehn Prozent der Bevölkerung im Kosovo Serben. Die Mehrzahl waren – genau wie heute – albanische Moslems. Während der Versammlung versuchte eine Menschenmenge von Serben (und auch Montenegrinern), sich gewaltsam einen Weg in die Versammlungshalle zu verschaffen. Sie wollten ihre Klagen über das Leid und die Mißstände vortragen, denen sie im Kosovo ausgesetzt waren. Die örtliche Polizei sperrte den Eingang zur Halle jedoch ab und verbot der Menge den Zutritt zur Versammlung. In diesem Augenblick trat Milošević vor und sagte: „Niemand hat weder jetzt noch in Zukunft das Recht, euch zu schlagen." In ekstatischer Begeisterung begann die Menge spontan zu singen, „Hej Sloveni", die Nationalhymne, und zu rufen: „Wir wollen Freiheit! Wir geben Kosovo nicht auf!" Milošević war hellauf begeistert; er blieb bis zum Morgengrauen – insgesamt dreizehn Stunden – in dem Gebäude und hörte sich die Geschichten an, wie das Volk gequält und zum Opfer gemacht worden war. Die im Kosovo lebenden Serben beklagten sich darüber, wie schlecht die Serben im Kosovo von den Moslems behandelt wurden.

Aus dieser Erfahrung ging Milošević als ein gewandelter Mensch hervor, der nun die „Rüstung" des serbischen Nationalismus trug. In einer Rede sollte er später erklären, daß die Serben im Kosovo keine Minderheit seien, da „Kosovo Serbien ist und immer Serbien sein wird." Ich habe nicht genügend Informationen, um fundiert versuchen zu können, ein Verständnis von Milošević innerer Welt zu gewinnen, oder um zu wissen, ob dieser Wandel plötzlich eintrat. Gleichwohl bieten die Informationen, die verfügbar sind, gewisse Einsichten über Milošević, den unter der Besatzung der Nazis 1941 zweitgeborenen Sohn eines orthodoxen Priesters. Er ist ein Einzelgänger, distanziert, humorlos, egozentrisch und kommt aus einer funktionsgestörten Familie. Als er sieben war, nahm sein Lieblingsonkel sich durch einen Schuß in den Kopf das Leben. Als er einundzwanzig war, tat sein Vater das gleiche. Und als er Anfang dreißig war, beging auch seine Mutter Selbstmord (Vulliamy, 1994). Diejenigen, die ihn kennen, beschreiben ihn als wechselweise wütend und depressiv. Er heiratete seine Jugendliebe, wobei jedoch nichts davon bekannt wäre, daß er noch viele andere dauerhafte und vertrauensvolle Beziehungen hätte. Ein in Belgrad kursierendes Sprichwort lautet etwa: „Habe Mitleid mit dem Menschen, den Milošević einen Freund genannt hat."

Der ehemalige deutsche Botschafter in Jugoslawien, Horst Grabert, kannte Milošević gut. Als ich im November 1995 in Berlin mit ihm sprach, bestätigte er, daß Milošević ein Einzelgänger sei und keine wirklichen serbischen Freunde habe. Es ist durchaus möglich, daß Milošević aus ganz persönlichen Gründen die Rüstung des Nationalismus tragen wollte, um seiner eigenen Identität mehr Kohäsion zu geben. Botschafter Grabert, ein Anhänger der Realpolitik, war der Überzeugung, daß Milošević den Nationalismus als kalkuliertes Instrument zum Nutzen seiner politischen Position benutzte. Milo šević war bewußt, daß der Nationalismus die Serben zu einem noch leidenschaftlicheren Bekenntnis zu ihrer Identität beseelen würde. Grabert hatte jedoch die Sorge, daß Milošević am Ende die Folgen seiner Reden, die darauf ausgelegt waren, den Nationalismus zu schüren, nicht mehr würde kontrollieren können. Der Botschafter hatte Milošević eines Tages die Geschichte von dem Lehrling in Goethes *Zauberlehrling* erzählt. Der Geschichte zufolge experimentiert der Lehrling, als sein Meister, der alte Hexenmeister, weg ist, mit der Zauberkraft des Hexenmeisters und befiehlt einem Besen, Wasser in ein Becken zu schleppen, was normalerweise seine Aufgabe ist. Aber als das Becken dann voll mit Wasser ist, fehlt dem Lehrling die Zauberkraft, um dem Besen wieder Einhalt zu gebieten, der sich inzwischen im übrigen vervielfacht hat.

Botschafter Grabert hielt Milošević vor Augen, daß der alte kommunistische Meister, Tito, tot war und nicht mehr helfen konnte, wenn es Milošević am Ende nicht gelingen sollte, den einmal entfachten Nationalismus noch im Zaum zu halten. Milošević war offensichtlich jedoch nicht dazu aufgelegt, auf seinen Rat zu hören. Statt dessen warf er Tito, der eine Mischung von Kroate und Slowene war, in seinen Reden fortan vor, eine anti-serbische Politik betrieben zu haben.

Eine Geschichte verdeutlicht besonders, wie Milošević den serbischen Nationalismus schürte und entfesselte. Etwa ein Jahr nach Lazars Hinrichtung wurde im Kloster von Ravanica ein Grab für seinen Leichnam und den abgetrennten Kopf hergerichtet, und er wurde zum Heiligen erklärt. Mit der Verbreitung der Mythen um Lazar tauchten in serbischen Kirchen und Klöstern zahlreiche Ikonen auf, auf denen er als christusähnliche Figur dargestellt wurde. Als Ravanica unter osmanische Herrschaft kam, wurden Lazars sterbliche Reste nach Fruska Gora im Nordwesten von Belgrad überführt. 1889 wurde anläßlich der Fünfhundertjahrfeier von Kosovo zwar über Pläne diskutiert, den mumifizierten Leichnam Lazars nach Ravanica zurückzuführen, diese wurden jedoch nie realisiert. Angesichts der nahenden Sechshundertjahrfeier faßten Milošević und andere aus seinem Kreis dann den Entschluß, Lazars Leichnam aus dem „Exil" zu holen. Lazars mumifizierte Überreste wurden in einen Sarg gelegt und durch ganz Serbien, durch jeden Ort und jede Stadt getragen, wo er jeweils von riesigen Mengen schwarzgekleideter Trauernder sowie religiösen Führungspersönlichkeiten, die ihre offiziellen Gewänder trugen, empfangen wurde. Durch den von der serbischen Führung herbeigeführten Zeitkollaps von sechshundert Jahren bekamen die Serben das Gefühl, die Niederlage von Kosovo hätte sich erst gestern ereignet, was um so leichter zu bewerkstelligen gewesen war, als das gewählte Trauma über die Jahrhunderte hinweg lebendig gehalten worden war. Wo immer Lazars

Leichnam durch die Straßen getragen wurde, weinten und klagten sie und hielten Reden, in denen beteuert wurde, daß sie eine solche Niederlage nie wieder zulassen würden.

Was uns hier interessiert, ist, daß Milošević offensichtlich in den Vorstellungen der Serben Lazars Repräsentanz reaktivierte, so daß das Betrauern seiner Niederlage in der Schlacht von Kosovo letztlich erfolgen und die Wiedergutmachung der Hilflosigkeit, Demütigung und Schmach abgeschlossen werden konnten. Jedenfalls wurden die mit den traumatisierten Selbstbildern verbundenen Affekte frisch empfunden; dieses unsichtbar miteinander zu teilen, verband alle Serben enger miteinander, und sie begannen, ähnliche Selbstbilder zu entwickeln, die sich drastisch verändert hatten und nunmehr von einem neuen Gefühl *des Rechtes auf Rache* geprägt waren – wobei allerdings unklar ist, ob es das ist, was Milošević wirklich wollte.

Nichtsdestotrotz schürte Milošević weiterhin nationalistische Gefühle. Er veranlaßte zum Beispiel den Bau eines riesigen Monumentes auf einem Hügel, der das Schlachtfeld von Kosovo überragt. Aus rotem Stein gefertigt, der Blut symbolisieren soll (Kaplan, 1993), ragt es dreißig Meter hoch über die „trauernden" Blumen und ist von Betonsäulen umgeben, die die Form von Granaten haben; darin eingemeißelt sind ein Schwert und die Jahreszahlen 1389-1989. In die Spitze ist Lazars Schlachtruf gemeißelt, daß jeder Serbe zum Amselfeld kommen sollte, um gegen die Türken zu kämpfen. Und die Serben, die dem Ruf nicht folgten, wurden von Lazars Worten gewarnt: „Wer Serbe ist, von serbischer Geburt, und nicht zum Amselfelde zieht, um Krieg zu führen gegen Türken, soll weder einen Sohn noch eine Tochter je erzeugen und ohne jede Ernte sein ..." (Kaplan, 1993, S. 68). Mit dem Bau des Monumentes und der Verbindung, die zwischen 1389 und 1989 geschaffen wurde, sandte Milošević Lazars alte Botschaft nochmals in der Gegenwart aus. Die Botschaft an die serbischen Männer war klar: „Entweder kämpfst du gegen die Türken, oder du verlierst deine Männlichkeit!"

Am 28. Juni 1989, dem sechshundertsten Jahrestag der Schlacht von Kosovo, wurde Milošević von einem Hubschrauber zum Amselfeld gebracht. Er „übernahm das Podium von tanzenden Mädchen in traditionellen Trachtenkostümen und beflügelte die Menge mit einer einfachen Botschaft zu Höhenflügen frenetischer Begeisterung und Bewunderung: ‚Nie wieder soll der Islam die Serben unterjochen'" (Vulliamy, 1994, S. 51). Auf einem Photo von dieser Kundgebung fiel mir auf, daß Lazars alter Schlachtruf gegen die Türken auf den T-Shirts vieler Anwesender gedruckt war. Auf dieser Welle des Nationalismus reitend, nahm Miloševićs Prominentheit zu. 1990 fanden in den sechs jugoslawischen Republiken Wahlen statt, bei denen die Kommunisten außer in Serbien und Montenegro überall geschlagen wurden. In Serbien traten die Kommunisten jetzt als Serbische Sozialistische Partei auf, und Milošević wurde zum Parteivorsitzenden gewählt. 1991 ließ Milošević den damaligen bosnischen Serbenführer Radovan Karadzić und andere zu sich kommen, um über die Zukunft Serbiens zu diskutieren. Ähnlich wie bei Slobodan Milošević weiß ich auch über Radovan Karadzić nicht allzuviel, so daß ich meine Ausführungen über Karadzić auf das beschränken werde, was sich auf ein Thema dieses Kapitels bezieht – die Internalisierung eines vergangenen Traumas bei einem Menschen, der in einer späteren Generation geboren wurde, nachdem sich das ursprüngliche Trauma bereits ereignet hatte und Geschichte war.

1985 wurde Karadzić wegen Betrugs (Mißbrauch öffentlicher Gelder) verurteilt und kam ins Gefängnis, wo er elf Monate blieb, bis er von einem serbischen Richter wieder auf freien Fuß gesetzt wurde. Karadzić ist Psychiater und Dichter und veröffentlichte nach seiner Gefängniserfahrung 1990 *Crna Bajka* [Die schwarze Fabel], einen Sammelband mit neuen Gedichten. In einem seiner Gedichte, das den Titel „Ein Mann auferstanden aus der Asche" trägt, kann man die Folgen erkennen, die die Haft bei ihm hinterließ (Deklava und Post, 1995). In einem anderen Gedicht im selben Buch erzählt er von Serben, die in einer von den vorrückenden Türken umzingelten Festung gefangen sind und darauf warten, daß der Zar (Lazar) kommt, um sie zu retten. Vermutlich wurde sein gefangenes Selbstbild durch das gefangene Selbstbild seiner Vorfahren verdichtet, das über die Generationen hinweg weitergegeben wurde – ähnlich wie sich Gregorys und Peters gefangene Selbstbilder in Peter verdichteten. Karadzić war keineswegs immun dagegen, selbst ein Bote des gewählten Traumas der Serben zu sein.

Im Juni 1992 wurde Milošević, nachdem er sich seines „Freundes" und Mentors Ivan Stambolic, des damaligen Staatspräsidenten, entledigt hatte, dem er im übrigen vorgeworfen hatte, die Serben in der Provinz Kovoso betrogen zu haben, zum Präsidenten des dritten Jugoslawien gewählt. Unterdessen waren die Türken wiederum einmal zum „erklärten" Feind geworden. Hasan Aygün, der die türkische Botschaft in Belgrad leitete, beschrieb, wie er in der serbischen Hauptstadt als „öffentlichter Feind Nummer Eins" betrachtet worden war. Überall, wo er hinging, fragten die Serben ihn: „Warum habt ihr [die Türken] vor, bei uns einzumarschieren?" Aus Aygüns Sicht war fast jeder Serbe der Überzeugung, daß eine türkische Invasion unmittelbar bevorstand, und fürchtete aufgrund des eingetretenen Zeitkollapses buchstäblich um seine Sicherheit.

Die bosnischen Muslime wurden von den Serben nunmehr als eine Art „Fortsatz" der Osmanen empfunden und von ihnen auch oft als Türken bezeichnet. An dieser Wahrnehmung ist natürlich insofern etwas Wahres, als die bosnischen Muslime in der osmanisch-türkischen Geschichte eine wichtige Rolle gespielt hatten. Einer der berühmtesten osmanischen Großwesire, Mehmet Sokollu (Sokolović) war zum Beispiel Serbe, der im Rahmen der „Knabenlese" erzogen worden war. Viele bosnischen moslemischen Heldenlieder erzählen von ihren Ruhmesblättern und glorreichen Zeiten unter den Osmanen (Butler, 1993). In der aus dem Zeitkollaps entstandenen emotionalen Atmosphäre fühlten sich die Serben, insbesondere diejenigen, die in Bosnien-Herzegowina lebten, mit der Zeit dann berechtigt, den bosnischen Muslimen das anzutun, was die osmanischen Türken ihnen nach ihrer Überzeugung angetan hatten.

Säuberungsversuche und Greueltaten

Ehe die ethnische Säuberung und systematische Vergewaltigung bosnischer moslemischer Frauen begann, hatte die serbische Propaganda sich zunehmend darauf konzentriert, in den Köpfen der Serben die Idee zu entzünden, die Osmanen, die jetzt durch die bosnischen Muslime symbolisiert wurden, würden wiederkommen. In einem gegen bosnische Muslime gerichteten Propagandapamphlet war beispielsweise zu lesen:

> Auf Befehl der islamischen Fundamentalisten von Sarajevo werden gesunde serbische Frauen im Alter zwischen siebzehn und vierzig ausgesondert und einer Spezialbehandlung unterzogen. Ihren vor vielen Jahren gefaßten krankhaften Plänen zufolge müssen diese Frauen mit orthodoxem islamischem Samen geschwängert werden, um eine Generation von Janitscharen [osmanische Truppen] in den Gebieten aufzuziehen, die sie zweifellos als die ihren betrachten, die Islamische Republik. Mit anderen Worten, ein vierfaches Verbrechen soll an der serbischen Frau begangen werden: sie von ihrer eigenen Familie zu trennen, sie mit unerwünschtem Samen zu schwängern, sie einen Fremden austragen zu lassen und ihn ihr dann wegzunehmen (Gutman, 1993, dt. 1994, S. 16).

Diese Propaganda zielte darauf ab, Angst unter den Serben zu erzeugen, die bosnischen Muslime hätten die Absicht, die „Knabenlese" wiederauferstehen zu lassen und eine neue Janitscharenarmee zu schaffen. An dieser Idee ist tatsächlich ein Körnchen Wahrheit, da der bosnische Moslemführer Alija Izetbegović in Reden und Schriften die Möglichkeit einer islamischen Ausrichtung Bosniens angedeutet hatte, für die er die Hilfe anderer fundamentalistischer Elemente in muslimischen Ländern suchte.

Die Angst, wonach die bosnischen Muslime mit den osmanischen Türken gleichgesetzt wurden, beruhte weitestgehend jedoch auf Phantasie, da erstere in Wirklichkeit nie irgendeine militärische Macht hatten. Die Projektion der serbischen Aggression auf die bosnischen Muslime war jedoch so massiv, daß sie zum Boomerang wurde – sie nahmen vor dem Hintergrund des vergangenen Traumas eine „reale" Bedrohung wahr, wo es realistischerweise keine gab, und fühlten sich gezwungen, dagegen vorzugehen. So setzte sich langsam die kollektive Idee durch, daß die Muslime ausgemerzt werden mußten. Die Serben bereiteten sich emotional darauf vor, ihre Identität von jeder möglichen Kontamination durch die osmanischen Türken/bosnischen Muslime zu *säubern*.

In Sarajevo gab es viele Gebäude, Kunstwerke und Schriftstücke, die die Vergangenheit der Stadt unter den Osmanen widerspiegelten. Ein kostbarer Koran, vom Großwesir Mehment Sokollu vermacht, war in der berühmten Gazi Hüsrev-Bibliothek der Stadt ausgestellt. Es ist interessant, daß viele bosnische Serben, die Sarajevo bombardierten, selbst aus der bosnischen Hauptstadt kamen (Butler, 1993). In ihrer kollektiven Regression und Reaktion auf den Zeitkollaps mußte die Stadt von jeder muslimischen Verbindung gesäubert werden. Somit bombardierten sie ihre eigene Stadt.

In Zusammenhang mit der geteilten Phantasie, daß die Moslems „gesäubert" oder ausgemerzt werden mußten, gab es auch die geteilte Phantasie, daß die „Knabenlese" umgekehrt werden mußte – daß auch die Zahl der Serben erhöht werden mußte, um den Kampf fortzuführen. Somit wurde eine bewußte Einschüchterungsstrategie durch eine unbewußte verdichtet, was zur systematischen Vergewaltigung von Tausenden muslimischer Frauen durch serbische Soldaten führte. Dabei gingen die Serben davon aus, das durch die Vergewaltigung einer nichtserbischen Frau erzeugte Kind werde ein Serbe sein und zudem auch keine Züge der Mutter tragen. Eine Überzeugung, die Beverly Allen (1996) hinterfragte und meinte: „Eine erzwungene Schwangerschaft als Genozidmethode ist nur vorstellbar, wenn man von Genetik keine Ahnung hat. Kein Kind, das infolge eines solches Verbrechens geboren wird, wird nur Serbe sein. Die Hälfte seines genetischen Rüstzeugs erhält es von der Mutter" (S. 80). Diese Tatsache muß wohl kaum weiter erklärt werden. Die Autorin ging ohne Wenn und Aber von logischem Denken und der biologischen Realität aus, wobei im Falle ethnischer Feindseligkeiten jedoch die „psychologische Wahrheit" wichtiger ist. Die Serben versuchten also, sowohl junge muslimische Männer zu töten als auch sie gleichzeitig durch neue „serbische" Kinder zu ersetzen und den Kosovo damit wirklich zu rächen. Tatsachen und Phantasien, Vergangenheit und Gegenwart wurden hier eng und gewaltsam miteinander vermischt.

Zusammenfassung

Wenn ich über Bosnien-Herzegowina schreibe, möchte ich das, was dort geschehen ist, nicht nur auf die Reaktivierung eines gewählten Traumas reduzieren. Ich wollte vielmehr eine detaillierte Darstellung von einem gewählten Trauma liefern. Sich die gewählten Traumata von Gruppen, die in Konflikt miteinander liegen, bewußt zu machen, kann dazu beitragen, besser zu verstehen, wie sie zum Zündstoff für die Entfachung der entsetzlichsten menschlichen Dramen werden und/oder das Feuer in Gang halten können, wenn die Feindseligkeiten erst einmal angefangen haben. Was die Situation im ehemaligen Jugoslawien angeht, so wird die Geschichte erzählen, was aus Milošević, Karadzić und anderen wurde, die bei den Greueltaten eine Rolle gespielt haben.

9. Die innere Welt eines Führers, die die Großgruppenidentität beeinflußt: Der sechste Faden

Im vorhergehenden Kapitel habe ich angedeutet, daß die inneren Welten von Slobodan Milošević und Radovan Karadzić in der serbischen Identität der post-kommunistischen Ära widergespiegelt wurden. Da ich jedoch die Einzelheiten der inneren Welten dieser beiden Führer nicht kenne, konnte ich nicht umfassend erklären, wie ihre Psychologie mit der Psychologie des serbischen Volkes verflochten war, außer zu zeigen, daß diese Führer eine entscheidende Rolle bei der Aktivierung des gewählten Traumas der Serben spielten. Die detaillierten Informationen, die ich hingegen über einen anderen Führer, Mustafa Kemal Atatürk, den Gründer der modernen Türkei, habe, liefern reichlich Material, um zu untersuchen, wie ein Führer die äußere Welt formen kann, damit sie den Erfordernissen seiner inneren Welt gerecht wird. Dabei beeinflußt der Führer auch die Großgruppenidentität seiner Anhänger und erzeugt damit zugleich den sechsten Faden. Damit dieser Faden ein klares, in die Zeltplane der Gruppe gewobenes Kennzeichen wird, müssen bestimmte Kriterien erfüllt sein: 1. Die Gruppe muß sich in einem Zustand der Regression befinden, und 2. der Führer muß ein „transformierender" Führer sein.

Burns (1978) greift die Beispiele von Lenin, Gandhi und Mao auf, die buchstäblich Hunderte Millionen Männer und Frauen aus der politischen Isolation heraus- und zu einer neuen Form der politischen Teilhabe geführt haben. Er bezeichnet sie als transformierende Führer. Hier klingt etwas von der Beschreibung an, die Weber (1925) von charismatischen Führern geliefert hat. Er stellte fest, daß charismatische Führer in Krisenzeiten innerhalb ihrer Gruppen an die Macht kommen: „Über die Geltung des Charisma entscheidet die durch Bewährung ... gesicherte, freie, aus Hingabe an Offenbarung, Heldenverehrung, Vertrauen zum Führer geborene, Anerkennung durch die Beherrschten. Aber diese ist ... nicht der Legitimitätsgrund, sondern sie ist Pflicht der kraft Berufung und Bewährung zur Anerkennung dieser Qualität Aufgerufenen. Diese Anerkennung ist eine aus Begeisterung oder Not und Hoffnung geborene gläubige, ganz persönliche Hingabe" (S. 179). Zaleznik (1984) bemerkt ergänzend, daß „Charisma sich auf jedwede Kombination von außergewöhnlichen Qualitäten bei einem Individuum bezieht, die anziehend für andere sind und zu bestimmten Bindungen, wenn nicht zur Hingabe an seiner Führung führen" (S. 114). Abse und Jessner (1961), Schiffer (1973),

Abse und Ulman (1977) und Volkan und Itzkowitz (1984) haben die Meinung vertreten, daß der charismatische Führer sowohl väterliche als auch mütterliche Charakterista hat; charismatische Führer liefern ihren Anhängern ein „vollständiges" Elternbild. „Ein recht einfaches Beispiel hierfür", sagen beispielsweise Abse und Ulman (1977), „ist bei dem militärischen Führer zu sehen, der übermäßig besorgt um die kleinsten Kleinigkeiten bezüglich seines Äußeren oder dem Setting ist, in dem er die Leute zum Appell antreten läßt" (S. 40). Zudem weckt der charismatische Führer sowohl Liebe als auch Furcht, er flößt großen Respekt ein und läßt gelegentlich auch ein Quentchen Brutalität sichtbar werden. „Fest steht", beobachten Abse und Ulman, „daß der charismatische Führer sowohl einschüchternd als auch ermutigend ist, und er kann schnell zwischen diesen zwei Umgangsformen wechseln" (S. 41).

Transformierende/charismatische Führer geben die Gefühle der Großgruppe in den Meinungen wieder, die sie äußern, in ihrem öffentlichen Auftreten, in den Reden, die sie halten, in ihren erklärten Vorlieben und Abneigungen und selbst in der Art und Weise, wie sie sich kleiden. Sie liefern eine große und sichtbare Bühne für die kulturellen Verstärker der Gruppe und können diese Verstärker ebenso in einer fortschrittlichen wie regressiven Richtung manipulieren. Ich verwende den Begriff *fortschrittlich* hier nicht in einem gesundheitlichen Sinne und den Begriff *regressiv* auch nicht in einem psychopathologischen Sinne. Diese Begriffe beziehen sich vielmehr auf die Richtung psychopolitischer Prozesse: Fortschritt zeigt die Entwicklung neuer gesellschaftlicher Investitionen an, und die Regression wird benutzt, um die Rekapitulation oder Erneuerung früherer Stärken oder Stützen der Gruppenidentität zu veranschaulichen. Als Beispiel für die Aktivierung neuer kultureller Verstärker möchte ich die Beziehung zwischen Mustafa Kemal Atatürk und seinen Anhängern beschreiben (siehe Kapitel 10). Und ein Beispiel für die Aktivierung kultureller Verstärker in einer regressiven Weise lieferte etwa Ayatollah Khomeni. Der *Schador* (der schwarze, von muslimischen Frauen getragene Schleier) wurde wiederum zu einem „guten" Reservoir der Externalisation.

Die Beziehung zwischen einem Führer und seinen Anhängern ist wie eine Straße, auf der sich der Verkehr in beiden Richtungen bewegt. Die unter Anspannung und Belastungen stehende Großgruppe sucht einen Retter, der die Identität der Gruppe stützt, und die Gruppe vor angstauslösenden Bedrohungen schützt. Transformierende/charismatische Führer, die innerlich dazu getrieben werden, ihre Anhänger und sich selbst zu „reparieren", gehen dann auf die Bedürfnisse der Anhänger ein. Hier kommen zwei Dinge „paßgenau" zusammen: was die Großgruppe sucht und die Persönlichkeitsorganisation des Führers. Und daraus entsteht der sechste Faden.

Führer mit einer narzißtischen Persönlichkeitsorganisation

Zaleznik (1984) zufolge können Führer mit unterschiedlichen Persönlichkeiten Charisma zeigen, wobei alle jedoch eines gemeinsam haben: die Fähigkeit, andere mit sehr starken emotionalen Banden an sich zu binden. Nichtsdestotrotz scheinen die meisten transformierenden Führer eine narzißtische Persönlichkeitsorganisation zu haben. Das Individuum mit einer narzißtischen Persönlichkeitsorganisation betrachtet sich selbst als mit großer Macht, physischer Anziehungskraft und dem Recht ausgestattet, seinen Willen zu behaupten. Diese Person vermittelt den Eindruck, als strebe sie ehrgeizig bei allem, was sie tut, nach Brillanz. Sie scheint andere, insbesondere jene, die nicht zu ihren Verehrern gehören, als nicht beachtenswert zu betrachten. Obwohl solche Personen ihre Unterstützer oder Anhänger als Gehilfen betrachten, sind sie schnell damit bei der Hand, die Existenz der Anhänger zu verleugnen, sobald sie ihnen ihre von Ehrfurcht erfüllte Gefolgschaft entziehen. Indem das Individuum mit einer narzißtischen Persönlichkeitsorganisation sich in einer überlegenen Weise so verhält, als sei es in keiner Hinsicht auf fremde Hilfe angewiesen, wähnt es sich in dem Gefühl, daß es nur dazu da ist, um von anderen bewundert zu werden.

Eine nähere Betrachtung des Verhaltens solcher Personen zeigt jedoch, daß sie ein zwar ruhmvolles, aber einsames Leben in einer solchen Isolation führen, daß man sagen könnte, sie würden in einer „Glaskugel" leben (Modell, 1968, dt. 1982; 1976; Volkan, 1973; 1976, dt. 1978; Volkan und Ast, 1992, 1994). Sie sind auf einer Ebene paradoxerweise fortwährend mit anderen beschäftigt, da sie nach Menschen oder Dingen hungern, die sie „nähren" sollen: Insgeheim haben sie Minderwertigkeitsgefühle und sind somit übermäßig abhängig von der beifälligen Aufmerksamkeit anderer Menschen. Die Analogie von einer Glaskugel ist hilfreich, da sie beschreibt, wie der Bewohner von einem derart durchsichtigen festumschlossenen Raum aus die Welt draußen unentwegt bewerten und beurteilen kann, ohne daß man ihm selbst jedoch zu nahe kommt.

Personen mit einer narzißtischen Persönlichkeitsorganisation berichten oft von Phantasien, wonach sie allein in einem herrlichen Königreich leben, das manchmal konkret so beschrieben wird, als würde es hinter einer Glasbarriere existieren. Manche halten es für notwendig, sich abends, ehe sie einschlafen können, solchen Phantasien hinzugeben. Ich (Volkan, 1973) bezeichne diese Phantasien in Anlehnung an Winnicotts (1953, dt. 1976) Begriff vom „Übergangsphänomen" als *Übergangsphantasien*. Wiederholte Übergangsphantasien von einer omnipotenten Unabhängigkeit von allen und allem sind ein klarer diagnostischer Hinweis. Eine Person, eine narzißtische Frau, konnte nicht einschlafen, wenn sie sich nicht vorher selbst als eine schöne Blume unter einer Glaskuppel vorgestellt hatte. Eine andere Person, ein Mann, konnte nicht einschlafen, ehe er seine abendliche Phantasie aktiviert hatte, in der er Robinson Crusoe war. Er stellte sich selbst auf einer Insel vor, wo er sich zum Essen Fische fangen und Wild jagen konnte, seine eigene Unterkunft baute und so weiter. Entscheidend war, daß er sich als jemanden betrachtete, der keine andere Menschenseele brauchte. Und er bezeichnete seine sich wiederholende Phantasie tatsächlich als „Robinson Crusoe, der den Menschen Freitag nicht braucht."

Bezeichnend für eine solche Person mit einer narzißtischen Persönlichkeitsorganisation ist für gewöhnlich, daß sie als Kind von einer kalten und unfürsorglichen Mutter emotional hungrig gelassen wurde (Kernberg, 1975, dt. 1978; Volkan, 1976, dt. 1978) und mit oralen Frustrationen und Neid zurückblieb. Meine klinischen Untersuchungen zeigen, daß die Mutter in jedem einzelnen Fall zwar gefühlskalt war, in ihrem Kind zugleich aber etwas *Besonderes* sah und es vielleicht als schöner als seine Geschwister, als „Retter" des Familiennamens oder des verlorenen Glücks oder Vermögens oder als ein Instrument für die Erreichung eigener narzißtischer Ziele sah. Sein einmaliger Status wurde seinem Selbst-System in der Mutter-Kind-Interaktion vermittelt, und um diesen Kern herum entwickelte sich dann das „grandiose Selbst" oder „Größen-Selbst", um einen Begriff von Kohut (1971, dt. 1973) zu verwenden. Während das Kind einerseits von seiner Mutter als etwas Besonderes wahrgenommen wird, bleibt es andererseits gleichzeitig mit oralen Frustrationen und Neid zurück. Um den Mangel an mütterlicher Fürsorge zu kompensieren, wartet es mit einer defensiven omnipotenten Reaktion auf. Diese Omnipotenz wird im grandiosen Selbst assimiliert.

Modell (1976) weist darauf hin, daß ein umweltbedingtes Trauma, das dem Kind in einer Zeit widerfährt, in der es sein Selbstgefühl aufbaut, zur Etablierung eines frühreifen und verletzlichen Gefühls von Autonomie führt, das durch Phantasien der Omnipotenz unterstützt wird. Solche Kinder mußten sich möglicherweise auch gegen eine exzessive Einmischung und gegen Grenzüberschreitungen von seiten der Mutter zur Wehr setzen. Der Mangel an mütterlicher Fürsorge führt in der Phantasie zur Schaffung eines Bildes von einer immer liebenden Mutter, und dieses Bild ist auch im grandiosen Selbst enthalten.

Zusammenfassend ist festzustellen, daß das grandiose Selbst durch die Verschmelzung von drei Elementen gebildet wird (Kernberg, 1975, dt. 1978, S. 303f): 1. bestimmten Aspekten des *Real-Selbst* – „jemand Besonderes" zu sein, was durch frühe Kindheitserfahrungen verstärkt wird; 2. dem *Ideal-Selbst* – einem Selbstbild von Macht, Reichtum und Schönheit, das das kleine Kind für die Frustrationen, die Wut und den Neid entschädigt, die es auf der oralen Ebene erfahren hat; und 3. dem *Ideal-Objekt* – dem in der Phantasie entstandenen Bild von einer grenzenlos fürsorglichen Mutter. Das grandiose Selbst ist bei einer Person mit einer narzißtischen Persönlichkeitsorganisation dominierend. Es ist abgespalten von den entwerteten Selbstbildern des Patienten, seinem hungrigen Selbst.

Wenn die Person mit einer narzißtischen Persönlichkeitsorganisation in der Tat gutaussehend, intelligent und kreativ ist und auf gesellschaftlicher Ebene Macht erreichen kann, ist die Übereinstimmung von Ideal-Selbst und Real-Selbst, dem, jemand Besonderes zu sein, durchaus stark. Die Kohäsion des grandiosen Selbst kann dann solange aufrechterhalten werden, wie die betreffende Person die „Nummer Eins" in der Realität ist und von denen geliebt wird, die das Ideal-Objekt repräsentieren. Das bei dem narzißtischen Individuum bestehende Gefühl der Isolation wird dann versteckt, und es umgibt sich im Zweifel mit Freunden und Anhängern, die von ihm nichtsdestotrotz als seine Erweiterungen erfahren werden. Da Personen mit einer narzißtischen Persönlichkeitsorganisation sich an eine Identität klammern, wonach sie im Kreis anderer stark und mächtig sind, sind manche ehrgeizig bestrebt, die Führung von Gruppen, Organisationen oder Nationen zu übernehmen. Gelingt es ihnen, Führer zu werden, werden sie, wie Gabriele Ast und ich (1994) sie bezeichneten, *erfolgreiche Narzißten*. Der Erfolg einer solchen Person, die auf Führungsrollen ausgerichtet ist, hängt offenkundig von vielen Variablen ab, von denen einige mehr mit der Psychologie der Gruppe als mit der Person selbst zu tun haben. So kann eine Gruppe zum Beispiel eine Demütigung und Niederlage erlitten haben und sich vor diesem Hintergrund genötigt sehen, einen glorreichen Führer zu suchen, der ihr Auftrieb gibt.

Aber nicht alle charismatischen Führer haben unbedingt auch eine narzißtische Persönlichkeitsorganisation, vielmehr ist das Gegenteil häufig der Fall: Die Person, die als Reaktion auf eine nationale Krise (Weber, 1925; Tucker, 1970) ein mächtiger Führer wird und eine narzißtische Persönlichkeitsorganisation hat, wird für gewöhnlich als charismatisch wahrgenommen, und zwar insbesondere von Anhängern, deren Selbstwertgefühl kollektiv ein Schlag versetzt wurde.

Die Handlungen eines Führers mit einer narzißtischen Persönlichkeitsorganisation spiegeln die Forderungen seiner inneren psychischen Struktur wider. Aufgrund seiner nicht integrierten Kernidentität neigt er dazu, im Umgang mit seinen Anhängern eine andere Gruppe zu entwerten, um seine eigene Überlegenheit herauszustellen, und großen Wert auf seine Anhänger zu legen, die ihm die Huldigung erweisen, die er so dringend braucht. Obwohl er es für nötig hält, sich die Bewunderung seiner Anhänger zu verdienen, benutzt er sie, spricht ihnen jede Individualität und Eigenständigkeit ab, insbesondere jeden Aspekt von Individualität und Eigenständigkeit, der mit seinen Wünschen nicht übereinstimmt.

Der Führer mit einer narzißtischen Persönlichkeitsorganisation, der von seinen „geschätzten" Anhängern bewundert werden möchte, kann in der Tat versuchen, deren Niveau anzuheben, damit er die Unterstützung, die er von ihnen erhält, auf einem möglichst hohen, imposanten Niveau aufbauen kann. Ich bezeichne diesen Typ der Führerschaft als *reparativ*. Er ist tatsächlich sehr großzügig, indem er sein Leben dafür hingibt, seine Anhänger zu „reparieren", jedoch nicht als Individuen, sondern als Gruppe. Die Gruppe wird dadurch auf eine höhere Ebene gehoben, wodurch sie, aus metapsychologischer Sicht, zu einem idealisierten Objekt wird, so daß ihr Bild mit dem grandiosen Selbst ihres Führers verschmelzen kann. Durch die Identifikation mit einer idealisierten Gruppe wird eine Illusion geschaffen, die die Kohärenz und Stabilität des grandiosen Selbst des Führers unterstützt und ihn weiter von seinem „hungrigen" Selbst trennt.

Im Unterschied dazu ist der Führer mit einer narzißtischen Persönlichkeitsorganisation, der die Kohärenz seines grandiosen Selbst vor allem durch die Entwertung anderer (die sein „hungriges Selbst" repräsentieren) schützt, indem er sich von ihnen distanziert oder sie vernichtet, ein *destruktiver* Typus. Er stellt eine erhebliche Gefahr dar. Die Geschichte zeigt, daß ein übermäßiges Bedürfnis, andere zu entwerten, oft den Tod vieler Menschen nach sich ziehen kann. Sofern der destruktive Führer einen *malignen* Narzißmus aufweist (Volkan und Ast, 1994) und seine Persönlichkeitsorganisation eine exzessive Paranoia und psychopathische Tendenzen mit einschließt, kann der Schaden, der entwerteten anderen zugefügt wird, horrende Ausmaße annehmen. Hamiltons (1978) Studie über Hitler ist nur ein Beispiel hierfür.

In gewisser Hinsicht ist die Unterscheidung zwischen reparativen und destruktiven narzißtischen Führern künstlich. Nicht nur, daß ein Führer-Typus sich unter bestimmten Umständen in den anderen Typus verwandeln kann, er kann auch auf die bestehende kollektive Regression eingehen oder bei seinen Anhängern eine weitere kollektive Regression bewirken. Wenn die Anhänger den reparativen Führer weiterhin idealisieren und sein Gefühl, die „Nummer Eins" zu sein, real erscheinen lassen, bleibt der Führer jedoch im Zweifel zeit seiner Führerschaft als Führer reparativ.

Itzkowitz und ich (1984) haben das Leben eines reparativen Führers, Mustafa Kemal Atatürks (1881-1933), untersucht, des Gründers der modernen Türkei, dessen Führerschaft das Leben von Millionen seiner Anhänger und die türkische Identität als solche veränderte. Die „Übereinstimmung" zwischen ihm und der nationalen Gruppe, die er anführte, war so groß, daß er nicht nur leicht sein grandioses Selbst aufrechterhalten konnte, sondern seine Anhänger umgekehrt auch ihre Wahrnehmung von ihm als einem „Superman", einem Übermenschen. Erst einige Jahre vor seinem Tod, als seine körperliche Gesundheit nachließ, gab es einige Hinweise darauf, daß er begonnen hatte, die Kontrolle über sein grandioses Selbst, seine reparativen Aktivitäten zu verlieren, und daß er reizbar und ziemlich mißtrauisch geworden war. Er war damals Ende fünfzig. Das fortschreitende Alter, das mit dem Verlust körperlicher Schönheit und Kreativität und dem Schwinden begeisterten Applauses einhergeht, kann für einen Menschen mit einer narzißtischen Persönlichkeitsorganisation eine Bedrohung darstellen. Als Atatürk sich dann damit konfrontiert sah, konnten die Menschen in seinem engsten Kreis jede potentielle Destruktivität von seiner Seite jedoch auffangen.

Er war einer der wenigen wirklich reparativen Führer in der uns bekannten Geschichte, und als er starb, lebte die idealisierte Vorstellung von ihm, die eins geworden war mit dem neuen Türkentum, das er geholfen hatte zu erschaffen, weiter und konnte nicht „getötet" werden. Die Verletzungen des türkischen Volkes – wie der Verlust des Osmanischen Reiches, ehe Atatürk an die Macht kam – wurden durch die Aktivierung seines idealisierten Bildes geleugnet, dem die Türken zu einem gewissen Maß gerecht werden mußten. Ihre Unfähigkeit, sein Bild auch noch viele Jahrzehnte nach seinem Tod auf realistische Maße zu reduzieren, machte es schwierig für sie, ihre Trauer um ihn wie auch um das verlorene Imperium abzuschließen. Solange, wie die Türken ein idealisiertes Atatürk-Bild lebendig hielten, schoben sie die Trauer um die schweren Verluste hinaus, die sie vor der Etablierung der neuen Türkei erlitten hatten.

Der religiöse Konservatismus, der in den neunziger Jahren an Stärke gewann und der Atatürk zuwider gewesen wäre, und die jüngste Suche nach einer noch neueren Gruppenidentität in der Türkei, die insgesamt nicht durch politische, wirtschaftliche und soziale Faktoren gerechtfertigt wird, mögen darauf zurückzuführen sein, daß die Nation letztendlich versucht, um die drastischen Veränderungen zu trauern, die sich in jenem Teil der Welt nach dem Zusammenbruch des Osmanischen Reiches vollzogen haben. Bei einem bestmöglichen Szenario kann der Prozeß der letztendlichen Annahme von Atatürks Tod und der Gruppentrauer, bei dem auf eine Form der Desorganisation eine Neuorganisation folgt, zu einer verbesserten Assimilation der von ihm herbeigeführten Veränderungen und zu einem selektiven Aussondieren jener Veränderungen führen, die ad acta gelegt werden müssen.

10. Atatürk: Eine Veranschaulichung des sechsten Fadens

Als 1923 die moderne Türkei „geboren" wurde, löste ihr Führer, Mustafa Kemal Atatürk, eine Reihe von kulturellen Revolutionen aus, die die Großgruppenidentität des türkischen Volkes veränderten. Die Geschichte, wie seine innere Welt Widerhall in der äußeren Welt des türkischen Volkes fand, spricht für sich und bietet ein Beispiel für den sechsten Faden, der ein wesentliches Element in der Zeltplane einer Großgruppe (der Großgruppenidentität) wird.

Atatürks persönliche Geschichte

Von Mustafa zu Mustafa Kemal: Atatürk wurde 1881 in Saloniki (dem heutigen Thessaloniki) als Kind eines kleinen Zollbeamten und dessen Frau, die zwanzig Jahre jünger war, geboren. Diese Stadt, die damals innerhalb der Grenzen des Osmanischen Reiches lag, wurde in drei Sektoren, mit türkischen, griechischen und jüdischen Gemeinschaften sowie kleinen Gruppen von Slawen und Albanern, geteilt. Atatürks Eltern waren erst kürzlich von einer Zollstation an der damaligen türkisch-griechischen Grenze in der Nähe des Berges Olymp, einer rauhen Umgebung, hierher gezogen. Sie hatten drei Kinder – zwei Jungen und ein Mädchen –, die sie eins nach dem anderen an den Tod verloren, das älteste, nachdem es gerade einmal sieben Jahre alt geworden war. Einer überlieferten Familiengeschichte zufolge wurde die Leiche eines Sohnes am sandigen Strand des Meeres begraben und von dem steigenden Wasser wieder freigespült und dann von Schakalen zerrissen (Aydemir, 1969, Bd. 1). Ob diese Erzählung in all ihren grausigen Einzelheiten nun stimmt oder nicht, gibt sie doch prägnant die Qualen der Eltern und eines Lebens voller Härten wieder. Die Geburt des vierten Kindes, Mustafa, das später als Atatürk bekannt werden sollte, fiel in einen allzu kurzen Zeitabschnitt, in dem es der Familie überaus gutging und ihr Leben von Zuversicht getragen war. Die Familie war nach Saloniki umgezogen, als ein wohlhabender Holzhändler den Vater aufgrund seiner forstwirtschaftlichen Kenntnisse, die er bei seiner Arbeit auf dem Olymp gewonnen hatte, als Kompagnon mit ins Geschäft genommen hatte. Mustafa soll in einem Haus geboren worden sein, das heute ein Atatürk-Museum ist. Es war ein Schritt nach oben, von allem, was die Familie bis dahin kennengelernt hatte, und die Zukunftsaussichten waren glänzend.

Die Mutter, die schon als Kind verheiratet worden war und aus einer kleinbäuerlichen Familie kam, war eine schöne Braut gewesen, hellhäutig, mit blauen Augen und bernsteinfarbenem Haar, ungebildet, aber intelligent. Ihr Mann bezeichnete sie als sein „Traummädchen" und nannte sie seine „himmlische Rose". Sie gebar ihm nach Mustafas Geburt noch zwei weitere Töchter. Mustafa und eine jüngere Schwester waren jedoch die einzigen Kinder, die das Erwachsenenalter erreichten. Der Mutter war es dann überlassen, für sie zu sorgen, als sie mit siebenundzwanzig Witwe wurde. Ihr Mann hatte seine Existenz verloren, nachdem Banditen die Wälder niedergebrannt hatten, für die er verantwortlich gewesen war, und sein Geschäftspartner ihm sodann die Partnerschaft aufgekündigt hatte. Als Ergebnis dessen war er dann zum Trinker und in die Verzweiflung abgerutscht, bis er schließlich starb, als sein Sohn sieben Jahre alt war.

Mustafa wurde somit in einem Haus des Todes geboren und fand sich der Fürsorge einer trauernden Mutter überlassen, deren Leben, abgesehen von einer kurzzeitigen Schonfrist, voller Härten und Schwermut gewesen war. Er trug sogar den Namen eines Onkels väterlicherseits, der als kleines Kind bei einem Unfall, als sein Kinderbettchen umkippte, ums Leben gekommen war, ein Unfall, für den im übrigen Mustafas Vater verantwortlich gewesen war (Kinross, 1965). Ich vermute, daß er eine Art *Ersatzkind* war (Cain und Cain, 1964; Poznanski, 1972; Volkan und Ast, 1997): Seine Selbstvorstellung schloß die Bilder von seinen toten Geschwistern und dem toten Onkel mit ein, die seine Eltern bei ihm deponiert hatten. Über dem Haushalt schwebten jedoch nicht nur der Tod und die Bilder von toten Menschen, er wurde auch von den Erinnerungen an das harte Leben an der Grenze und den düsteren, von Banditen belagerten Wald überschattet. Die Geschichten, die der Vater von den Überfällen der Banditen an der Grenze und den damit verbundenen Bedrohungen erzählte, blieben Mustafas Schwester viele Jahre in Erinnerung (Aydemir, 1969, Bd. 1).

Obwohl er in der Zeit geboren worden war, in der die Familie kurze Zeit mit dem Wohlstand „flirten" konnte, in einer Zeit, in der sie es sich hatte leisten können, eine Amme für Mustafa zu engagieren und auch ein schwarzes Hausmädchen einzustellen, schrieb er 1930 ein Essay, das alles andere als eine glückliche Kindheit und Jugend zu Hause widerspiegelte. Seine intensive Beschäftigung mit der Freiheit scheint ebensosehr aus einem Bedürfnis nach persönlicher Freiheit (einer Befreiung von den beängstigenden Bildern seiner Kindheit) als aus einer politischen Motivation heraus entstanden zu sein, daß sein Land frei sein sollte. Dieses 1930 verfaßte Essay über die Freiheit, das heute in seiner Handschrift verfügbar ist, beginnt mit einer Diskussion über die Beziehung zwischen dem Menschen und der Natur:

> Der Mensch entscheidet nicht, ob er geboren werden soll oder nicht. Im Augenblick seiner Geburt ist er auf Gedeih und Verderb der Natur ausgeliefert und Gast von anderen Kreaturen als ihm selbst. Er muß beschützt werden, ernährt werden, versorgt werden und es muß ihm geholfen werden zu wachsen (Afetinan, 1959, S. 77f).

Hinweise auf seine toten Geschwister und die Sorge, die er wie auch seine Mutter bezüglich ihrer Sicherheit im allgemeinen hegten, sind hier zu sehen. In seinen Augen war „der Mensch mit seiner Geburt auf Gedeih und Verderb der Natur und ihren Kreaturen ausgeliefert", und er sprach von „primitiven Menschen", die wahrscheinlich repräsentativ für seine Kindheit waren, die in der Furcht vor dem Donner, der Dunkelheit der Nacht, vor Fluten, wilden Tieren und auch der Furcht voreinander lebten. Hierin klingt die Geschichte von den Schakalen an, die die Leiche eines Kindes zerrissen hatten.

Mustafas Mutter wandte sich immer mehr Gott zu, nachdem sie schließlich ihre vier todgeweihten Kinder und am Ende auch ihren Mann verloren hatte. Personen, die ich Ende der siebziger Jahre interviewte, erinnerten sich ihrer sowohl als einer sehr religiösen, frommen Frau als auch einer „lustigen Witwe". Sie lebte nach moslemischer Sitte und verließ ihr Haus nur, um andere Frauen, Nachbarn oder Verwandte zu besuchen. Die anspruchsvolle Art ihrer äußeren Erscheinung sollte später in der Eleganz ihres Sohnes widergespiegelt werden, auf die er so großen Wert legte. Sie trug ihr Haar gelockt und mit Edelsteinen herausgeputzt; sie trug mit Spitzen besetzte Blusen und bunte lange Röcke. Obwohl sie religiös war und später eine „Molla" (eine religiöse Frau, die die mystische Vereinigung mit Gott und seiner Macht sucht) genannt wurde, war sie gleichzeitig eigensinnig und unkonventionell und dafür bekannt, die nach moslemischer Sitte verlangte gemächliche Verabschiedung aus einem Haus, wo sie zu Besuch gewesen war, durch einen abrupten Aufbruch zu ersetzen.

Kurz bevor Mustafas Vater starb, hatte dieser verfügt, daß sein Sohn eine moderne Grundschulausbildung erhalten und nicht auf die religiöse Schule geschickt werden sollte, wie es der Mutter lieber gewesen wäre. Zu jener Zeit konnten türkische Eltern, die in Großstädten des Osmanischen Reiches lebten, wozu auch Saloniki gehörte, zwischen den beiden Erziehungsarten für ihre Kinder wählen. Seine Mutter wollte gerne, daß Mustafa die Religion zu seinem Beruf machte. Atatürks früheste Erinnerung (Emin, 1922) geht auf eine heftige Auseinandersetzung zwischen seinen Eltern über seine Schulwahl zurück. Er erinnerte sich, wie geschickt sein Vater eine Lösung gefunden hatte. Zuerst wurden die Kinder mit der traditionellen Zeremonie, bei der Hymnen gesungen und traditionelle Trachten getragen wurden, in der religiösen Schule eingeschult. „Damit war das gebrochene Herz meiner Mutter wieder versöhnt", schrieb er. Aber wenige Tage später verließ er diese Schule dann jedoch wieder und wurde von seinem Vater in einer modernen angemeldet. „Bald danach starb mein Vater."

Nach dem Tod des Vaters mußten seine Witwe und ihre Kinder auf einem Bauernhof leben, der Verwandten gehörte. Mustafa wurde jedoch nach Saloniki zurückgeschickt, um bis zu seinem Schulabschluß bei einer Tante zu leben. Er wurde dabei erwischt, wie er mit einem anderen Kind kämpfte, und schlimm von seinem Lehrer geschlagen, der als religiös bekannt war. „Mein ganzer Körper war voller Blut" (Emin, 1922). Daraufhin nahm Mustafas Mutter ihn von der Schule.

Der bulgarische Psychobiograph Parushev (1973) vermerkt, daß Mustafa als Junge nur wenige Freunde hatte und beim Spielen weitestgehend nur Zuschauer war. Parushev erzählt eine Geschichte, wonach Mustafa bei einer Gelegenheit gebeten wurde, beim Bockspringen mitzuspielen, sich jedoch weigerte, da er „zu stolz" war, um sich vornüber zu beugen und zuzulassen, daß ein anderer Junge über seinen Rücken sprang. Sein Interesse an Kleidung wurde in seinen vorpubertären Jahren geweckt, als er neidisch auf die Militärschuluniform eines Nachbarjungen war (Emin, 1922). Ohne Rücksprache mit seiner Mutter gehalten zu haben, machte und bestand er die Aufnahmeprüfung für eine höhere Militärschule. Solche Schulen boten damals eine mehr am westlichen Modell orientierte Ausbildung an. Unterdessen heiratete seine Mutter zum zweitenmal, als er in die Pubertät kam; woraufhin er so eifersüchtig wurde, daß er von zu Hause auszog und sich an einer militärischen Internatsschule einschrieb (Aydemir, 1974). Jetzt war er auf sich allein gestellt. Aufgrund seiner herausragenden Leistungen in Mathematik gab einer seiner Lehrer ihm den Namen „Kemal", was „perfekt" heißt, und so wurde er „Mustafa Kemal" – der Perfekte.

Von Mustafa Kemal zu Atatürk: Mustafa Kemal setzte seine militärische Ausbildung fort, besuchte die Kriegsakademie und später die Stabsakademie in Istanbul, der osmanischen Hauptstadt. Dort hatte er ausgesprochen großen Erfolg bei Frauen, ließ sich jedoch in keiner seiner Liaisons auf eine emotionale Bindung ein und war eher vorrangig damit beschäftigt, eine gute Figur abzugeben. Er litt unter depressiven Episoden und wehrte Gefühle von einem mangelnden Selbstwertgefühl ab.

Auf der Kriegs- und später auf der Stabsakademie begann Mustafa Kemal, anderen gegenüber zu erklären, er sei etwas Besonderes. Jene, die um ihn herum waren, mögen geglaubt haben, er machte Witze, wenn er von Plänen für grandiose Taten sprach. Rückblickend ist jedoch klar, daß er das absolut ernst meinte. Er sammelte Freunde um sich herum, die seine Mission, der er sich selbst verschrieben hatte, teilten: die Mission, das Land zu retten, das damals von den Westmächten als der „kranke Mann Europas" bezeichnet wurde, und wies ihnen Schlüsselpositionen in der Regierung oder beim Militär zu, so wie er es sich für die Zukunft geplant hatte. In seinen Entwürfen stellte er sich vor, er sei der unumstrittene und rechtmäßige Führer; er würde die zentrale Figur und seine Anhänger nichts weiter als Erweiterungen von ihm sein.

Auf der Militärschule wurde Mustafa Kemal in die Welt der türkischen und französischen Literatur eingeführt, und dort entwickelte er auch seine gewaltigen rhetorischen Fähigkeiten, seine Redekünste, die ihm später großen Ruhm einbrachten. Er versuchte sich im Gedichteschreiben, wobei ich allerdings keines seiner Gedichte finden konnte. Der Dichter, der Mustafa Kemals Leidenschaft für den Nationalismus nährte, war Namık Kemal. Einer der bekanntesten Verse Kemals erzählt, wie

> Der Feind sein Messer an die Kehle des Landes setzte,
> Es gibt niemanden, um die Mutter von ihrem schwarzen Schicksal zu erretten.

Mustafa Kemal sollte diesen Vers später paraphrasieren, wobei er die zweite Zeile durch folgende ersetzte:

> Es gibt jemanden, um die Mutter von ihrem schwarzen Schicksal zu erretten.

Zu der Zeit, als Mustafa Kemal noch Student beim Militär war, stand das Osmanische Reich bereits nahe vor dem Zusammenbruch. Verbotener politischer Betätigungen beschuldigt, wurde er, kurz nachdem er mit dem Rang eines Leutnants die Stabsakademie abgeschlossen hatte, für zwei Jahre ins Exil geschickt. Die Regierung des Sultans schickte ihn nach Syrien, damals osmanisches Territorium. In der Jungtürkischen Revolution gab es keinen herausragenden Platz für ihn. Dann kamen die Balkankriege und der Erste Weltkrieg. Kurz vor dem Ausbruch des zweiten Balkankrieges ging seine Mutter nach Istanbul, um dort bei ihrer Tochter zu leben, die inzwischen geheiratet hatte. Mit diesem Umzug verließ sie ihren Mann, mit dem sie auch nie wieder zusammenkommen sollte und der schließlich in Saloniki starb. Da Atatürks Mutter sich jetzt von seinem Stiefvater getrennt hatte (womit die Verbindung beendet war, die ihn so aufgebracht hatte), richteten sie sich in einem dreistöckigen Haus in Istanbul wieder als Großfamilie ein, wobei die Mutter auf der einen Etage wohnte und seine Schwester mit ihrem Mann auf einer anderen. Er war kein regelmäßiger Mitbewohner, lebte jedoch in Istanbul, wann immer er sich während der Kriege die Zeit nehmen konnte.

Schließlich wurde in den Haushalt noch ein Waisenjunge im Alter von drei Jahren aufgenommen. Ich interviewte ihn, Abdürrahim Tuncak, als er in den

Sechzigern war. Er erzählte mir, er sei Mustafas „Adoptivsohn" gewesen. Nach dem, was er mir darüber erzählte, wie Atatürks Mutter ihn behandelt hatte, konnte ich einen Eindruck davon bekommen, wie sie als Mutter wohl gewesen war. Seinen Erinnerungen zufolge war sie nicht nur eine herrische Frau, sondern auch eine, die ihn als psychologische Krücke, als „Spazierstock", benutzte (Tuncak, 1974). Beide, Mustafa Kemal wie auch seine Mutter, nannten den Jungen „meinen Sohn". Atatürk und seine Mutter waren somit symbolisch als „Eltern" eines gemeinsamen Kindes vereint. Unterdessen kamen Mustafa Kemal und eine Frau namens Corinne sich nahe, die italienische Witwe eines türkischen Offiziers, die in Istanbul lebte. Corinne war eine hervorragende Pianistin und lud zu Soirees im westlichen Stil ein. Mustafa Kemal hielt seine traditionelle Frau und westliche Frauen getrennt voneinander.

Kurz vor dem Ersten Weltkrieg wurde Mustafa Kemal als türkischer Militärattaché nach Bulgarien geschickt. Dort verliebte er sich in ein bulgarisches Mädchen, Miti, und wollte sie heiraten. Ihre Familie erlaubte ihm zwar, sie zu Spaziergängen im Park und zum Tanzen mitzunehmen, als er ihren Vater jedoch um ihre Hand bat, wies dieser seinen Antrag verächtlich mit der Begründung zurück, daß er Türke wäre (Parushev, 1973).

Trotz seiner Überzeugung, daß er einmalig war, und seiner Anstrengungen, Anerkennung zu gewinnen, war er inzwischen Mitte dreißig und noch immer nur ein Divisionskommandeur. Er wurde zu einem Helden im Ersten Weltkrieg und demonstrierte bei der Verteidigung von Gallipoli gegen die Briten und ihre Verbündeten unheimliche militärische Fähigkeiten. Der offizielle britische Historiker schrieb:

> Selten in der Geschichte können die Anstrengungen eines einzigen Divisionskommandeurs bei drei verschiedenen Anlässen einen so tiefgreifenden Einfluß nicht nur auf den Verlauf der Schlacht, sondern vielleicht auf das Schicksal eines Feldzuges und sogar das Schicksal einer Nation genommen haben (Kinross, 1965, S. 111).

Ein Vorfall in Gallipoli hinterließ tiefgreifende psychologische Folgewirkungen bei ihm. Er wurde, als er unerschrocken in der Feuerlinie stand, in Herzhöhe von einem Schrapnellsplitter getroffen, der jedoch nur die Uhr in seiner Brusttasche zerschmetterte, ihn selbst hingegen nicht verletzt hatte. Ich glaube, daß dieses Ereignis zur Kristallisation seines Gefühls der Omnipotenz beigetragen hat.

Mustafa Kemal konnte sich an der russischen und arabischen Front in der Schlacht zwar erfolgreich schlagen, aber der Krieg ging weiter; und die innenpolitische Situation wie auch die letztendliche Niederlage im Krieg 1918 bedeuteten dann letztlich das Ende des Reiches. Die Flotte der Alliierten fuhr in den Hafen von Istanbul ein, und das osmanische Parlament wurde aufgelöst.

Und die Briten bereiteten sodann im Verein mit den Franzosen und Italienern die Aufteilung des Reiches vor.

Nach der Niederlage des Osmanischen Reiches fand Mustafa Kemal sich im besetzten Istanbul, trotz seines Standes eines hochrangigen Generals, buchstäblich als ein Gefangener wieder. Als die griechischen Streitkräfte in Anatolien landeten, gelang es ihm, ins Herzland der Türkei zu fliehen. Dank seiner charismatischen Führerschaft gelang es ihm dort, gegen enorme Widrigkeiten, aus der Asche eines kriegsgeschundenen Landes eine Armee auf die Beine zu stellen. 1922 schlugen seine nationalistischen Truppen schließlich den Feind in einem Krieg, der als der Unabhängigkeitskrieg bezeichnet wurde. Bei diesem Kampf war er der Oberbefehlshaber.

Mustafa Kemals Mutter blieb während des türkischen Kampfes um Unabhängigkeit in Istanbul; erst in den letzten Monaten des Kampfes wurde sie nach Ankara, dem neuen politischen Zentrum des Landes, gebracht. Danach entwickelte sich ein Ritual zwischen dem Sohn und seiner Mutter. Jeden Morgen, nachdem er aufgestanden war und sich angezogen hatte, betrat er das Haus seiner Mutter und küßte ihr die Hand, ehe er zur Arbeit ging. Sie starb Anfang des Jahres 1923, und fünfzehn Tage später heiratete ihr Sohn ein junges „verwestlichtes" türkisches Mädchen. Seine neue Frau war ebensoviel jünger als ihr Mann, wie seine Mutter es in ihrer ersten Ehe im Vergleich zu ihrem Mann gewesen war. Mustafa Kemals früherer Kamerad, ein Verwandter seines Stiefvaters, beging Selbstmord. Atatürks Ehe endete 1925. Sie konnte problemlos noch nach der alten moslemischen Sitte gelöst werden, einige Monate, bevor dann das neue Zivilrecht in Kraft trat. Mustafa Kemal heiratete nie wieder, adoptierte jedoch eine Reihe von Töchtern.

Mustafa Kemal wurde der erste Präsident der Türkischen Republik, die 1923 ausgerufen wurde. Mit dem Zusammenbruch des Osmanischen Reiches ging aus den Ruinen des großflächigen, multinationalen, multireligiösen und vielsprachigen Landes ein wesentlich kleinerer Nationalstaat hervor. Nachdem Mustafa Kemal seine militärische Karriere aufgegeben hatte, um ziviles Staatsoberhaupt seines Landes zu werden, begann er seine kulturelle Revolution, die allgemein als die „Verwestlichung" bezeichnet wurde. Überspitzt kann sie auch als eine versuchte „Säuberung" gesehen werden, mit der die Türkei und alles, was türkisch war, von jenen Aspekten religiöser und halbreligiöser Einflüsse gesäubert werden sollte, die er für „schlecht" hielt. Der Sultan und das religiöse Oberhaupt des Reiches wurden ins Exil geschickt, und das Kalifat wurde abgeschafft. Mustafa Kemal lehnte den Titel eines Sultans oder Kalifen ab.

Die Religion hatte im Osmanischen Reich das Alltagsleben gefärbt (Lewis, 1971), Gesetze, Bräuche und die Medizin beeinflußt. Mustafa Kemal verbot die auf den heiligen Werten und Symbolen des Koran und den Gesetzen des Islam basierende Erziehung und ersetzte sie durch das Schweizer Bürgerliche Gesetzbuch, das italienische Strafrecht und das deutsche Handelsrecht. Er mißbilligte den Schleier bei den Frauen, die binnen weniger Jahre die gleichen Rechte wie Männer erhielten. Er führte die westliche Kleidung für Männer ein, verbannte den Fes und begann, die türkische Sprache von ihren arabischen und persischen Einflüssen zu säubern und schöpfte bei diesem Prozeß viele neue Worte. Lateinische Buchstaben ersetzten die alten arabischen Schriftzeichen, und wo das lateinische Alphabet nicht reichte, prägte er verschiedene neue Schriftzeichen. Experten meinten, es würde fünf Jahre dauern, das Alphabet zu ändern, er räumte jedoch nur drei Monate für dieses Unterfangen ein. Mustafa Kemal ging sogar mit einer Tafel auf die Straße, um die Menschen selbst zu unterrichten.

In jener Zeit war Mustafa Kemals Türkei die einzige nicht westliche Nation mit einer moslemischen Bevölkerung, die eine Kehrtwende in ihrem Lebensstil versuchte, um von der westlichen Welt als eine westliche Nation akzeptiert zu werden. Das emotionale Klima im Westen war gegenüber diesen Ambitionen jedoch alles andere als aufgeschlossen.

1934, vier Jahre vor Mustafa Kemals Tod, als ein neues Gesetz von den Türken die Verwendung von Nachnamen verlangte, wählte er für sich den Namen, der „Vater der Türken" (Atatürk) bedeutet. Bereits ehe er einer Leberzirrhose erlag, die auf sein gewohnheitsmäßiges Trinken sowie schlechte Eßgewohnheiten zurückzuführen war, war er eine Legende, buchstäblich eine Gottheit. Die Türken brachten es nicht über sich, ihn zu bestatten, sondern hielten seinen Leichnam fünfzehn Jahre in einem mumifizierten Zustand, bis ein passendes Mausoleum erbaut worden war. In diesem Mausoleum in Ankara wurde er dann beigesetzt.

Atatürks innere Welt

Die Wechselfälle von Atatürks Ödipuskomplex: Eine besondere Beziehung zu seiner Mutter und ihrem Bild sowie Derivate ödipaler Strebungen waren bei ihm augenfällig. Als Mustafa im ödipalen Alter war, wurde sein Vater vor ihm erniedrigt; als der Junge sieben war, starb der Vater. Nichtsdestoweniger hatte Mustafas Vater ihm vor seinem Tod ein entscheidendes „Geschenk" gemacht. Er half Mustafa, sich von dem Einfluß seiner Mutter zu lösen und meldete den Jungen an einer westlich geprägten Schule an. Diese Schule wurde von einem Mann namens Semsi geleitet – was soviel wie die Sonne betreffend bedeutet. Semsi kämpfte auch gegen die traditionellen religiösen Kräfte in Saloniki. Mit dem Ergebnis, daß der Lehrer von denen, die für den traditionellen Lebensstil eintraten, bedroht und zusammengeschlagen wurde, was ihn jedoch nicht davon abhielt, seinen Schülern auch weiterhin standhaft westliche Ideen zu vermitteln. Vor dem Hintergrund der Wahl seines Vaters, ihn auf eine westlich orientierte Schule zu schicken, und von Semsis Persönlichkeit (Mustafas idealem Vater-Substitut) schuf Mustafa, wie ich glaube, ein idealisiertes Bild von seinem ödipalen Vater. Später in seinem Leben versuchte er dann, dieses ideale ödipale Vaterbild zu „erreichen" und identifizierte sich damit.

Indes hatte er in seiner ödipalen Phase, als der „erniedrigte" Vater gestorben war, einen ödipalen Triumph errungen und war nun der einzige Mann im Haushalt. In seinen Bemerkungen zu Mustafas Wut über die Wiederheirat seiner Mutter meinte Kinross (1965), Mustafa sei „so eifersüchtig wie ein Liebhaber auf einen anderen Mann im Leben seiner Mutter" gewesen (S. 15). Einen weiteren symbolischen Triumph konnte er unmittelbar vor dem ersten Balkankrieg verzeichnen, als er seiner Mutter schrieb, sie sollte nicht von Istanbul nach Saloniki zurückkehren. Durch ihren weiteren Verbleib in Istanbul wurde sie dann von dem anderen Mann, ihrem zweiten Ehemann, getrennt. Und in Istanbul „teilten" sie und ihr Sohn sich einen „gemeinsamen" Sohn.

Schon bald, nachdem seine Mutter gestorben war, heiratete Atatürk eine Frau, die zwanzig Jahre jünger war als er, was eine Parallele zur Heirat seines Vaters und seiner Mutter war. Nach seiner Scheidung adoptierte er acht junge Mädchen, von denen eines im späten Teenageralter war. Das letzte Mädchen, das er adoptierte, war noch ein Kind. Die meisten waren in der Pubertät adoptiert worden. Es kann wohl davon ausgegangen werden, daß er damit seine Mutter-Kind-Beziehung wiederholte, die diesmal von einer Mutter-Sohn- zu einer Vater-Tochter-Beziehung verkehrt wurde, er damit gleichzeitig aber auch die Einheit mit seiner Mutter „reparierte", die er in der Pubertät verlassen hatte. Während er Präsident der Türkei war, sagte er fast allabendlich, wenn er mit seinem Gefolge nach dem Essen trank: „Ich bin in meine Mutter verliebt. Ich habe sie sehr geliebt!" – und wiederholte diese Erklärung immer wieder (Gökçen, 1974).

Als Erwachsener sprach Atatürk sehr wenig von seinem Vater, obwohl sein Vater in seiner frühesten Erinnerung eine wichtige Rolle spielte. Ich glaube, daß er sich schließlich, nachdem er das Land gerettet und eine neue Türkei geschaffen hatte, mit dem idealisierten ödipalen Vater und den Semsi-Bildern identifizierte, und daß diese Identifikation ihn motivierte, seine kulturellen Revolutionen durchzuführen.

Der Fall von Atatürk, der eine ziemlich offene ödipale Verhaftung zeigt, scheint jedoch eine noch dominierendere präödipale Verhaftung zu verdecken.

Er war wie viele Menschen mit einer narzißtischen Persönlichkeitsorganisation, die auf der psychosexuellen Leiter „aufsteigen" und ihre Verhaftungen mit ödipalem Erfolg als Spiegel ihres Wunsches nutzen, die „Nummer Eins" zu sein und ihr grandioses Selbst zu schützen.

Atatürks Persönlichkeitsorganisation: Wir können Atatürks kulturelle Revolutionen, den neuen Faden, den er in das ethnische Zelt der Türken webte, am besten verstehen, wenn wir ihn als jemanden sehen, dem es gelang, in der äußeren Welt ein realistisches Echo für sein grandioses Selbst zu finden. Er war ein höchst intelligenter und gutaussehender Mann, aber er war auch eitel und egozentrisch. Da er ein übersteigertes Selbstkonzept (grandioses Selbst) hatte, hatte er auch ein außergewöhnliches Bedürfnis nach Anerkennung und Achtungsbezeigung durch andere. Er legte übermäßig großen Wert auf seine persönliche Erscheinung, auf Schönheit und Macht. Von Kindheit an verwendete er große Aufmerksamkeit auf seine Kleidung, und er berichtete von einer frühen Erinnerung an einen Nachbarjungen, dessen Militäruniform ihn eifersüchtig gemacht und dazu veranlaßt hatte, über eine militärische Karriere für sich nachzudenken, damit er sich auch so stattlich kleiden konnte. Es war für ihn ein wichtiger Punkt, sich in voller Uniform fotographieren zu lassen, als er seinen Abschluß an der Kriegs- und Stabsakademie machte, und die Fotographien seiner Mutter zu schicken, um bewundert zu werden. Als er dann auf der Schwelle zum Zivilleben stand, zog er seine festliche Uniform als Oberbefehlshaber, mitsamt dem dazugehörigen militärischen, mit glänzendem purpurfarbenen Samt gesäumten Umhang an und ging so zum Haus eines Freundes, dem er erklärte, diese Aufmachung werde er am nächsten Tag beiseite legen. Er wollte, wie er sagte, daß die Kinder seines Freundes ihn noch ein letztes Mal in seiner Uniform sehen. Als ich eines dieser Kinder, eine Frau, die inzwischen in ihren Vierzigern war, aufsuchte, erinnerte sie sich, was sie als kleines Mädchen empfunden hatte, als sie mit dem großartigen Auftritt des Retters ihres Landes konfrontiert war (Tesal, 1975). Er bezog, wie ich annehme, selbst erhebliche Befriedigung aus seinem Exhibitionismus und fand es herrlich, als Vorbild betrachtet zu werden. Und so wie er sich sodann als Zivilist präsentierte, wurde er als einer der bestgekleidetsten Männer der Welt angesehen. Es heißt, seine Schlafanzüge sollen selbst, nachdem er eine Nacht darin geschlafen hatte, ohne jede Falte gewesen sein! Das Atatürk-Museum in Ankara zeugt von der großen Sorgfalt, die er auf seine Garderobe und Körperpflege verwendete. Er gab nur solche Fotographien zur Veröffentlichung frei, die er als schmeichelhaft betrachtete. Während er sich in seiner Intelligenz sonnte, schnitt er alle, die ihn nicht anbeteten, und begegnete ihnen mit Verachtung. Auch wenn er in Debatten andere zur Opposition animierte, tat er das doch nur in der Gewißheit, daß seine Ansichten sich am Ende doch durchsetzen würden.

Belege, daß er ein grandioses Selbst besaß, es vorzog, allein zu sein, aber glorifiziert zu werden, und es nicht ertragen konnte, wenn er sich in einer abhängigen Position wähnte, sind in der Beschreibung zu finden, die er von sich selbst gab. 1927 sagte er:

> Seit meiner Kindheit, als ich noch zu Hause lebte, habe ich es nicht gemocht, mit meiner Mutter, meiner Schwester oder einem Freund zusammen zu sein. Ich habe es immer vorgezogen, allein und unabhängig zu sein, und ich habe immer auf diese Art gelebt. Es ist eine Eigenart von mir, daß ich es nicht ertragen kann, von meiner Mutter, meiner Schwester, oder irgendeinem engen Freund entsprechend ihrer Mentalität oder ihrem Weltverständnis Ratschläge zu bekommen (Aydemir, 1969, Bd. 1, S. 484; Volkan und Ast, 1994, S. 163).

Eine weitere Äußerung, die seinen Wunsch widerspiegelt, ein reparativer Führer zu sein, war folgende:

> Warum sollte ich – nach der jahrelangen Ausbildung, nach dem Studium der Zivilisation und des Prozesses der Sozialisierung, und nachdem ich zeit meines Lebens an der Freiheit Freude empfunden habe – warum sollte ich auf die Ebene der gemeinen Leute herabsteigen? Ich werde sie auf meine Ebene aufsteigen lassen. Nicht ich sollte ihnen gleichen; sollen sie mir gleichen! (Aydemir, 1969, Bd. 3, S. 482; Volkan und Ast, 1994, S. 166).

Faktoren in der Entwicklung von Atatürks Persönlichkeitsorganisation: Alles, was wir über Atatürks früheste und spätere Kindheit rekonstruieren können, scheint zum Hintergrund von Personen mit einer narzißtischen Persönlichkeitsorganisation zu passen. Wenn wir jedoch auf Atatürks Persönlichkeitsorganisation eingehen, muß eines betont werden, nämlich daß er letztlich den Status eines „erfolgreichen Narzißten" erreichte. Während die typische Person mit einer narzißtischen Persönlichkeitsorganisation sich mit fortwährenden, täglichen Bedrohungen ihres Selbstwertgefühls auseinandersetzen muß und unter Ängsten und Depressionen leidet, ist ein erfolgreicher Narzißt jemand, der in der Realität sein inneres Gefühl verwirklicht, daß er die „Nummer Eins" und anders als Durchschnittsmenschen ist. Natürlich wird er dennoch mit Bedrohungen seines Selbstwertgefühls konfrontiert, er geht jedoch in einer Art und Weise damit um, die die Verwirklichung seiner Größe reflektiert. Als Führer nutzt er die politische, diplomatische und historische Arena, um sein Selbstwertgefühl mit großen Taten aufrechtzuerhalten.

Wir wissen, daß Atatürk in ein Haus des Todes mit einer leidenden Mutter geboren wurde, deren Milch nicht ausreichte, so daß es notwendig war, auf eine Amme zurückzugreifen. Nach zeitgenössischen Darstellungen war seine Mutter eine egozentrische und zur Bissigkeit neigende Frau. Es steht zu vermuten, daß sie, in ihrem Schmerz gefangen, psychologisch für ihr Kind nicht verfügbar war. Durch die Dienste der Amme blieb Atatürk als Säugling biologischer Hunger wohl erspart, aber seine anderen Bedürfnisse nach Liebe wurden von seiner leidenden Mutter möglicherweise nicht befriedigt. Andererseits fiel seine Geburt gerade in die Zeit, in der die Familie sich eines kurzweiligen Wohlstandes erfreuen konnte, so daß sie dieses Kind als etwas Besonderes und auch als ein „Ersatzkind" sah – idealisiert und unsterblich als Bindeglied zwischen den Lebenden und den Toten. Hier sei in Erinnerung gerufen, daß er auch nach einem Onkel benannt war, der als kleines Kind bei einem Unfall von Atatürks Vater „getötet" worden war.

In einem 1929 oder 1930 handschriftlich verfaßten Essay über „Solidarität" sagte er:

> Alle Menschen sind Teil eines sozialen Körpers und sind aus diesem Grund miteinander verbunden. Darüber hinaus schließen solche Verbindungen auch jede Zeit und jeden Ort mit ein, da die Menschen die kulturellen Erben der Toten sind (Afetinan, 1959, S. 70; Volkan und Ast, 1994, S. 162).

Ein Erbe der Toten zu sein, versetzt einen in eine schwierige, bedrückende Situation. Man kann sich, auf einer Ebene, mit den Toten verbunden und somit unsterblich fühlen; man kann jedoch ebenso den Wunsch haben, frei von einer solchen Belastung zu sein. Am 30. August 1925 hielt Atatürk eine Rede, in der er erklärte, warum er vorhatte, die *Tekkeler* (bestimmte religiöse Häuser, Kapellen der Derwische) zu schließen. Er erklärte, er wolle, daß die türkische Nation zivilisiert werde, und sagte: „Es ist notwendig, mit jenen Wahrnehmungen aufzuräumen, die die Realität nicht akzeptieren." In seiner Rede schimpfte er des weiteren auf religiösen Überzeugungen und Praktiken, die „den Geist betäuben", statt die Kraft und Energie der Zivilisation und Wissenschaft hereinzulassen, und wetterte vor allem gegen die religiöse Betonung der Kontaktsuche mit den Toten. „Hilfe von den Toten zu suchen, ist ein Schandfleck für jede zivilisierte Nation."

Hamilton (1969), Pollock (1975, 1989) sowie Volkan und Ast (1997) untersuchten die Beziehung zwischen einer vom Tod geprägten Kindheit und positiven Entwickungen im nachfolgenden Erwachsenenleben. Pollock hob dabei insbesondere die feststellbare Beziehung zwischen diesem Phänomen und einer erfolgreichen politischen Führerschaft hervor. Er war beeindruckt von den Konsequenzen, die sich aus den in der Kindheit erlittenen Verlusten ergaben, und den unbewußten Andeutungen von Unsterblichkeit, die durch die psychologische Auseinandersetzung mit solchen Verlusten und Versuchen entstehen können, das, was verlorenging, wieder zu „reparieren". Seine Formulierungen treffen auch auf Atatürk zu, der in der Kindheit mit Objektverlusten konfrontiert war (Geschwister, Vater und auch die Mutter, die er „verlor", weil sie unentwegt litt und ihre mütterlichen Funktionen nicht voll wahrnehmen konnte).

Ich vermute, daß der kleine Mustafa einem ungewöhnlichen Maß an oralen Frustrationen ausgesetzt war. Eine solche Annahme kann zumindest einige der oralen Charakterzüge erklären, die zeit seines Lebens bei ihm sichtbar blieben. Er nutzte „orale" Wege, um seine Aggression zum Ausdruck zu bringen. Eines seiner häufig verwendeten Lieblingsworte war zum Beispiel *bogulmak*, das im Türkischen entweder Ersticken oder Ertrinken bedeutet. Es beschrieb, was er – oder die Erweiterung seiner selbst, sein Land – entweder durch die Hand der Feinde zu erleiden haben würde, oder was er ihnen zufügen würde (Göksel, 1975).

Atatürk entwickelte auch viele orale Anpassungen gegenüber seinen frühen Objektbeziehungskonflikten. Seine oralen Charakterzüge werden zum Beispiel an seiner Liebe zur Rhetorik und daran offensichtlich, wie er seine sehr reale rhetorische Gewalt und Macht dazu benutzte, die türkische Revolution voranzubringen. Bereits in seiner Jugend begann Atatürk, ungeheuere Mengen von Alkohol zu trinken. Gleichwohl gibt es keine Belege dafür, daß er im Amt, während er seine offiziellen Aufgaben wahrnahm, jemals betrunken gewesen wäre. Er trank meistens abends und übte absolute Abstinenz während der Kriege, wo er dann zum Ausgleich statt dessen türkischen Kaffee trank, wobei sein Bursche seine Lieblingskaffeekanne herumzutragen hatte, wo immer sie auch hingingen.

Atatürk wollte seine leidende, trauernde Mutter „reparieren", indem er die kriegserschütterte Türkei „reparierte". Das Konzept, wonach seine eigene innere Freiheit von der Freiheit des Landes abhing, der Umwandlung der trauernden Mutter in eine Mutter, die nicht trauert, wird in der nachfolgenden Rede deutlich. 1921 sagte er, er sei von Kindheit an von einer Liebe zur Freiheit verzehrt worden:

> Meine Hauptforderung ist, daß mein Land dieselben Merkmale haben sollte. Um leben zu können, muß ich das Kind einer freien Nation sein. Somit ist die nationale Souveränität für mich eine lebenswichtige Angelegenheit. (Aydemir, Bd. 3, 1969, S. 475; Volkan und Ast, 1994, S. 165.)

Es scheint, daß die Unsterblichkeit zu seinem frühen Selbstkonzept mit dazugehörte und bis in seine späteren Jahre eine Rolle spielte. Daß er es überlebte, als er in der Schlacht von einem Schrapnellsplitter getroffen worden war, trug mit dazu bei, eine derartige Überzeugung aufrechtzuerhalten. Nach einem Attentatsversuch, als er Präsident war, hielt er eine Rede, in der er erklärte, sein eigener unbedeutender Körper werde zwar eines Tages zu Staub werden, die türkische Nation werde jedoch für immer leben. Seine Redensarten lassen auf den primärprozeßhaften Gedanken schließen, er würde auf eine spirituelle Weise ewig leben. Dies erinnert mich an Pollocks (1975) Beschreibung der Unsterblichkeit:

> Eine persönliche Wiedervereinigung mit dem breiteren idealisierten gesellschaftlichen System – ein Utopia, das nach dem physiologischen Ableben des Individuums ideologisch weiterlebt (S. 348).

Atatürks Unsterblichkeit wurde letztendlich von der türkischen Nation wahrgenommen. Als er starb, verwehrte man sich dagegen, ihn zu „töten", und konservierte, wie bereits an früherer Stelle erwähnt, seinen Leichnam fünfzehn Jahre lang.

Die Phantasien, die zu Atatürks grandiosem Selbstwertgefühl gehörten, scheinen sich also um seine einmalige Erscheinung als einem unsterblichen Retter gedreht zu haben. Vielleicht wurden ihm seine Phantasien von der Erweckung der Toten und der Errettung der trauernden Mutter nie wirklich bewußt, aber seiner schöpferischen Triebe dürfte er sich sehr wohl bewußt gewesen sein. In einer Rede, die er am 17. März 1937 (Melzig, 1944) hielt, sprach er von der Freude, die ein Gärtner empfindet, der Blumen kultiviert, und verglich einen solchen Gärtner (was sich offensichtlich auf ihn selbst bezog) mit jemandem, der Freude daran hat, „Menschen zu kultivieren." Er sah sich hier als der „Schöpfer" einer „neuen" Gruppe von Männern und Frauen, die erblühen würden. Mit dieser Überlegung wollte er vielleicht sagen, daß er, wenn er diese neue Gruppe so omnipotent erwecken und großziehen konnte, dann auch den Tod seiner Geschwister ungeschehen machen und damit seine Mutter aus ihrer Trauer erretten konnte. Er wies darauf hin, daß der Mensch, der Menschen kultiviert, mit der Mentalität des Blumengärtners handeln sollte, der keinen greifbaren Gewinn für seine Bemühungen erwartet. Wenn er sich als jemanden sah, der keinen Lohn für sich erwartete, hatte seine Haltung natürlich altruistische Elemente. Versteckt dahinter war jedoch auch der Wunsch, sich vor der Erkenntnis seiner oralen Aggression und seines Neides zu bewahren, die jede Hoffnung auf gute Beziehungen zerstören würde.

Die Schaffung eines sechsten Fadens für das türkische Zelt

Atatürks Lebensgeschichte zeigt, wie er in vieler Hinsicht versuchte, die äußere Welt zu beeinflussen und zu verändern, um die Kohärenz seines grandiosen

Selbst und seine Abspaltung von den verborgenen entwerteten Bildern aufrechtzuerhalten. Ich möchte mich auf diese Aktivitäten konzentrieren, die zu einem Faden in der Plane des ethnischen Zeltes seiner Nation wurden. Was er tat, um seine adoptierten Töchter zu ändern, liefert den Rahmen, um zu untersuchen, wie er die neue türkische Identität wahrnahm.

Neben dem Waisenjungen, den er früh adoptierte, adoptierte Atatürk, als er Präsident war, noch acht Töchter. Auf die ödipalen Aspekte dieses Verhaltensmusters habe ich bereits hingewiesen, was uns hier jedoch interessiert, ist die Art und Weise, wie er diese Mädchen erzog. Er war bei den Bildern, die er zu schaffen versuchte, der Gärtner, der Blumen kultivierte – er versuchte, Frauenbilder zu schaffen, die der Repräsentanz seiner religiösen und trauernden „schlechten Mutter" völlig entgegengesetzt waren, und er versuchte, Bilder von Vater-Tochter-Beziehungen zu schaffen, die den erstickenden Mutter-Sohn-Interaktionen entgegengesetzt waren, die er erfahren hatte. Die Mädchen sollten befreite westliche Frauen werden und frei von den Banden der alten Religion sein. Er sagte ihnen, sie sollten lächeln, und warnte sie davor, irgend jemandem zu vertrauen, der kein Lächeln im Gesicht hatte (Gökçen, 1974). Sie sollten frei von der Belastung der verbitterten und trauernden Mutter sein.

Eine der Töchter, Sabiha (Gökçen), entschied als Waise in der Pubertät über ihr Schicksal, als sie aus dem Haus rannte, in dem sie lebte, und Atatürk begrüßte, der im Haus nebenan zu Besuch war. Er fragte sie sofort, ob sie seine Tochter werden wollte. Als ich sie in ihren späteren Jahren interviewte, machte sie deutlich, daß sie einen Vater in ihm gesucht hatte. Als sie im mittleren Teenageralter war, wurde ihr bewußt, daß er für sie und die anderen Mädchen nicht nur ein Vater, sondern auch eine Mutter war. Sie erklärte, wie sie in seinem Pygmalion mitspielte und sich formen ließ: „Atatürk hatte so sehr den Wunsch, etwas mit seinen eigenen Händen zu schaffen" (Gökçen, 1974). Nach seinem Muster von der idealisierten westlichen Frau war sie die erste Frau, die in der Türkei Militärpilotin wurde, nachdem er ihr einen Namen, *Gökçen*, gegeben hatte, was soviel wie „zum Himmel gehörig" bedeutet. Sie war frei zu fliegen, von der Mutter Erde zu entschweben, und sie war dafür gerüstet und bereit, jedwede fundamentalistischen religiösen Elemente in ihrem Land zu „bombardieren", die gegen ihn revoltieren könnten, wie sie es gelegentlich taten.

Eine andere Adoptivtochter, Afet (Afetinan), ließ sich dazu bringen, eine auf die „Säuberung" der türkischen Geschichte eingeschworene Geschichtsprofessorin zu werden. Ein Mädchen kam auf tragische Weise ums Leben; sie war nach England geschickt worden, um dort eine westliche Erziehung und Ausbildung zu genießen, hatte jedoch in ihrem Studium versagt und sprang in der Nähe von Paris auf der Rückfahrt in die Türkei aus dem Zug in ihren Tod.

Welche Gründe sie für ihren Selbstmord auch gehabt haben mochte, nach den Interviews, die ich mit denen führte, die sie kannten, scheint es, daß ihre Scham, Atatürk zu enttäuschen, mit zu ihrem Entschluß, sich umzubringen, beigetragen hatte.

Auch wenn er in seinem persönlichen Leben den Frauen gegenüber, die ihn liebten, nicht treu und loyal war, setzte er sich intensiv für die Befreiung der türkischen Frauen *en masse* ein und befreite seine „Mutter" aus dem Gefängnis des moslemischen Hauses. Sie sollten als Vertreterinnen seiner frühen „schlechten Mutter", wie er fand, in die Öffentlichkeit hinaus und damit nicht mehr bedrohlich sein. Als „gute Mütter" sollten sie zu gebildeten und feinen westlichen Frauen gemacht werden.

Ende der zwanziger und Anfang der dreißiger Jahre versuchte Atatürk, Ankara in eine Stadt der glitzernden Fröhlichkeit zu verwandeln. Er versuchte, das „Haus des Todes" aus seiner Kindheit in ein großartiges „Haus des Lebens" zu verwandeln. Er besuchte ein gesellschaftliches Fest nach dem anderen und brachte den Menschen persönlich das Tanzen bei, wobei er diejenigen, die keine Lust dazu hatten, zwang, einfach mitzumachen.

Die neue Türkei erhielt, als Repräsentanz der „guten Mutter", in dem Zuge, wie Atatürk zwanghaft seinen Trieb, sie zu idealisieren, verwirklichte, ein Facelifting nach dem anderen. Was ihn zu einem Patrioten im wahrsten Sinne machte und bestätigt, daß er, wie ihm nachgesagt wurde, jeden Tag in seinem öffentlichen Leben darüber nachdachte, etwas für die Türkei zu tun. Er vertrat leidenschaftlich die Auffassung, daß diejenigen, die in der Türkei lebten, einen neuen Stil des „Türkentums" entwickeln sollten und rückte vor diesem Hintergrund die neu eingeführten kulturellen Veränderungen in den Vordergrund.

Übergangsbeschäftigungen: Als Präsident hatte Atatürk jeden Abend Gäste zum Essen, und zwar bis zu seinen letzten Lebensmonaten, als seine Ärzte solche Zusammenkünfte untersagten. Einige wenige offizielle Persönlichkeiten wie der Premierminister waren jederzeit willkommen, während andere Gäste aus den Reihen von Politikern, Künstlern, Literaten und Sängern ausgewählt und eingeladen wurden. Das Trinken und Essen begann am frühen Abend und dauerte gut bis in die frühen Morgenstunden an. Nach vorgerückter Stunde verlangte es ihn oft, die Lieder aus seiner Kindheit nochmals zu hören, und das Essen, das serviert wurde, entsprach oft genau dem, was er als Kind bevorzugt hatte. So bestellte er etwa gerne ein Omlett, „wie Mutter es gemacht hat", und ließ bei einer Gelegenheit das Omlett dreimal zurückgehen, weil es nicht so gut war, wie sie es gemacht hatte. An der Speisetafel wechselten sich Regression und Reorganisation bei ihm und seinen Gästen unter seiner absoluten Kontrolle ab. Nach den Auskünften, die ich von meinen Informanten habe, war er wohl wie ein Kind beim Spielen; wobei mir Winnicotts Feststellung einfällt, daß „das Kind oder der Erwachsene beim Spielen (und vielleicht nur beim Spielen) frei ist, um schöpferisch zu sein" (1971, dt. 1973, S. 65).

Atatürks abendliche Beschäftigungen an der Speisetafel können vielleicht als „Übergangsbeschäftigung" bezeichnet werden, als Parallele zum Begriff der „Übergangsphantasien", von denen ich bei der Schilderung der Analyse eines Mannes mit einer narzißtischen Persönlichkeitsorganisation sprach (Volkan, 1976, dt. 1978). Jener Patient benutzte seine spezifischen Phantasien als immaterielle (reaktivierte) Repräsentanzen von Übergangsobjekten (Winnicott, 1953, dt. 1976): Sie blieben unter seiner Kontrolle und ermöglichten ihm die Illusion, daß er eine ähnliche Kontrolle über die Umwelt hatte und völlig unabhängig und in keiner Hinsicht auf fremde Hilfe angewiesen war. Meine Erklärung war:

> Manche Patienten wählen aus allen Phantasien, die sie haben, ganz bestimmte Phantasien aus, zu denen sie immer wieder Zuflucht nehmen. Diejenigen, die sie auswählen, um sie immer wieder aufs neue zu benutzen, schließen Aspekte von Wünschen und Aspekte der Abwehr von Konflikten aus verschiedenen psychosexuellen Phasen ein. Auch eine angemessene Interpretation dieser Aspekte läßt sie nicht verschwinden, und bald wird sowohl dem Analytiker als auch dem Patienten klar, daß der letztere nach ihnen süchtig ist wie ein Kind nach seinem Übergangsobjekt (Volkan, 1976, dt. 1978, S. 182).

Atatürks Übergangsbeschäftigungen ähneln Übergangsphantasien. Seine Eßzimmeraktivitäten wiederholten sich, und er war „süchtig" danach. Ohne sich diesen Dingen hinzugeben, konnte er nicht schlafen, genau wie manche Kinder nicht schlafen können, wenn sie nicht mit einem Übergangsobjekt gespielt haben. Sie waren auch der Nährboden seiner schöpferischen Aktivitäten.

Von besonderem Interesse ist seine Schöpfung von neuen Worten und Buchstaben. Er verbrachte Stunden damit, ein neues Wort zu schöpfen. Er nahm für gewöhnlich ein Wort, das als „rein türkisch" betrachtet wurde (von dem man annahm, daß es in Zentralasien, wo die Türken ursprünglich herkamen, noch immer verwendet wurde), und spielte damit, bis ein neues türkisches Wort entstanden war. Das neue Wort konnte durchaus eine Verbindung mit irgendeinem bekannten Wort „da draußen" haben, war jedoch anders zusammengesetzt und sollte einen Punkt beinhalten, in dem der Stimulus von innen mit dem von außen verschmolz, wie es bei der Schöpfung eines Übergangsobjektes der Fall ist. Nachdem er das neu geschöpfte Wort dann in einem Satz geschrieben hatte, ließ er manchmal ein Kind ins Speisezimmer rufen, das er dann bat, den Satz laut vorzulesen, damit er sich anhören konnte, wie es klang

(Tesal, 1974). Seine kreative Nutzung der Sprache kann als Parallele zu den sprachlichen Neuschöpfungen eines Kindes gesehen werden, deren entwicklungsspezifische Aspekte von Weich (1978) vom Standpunkt des Übergangsphänomens aus untersucht wurden.

Durch seine allabendlichen Reaktivierungen des Bildes der „guten Mutter", dem „Wiederauftauchen" der Mutter, die so gute Omletts machte und ihre türkischen Lieder so liebreizend sang, fand Atatürk eine Brücke zu seinem idealisierten Mutter-Bild und/oder identifizierte sich allabendlich damit und wurde somit die „Mutter" der neuen Türkei, die er schuf. Seine Töchter waren nicht die einzigen, die diese Mütterlichkeit in ihm wahrnahmen; als er die Wahl seines Nachnamens, *Atatürk* (Vater der Türken), öffentlich machte, unterlief dem Radiosprecher, der die erste Meldung darüber brachte, eine Fehlleistung, ein Versprecher, bei dem ihm statt dessen der Name *Anatürk* (Mutter der Türken) herausrutschte.

Tagsüber, wenn seine Eßzimmeraktivitäten vorbei waren, war er imstande, sich von seinem „Kontakt" mit der „guten" Mutter zu entfernen und der „Vater der Türken" zu werden – ein Verwalter, der seine kreativen Vorstellungen und Bestrebungen in die Tat umsetzte. Ein Echo seiner ersten Lebenserinnerung finden wir in seiner täglichen Routine als Präsident seines Landes. Er sollte als erstes das „gebrochene Herz der Mutter" reparieren und dann der ihm von seinem Vater gewiesenen Richtung zur Verwestlichung folgen. Dadurch, daß er sowohl mütterliche als auch väterliche Qualitäten besaß, konnte er ein wahrer charismatischer Führer im Sinne eines Mannes sein, der:

> ... durch die Entfaltung sowohl männlicher als auch weiblicher Qualitäten fasziniert, die gleichzeitig oder öfter in mehr oder weniger schnellem Wechsel, genau wie bei manchen hypnotischen Verfahren, sichtbar werden (Abse und Jessner, 1961, S. 697).

Als Mutter/Vater schuf Atatürk einen neuen Faden für die Plane des türkischen Zeltes.

11. Symbolbildungen: Der siebte Faden

Der siebte Faden eines Gruppenzeltes ist ein Symbol, das die Großgruppenidentität repräsentiert. Ein solches Symbol kann ursprünglich für einen der sechs in den vorhergehenden Kapiteln beschriebenen Fäden stehen. Es wird letztlich dazu benutzt, in dieser oder jener Weise einige oder auch alle dieser Fäden miteinander zu verbinden. Als Element, das in der Plane des Großgruppenzeltes enthalten ist, entwickelt es jedoch sein eigenes „Leben" und Autonomie. Um dies zu veranschaulichen, wollen wir nochmals auf die Geschichte von der Schlacht von Kosovo zurückkommen. Wie wir uns erinnern, wurde der Serbenführer Prinz Lazar bei dieser Schlacht hingerichtet. Nach seinem Tod wurde er dann heiliggesprochen, und seine sterblichen Überreste wurden über sechs Jahrhunderte lang in einem mumifizierten Zustand gehalten. Und nach seinem Tod wurde Lazars Bild über Jahrhunderte hinweg als ein Symbol der serbischen Identität genutzt, das in Volksliedern, Ikonen, Gemälden, Skulpturen und anderen Kunstformen in Erscheinung trat, die kulturell von allen geteilt wurden. Bei näherer Betrachtung wird deutlich, daß dieses Symbol die anderen Fäden in der Plane des ethnischen Zeltes der Serben miteinander verbindet. Es wurde nicht nur ein gemeinhin geteiltes passendes Reservoir, um die externalisierten nicht integrierten „guten" Bilder und projizierten idealisierten Gedanken der serbischen Kinder aufzunehmen, sondern erinnerte auch an das gewählte Trauma der Serben. In ein Symbol eines gewählten Ruhmesblattes umgewandelt wurde es, nachdem die Serben dann im neunzehnten und zwanzigsten Jahrhundert in Kämpfen erfolgreich gewesen waren. Als die Serben in den Balkankriegen 1912-1913 die Provinz Kosovo zurückeroberten, war das gemeinhin geteilte Gefühl, daß man diesen Ruhm im Namen von Lazar errungen hatte. Lazar wurde als „toter" Führer genutzt, um seine Anhänger zu beeinflussen. Die Bedeutung seines Sinnbildes wandelte sich also: Während es bis zum neunzehnten Jahrhundert den Status des Opfers repräsentierte, war er in den Balkankriegen ein gefallener Führer, dessen Tod durch die Zurückeroberung Kosovos gerächt werden würde, und schürte in den 1990er Jahren schließlich die Rachegefühle der Serben gegenüber den muslimischen Slawen in Bosnien-Herzegowina.

In der Zeit der kommunistischen Vorherrschaft im ehemaligen Jugoslawien war das Bild von Prinz Lazar demgegenüber offiziell als ein „Symbol des reaktionären Nationalismus" herabgewürdigt worden (Kaplan, 1993, S. 68). Der Grund hierfür war, daß der Kommunismus als Ideologie bestrebt war, alle Serben, Kroaten, Bosnier, Muslime und anderen im ehemaligen Jugoslawien zu Brüdern und Schwestern zu machen. Wobei die Großgruppenidentitäten der

Serben, Kroaten, Muslime und anderen im verborgenen jedoch getrennt voneinander blieben. Da sie von ihrem Ursprung her alle Slawen waren, gewannen die kleinen Unterschiede zwischen ihnen eine größere Bedeutung. Während der Herrschaft Titos wurde eine Rotweinmarke mit dem Namen „Prinz Lazar" ausgezeichnet (eine andere wurde nach Lazars Frau, „Prinzessin Milica", benannt). Wir können uns gut vorstellen, daß die Serben, wenn sie diesen Wein im kommunistischen Jugoslawien tranken, sich unbewußt weiterhin mit dem Sinnbild Lazars als einem Nationalhelden identifizierten. Das Bild Lazars hat für die Serben als Symbol ein eigenes „Leben" entwickelt, das in die Plane des serbischen Zeltes gewoben wurde und die anderen Fäden miteinander verbindet.

Im Falle von Lazars Bild ist leicht zu verstehen, warum es für die serbische Identität steht; das Symbol und was es repräsentiert, sind im serbischen Bewußtsein eins. Das gleiche gilt für das armenische Alphabet, das als Symbol genutzt wurde, als die Armenier mit dem Zusammenbruch der Sowjetunion anfingen, eine „neue" Identität zu suchen. Ohne die UdSSR, die sie schützen konnte, fühlten die Armenier sich nun von ihren muslimischen Nachbarn bedroht, mit denen sie viele Jahrhunderte gekämpft hatten. Das armenische Alphabet, das im vierten Jahrhundert entstanden sein soll, war ein Symbol, das genommen wurde, um den Armeniern zu helfen, sich selbst zu definieren, ihre Gruppenidentität zu erneuern und ihr Selbstvertrauen zu stärken. Armenische Schulkinder „demonstrierten in den Straßen von Jerewan und sangen dabei das Alphabet, als ob es das revolutionärste Lied sei" (Ishkhanian, 1991, S. 35).

Bei anderen Symbolen, die von nationalen, ethnischen oder religiösen Gruppen genutzt werden, sind angesichts der unbewußten Prozesse und der langen Zeiträume, die bei ihrer Entwicklung im Spiel sind, ihre Bedeutung und ihr Ursprung hingegen nicht immer so klar. Manche Symbole, die wir im alltäglichen Leben benutzen, wie etwa das rote Achteck, das „Stopp" symbolisiert, beruhen auf einer allgemeinen Übereinkunft. In der Psychoanalyse hat das Konzept des Symbols jedoch eine engere Bedeutung und konzentiert sich darauf, wie das Symbol aus dem Unbewußten entsteht. Freud verstand Symbole in seiner *Traumdeutung* (1900) und vielen seiner anderen nachfolgenden Schriften als ein Mittel, durch die Verdrängung von inakzeptablen Wünschen und Vorstellungen, Ängste zu reduzieren. Dem einzelnen ist ein Symbol als solches bewuß; was es symbolisiert, ist ihm jedoch nicht bewußt. Wenn zum Beispiel jemand von einer Schlange träumt, sieht er ein tatsächliches Bild von einer Schlange, aber der Penis, den die Schlange möglicherweise repräsentiert, wird nicht bewußt wahrgenommen.

Freud glaubte anfänglich, daß Symbole, die Körperteile, Körperfunktionen, Geburt, Tod, Sexualität und intime Objektbeziehungen mit Eltern oder Geschwistern aus der Kindheit repräsentieren, universal und in einer Art von phylogenetischem Gedächtnis enthalten sind. Solche Überzeugungen „wurden inzwischen jedoch weitestgehend durch die Annahme ersetzt, daß das kulturübergreifende Wiederauftreten solcher Symbole etwas mit der Ähnlichkeit der menschlichen Erfahrungen und Interessen von frühester Kindheit an und den kognitiven Prozessen zu tun hat, die bei der Symbolbildung im Spiel sind" (Moore und Fine, 1990, S. 192).

In Zusammenhang mit der Großgruppenidentität stehen hingegen jene Symbole im Mittelpunkt, die *nicht* kulturübergreifend sind, sondern in einer bestimmten Hinsicht nur von einer Großgruppe hochgehalten und geschätzt werden. Sofern das gleiche Symbol zu vielen Großgruppen gehört, so werden kleinere oder größere Unterschiede damit verbunden, die es für jede Gruppe zu etwas Spezifischem machen. Zum Beispiel tauchen in zahlreichen Nationalflaggen ein Stern oder Sterne als Symbole auf, wobei der Davidsstern jedoch einzig für das Judentum steht. Der Davidsstern besteht aus zwei ineinandergeschobenen Dreiecken, die einen sechszackigen Stern ergeben. Er wurde quer durch die Kulturen traditionell als Darstellung eines weiblichen und männlichen Körpers gedeutet, die miteinander verbunden sind. Bei den Juden wurde dieses Symbol jedoch mit dem biblischen König Salomo, dem Sohn von David und Bathseba, assoziiert. Es heißt, Salomo habe damit Dämonen ausgetrieben und Engel herbeigerufen; vielfach wurde das Symbol jedoch als der aus vier Buchstaben bestehende Gottesname JHVH (Jahwe-Gott) wahrgenommen (Biedermann, 1989, S. 188). Aufgrund der Assoziation mit Salomo waren die zwei übereinanderlappenden Dreiecke bei den Juden auch *als Sigillum Salomonis* (Salomos Siegel) oder *Scutum Davidis* (Davids Schild) bekannt. Heute wird gewöhnlich von dem Davidsstern gesprochen. Im Falle des Davidssterns ist die Verbindung mit dem Judentum offensichtlich, wohingegen wir bei der Untersuchung von anderen Großgruppensymbolen jedoch keine historischen Bezüge finden können, die das Vorhandensein solcher Symbole erklären würden. Hier haben wir es vielmehr mit unbewußten oder vergessenen, aber in der Großgruppe geteilten psychologischen Prozessen zu tun, durch die das Symbol mit einer bestimmten nationalen, ethnischen oder religiösen Identität verknüpft wird. Um dieses zu erforschen, müssen wir zunächst die neueren psychoanalytischen Ideen zur Symbolbildung untersuchen.

Übergangsobjekte und -phänomene

Ein Kleinkind zeigt bereits ab Mitte bis gegen Ende des zweiten Lebensjahres symbolische Fähigkeiten (Piaget, 1962, dt. 1983; Bell, 1970; Greenspan, 1989).

Die auch als *Protosymbole* (Werner und Kaplan, 1963) bekannten Vorläufer von Symbolen sind bereits bei den Übergangsobjekten ersichtlich (Winnicott, 1953, dt. 1976), die von noch kleineren Kindern benutzt werden. Übergangsobjekte tauchen bei den ersten Versuchen des einzelnen zur Entwicklung von Objektbeziehungen auf und sind eine Manifestation der menschlichen psychobiologischen Bindungs- und Vermeidungspotentiale (Bowlby, 1969, dt. 1975; Pinderhuges, 1979, 1982). Im Unterschied zur Definition von Symbolen in der klassischen Psychoanalyse beziehen Übergangsobjekte sich nicht auf Konflikt- und Abwehrmechanismen, die mit Konflikten wie der Verdrängung assoziiert werden. In der Zeit, in der ein Kind ein Übergangsobjekt schafft, hat es noch keine feste persönliche Identität. Nichtsdestotrotz ist die Schaffung eines Übergangsobjektes ein Teil des Fundamentes, auf dem die Kernidentität aufgebaut wird.

Bei den zur frühen Kindheit gehörenden Übergangsobjekten handelt es sich oft um Dinge wie Teddybären oder Kuschel- bzw. Sicherheit und Geborgenheit gebende Decken – irgend etwas, was das Kind aufgrund der Art und Weise wählt, wie es sich anfühlt, wie es aussieht oder riecht, und das Kind es berühren oder mit sich herumtragen kann. Mitunter kann man auch die Verwendung von Übergangsphänomenen erkennen: Plappermuster oder Muster von irgendwelchen Ausdrücken oder Tönen, an die das Kind sich scheinbar hält, wie es sich an ein Übergangsobjekt hält. In jedem Fall behandelt das Kind dieses Übergangsobjekt oder -phänomen als etwas, das ihm wichtiger als seine Mutter ist; ohne dieses Übergangsobjekt oder -phänomen kann es vielleicht nicht einschlafen. Winnicott (1953, dt. 1976), der die Bedeutung solcher Manifestationen erforschte, stellte fest, daß sie im Alter von vier, sechs, acht und zwölf Monaten auftauchen, wobei in bezug auf das Alter ein großer Spielraum bleibt, und daß sie sowohl bei Jungen als auch bei Mädchen üblich sind. Er erklärte:

> Ich hoffe, ich habe klargemacht, daß ich nicht präzise vom Teddybären des kleinen Kindes spreche, und auch nicht vom ersten Gebrauch, den der Säugling von seiner Faust (seinem Daumen, seinen Fingern) macht. Ich untersuche auch nicht das erste Objekt der Objektbeziehungen. Es geht mir um den ersten Besitz und um den Zwischenbereich zwischen dem Subjektiven und dem, was objektiv wahrgenommen wird (Winnicott, 1953, dt. 1976, S. 295).

Während Winnicott die Finger und Teddybären des Säuglings als erste Objekte der Objektbeziehungen zusammenwirft, unterteilt Gaddini (1978) die, wie sie sie nennt, *Vorläuferobjekte* in zwei Gruppen. Ihr zufolge sind Dinge wie die Zunge, Haare, Finger und Schnuller, Beißring oder die Flasche des Säuglings, die das Baby in den Mund nimmt, die frühesten Vorläuferobjekte. Sie unterscheiden sich von anderen Vorläuferobjekten, die sich später entwickeln und bei denen es mehr um allgemeinen Hautkontakt und taktile Wahrnehmungen geht, wie etwa bei einem Teddybär. Ihr zufolge wird die zweite Art der Vorläuferobjekte zu Übergangsobjekten.

Winnicott schrieb, daß die Hauptfunktion des Übergangsobjektes (oder -phänomens) darin besteht, daß es dem Kind hilft, als Reaktion auf die Dienste einer „ausreichend guten" Mutter die Illusion von einer äußeren Realität zu entwickeln, die seiner schöpferischen Fähigkeit entspricht. Das Kind muß nicht zwischen der äußeren und inneren Realität des geliebten Objektes unterscheiden, das für seine täglichen Erfahrungen so wichtig ist, und die Fähigkeit, frei und unbelastet durch diese mangelnde Differenzierung zu sein, wird im späteren Leben in der schöpferischen Imagination beibehalten, die im allgemeinen in der Religion, Kunst, wissenschaftlichen Forschung und einem phantasievollen Leben zum Tragen kommt.

Da in diesem Buch die Identität im Mittelpunkt steht, egal, ob es um die eines Individuums oder einer Gruppe geht, möchte ich jetzt auf die Verbindung zwischen dem Übergangsobjekt (oder -phänomen) und dem Vorläufer der Identität eingehen. Greenacre (1969) stellte fest, daß ein Übergangsobjekt „ein temporäres Konstrukt ist, das dem Kleinkind in den frühen Phasen der Entwicklung eines Realitätssinnes und der Etablierung seiner individuellen Identität hilft" (S. 334). In ihren Augen stellt ein Übergangsobjekt in einer Zeit, in der die Fähigkeit des Kindes, die Realität zu prüfen, noch unsicher ist, ein Polster gegen Frustrationen dar. Es ist insbesondere nützlich, da es dem Kind beim Einschlafen hilft, denn es überbrückt die Erfahrung, sich eng an den Körper der Mutter anzuschmiegen, und die Schwierigkeit, ohne sie und getrennt von ihr zurechtkommen zu müssen.

In Zusammenhang mit seiner Rolle zu Beginn der Identität und der Bildung von Objektbeziehungen habe ich (Volkan, 1976, dt. 1978, S. 158) die Auffassung vertreten, daß das Übergangsobjekt oder -phänomen wie eine Lampe ist, die eine lichtundurchlässige und eine lichtdurchlässige Seite hat. Wenn die lichtundurchlässige Seite der Außenwelt zugekehrt ist, ist die Außenwelt ausgelöscht, sie bleibt im Dunkeln; die andere Seite dagegen erleuchtet sie, so daß sie erkannt werden kann. Ein Übergangsobjekt (oder -phänomen) beschützt und steuert das unausgebildete und primitive Selbstgefühl bei seiner Interaktion mit der Umwelt – das Kind benutzt es, um in Kontakt oder getrennt von der äußeren Welt zu sein. Als psychologisches Konstrukt ersetzt das Übergangsobjekt – oder hilft zumindest – die früheren psychophysiologischen Schutzmechanismen wie etwa Freuds (1920, S. 26f) *Reizschutz*, der das Kind in einer Weise vor einer übermäßigen Stimulation schützt, von der wir inzwischen wissen, daß das Kind sie mehr unter Kontrolle hat, als wir angenommen hatten (Stern, 1985, dt. 1992; Emde, 1991). Das Übergangsobjekt ist zwar das erste „Nicht-Ich", aber es ist nie ganz Nicht-Ich, da es das Nicht-Ich-Bild mit dem Mutter-Ich-Bild verbindet (Greenacre, 1969). Indem das Kind es benutzt und schöpferisch aktiv ist, versucht es, die Spannung zu regulieren, die aus Problemen mit der äußeren Umwelt und der Unreife oder Nichtverfügbarkeit der Ich-Funktionen entstehen, und es kann sein primitives und undifferenziertes Selbstgefühl schützen.

Wir können uns vorstellen, daß die von dem Kind gewählten Übergangsobjekte, die zur illusorischen Verbindung zwischen dem Mutter-Ich- oder Beginnenden-Ich- und Nicht-Ich-Bild werden, von einem extrem primitiven Symbolismus kontaminiert sind (Greenacre, 1969; Volkan und Kavanaugh, 1978). Solche Objekte werden von Werner und Kaplan (1963) als Protosymbole und, wie bereits erwähnt, von Gaddini (1978) als Vorläuferobjekte bezeichnet. Werner und Kaplan schreiben, daß es „von einem entwicklungsspezifischen Standpunkt aus eine frühe Phase gibt, in der die Unterscheidung oder der Unterschied zwischen Symbol und Bezugsobjekt noch nicht klar etabliert worden ist; es gibt, mit anderen Worten, Phänomene, die weder per se Objekte noch per se Symbole sind, sondern von beidem etwas haben" (S. 76).

Als Protosymbole verwischen Übergangsobjekte die Beziehung zwischen Bedeutendem (Bedeutungsträger (engl. signifier)) und Bedeutetem (engl. signified), wovon wirkliche Symbole abhängen. Dieses Verwischen des Bezugs erfüllt einen wichtigen entwicklungsspezifischen Zweck. In der Erfahrung des Kindes wird das Übergangsobjekt in einem praktischen Sinne zu einer wirklichen Verbindung zwischen Mutter-Ich und Nicht-Ich. So wie das Kind sich dann geistig entwickelt, werden Protosymbole in Symbole übertragen. Protosymbole und Symbole sollten auf einem Kontinuum angesiedelt werden; Protosymbole können zu Symbolen aufsteigen, und manchmal können Symbole auch wieder „absteigen" und die Funktion von Protosymbolen übernehmen (Werner und Kaplan, 1968; Grolnick und Lengyel, 1978).

Mitunter sind auch maladaptive Entwicklungen bei der kindlichen Verwendung von Übergangsobjekten zu erkennen. Solche pathologischen Entwicklungen können wir zum Beispiel bei der Drogenabhängigkeit eines Erwachsenen oder der Sucht zu stehlen feststellen. Das Übergangsobjekt als einen befriedigenden Ersatz für die Verbindung zwischen der Mutter und dem mit seiner Mutter verschmolzenen Gefühl des Kindes sehen zu können, setzt im wesentlichen die gleiche willentliche Aufhebung von Zweifeln voraus, wie sie bei einer drogeninduzierten Illusion von Omnipotenz im Spiel ist (Kevin Volkan, 1995). Diese Art von magischem Denken schürt den Drang des Abhängigen, Heroin mit der Macht des Übergangsobjektes auszustatten, oder sie entfacht das Verlangen des Kleptomanen, Objekte aus der Umwelt an sich zu nehmen – als ob er dadurch, daß er sie „hat", seine Illusion von der Kontrolle über seine Verbindung zu seinem Mutter/Ich-Bild wiederauferstehen lassen könnte.

In der klinischen Praxis begegnen wir Patienten, die in der späten Kindheit oder Adoleszenz noch immer an einem Kleidungsstück hängen und ihre kostbaren Objekte immer und überall, wo sie auch hingehen, mit sich herumtragen. Bei solchen Personen stellen wir fest, daß die „normale Phase relativer struktureller Insuffizienz" (Tolpin, 1972, S. 333) noch nicht überwunden wurde. Und wir sehen auch regredierte Erwachsene, die im Erwachsenenalter wieder neue Übergangsobjekte aktivieren (Volkan, 1976, dt. 1978; 1987). Bei einer näheren Betrachtung der leblosen Objekte (oder Phänomene), die nach den ersten Lebensjahren weiterhin als Übergangsobjekte (oder Übergangsphänomene) verwendet oder im Erwachsenenalter reaktiviert werden, zeigt sich jedoch, daß sie in der Regel mit Symbolismen belastet sind, die auf verschiedene entwicklungsspezifische Konflikte zurückgehen. So kann das Objekt jetzt zum Beispiel auch für einen Penis stehen, so daß mit den Konflikten der Person, die mit ihren Kastrationsängsten zusammenhängen, defensiv umgegangen wird, indem etwa Bedeutetes und Bedeutendes (Bedeutungsträger) voneinander getrennt werden und die symbolisierte Idee verdrängt wird. Aus psychoanalytischer Sicht ist das Objekt jetzt auch ein Symbol, wie es in Freuds Schriften beschrieben wurde. Je mehr das Objekt ein Symbol ist, desto weniger hat es etwas von einer Übergangsfunktion. Sofern es zum Beispiel ganz einen Penis repräsentiert, sprechen wir nicht mehr von einem Übergangsobjekt, sondern von einem Fetisch.

Winnicott (1953, dt. 1976) zufolge unterliegt die Erinnerung des Kindes an sein Übergangsobjekt nicht der aktiven Verdrängung. Tolpin (1972) veränderte Winnicotts Konzept über das Schicksal des Übergangsobjektes etwas und vertrat die Meinung, daß bestimmte Aspekte des Übergangsobjektes als mentale Struktur „nach innen gehen." Sie gelangte zu der Feststellung, daß das hochgeschätzte Objekt, gerade weil seine beruhigenden Funktionen als mentale Strukturen „nach innen gehen", nicht vermißt, betrauert noch verdrängt oder vergessen wird; es wird einfach nicht länger gebraucht. Nichtsdestotrotz verblaßt das Übergangsobjekt bei normaler Entwicklung im allgemeinen und verliert sich im „kulturellen Bereich", der ein Interesse an Kinderreimen, Märchen, Musik und Kleidermoden mit einschließt (Winnicott, 1953, dt. 1976). Wobei ich hinzufügen möchte, daß zum „kulturellen Bereich" auch gemeinhin geteilte kulturelle Verstärker gehören, die zu passenden Reservoiren der „Wir-heit" werden (dem ersten Faden, der Teil der Plane des Großgruppenzeltes ist). Einige dieser kulturellen Verstärker werden zu Symbolen, die bei der

Darstellung der Großgruppenidentität schließlich autonom werden; das Symbol ist dann bewußt, seine Rolle, wonach es für den Zusammenhalt in der Gruppe sorgt, ist jedoch weitestgehend unbewußt.

Ein Vergleich zwischen Übergangsobjekten und passenden Reservoiren der externalisierten Bilder

Die Mutter und andere Personen, die das Kind versorgen, tragen nicht dazu bei, daß das Kind ein Übergangsobjekt wählt oder daran festhält, es zu verwenden. Es ist vielmehr das Kind, das sein Übergangsobjekt wählt und seine eigene illusionäre Magie dazu entwickelt, von der noch im Erwachsenenleben Relikte zu sehen sind, beispielsweise bei Dingen wie den magischen Aspekten von religiösen Praktiken. Die magischen leblose Objekte (und Phänomene), die sich als stabile Reservoire für die nicht integrierten externalisierten Selbst- und Objektbilder eignen, präsentieren sich von selbst, wenn das Kind sich geistig weiterentwickelt und schon ein differenziertes und erheblich verbessertes Selbstgefühl hat. Die Mutter und andere Personen, die das Kind versorgen, spielen jedoch entscheidende Rollen, indem sie das Kind anleiten, manche Dinge als „gut" und andere als „böse" wahrzunehmen, wenn es das Bild von seiner Mutter von den Bildern von „Anderen" und die menschlichen Bilder von den nicht-menschlichen trennt. Es gibt zudem auch Bereiche, in denen das, was „gut" ist und was „böse" ist, durch die Ethnizität, Nationalität oder Religion der Erwachsenen bestimmt wird. Das Kind ist bei diesem Austausch zwar auch aktiv, aber der Einfluß der Mutter oder der Person, die das Kind versorgt, geht über die Erfahrung des Kindes mit Dingen und Menschen und die Phantasien hinaus, die es dazu hat. Dem Kind werden leblose Objekte so präsentiert, als hätten sie magische Qualitäten – die Hühnersuppe beispielsweise oder andere ethnisch spezifische Allheilmittel, die einem kranken Kind verabreicht werden. Passende Reservoire der externalisierten Bilder sind also – was die spätere Verwendung als kulturelle, ethnische und nationale Symbole angeht – empfänglicher für den Einfluß der Mutter oder der Person, die das Kind versorgt, als Übergangsobjekte es sind.

Passende Reservoire der externalisierten Bilder wie Übergangsobjekte können als Protosymbole beginnen, die sich dann zu wirklichen Symbolen entwickeln. Die ethnisch spezifische Hühnersuppe *ist* das „Gute" der Mutter; sie existiert als ein physisches Detail in der Realität, das jedoch mit den „guten" Aspekten der Mutter und dem entsprechenden „guten" Aspekt des Kindes verschmolzen wird, das dadurch, daß es sie durch den Mund aufnimmt, beruhigt wird. Die nicht integrierten „guten" Selbst- und Objektbilder des Kindes werden in dem ethnisch spezifischen Nahrungsmittel „angesiedelt." Eine verfeinertere Vorstellung davon, daß diese besondere Art der Speise ein Symbol einer bestimmten ethnischen Gruppe oder Nation ist, bekommt das Kind erst zu einem wesentlich späteren Zeitpunkt.

Die Übergangsobjekte sind das Fundament religiöser oder magischer Überzeugungen. Die Magie in der Religion wird mit der Magie von Übergangsobjekten verknüpft, während die konkrete Art oder Struktur einer gewählten Religion mit den mehr kulturbedingten passenden Reservoiren der externalisierten Bilder verknüpft ist, die in der späteren Entwicklung in Erscheinung treten und relevant werden. Wenn ein religiöser (oder kultureller) Verstärker für die Externalisation der nicht integrierten und „guten" Selbst- oder Objektbilder gewählt wird, kann dieses Objekt zunächst als ein Protosymbol wahrgenommen werden. Das christliche Kreuz steht für eine Verbindung zwischen dem Kind, seiner Mutter und seinem Menschenschlag, ehe das Kind begreift, daß es als Symbol für die Kreuzigung von Jesus Christus steht.

Ein Punkt ist, daß ein Übergangsobjekt das undifferenzierte Selbst zwar schützen und steuern kann, dieses Übergangsobjekt jedoch allein zu einem Kind gehört und nicht mit anderen geteilt wird. Jedes Kind hat nicht nur seinen eigenen Teddybär oder anderen Schatz, er ist auch seine einmalige Wahl. Wenn es ihn verliert, lehnt es in der Regel jeden Ersatz ab, wie ähnlich er dem ursprünglichen Objekt auch sein mag, da es spürt, daß ihm die von ihm selbst geschaffene Magie fehlt, die das Mutter-Ich, das Beginnende-Ich und das Nicht-Ich miteinander verbindet. Demgegenüber sind passende Reservoire der externalisierten Bilder Produkte einer späteren Lebensphase, die im übrigen im Unterschied zu den Übergangsobjekten von allen Kindern einer bestimmten Gruppe miteinander geteilt werden. Durch die ihnen beigemessenen psychologischen Bedeutungen werden sie in einer Art von Netzwerk zusammengefaßt, aus dem sich die Gruppenbeziehungen entwickeln. Bei manchen passenden Reservoiren der externalisierten Bilder gibt es eine nachweisbare kulturelle und gesellschaftliche Geschichte, wie etwa bei der bildlichen Repräsentanz eines Nationalhelden. Demgegenüber ist eine solche Geschichte bei anderen passenden Reservoiren der externalisierten Bilder möglicherweise nicht so genau definiert. So kann zum Beispiel eine bestimmte ethnisch spezifische Speise, die zu einem passenden Reservoir der externalisierten Bilder wird und die von Generation zu Generation weitergegeben wird, auf das ackerbauliche Erbe der Gruppe zurückgehen und vor vielen Jahrhunderten aufgekommen sein. Es ist somit schwierig, direkte Verbindungen zwischen der Gruppenidentität und einem bestimmten symbolischen Nahrungsmittel zu finden, das damit verknüpft ist.

Symbolisierung auf einer höheren Ebene

Eine weitergehende Symbolbildung geht nach dem Verständnis der klassischen Psychoanalyse mit der Weiterentwicklung des Kindes einher. Symbole, die sich ursprünglich auf Körperteile, Körperfunktionen, Geburt, Tod, Sexualität und intime Objektbeziehungen beziehen, werden als solche oder in Verbindung mit passenden Reservoiren der externalisierten Bilder mit der Großgruppenidentität verknüpft. Solche Symbole fördern die Großgruppenidentität, während sie zugleich auch für die gemeinhin geteilten Körperteile, Körperfunktionen und frühen Objektbeziehungen stehen, die Macht, Männlichkeit, Weiblichkeit und eine immerwährende narzißtische Versorgung oder Abwehr reflektieren. Viele Großgruppenembleme sind mit Löwen, Schwertern, Blumen, Händen, die geschüttelt werden, oder erhobenen Fäusten bebildert. Darüber hinaus sind auch frühe religiöse Gefühle und Einstellungen zum Himmel in Emblemen und auf Flaggen zu finden, auf denen Sterne oder der Mond zu sehen sind, die außerdem auch für Weiblichkeit oder Männlichkeit stehen können.

Freuds (1905) Untersuchung der kindlichen Sexualität zeigt, daß sich ihre Phasen um orale, anale und später phallische Zonen drehen und um diese Zonen herum organisiert sind. Orale und phallische Bilder werden oft zu Symbolen der Stärke kombiniert – wie etwa bei einem brüllenden Löwen – und bezeichnenderweise mit der eigenen Großgruppenidentität verbunden. Die Gruppe kann den Feind als jemanden wahrnehmen, der mit analen Produkten assoziiert wird (Kubie, 1965; Volkan, 1988). Der Feind ist dunkler, faul und stinkt. Aber nicht alle Symbole, die mit dem Feind verbunden werden, sind analer Natur. Schließlich hat der „Andere" schon immer sein eigenes Symbol gehabt, das nicht analer Natur ist. In diesem Fall wird das eigene Symbol des Feindes, wenn es von der gegnerischen Gruppe verwendet wird, zu etwas Gefährlichem gemacht. Während des Kalten Krieges wurden die Russen für die US-Amerikaner zum Beispiel durch einen Bären repräsentiert, der nicht mit einem sanften Mutter- oder einem starken Vaterbild assoziiert, sondern als ein malignes und gefährliches, kastrierendes Vaterbild empfunden wurde. Und umgekehrt war in jener Zeit fast jede Ausgabe der sowjetischen Satirezeitschrift *Krokodil* voll von Zeichnungen von dem US-amerikanischen Adler, der eine Mischung von einer verschlingenden und gierigen Oralität und einer eindringenden und exhibitionistischen phallischen Aktivität repräsentierte.

Zusammenfassung: Bei der Schöpfung von Großgruppensymbolen werden drei Faktoren miteinander kombiniert: 1. die Übergangsobjekte oder -phänomene der Kinder der Gruppe, die mit dem „kulturellen Bereich" verschmelzen; 2. die geteilten Reservoire der externalisierten Bilder; und 3. die geteilten Projektionen von Körperteilen, -funktionen und frühen engen Objektbeziehungen.

Blut

Unter den Körperteilen oder körperlichen Bestandteilen, die die Großgruppenidentität symbolisieren, nimmt Blut eine besondere Stellung ein. Chasseguet-Smirgel (1996) stellte fest, daß Großgruppen oft die Einmaligkeit des Blutes der eigenen Gruppe herausstellen. Und wenn dem so ist, besteht auch die Angst, das Blut der Gruppe mit dem Blut des „Anderen" zu vermischen. Nach dem Erdbeben 1988 in Armenien gab es einen hohen Bedarf an Blutspenden, um den Verletzten zu helfen, worauf sowjetische Behörden Blutspenden sammelten. Die Armenier weigerten sich jedoch, Blutspenden von ihren Feinden, den Aserbaidschanern, anzunehmen. Hinter dieser Weigerung steckte, wie ich glaube, unbewußt das Bedürfnis, die Reinheit des armenischen Blutes zu schützen.

Als Estland 1991 zusammen mit zwei weiteren baltischen Republiken, Litauen und Lettland, seine Unabhängigkeit erklärte, sahen sich die Esten mit vielen praktischen Problemen konfrontiert. Wozu auch die Tatsache gehörte, daß jeder dritte Einwohner ein Volksrusse war, egal, ob die Russen nun zu denen gehörten, die schon seit Generationen in Estland gelebt hatten oder erst in jüngerer Zeit dorthin gekommen waren. Manche Russen wurden automatisch estnische Staatsbürger, aber die Frage, was man mit dem Rest der Russen, insbesondere jenen machen sollte, die als ehemalige sowjetische Besatzer wahrgenommen wurden, wurde zu einem großen Problem. Trotz der Freude über ihre wiedergewonnene Unabhängigkeit zeigte sich bei den Esten auch die Angst, ihr Blut mit russischem Blut zu vermischen (Volkan, 1997). Ihre Furcht vor „gemischtem Blut" hinderte sie – mit realistischen politischen Überlegungen –, schnelle anpassungsfähige Schritte zur Lösung der Fragen der Staatsbürgerschaft und Integration zu finden.

Chasseguet-Smirgel (1996) beschäftigte sich mit den Vorläufern des Nazismus in Deutschland und stellte fest, daß das Thema des Blutes bereits in den Werken von Friedrich Nietzsche, Stefan George, Richard Wagner, Max Scheler und anderen auftaucht. Die Juden mußten eliminiert werden, damit das deutsche Blut rein blieb. Chasseguet-Smirgel zufolge wird Blut nur sehr selten wirklich symbolisiert. Für Blut können wir keine unbewußten Äquivalente finden – wir entdecken allenfalls allegorische Darstellungen (Wein), aber keine wirklichen Symbole im psychoanalytischen Sinne. Wenn wir Substitute für den Körper oder für die Körperteile der „Anderen" finden, so schützt dies die „Anderen" weitestgehend vor unserem direkten Angriff. Wenn wir demgegenüber unsere Identität und insbesondere die Identität des Feindes jedoch mit Blut assoziieren, das nicht wirklich symbolisiert werden kann, können wir unseren direkten Angriff nicht auf die Substitute für die „Anderen" übertragen, so daß wir den Drang verspüren, sie zu vernichten.

Ich stimme mit Chasseguet-Smirgel (1996) überein, daß Blut nicht wirklich symbolisiert werden kann, füge jedoch hinzu, daß es als Protosymbol mit dem Konzept der Identität verflochten sein kann. Durch blutende Wunden, die sie sich bei Verletzungen zuziehen, wird Kindern bewußt, daß etwas Lebendiges unter ihrer Haut ist. In dem Zuge, wie sie ihre Kernidentität entwickeln und psychologische Grenzen und eine innere Einmaligkeit erkennen, wird ihr Selbstgefühl, das auch lebendig in ihnen ist, mit dem Blut verknüpft. Blut und Identität werden miteinander verbunden, und das Blut wird zum Protosymbol. Dies können wir mitunter sehr klar bei regredierten Personen erkennen. Ich hatte zum Beispiel einmal einen jungen schizophrenen Patienten, dem man als Teenager gesagt hatte, daß er adoptiert worden war. Bald danach hatte er wahnhafte Phantasien von Personen, die seine Eltern sein könnten, und er beschäftigte sich in der Schule intensiv mit chemischen Experimenten: In der Phantasie versuchte er, seine eigene Körperchemie mit der Körperchemie seiner wirklichen Eltern zu vergleichen. Wiederholt fügte er sich leichte Schnittwunden zu, um sein Blut unter dem Mikroskop zu untersuchen, als ob er dort seine wahre Identität finden könnte. Wenn die Sorge um die Frage des Blutes/der Identität von den Mitgliedern einer Gruppe geteilt wird, so werden dadurch drastische und mitunter tödliche gesellschaftliche und politische Prozesse ausgelöst. Die für politische Analysen zuständigen Experten, die die Gefährlichkeit internationaler und ethnischer Konflikte untersuchen, wären gut beraten, darauf zu achten, wenn durch Führer, einflußreiche Persönlichkeiten und die Medien vermehrt auf die Reinheit des Blutes hingewiesen wird, da dies ein Indiz für eine gefährliche Entwicklung in einer Großgruppe ist.

12. Großgruppen-Ideologien und politische Verfahrensweisen und Richtlinien

In den vorangegangenen Kapiteln habe ich die sieben Fäden der Großgruppenidentität beschrieben. Zusätzlich zu diesen Fäden gibt es in Zusammenhang mit Großgruppen noch andere Aspekte – wie politische Ideologien, Doktrinen sowie Richtlinien und Verfahrensweisen, die Aspekte der Großgruppenidentität zum Ausdruck zu bringen oder zu repräsentieren scheinen. Ich glaube nicht, daß politische Ideologien oder politische Orientierungen, die von einer Gruppe geteilt werden, wirkliche Komponenten der ethnonationalen Identität sind, sie sind jedoch bisweilen mit anderen Fäden verwoben, um zumindest eine Zeitlang ein integraler Bestandteil des Selbstgefühls der Gruppe zu werden.

Die Ideologie, die mit dem sechsten Faden verknüpft ist

Wie ich Kapitel 10 ausgeführt habe, ist die dynamische und facettenreiche Interaktion zwischen einem transformierenden/charismatischen Führer und seinen Anhängern für die Großgruppe so wichtig, daß sie zum sechsten Faden in der Plane des Großgruppenzeltes wird. Atatürk *war* somit die neue Türkei; ohne ihn konnte die Türkei oder das Türkentum nicht definiert werden. Die von einem solchen Führer verfolgte Ideologie oder Doktrin kann dann eine Eigendynamik entwickeln, die auch lange nach dem Tod des Führers noch weiter Bestand hat. Die besonders verflochtene Beziehung zwischen Atatürk und dem türkischen Volk führte beispielsweise zu spezifischen intellektualisierten Prinzipien, die sich zu einer Ideologie, dem sogenannten *Kemalismus* entwickelten.

Der Kemalismus war in sechs Prinzipien unterteilt, die durch das sechszackige Symbol der politischen Partei Atatürks, der Republikanischen Volkspartei, repräsentiert wurden.

1. *Republikanismus*: Dieses Prinzip betonte die Eliminierung der Osmanischen Dynastie. Die neue Türkei sollte ein Nationalstaat mit festgelegten Grenzen und einem republikanischen System sein, bei dem die Souveränität und höchste Staatsgewalt bei der Nation lag.
2. *Nationalismus*: Der Osmanismus, ein multikulturelles, vielsprachiges und multinationales Phänomen, wurde in einen türkischen Nationalismus umgewandelt, ein begrenzteres, aber kohärenteres Phänomen. Die neue türkische Nation sollte sich auf eine klarer umrissene und homogenere Menschen-

gruppe als auf die eher lockerere Aggregation stützen, die kennzeichnend für das Osmanische Reich war. Obwohl aus ethnischer Sicht viele in der Türkei nicht türkisch waren, wie etwa die Kurden, versuchte der türkische Nationalismus alle Staatsbürger unter dem Schirm einer neuen Identität – dem Türkentum – zusammenzuschließen.

3. *Populismus*: Im Unterschied zum Osmanischen Reich sollte die Türkei auf einem System politischer Gleichheit beruhen und die Macht beim Volke liegen. Der einfache Bürger wurde als Türke definiert: „Die Menschen der Türkei sind ohne Ansehen von Religion und Rasse mit Blick auf die Staatsbürgerschaft Türken" (Artikel 88 der türkischen Verfassung).
4. *Etatismus*: Aufgrund der bei der Gründung der türkischen Republik vorherrschenden schwierigen wirtschaftlichen Situation wurde der Etatismus als ein Prinzip akzeptiert, wonach der Staat Privatunternehmen beim Aufbau und bei der Entwicklung der wirtschaftlichen Zukunft der Türkei helfen sollte.
5. *Säkularismus*: Dieses Prinzip unterschied die neue Türkei deutlich von den osmanischen Zeiten. Staat und Religion wurden getrennt, und jedem Bürger stand es frei, seine eigene Religion zu praktizieren und seinen eigenen Heilsweg zu suchen.
6. *Reformismus*: Dieses Prinzip stand für den permanenten, fortgeführten Reformprozeß, um die Nation für die Veränderung von Staat und Gesellschaft vorzubereiten und den Türken bei der Annahme eines neuen Lebensstils und einer neuen Identität zu helfen.

Es ist offensichtlich, daß der Kemalismus als Ideologie viele Sachfragen und -probleme der realen Welt widerspiegelte und daß die Prinzipien von einem sekundärprozeßhaften Denken bestimmt wurden. Nichtsdestotrotz reflektierte der Kemalismus, so wie er praktiziert wurde, auch den Einfluß von Atatürks Persönlichkeitsorganisation und seine persönliche Vision, was zum Türkentum mit dazugehören sollte. Er basierte auf der Idee von Selbstvertrauen, wobei die Abhängigkeit von anderen auf ein Minimum reduziert wurde. Das Türkentum wurde überbetont und überidealisiert, was ein Spiegel von Atatürks grandiosem Selbst war. „Von einer anderen Nation verlangte der Kemalismus nichts, außer einer friedlichen Koexistenz" (Volkan und Itzkowitz, 1984, S. 320). Atatürks Schlagworte und Redensarten wie „Ein Türke ist gleichberechtigt gegenüber der Welt", oder: „Ein Türke ist so viel wert wie die ganze Welt", oder: „Türken! Seid stolz! Arbeitet und habt Vertrauen!" fanden bei der Bevölkerung Gehör. Solche Gedanken und Vorstellungen hatte es vor Atatürk bei den Türken nicht gegeben.

Atatürks erhöhtes Selbstwertgefühl wurde im grandiosen Selbstwertgefühl der neuen Türkei widergespiegelt, die in Wirklichkeit ein verwüstetes und armes Land war. Die Egozentrik der „neuen" Gruppenidentität erfüllte in den ersten Jahrzehnten der türkischen Republik jedoch einen wichtigen Zweck: Die Bevölkerung konnte sich den drastischen Veränderungen „anpassen" und die Gruppentrauer über den Verlust ihres Imperiums und ihrer alten Identität als osmanische Türken durch eine übertriebene Betonung der Werte des neuen Türkentums hinausschieben.

Es dauerte viele Jahrzehnte, bis der „Zauber", mit dem Atatürk die Türkei belegt hatte, auch nur leicht schwand, und die Türken haben erst vor nicht allzu langer Zeit damit begonnen, Atatürks Vision von der Türkei in die früheren Traditionen zu integrieren, die unter der Oberfläche ihrer gemeinsamen Identität schlummerten. Viele der von ihm hochgehaltenen Prinzipien werden auch heute noch befolgt, wenn auch einige, wie der Etatismus, aufgrund politischer oder wirtschaftlicher Realitäten langsam aufgegeben wurden. Der Kampf, mit Atatürks anhaltendem Einfluß umzugehen, ist heute, in den neunziger Jahren, an der Spaltung zwischen denjenigen, die weiterhin seinen Idealen folgen, und jenen ablesbar, die an die traditionellen muslimischen Prinzipien glauben. Ebenso sind die terroristischen und separatistischen Aktivitäten der Partiya Karkari Kurdistan (der Kurdischen Arbeiterpartei, auch als die PKK bekannt) ein Hinweis darauf, daß einige Gruppen in der Türkei ihre Gruppenidentität in Frage stellen. Heute, in den neunziger Jahren, sind die türkischen Zeitungen voll von Fragen, die sich direkt oder indirekt mit dem von der Bevölkerung geteilten inneren Gefühl des Gleichseins beschäftigen.

Der Kemalismus war eine Ideologie, die für Atatürk und die Türkei spezifisch war und ansonsten kaum Einfluß oder Folgewirkungen hatte. Andere Führer übernehmen oder wenden bereits bestehende Ideologien an und machen sie sich zu eigen. Marx faßte den Kommunismus zum Beispiel nur in einem theoretischen Sinne ins Auge. Seine Ideen wurden unterdessen jedoch in einer konkreten Weise von zahlreichen charismatischen oder mächtigen Führern wie Lenin, Stalin und Mao umgesetzt, deren Persönlichkeiten ebenso wie die besonderen politischen Realitäten ihrer Nationen in ihrer jeweils einmaligen Anwendung der kommunistischen Ideologie widergespiegelt wurden. Wie bei Atatürk und seinen Lehren beeinflussen auch Mao und seine Lehren weiterhin das moderne China und dessen Führungsspitze.

Die Ideologie, die mit anderen Fäden verbunden ist

Ideologien oder Lehren werden auf andere Weise als durch einen bestimmten charismatischen und idolisierten Führer mit der Großgruppenidentität verwoben. Wenn eine Ideologie von der Großgruppe assimiliert und von der Masse in der Praxis umgesetzt wird, wird sie zu einer Art Faden im Zelt der Gruppe. Dazu werden Symbole geschaffen, die für alle Mitglieder der Gruppe wichtig sind, wie das Hakenkreuz bei den Nazis und Hammer und Sichel bei den Kommunisten. Damit eine Ideologie und ihre Symbole jedoch über einen spezifischen Führer oder über spezifische Bedingungen hinaus Bestand haben – um, mit anderen Worten, mehr als nur eine schnell verblaßende Farbe auf der Plane eines Großgruppenzeltes zu werden –, müssen sie in einen Faden hineingewoben werden, der die Gruppenidentität definiert. Eine Ideologie ist nur dann ein dauerhafter Faden des Gewebes der Großgruppenidentität, wenn sie den Führer überlebt, und wenn eine Gruppe in einer belastungs- und spannungsintensiven Zeit wieder zu ihr zurückkehrt (so wie sie sich gewählten Traumata oder Ruhmesblättern zuwendet), um ihre Identität zu „kitten."

Manche politischen Ideologien werden auch modifiziert oder aufgegeben, ohne daß damit das von den Mitgliedern der Großgruppe geteilte grundlegende Gefühl des Gleichseins zerstört wird. Die Tschechen verstehen sich zum Beispiel weiterhin als Tschechen, auch wenn sie inzwischen in einem Land leben, das nunmehr demokratisch und nicht mehr kommunistisch ist. Demgegenüber wird das Identitätsgefühl eines Franzosen weiter eng mit den ideologischen Aspekten der Französischen Revolution (einem gewählten Ruhmesblatt) verbunden sein, die das französische Volk gegen den „Feind" vereinte; bei politischen Protesten werden weiterhin, wie vor über zweihundert Jahren, „die Barrikaden gestürmt."

Identität und Ideologie werden also durch gewählte Ruhmesblätter und gewählte Traumata miteinander verbunden, und manche gewählten Traumata können eine so starke Kraft auf die Gruppe ausüben, daß sie „institutionalisiert" werden. Mack (1990) schreibt:

> Die internationalen Beziehungen werden vom Manövrieren und Taktieren nationaler Gruppen beherrscht, deren Mitglieder, die sich als Opfer oder potentielle Opfer sehen, darauf bedacht sind zu vermeiden, es nochmals zu werden, und oft durch gewalttätige Aktionen, die einen neuen Teufelskreis von Rache und Opfer-Werden erzeugen. Nordirland und der Nahe Osten sind beispielsweise Regionen, in denen sich dieser Teufelskreis auf immer zu wiederholen scheint (S. 124).

Wenn eine Gruppe das Gefühl hat, daß sie zum Opfer gemacht wurde und weiterhin Opfer ist, versucht sie oft, sich an einer feindlichen Gruppe zu rächen. Führer nutzen vergangene Traumata, um die Gruppe gegen einen passenden Feind zu vereinen, sei dieser nun real oder fiktiv. Und so wie dann neue Traumata den alten hinzugefügt werden, entsteht daraus mitunter ein permanenter Teufelskreis aus Blutrache, Gewalt und Vergeltung. Die gewählten Traumata der Gruppe sind die Motivation für eine aufrechterhaltene Politik oder Ideologie.

Anspruchsideologie und Revanchismus: Manche Gruppen versuchen, mit dem Legat eines gewählten Traumas fertig zu werden und fördern oder wahren die Gruppenidentität durch eine Anspruchsideologie. In einem Großgruppensetting sollten Anspruchsfragen auf einer Skala gesehen werden, die von „normalen" bis zu exzessiven Ansprüchen reichen kann. Eine Gruppe kann angemessenerweise der Überzeugung sein, daß man ihr irgendeine Form der Entschädigung oder eine offizielle Entschuldigung für ein Unrecht schuldig ist, das von einer anderen Gruppe an ihr begangen wurde. Andere entwickeln indes eine auf einem starken Rachebedürfnis beruhende Ideologie, das alle anderen Facetten der Gruppenidentität und politischen Zielsetzungen überlagert. Die Serben unterstützen zum Beispiel Milošević, der der Überzeugung war: „Wir sind genug verletzt worden. Jetzt sollten wir Rache üben, und uns sollte gegeben werden, was andere uns schulden."

Revanchismus bezieht sich auf die im Sinne einer koordinierten politischen Ideologie und Aktivität betriebene Politik und Rachestrategie. Scruton (1982) gelangte zu der Feststellung, daß „Revanchisten einen Schmerz in sich tragen, den sie um jeden Preis richten und wiedergutmachen möchten, wobei die Welt für sie solange aus den Fugen geraten ist, bis die Vergeltung erfolgt ist" (S. 405). Wenn wir nach Beispielen von Revanchismus bei den heutigen modernen politischen Bewegungen suchen, so finden wir sie etwa in den Ideologien und den terroristischen Aktivitäten der Palästinensischen Befreiungsorganisation (PLO). Der Opferstatus, Anspruchsdenken und Revanchismus sind Ideologien geworden, die untrennbar mit den Fäden der palästinensischen Identität verbunden sind. Ein Grund, warum der palästinensisch-israelische Konflikt chronisch bleibt, ist, daß die Israelis in ihrer Gruppenkernidentität ebenso Opfer durch den Holocaust sind und das Gefühl, berechtigte Ansprüche zu haben, teilen. Bei zwei Gruppen, die in Konflikt miteinander sind und von dem Gefühl getragen werden, einen Anspruch auf dasselbe Land zu haben, sind dauerhafte Vereinbarungen über entscheidende Fragen fast unmöglich.

Megalo-Idee und Irredentismus: Die *Megalo-Idee* („Groß-Idee" im Griechischen) und Irredentismus sind politische Ideologien, die eng mit Anspruchsdenken und Revanchismus verwandt sind, sich aber gleichwohl konkret darauf beziehen, jeweils jene Länder in einem Staat zu vereinigen, von denen man der Meinung ist, daß sie zusammengehören und die als zusammengehörig empfunden werden. Der Begriff „Irredentismus" wurde erstmals 1878 in einem politischen Sinne verwendet, als eine Ideologie und Politik zur Vereinigung aller italienischsprachigen Regionen zu einem einzigen italienischen Staat entwickelt wurde. Bei dem Begriff der *Megalo-Idee* handelt es sich um eine spezifische griechische Irredentismusideologie, die danach strebt, eines Tages die Länder des Byzantinischen Reiches unter einem größeren Griechenland wiederzuvereinigen (Young, 1969; Herzfeld, 1986; Volkan und Itzkowitz, 1994). Das mit der griechischen Megalo-Idee verbundene gewählte Trauma bezieht sich auf ein einschneidendes historisches Kapitel aus dem Jahr 1453, als Konstantinopel (Istanbul) an die Osmanen fiel. Als politische Ideologie kam die Megalo-Idee erst Mitte des neunzehnten Jahrhunderts zum Ausdruck, unter der Oberfläche existierte sie jedoch bereits bei den griechischen Völkern. Nachdem sie sich entwickelt hatte, griffen die Griechen dann auf den Fall Konstantinopels als den Ursprung der Idee zurück (Young, 1969).

Markides (1977), ein auf Zypern geborener griechischer Soziologe, beschreibt die Rolle der Megalo-Idee, wie sie beim Zypern-Problem widergespiegelt wurde. Zypriotische griechische Führer wie der verstorbene Erzbischof Makarios, der für die Vereinigung der Insel mit Griechenland kämpfte, reaktivierten oder stärkten fleißig die Megalo-Idee. Markides schreibt:

> Man konnte zugeben, daß die ‚Groß-Idee' eine innere Logik hatte, die in allen Teilen der griechischen Welt, die noch unter fremder Herrschaft waren, auf eine Realisierung drängte. Da die Griechen Zyperns sich historisch und kulturell als Griechen betrachtet haben und betrachten, hatte und hat die ‚Groß-Idee' eine starke Anziehungskraft. Als die Kirchenväter die Zyprioten [die Griechen] dann dazu aufriefen, für die Vereinigung mit Griechenland zu kämpfen, bedurfte es somit keiner allzu großen Anstrengung, um die Emotionen aufzuheizen (S. 10).

Als Slobodan Milošević begann, sich den Mantel des Nationalismus umzuhängen, sprach er öffentlich keineswegs von einer serbischen „Groß-Idee" und erwähnte auch mit keinem Wort irgendwelche Pläne für die „Wiederherstellung" eines Großserbiens. Hinter den Kulissen unterstützte er jedoch Akademiker in ihren Forschungen über die Ausdehnungen des alten Serbischen Reiches, womit eine „historische" und „legitime" Grundlage für die serbische Expansion in anderen Teilen des ehemaligen Jugoslawien geliefert wurde.

Säuberungspolitik und -ideologien: Nachdem ein Land seine Unabhängigkeit gewonnen oder wiedergewonnen hat oder durch politische oder kulturelle Massenrevolutionen umgewandelt wurde, versucht es oft, sich selbst von „Verunreinigungen zu säubern." Das Ziel einer solchen Doktrin ist, die Großgruppe symbolisch von unerwünschten Elementen zu säubern, womit der Aufbau einer „neuen" Gruppenidentität gefördert, der Zusammenhalt in der Gruppe erhöht und unter den Mitgliedern ein Gefühl des Gleichseins genährt wird. Manche Säuberungsversuche sind im wesentlichen „unbedenklich" und gewaltlos, während andere zu inneren und äußeren politischen Spannungen führen und noch wiederum andere in völkermörderischen Angriffen gegen Mitglieder einer anderen Großgruppe münden können.

Während der vierhundertjährigen osmanischen Herrschaft flossen in einigen griechischsprachigen Regionen türkische Worte in die griechische Sprache ein. Der daraus entstandene Dialekt konnte nur von jenen verstanden werden, die beide Sprache beherrschten. Viele Griechen wurden auch türkophon, sprachen türkisch, verwendeten beim Schreiben aber griechische Buchstaben. Nachdem die Griechen (1821-1833) ihre Unabhängigkeit vom Osmanischen Reich gewonnen und ihre neue griechische Identität langsam konsolidiert hatten, wobei Elemente des Hellenismus und das Erbe des Byzantinischen Reiches miteinander verbunden wurden (Herzfeld, 1986), führten sie *Katharevusa*, die neoklassische Form der modernen griechischen Sprache ein, die dann viele türkische Worte ausklammerte. So wurde eine nicht-maligne Form der Säuberung durchgeführt. Einhundert Jahre später, nachdem die Türken ihren Unabhängigkeitskrieg gewonnen hatten, gingen sie dazu über, arabische und persische Worte auszusondern und sie durch alte oder westliche Worte zu ersetzen. Jahrzehntelang unterstützte die türkische Regierung die Umgestaltung und Neuordnung der Sprache und nahm Einfluß darauf, wie die Türken sprechen „sollten".

Als Lettland 1991 seine Unabhängigkeit wiedergewonnen hatte, fanden im lettischen Parlament Diskussionen darüber statt, ob die sterblichen Überreste von Soldaten der Sowjetarmee vom Lettischen Nationalfriedhof (dem Friedhof der Waffenbrüder) entfernt werden sollten. Diese Diskussionen, bei denen es darum ging, die nationalen Symbole Lettlands von „Verunreinigungen" zu säubern, riefen jedoch negative Reaktionen auf seiten Rußlands hervor, so daß dieses Ansinnen dann doch wieder fallengelassen wurde.

Assimilation des Opferstatus: In manchen Situationen ist es für die nachfolgenden Generationen einer Großgruppe schwierig oder gar unmöglich, etwas zu unternehmen, um die Hilflosigkeit und Demütigung wiedergutzumachen oder in einem anpassungsfähigen Sinne Bilder von vergangenen Verlusten zu betrauern und alte Wunden zu „reparieren". Eine Gruppe, die in einer Phase „steckenbleibt", in der sie sich als immerwährendes Opfer empfindet, ohne etwas dagegen unternehmen zu können, kehrt ihre geteilten Frustrationsgefühle (Aggression) im Zweifel nach innen und richtet sie gegen sich selbst, also gegen die Gruppe, so wie ein depressiver Mensch, der seine Aggression nach innen, gegen sich selbst richtet.

Eine solche Großgruppe „wählt" Führer, die das Gefühl, Opfer geworden zu sein, und die Idealisierung dieses Opferstatus unterstützen. Im Gegensatz zu Großgruppen, in denen die Führer die Zusammengehörigkeit fördern, indem sie gegen eine andere Gruppe agieren und Maßnahmen ergreifen, ist es in Gruppen, in denen der Opferstatus assimiliert wurde, so, daß der Glaube, daß nichts getan und unternommen werden kann, die Gruppe vereint. Die Führer solcher Gruppen haben eine Zukunft voller unabwendbarer Traumata vor Augen, die ebenso ertragen werden müssen. Die Gruppe ist dazu verurteilt, ewig zu leiden. Als das sowjetische Reich auseinanderzufallen begann, setzten armenische Führer zum Beispiel zu einer Seelenerforschung an und begannen, über die Zukunft eines unabhängigen Armeniens nachzudenken. In vielen öffentlichen Erklärungen und Reden, die in dieser von Ungewißheit getragenen Zeit von armenischen Führern abgegeben und gehalten wurden (von Libaridian, 1991, in Englisch veröffentlicht), wurde neuerlich über das von den Armeniern zur Ideologie erhobene Selbstverständnis, wonach man sich als Opfer sah, nachgedacht, das ein Charakteristikum der armenischen Identität geworden war. Da Armenien, so die Führer, ursprünglich die Ressourcen gefehlt hätten, um das dem Volk von seinen türkischen Nachbarn zugefügte Leid zu rächen, hätten die Armenier insgeheim das Gefühl, zu Opfern gemacht worden zu sein, idealisiert. Zudem hätten sie aus der Notwendigkeit heraus den Schutz Rußlands zwar akzeptiert, aber mit Widerwillen, sich durch die Abhängigkeit von ihrem „großen Bruder" jedoch gedemütigt gefühlt. Die armenischen Führer versuchten somit, für ihr Land einen neuen Kurs zu entwerfen, der diese ungesunde Identität revidieren sollte.

Nachdem die Sowjetunion dann endgültig zusammengebrochen war, wurden nationalistische Gefühle aufgerüttelt, und der armenisch-aserbaidschanische Konflikt brach aus. Armenien kämpfte für die Wiedervereinigung der vorrangig armenischen Bevölkerung Nogorno-Karabachs, die von „feindlichen" Moslems umringt war. Unter der Oberfläche war dieser Krieg hingegen auch vielleicht ein Versuch, die armenische Hilflosigkeit umzukehren. Aber die letztlich daraus erwachsenen extremen Härten und Nöte nähren im Zweifel weiter das in Armenien vorherrschende Gefühl, zum Opfer geworden zu sein. Hunderttausende haben ihre Arbeit verloren, in mehreren Wintern gab es weder Elektrizität noch Heizung, Tausende von Armeniern sind in andere Länder emigriert, und der Krieg forderte zahlreiche Opfer.

Geteiltes Schamgefühl in der Politik: Wie das Beispiel Armeniens vor dem Krieg mit Aserbaidschan verdeutlicht, können Gruppen ihre Reaktion auf ein vergangenes Trauma nach innen, gegen sich selbst, statt nach außen richten.

Gelegentlich kann ein frisches geteiltes Schamgefühl zu einer Massenbewegung, neuen politischen Doktrinen und Angriffen gegen die bestehende politische Ideologie und Politik einer Gruppe führen. In solchen Fällen empfinden viele Personen in einer Großgruppe Scham wegen der Dinge, die ihresgleichen getan haben, wobei sich diese Scham dann mit Frustrationen und Wut vermischt, woraus, wie Moses (1990) es nennt, ein „makro-politisches Verhalten" (S. 139) entsteht. Moses (1990) beschreibt, wie die US-amerikanische Öffentlichkeit in Zusammenhang mit Vietnam durch die täglichen Fernsehberichte über die grausamen Ereignisse und den öffentlichen Prozeß, der Lieutenant William L. Calley Jr. wegen des Massakers von Hunderten von Zivilisten in Mylai gemacht wurde, mobilisiert wurde, Abscheu und Scham ob des US-amerikanischen Engagements in Vietnam zu empfinden. „Die Scham war, glaube ich", schreibt Moses, „das Ergebnis von Handlungen und Taten, die in ihrem Namen in fernen Ländern begangen und verübt wurden. Die bewußte Scham verband sich mit Frustration und Wut und mobilisierte zu politischem Handeln. Daß dieses politische Handeln erfolgreich war, ist nunmehr eine Tatsache der Geschichte" (S. 139). Moses liefert noch ein weiteres Beispiel: 1983 fanden sich vierhunderttausend Israelis zu einer Demonstration zusammen, um die Einsetzung eines parlamentarischen Untersuchungsausschusses zur Aufklärung der Verantwortlichkeiten der Massaker in Sabra und Shatilla im Libanon zu verlangen, obwohl diese Massaker nicht von den Israelis verübt worden waren.

13. Großgruppenrituale

Die in den vorhergehenden Kapiteln beschriebenen sieben Fäden werden miteinander verwoben, so daß daraus die Plane des Großgruppenzeltes – die Identität der Großgruppe – entsteht. In Friedenszeiten sind diese Fäden nicht alle so deutlich zu erkennen – sie sind miteinander verflochten, und einige werden von anderen verdeckt. Einige Symbole auf dieser Plane sind im täglichen ritualistischen Verhalten der Gruppe enthalten und somit unschwer erkennbar. So werden zum Beispiel vor offiziellen Gebäuden ritualistisch Nationalflaggen zur Schau gestellt, und bei bestimmten Zeremonien werden die Nationalhymnen gesungen. Dadurch, daß man in Friedenszeiten täglich die Flagge der eigenen Gruppe sieht oder die Nationalhymne hört, werden noch keine tiefen Zugehörigkeitsgefühle geweckt. Sobald die Gruppe sich jedoch bedroht fühlt und das Zelt zu wackeln beginnt, wird das Großgruppensymbol von den Mitgliedern der Gruppe hingegen anders gesehen und mitunter nochmals in ein Protosymbol umgewandelt, das die Gruppenidentität *ist*. Wird das Symbol der Gruppe in solchen Zeiten dann in irgendeiner Hinsicht von „Anderen" angegriffen, wird dies als eine gemeinhin geteilte Verletzung des gemeinsamen Selbstwertgefühls der Gruppe und in der Folge des Selbstwertgefühls des einzelnen wahrgenommen. Zudem werden Symbole auch bei kollektiven „Jahrestagsreaktionen" auf vergangene Ereignisse, die für die Gruppe wichtig sind, überbetont zur Schau gestellt. Die Gruppenreaktionen auf Jahrestage sind typische identitätsbekräftigende Rituale.

Gruppenreaktionen auf Jahrestage

Der Begriff der *Jahrestagsreaktion* geht im wesentlichen auf die Beoachtungen von Personen zurück, die sich in Trauer befinden und – oft unbewußt – Zeichen und Symptome in Zusammenhang mit dem Jahrestag des Verlustes eines geliebten Menschen erkennbar werden lassen. Das Jahrestagsphänomen kann geschichtlich bis zu den Anfängen der Psychoanalyse zurückverfolgt werden, und in den *Studien über die Hysterie* (Breuer und Freud, 1893-1895) sind viele indirekten Hinweise darauf zu finden. Pollock (1989), der dieses Thema ausgiebig untersucht hat, schreibt: „Bei einem verwundbaren Individuum kann eine bestimmte Tageszeit, ein bestimmter Wochentag, eine bestimmte Jahreszeit oder ein bestimmter Feiertag als Auslöser oder aktivierendes Moment für das Auftreten eines zu den Jahrestagsreaktionen gehörigen Symptoms dienen"

(Bd. 1, S. 231). Aus seiner Sicht sind die Rolle des Traumas und Schwierigkeiten zu trauern die Quelle der Jahrestagsreaktionen, die nach der Lösung der intrapsychischen Konflikte bei den einzelnen verschwinden. Pollock spricht nicht direkt von einer Verbindung zwischen der Identität und den Jahrestagsreaktionen des einzelnen. Gleichwohl ist er sich jedoch des Umstandes bewußt, daß „die Jahrestagsreaktion" im Grunde „die Angst widerspiegelt, die mit dem Gefühl absoluter Hilflosigkeit verbunden ist, und die in einem Nichts oder in der Zerstörung des Selbst enden kann" (Bd. 1, S. 229). Und das ist der Grund, schlußfolgert Pollock, daß Jahrestagsreaktionen so oft mit Tod und Trauer verbunden sind. Die traumatisierte Identität des Individuums und der Versuch, die damit verbundenen Konflikte zu reparieren und zu lösen, sind im Fundament der Jahrestagsreaktionen zu finden.

Mintz (1971) unterscheidet zwischen zwei Arten von Jahrestagsreaktionen: Bei der ersten Art gibt es eine bewußte Bewußtheit von einem Datum oder Ereignis. Das Ich des Individuums verbindet dieses Datum oder Ereignis assoziativ mit einem bestimmten vergangenen Konflikt, „mit seiner Wiederbelebung, über Symptome, Verhaltensweisen, Träume und so weiter und so fort" (S. 731). Bei der zweiten Art der Jahrestagsreaktion gibt es hingegen keinen bestimmten aktuellen bewußten Stimulus, auf den das Ich reagiert. Aus Mintz' Sicht ist hier ein unbewußtes Zeitgefühl im Spiel, das die Jahrestagsreaktion auslöst, so daß die geistige Vorstellung von dem Ereignis in Erinnerung gerufen werden kann und Anstrengungen zur Bewältigung der damit verbundenen Angst wiederholt werden können.

Es ist schwierig, ein unbewußtes Zeitgefühl als Stimulus einer Jahrestagsreaktion zu konzeptualisieren. Denn, wie Pollock (1989) feststellte, setzt die Jahrestagsreaktion im Zweifel keine Überlegung des Ichs voraus, das ein unbewußtes Zeitgefühl hat, vielmehr kann die Zeit, das Alter, die Jahreszeit oder ein Feiertag als Auslöser dienen, der es einem verdrängten, zum ursprünglichen Ereignis gehörenden Konflikt erlaubt, die Symptome, Reaktionen, Verhaltensweisen oder Emotionen zutage treten zu lassen, die mit dem ursprünglichen Konflikt verbunden sind.

Auch wenn wir keine klare metapsychologische Erklärung für die Jahrestagsreaktionen eines Individuums haben, ist ihr Auftreten eine Realität, da wir sie in unserer klinischen Praxis immer wieder beobachten können. Und noch ungleich schwieriger und komplizierter ist eine metapsychologische Erklärung für die Jahrestagsreaktion einer Gruppe. Denn die geistige Repräsentanz von dem vergangenen Ereignis, das aufgrund von Hilflosigkeit, Demütigung und der Schwierigkeit zu trauern (gewähltes Trauma) einen in der Gruppe geteilten Konflikt hervorruft, gehört und fällt nicht in die Lebensspanne der gegenwärtig lebenden Mitglieder der Gruppe. Die geistige Repräsentanz von dem Ereignis und die damit verbundenen Abwehrmechanismen gegen den dadurch hervorgerufenen Konflikt werden von den Mitgliedern der vorhergehenden Generation an die gegenwärtig lebenden Mitglieder der Gruppe weitergegeben. Die Mitglieder der vorhergehenden Generation deponieren ihre von Hilflosigkeit, Demütigung und der Unfähigkeit oder Schwierigkeit zu trauern geprägten Selbstbilder in den sich entwickelnden Selbstvorstellungen der Kinder der nächsten Generation. Die Älteren geben den Kindern bewußte und unbewußte Weisungen, wie sie auf das ursprüngliche Trauma zu reagieren haben, das dann zu einem Großgruppenmerkmal wird, da es die einzelnen miteinander verbindet. Da die generationsübergreifenden Weitergaben fortgesetzt werden, ist das, was weitergegeben wird, das Großgruppenmerkmal. Die Jahrestagsreaktionen einer Gruppe können als ritualistische Reaktivierungen von Großgruppenmerkmalen beschrieben werden.

Bei den Jahrestagsreaktionen von Großgruppen handelt es sich in der Regel um bewußte Ereignisse: Der Zeitpunkt des ursprünglichen traumatischen Ereignisses ist aktenkundig vermerkt, und die Gesellschaft und ihre Führung bereiten gezielt Feierlichkeiten zum Gedenken des Ereignisses vor. Diese Feierlichkeiten sind klar und eindeutig mit der Gruppenidentität verbunden und fördern sie. Während es sich bei den Jahrestagsreaktionen der Gruppe um bewußte Ereignisse handelt, sind Aspekte des Bedürfnisses, die Gruppenidentität zu fördern, unbewußt.

Ebenso wird auch gewählter Ruhmesblätter ritualistisch gedacht. Bei solchen Anlässen werden Bilder der toten Führer, die mit den vergangenen gemeinsamen Erfolgen in Verbindung gebracht werden, in Erinnerung gerufen. In unserer modernen Zeit sind die Medien das Hauptinstrument der Gruppe zur Reaktivierung der Jahrestagsreaktionen in Zusammenhang mit gewählten Traumata, gewählten Ruhmesblättern und toten Führern. In der Vergangenheit kam volkstümlichen Überlieferungen und Liedern sowie künstlerischen Schöpfungen die Rolle zu, die die Medien heutzutage übernehmen, wobei diese traditionellen Mittel zum Festhalten, Bewahren und Wachhalten der Geschichte auch heute noch relevant sind.

In friedlichen Zeiten sind die Jahrestagsreaktionen der Gruppe eher „zahm" und gemäßigt. Angesichts von Spannungen und Belastungen kann eine Jahrestagsreaktion sich jedoch in ein emotional geladenes Ereignis verwandeln, das sowohl auf der individuellen als auch der Gruppenebene mit starken Gefühlen verbunden ist; alle Mitglieder haben dann wirklich das Gefühl, unter demselben Zelt zu leben. Wenn das Großgruppenzelt wackelt, werden Rituale, die üblicherweise dazu genutzt werden, um an die gemeinsame Geschichte, das gemeinsame Schicksal und die gemeinsame Identität der Gruppe zu erinnern, in übertriebenem Maße immer wieder wiederholt. Unter streßintensiven Umständen wartet man zum Beispiel nicht bis zu den Jahrestagen, um die geistigen Vorstellungen von gemeinsamen vergangenen Ruhmesblättern und Traumata oder den damit verbundenen Führern zu reaktivieren; sie werden dann mitunter täglich geteilt oder in Erinnerung gerufen. Politische Führer konzentrieren sich intuitiv auf solche Reaktivierungen und beeinflussen die Emotionen. Wie Milošević und seine Verbündeten dazu beitrugen, das serbische Volk dazu zu ermutigen, in jenem Jahr, das der Sechshundertjahrfeier der Schlacht von Kosovo voranging, sich oft und intensiv die geistigen Repräsentanzen von der Schlacht von Kosovo und von Prinz Lazar zu vergegenwärtigen, habe ich bereits beschrieben. Sie versuchten gezielt, die zur Identität und zum Nationalismus der Serben gehörenden Emotionen zu beeinflussen.

Stärkung der oder Rückkehr zu den traditionellen Ritualen: Das entscheidende Ziel von Großgruppenritualen ist, die Großgruppenidentität zu unterstützen. Jede Gruppe, die unter Belastungen und Spannungen steht, kehrt entsprechend ihrer Geschichte oder ihren religiösen, ethnischen oder nationalen Sitten und Bräuchen zu früheren oder bereits bestehenden Ritualen zurück.

Während des letzten Teils der britischen Kolonialzeit in Zypern waren die bei den muslimischen zypriotischen Türken üblichen Beschneidungsrituale keine aufsehenerregenden Ereignisse. Erst nach 1974, als die Insel zwischen den zypriotischen Türken und den zypriotischen Griechen geteilt wurde, entwickelten sich die Beschneidungsrituale langsam zu großen und aufwendigen öffentlichen Ereignissen. Was indessen nicht auf eine verstärkte Religiosität bei den zypriotischen Türken, sondern vielmehr auf ihr Bedürfnis zurückzuführen war, ihre Großgruppenidentität zu behaupten. Sie überbetonten ein Verhaltensmuster, das sie von den christlichen Griechen unterschied. Die Beschneidungsrituale, bei denen es dazugehörte, daß der Junge, der beschnitten werden sollte, auf einem Pferd durch die Straßen in der Nachbarschaft herumgeführt und dabei so laut wie nur möglich traditionelle Musik gespielt wurde, taten jedem Beobachter kund, daß es sich bei den an diesem Ereignis Beteiligten um Türken handelte.

Ein weiteres zeitgenössisches Beispiel ist in Angola zu finden, einem Land, das durch einen über zwei Jahrzehnte währenden Bürgerkrieg verwüstet wurde, der über einhunderttausend Tote forderte und zur Vertreibung von über einer Million Menschen führte. Gegenwärtig versucht nun eine nichtstaatliche Organisation, auf die psychosozialen Bedürfnisse des Landes einzugehen, indem sie die traditionellen Bantu-Rituale wieder herausstellt und fördert, insbesondere solche, die in Zusammenhang mit Totenfeiern und Begräbnisriten stehen (Monteiro, 1997). In der Bantu-Kultur lösen die Sterbenden mit dem Tod ihre Banden zur irdischen Welt nicht ganz; die Geister der Toten „leben" sowohl unter den Lebenden als auch den toten Vorfahren weiter. Wenn die traditionellen Beisetzungsriten nicht beachtet und befolgt werden, bringt dies Schande über den Toten, der sich dafür an den Lebenden rächt. Indem die Pflege von Beisetzungsritualen gefördert wird, wird auch die Trauer gefördert, wodurch wiederum einige Aspekte der Angst gemindert werden können, von der das angolanische Leben durchdrungen ist.

Scharen um den Führer: Im November 1997 wies der Irak vorübergehend US-amerikanische Inspektoren aus, die zusammen mit anderen Experten der Vereinten Nationen mit der Aufgabe betraut waren, die Massenvernichtungswaffen des Iraks unschädlich zu machen. Auf die gewachsene Spannung und die Möglichkeit eines Krieges reagierte Saddam Hussein, indem er, wie bereits früher während des Golfkrieges, ein „menschliches Schutzschild" um seine Paläste und andere Orte schuf: Zu Hunderten strömten die Irakis, darunter viele Frauen und Kinder, zu Husseins Palästen und anderen Orten, um sich für den Fall, daß die Vereinigten Staaten oder die Vereinten Nationen ihr Land angriffen, selbst als Opferlamm darzubieten. Ihr Ziel war, andere Länder von militärischen Angriffen abzuschrecken. Diese Initiative war zum Teil zwar auch auf Zwang und Propaganda zurückzuführen, gleichwohl wiesen die meisten politischen Analysen jedoch auch darauf hin, daß die Mehrzahl der Irakis sich wirklich freiwillig, von sich aus, als menschliche Schutzschilde anbot. Husseins Bemühungen, den Gruppenzusammenhalt zu fördern, waren erfolgreich – seine Anhänger vollzogen im buchstäblichen Sinne das Ritual, sich unter belastungs- und spannungsintensiven Bedingungen um den Führer zu scharen.

Wenn ein ethnisches Zelt wackelt und es zur Gruppenregression kommt, nimmt der wechselseitige Austausch und das Miteinander zwischen einem Führer und seinen Anhängern zu. Der Führer sieht sich veranlaßt, bewußt und unbewußt die in der Gruppe geteilten Gefühle und Handlungen zu überwachen, zu schüren oder zu bändigen, und die Anhänger sind bereit, jene Gruppenpsychologie zu praktizieren, wie Freud (1921) sie beschrieben hat. Die einzelnen scharen sich um die Stütze (den Führer) des Zeltes, und der Führer unternimmt umgekehrt jede Anstrengung, um das Zelt aufrecht- und seine Plane intakt zu halten. Diese Anstrengungen werden nach politischen, diplomatischen, ökonomischen, rechtlichen und militärischen Erwägungen konzipiert, und eine entsprechende Propaganda hilft, sie zu realisieren. Hinter solchen bewußten Erwägungen steht das Bedürfnis, an der eigenen geteilten Identität festzuhalten. Je mehr Belastungen und Spannungen die Zeltplane ausgesetzt ist, desto hartnäckiger versuchen die Mitglieder der Gruppe, sie zu reparieren und instand zu halten. Um dieses Ziel zu erreichen, scharen sie sich um den Führer, in der Hoffnung, daß er ihr geteiltes Gefühl des Gleichseins nochmals bekräftigen und fördern wird.

Während wir an einem Ort wie dem Irak sehr gut sehen konnten, wie sich die Mitglieder einer Gruppe um ihren Führer scharen, ist die Beobachtung dieses Phänomens in demokratischen Ländern vielleicht etwas schwieriger. In den Vereinigten Staaten werden die meisten Präsidenten zum Beispiel nicht mit überwältigenden Mehrheiten gewählt, und wenn es zu internationalen Krisen kommt, gibt es auch keine überwältigende kollektive Unterstützung für den Präsidenten. Käme es beim US-amerikanischen Volk jedoch zu einer hinreichenden Massenregression, könnten wir vermutlich auch hier sehen, wie man sich in den USA ebenso um den Führer scharen würde.

Zwei unabänderliche Prinzipien

Während das ritualistische Zurschaustellen von Großgruppensymbolen an den Jahrestagen von gewählten Ruhmesblättern oder gewählten Traumata oder die Verstärkung traditioneller Rituale und das Scharen um den Führer vielleicht nicht direkt etwas mit der Beziehung zu einer benachbarten oder Feindgruppe zu tun haben, gibt es jedoch andere Großgruppenrituale, die bei der Interaktion der Gruppe mit „Anderen" zu beobachten sind. Die Identität einer Großgruppe muß ritualistisch von der Identität einer anderen Gruppe unterschieden und abgegrenzt werden. Es gibt zwei unabänderliche und miteinander verknüpfte Prinzipien, die die Rituale zwischen zwei Gruppen bestimmen, die unter nebeneinanderstehenden Zelten leben.

1. Die Aufrechterhaltung des Nicht-Gleichseins: Eine Gruppe kann nicht genauso oder auch nur sehr ähnlich wie ein Nachbar sein, der als Feind und als gefährlich empfunden wird. Wenn „die kleinen Unterschiede" (Freud, 1917a) zwischen Antagonisten zu großen Problemen werden, die tödliche Folgen nach sich ziehen, erkennen wir, daß dieses Prinzip existiert. Zwischen antagonistischen Gruppen bestehen in der Regel größere Unterschiede in der Religion und Sprache und mit Blick auf den historischen oder mythologischen Hintergrund. Wenn Gruppen, die sich wenig voneinander unterscheiden, regredieren, dann führt die Wahrnehmung von Ähnlichkeit zu Angst. Daher wird dann den kleinen Unterschieden eine sehr große Bedeutung beigemessen, um sich so vor dem Gleichsein zu schützen.

Diplomaten, insbesondere solche, die einem neutralen Team angehören, das die Verhandlungen zwischen verfeindeten Gruppen erleichtern soll, sind darauf bedacht, alle Möglichkeiten zu berücksichtigen, um peinliche Zwischenfälle zu vermeiden. Sie denken dabei jedoch hauptsächlich an die sichtbaren (größeren) Unterschiede, wobei viele kleinen Unterschiede, die nur für diejenigen wahrnehmbar sind, die alle Betroffenen sehr genau kennen, ihrer Aufmerksamkeit jedoch leicht entgehen können oder außer acht gelassen werden, da sie nicht zu den Fragen der „realen Welt" gehören.

Diese kleinen Unterschiede können jedoch der Ansatzpunkt für denkbar hartnäckige und unabänderliche gefühlsmäßige Einstellungen und Investitionen werden. Bestimmte emotionale Einstellungen, die mit etwas verbunden werden, was trivial erscheinen mag, können zu Problemen der „realen Welt" werden, wobei Gruppen, die in Konflikt miteinander liegen, sich dann ritualistisch daran hochziehen. Diplomaten oder andere außenpolitischen Macher täten gut daran, sich vor Augen zu halten, daß Reaktionen von einzelnen und Gruppen, auch wenn sie bisweilen nicht „realistisch" erscheinen – scheinbar Trivialitäten in den Vordergrund gestellt werden –, doch tiefgreifend mit dem Kern des Selbstwertgefühls und mit Identitätsfragen verbunden sind und somit nicht ignoriert werden können.

2. Die Aufrechterhaltung einer psychologischen Grenze: Das zweite, zugleich mit dem ersten verwandte Prinzip spiegelt das Bedürfnis nach Aufrechterhaltung einer Grenze (Kluft) zwischen Großgruppen wider, die in Konflikt miteinander liegen. Dieses Prinzip ist gut zu beobachten, wenn man die physischen Grenzen zwischen Feinden, wie die ehemalige Berliner Mauer oder die Grüne Linie in Zypern oder die entmilitarisierte Zone zwischen Nord- und Südkorea besucht. Obwohl Transsylvanien heute innerhalb der politischen Grenzen Rumäniens liegt, sind, emotional gesehen, sowohl die Rumänen als auch die Ungarn stark mit dieser Region verbunden, die noch etwa zwei Millionen Ungarn beheimatet. Die Ambiguität der „psychologischen Grenze" zwischen Rumänien und Ungarn ist für die in Transsylvanien lebenden Rumänen wie auch Ungarn ein extrem wichtiges Thema, und in gewisser Weise auch für die Rumänen und Ungarn im allgemeinen.

Um den Einfluß dieser zwei Prinzipien aus nächster Nähe zu sehen, muß man sich nur benachbarte Gruppe wie die Armenier und Aserbaidschaner oder die Araber und Israelis ansehen. Die Psychologie der Interaktion zwischen großen benachbarten Gruppen liegt in der Tat auch der Psychologie internationaler Beziehungen zugrunde. Und dieselben Prinzipien sind auch zu beobachten, wenn der Antagonismus zwischen Gruppen wächst, die keine Nachbarn sind. Eine Untersuchung von Ritualen, die zum Narzißmus der kleinen Unterschiede und den psychologischen Grenzen gehören, gewährt ein besseres Verständnis der Prinzipien der Aufrechterhaltung des Nicht-Gleichseins und einer Kluft zwischen gegnerischen Gruppen.

Rituale in Zusammenhang mit dem Narzißmus der kleinen Unterschiede

Freud (1917a) prägte in seinem Werk *Das Tabu der Virginität* den Begriff vom „Narzißmus der kleinen Unterschiede":

> ... daß jedes Individuum sich durch ein ‚taboo of personal isolation' von den anderen absondert, und daß gerade die kleinen Unterschiede bei sonstiger Ähnlichkeit die Gefühle von Fremdheit und Feindseligkeit zwischen ihnen begründen. Es wäre verlockend, dieser Idee nachzugehen und aus diesem ‚Narzißmus der kleinen Unterschiede' die Feindseligkeit abzuleiten, die wir in allen menschlichen Beziehungen erfolgreich gegen die Gefühle von Zusammengehörigkeit streiten und das Gebot der allgemeinen Menschenliebe überwältigen sehen (Bd. XII, S. 169).

Später, 1930, ging Freud auch kurz auf die Rolle des Narzißmus der kleinen Unterschiede in der internationalen Arena ein. Er schrieb:

> Es wird den Menschen offenbar nicht leicht, auf die Befriedigung dieser ihrer Aggressionsneigung zu verzichten; sie fühlen sich nicht wohl dabei ... Es ist immer möglich, eine größere Menge von Menschen in Liebe aneinander zu binden, wenn nur andere für die Äußerung der Aggression übrig bleiben. Ich habe mich einmal mit dem Phänomen beschäftigt, daß gerade benachbarte und einander auch sonst nahestehende Gemeinschaften sich gegenseitig befehden und verspotten, so Spanier und Portugiesen, Nord- und Süddeutsche, Engländer und Schotten usw. Ich gab ihm den Namen ‚Narzißmus der kleinen Differenzen', der nicht viel zur Erklärung beiträgt. Man erkennt nun darin eine bequeme und relativ harmlose Befriedigung der Aggressionsneigung, durch die den Mitgliedern der Gemeinschaft das Zusammenhalten erleichtert wird (Bd. XIV, S. 473f).

Freuds Bemerkungen können als Ausgangspunkt für die Untersuchung der Verhaftungen von Großgruppen gegenüber den kleinen Unterschieden und des ritualistischen Rückgriffes darauf, insbesondere angesichts von Belastungen und Spannungen, genutzt werden. Neben der Feststellung, wie scheinbar triviale Punkte bei Verhandlungen zu prekären Fragen werden können, ist die Bedeutung der kleinen Unterschiede unschwer an vielen Orten auf dem ganzen Globus zu beobachten.

Um Rituale in Zusammenhang mit dem Narzißmus der kleinen Unterschiede zu beobachten, komme ich nochmals auf Zypern zurück. Zypern, eine Insel im Mittelmeer, die über dreihundert Jahre unter osmanisch-türkischer Herrschaft war, wurde zuerst an die Briten „verpachtet", ehe sie ihnen im ersten Teil dieses Jahrhunderts dann ganz überlassen wurde. Als 1960 die Republik Zypern gegründet wurde, lebten zwei ethnische Gruppen, Griechen und Türken, zusammen mit einigen anderen kleineren Seite an Seite auf der Insel. Unmittelbar vor dieser Zeit hatte es eine Phase terroristischer Aktivitäten von seiten jener griechischen Zyprioten auf der Insel gegeben, die es sich auf die Fahnen geschrieben hatten, die Insel mit Griechenland zu vereinigen. Da es auf Zypern jedoch zwei Gemeinschaften gab und gibt, verboten die politischen Realitäten eine Vereinigung der Insel mit Griechenland. Nach der Verfassung teilten die Griechen und Türken sich in der neugegründeten Republik vielmehr die Macht. Innerhalb von drei Jahren entbrannte dann jedoch ein Konflikt zwischen den zypriotischen Griechen und den zypriotischen Türken. Schließlich landeten 1974 Türken vom Festland auf der Insel, um die türkische Minderheit zu schützen, was am Ende zu einer *De-facto*-Teilung der Insel in einen türkischen Sektor im Norden und einen griechischen im Süden führte.

Während der Unruhen, die den Ereignissen von 1974 vorangegangen waren, als die zypriotischen Türken auf kleine Areale beschränkt waren, reiste ein Psychiater-/Psychologen-Team, James Tenzel und Marvin Gerst, nach Zypern, um die Situation auf der Insel zu untersuchen. Sie gelangten zu der Schlußfolgerung, daß beide Gruppen die jeweils andere im Grunde als ein „Spiegelbild" ihrer selbst sah. Unter Berufung auf diese Feststellung (Gerst und Tenzel, 1972; Tenzel und Gerst, 1972) argumentierte sodann ein US-amerikanischer Politiker, daß, wenn jede Gruppe sich doch als Spiegelbild der jeweils anderen sah, sie in einem gewissen Sinne identisch (oder einander zumindest ähnlich) sein müßten. Und auf der Grundlage dieser Argumentation sprach der Diplomat sich für eine Intervention auf der Insel aus. Er war der Meinung, daß die Ähnlichkeiten im Interesse des Friedens genutzt werden könnten: Politische Verhandlungen könnten die gemeinsamen Ähnlichkeiten als strukturelle Eckpfeiler betonen; die Massenmedien könnten die Bevölkerung über ihr gemeinsames Erbe aufklären; die Bildungseinrichtungen könnten die ethnische Polarität mit einer neuen gebotenen homogenen kulturellen Perspektive für die Einwohner Zyperns zu Fall bringen. Kurz, der US-Amerikaner glaubte, Frieden sei durch einen Appell an die Einheit zwischen beiden Gruppen erreichbar.

Es stimmt natürlich, daß es unbestreitbar ähnliche ethnische Bräuche und Gepflogenheiten unter den Türken und Griechen Zyperns gibt, es gibt aber auch größere Unterschiede, wie die in der Sprache und Religion, und wichtiger noch, auch kleinere, die der Diplomat in seinem Bemühen, sich auf die Ähnlichkeiten zu konzentrieren, herunterspielte und ihn zu einer irrigen Argumentation verleitete. Denn die kleinen Unterschiede sind, wie Tenzel und Gerst selbst feststellten, oft die Hauptquellen von größeren emotionalen Hindernissen. Sie gelangten zu der Feststellung, daß sowohl die auf der Insel lebenden Griechen als auch die Türken „den gleichen gemeinsamen Bezug zu teilen" schienen, „der kleine Bereiche, in denen Unterschiede zu verzeichnen sind, so herausstellt, daß sie zum Hauptkriterium für den Aufbau von Vertrauen oder dessen Pendant in der Beziehung zwischen den beiden Gruppen werden" (Gerst und Tenzel, 1972). Was sie unter der Psychologie der kleinen Unterschiede genau verstanden, haben sie jedoch nicht weiter ausgeführt.

Während der britischen Herrschaft in Zypern und selbst noch bis in die ersten Monate des Bestehens der Republik hinein war es bei den zypriotischen Griechen und Türken Sitte, am Abend Spaziergänge in der Stadt zu machen. Es gab bevorzugte Plätze, wo man mit Vorliebe promenierte – zum Beispiel auf den Bürgersteigen an den offenen Cafés und Konditoreien vorbei, die die Hauptstraßen säumten. Auch wenn die beiden Gruppen sich für gewöhnlich nach der Ethnizität sammelten, gab es auch Bereiche, die von beiden Gruppen gemeinsam genutzt wurden, wie etwa die Strandpromenaden von Larnaca und Kyrenia. Einem Fremden konnte die aus Griechen und Türken bestehende Menschenmenge wie eine homogene Gruppe mediterraner Menschen erscheinen, die ähnlich gekleidet waren und gemeinsam die kühle Abendluft genossen; für die Inselbewohner waren die Unterschiede zwischen den Mitgliedern der Menge jedoch offensichtlich und wichtig.

Zypriotische Griechen und Türken konnten einander auf Anhieb unterscheiden, indem sie einfach solche scheinbar unbedeutenden Details wie andere Zigarettenmarken bemerkten. Die Griechen bevorzugten in der Regel Zigaretten in blauen und weißen Packungen, da dies die griechischen Nationalfarben sind. Die Türken rauchten demgegenüber rot und weiß, den türkischen Nationalfarben, verpackte Marken. In den Dörfern, wo die Kleidung der Männer für beide Gruppen für gewöhnlich aus weiten Hosen und Hemden bestand, trugen die zypriotischen Griechen schwarze Schärpen, die Türken rote. In „normalen Zeiten" mochte ein Bruch dieses Farbcodes toleriert werden, wenn die ethnischen Beziehungen jedoch gespannt waren, wenn die Gruppenidentität (und somit die damit verbundene individuelle Identität) bedroht war, wäre ein zypriotischer Türke lieber gestorben, als eine schwarze Schärpe zu tragen, und umgekehrt wäre ein zypriotischer Grieche genauso unnachgiebig in seiner Weigerung gewesen, eine rote zu tragen.

Daß Farben psychologische Implikationen haben, ist auch in anderen Ländern zu beobachten. In Nordirland unterscheiden katholische Dörfer sich von den protestantischen durch einen subtilen Farbcode, an den sich alle Dorfbewohner halten: Die Katholiken streichen ihre Eingangstüren und Gartentore grün, die Protestanten ihre blau. Es gibt keine direkte Verbindung zwischen den beiden Farben und beiden Religionen; die Farben sind einfach unabänderliche kleine Unterschiede, die die beiden Gruppen trennen und die jede Gruppe unter dem Einfluß der Tradition beibehält.

Bei dem Phänomen der kleinen Unterschiede spielen auch viele Symbole eine Rolle, die zu den Großgruppenidentitäten gehören. In Andhra Pradesh in Indien tragen die Andhras zum Beispiel oft Tücher um den Hals, was bei den Telanganas dagegen nicht üblich ist. Und das bei den Telanganas übliche Essen ähnelt im Vergleich zur Küche der Andhras mehr muslimischem Essen: Telanganas bevorzugen Tee, Andhras Kaffee (Weiner, 1978).

Butler (1993) untersuchte die kleinen Unterschiede zwischen den von den Serben und Kroaten gesprochenen Dialekten. Der grundlegende Unterschied zwischen den beiden Dialekten besteht, wie er schreibt, im wesentlichen in der Aussprache einer Silbe: „Die Kroaten sprechen sie als *je* oder *ije*, und die Serben in Serbien sprachen sie als *e* aus. Die Kroaten sagen zum Beispiel *mlijeko* für Milch, und die Serben sagen *mleko*, wobei die serbische Minderheit in Kroatien das Wort mitunter auch als *mlijeko* ausspricht" (S. 123). Butler erinnerte sich, wie er sich im Winter 1967/68, ehe das ehemalige Jugoslawien von den entsetzlichen Ereignissen überrollt wurde, mit einer kroatischen Frau unterhalten hatte. Die Frau hatte darauf beharrt, daß die kroatische Sprache der serbischen überlegen und musikalischer war. „So langweilig, wie eine derartige Diskussion für den Außenstehenden auch sein mag", schrieb Butler, „sie führte mir nochmals die Tatsache vor Augen, daß die Frage der Sprache für die Kroaten sehr schwer wiegt" (S. 123). Mit anderen Worten, Identitätsfragen sind mit den kleinen Unterschieden verknüpft.

Ein subtiles Beispiel für die Rolle der kleinen Unterschiede liefert der Anthropologe Stein (1990). Er beobachtete, daß bestimmte Grenzen, die ursprünglich durch religiöse Konflikte notwendig gemacht wurden, später von ethnonationalistischen Konflikten absorbiert wurden. Stein berichtete, daß es bei dem Konflikt zwischen den dem lateinischen Ritus verhafteten Katholiken und den dem byzantinischen Ritus verhafteten Katholiken in den USA letztlich um kleine Abweichungen von den religiös vorgeschriebenen Riten ging. Während die byzantinischen Katholiken sich über der Brust von rechts nach links bekreuzigten und am Palmsonntag Weidenkätzchenzweige trugen, machten die lateinisch orientierten Katholiken das Kreuzzeichen von links nach rechts und trugen Palmzweige. Wie geringfügig diese Divergenzen aus nicht-katholischer Sicht auch erscheinen mögen, in Europa stellten sie gleichwohl den Zündstoff für massive Kontroversen zwischen den Katholiken im Mittelmeerraum und den Katholiken in Osteuropa dar. In den Vereinigten Staaten gewannen diese Unterschiede für die byzantinischen Katholiken, die bemüht waren, sich von dem amerikanischen „Schmelztiegel" der Nationalitäten abzuheben, und für die lateinisch orientierten Katholiken, die den Druck der Assimilation und Akkulturation erlebten, jedoch zusätzliche Bedeutung. Kurz, die Inflationierung dessen, was ursprünglich kleinere religiöse Unterschiede waren, trat an dem Punkt ein, an dem sie Teil eines ethnonationalistischen Konfliktes wurden.

In belastungs- und spannungsreichen Zeiten wie in kriegsähnlichen Situationen und Kriegen können kleinere Unterschiede tödliche Konsequenzen haben. Horowitz (1985) schreibt, daß „der sinhalesische Mob 1958 bei den Unruhen in Sri Lanka eine Vielzahl von Indikatoren nutzen mußte, um Tamilen zu erkennen" (S. 46), und verging sich an ihnen oder tötete sie. Die Tamilen trugen ihre Hemden nach einer ganz bestimmten Fasson und hatten Ohrringlöcher in den Ohren.

Durch das Konzept der passenden Reservoire der Externalisierungen unserer „bösen" nicht integrierten Selbst- und Objektbilder können wir verstehen, wieso der Narzißmus der kleinen Unterschiede in Großgruppenbeziehungen wichtig ist. Daß das beste Reservoir für unsere „bösen" nicht integrierten externalisierten Teile, die ursprünglich unsere eigenen waren, an Dingen und Personen festgemacht wird, die uns ähneln oder uns zumindest vertraut sind – wie etwa Nachbarn –, erscheint nur logisch. Die Spanier und Portugiesen stellen genau wie die zypriotischen Türken und zypriotischen Griechen füreinander passende Reservoire dar. Wenn Nachbarn in Frieden miteinander leben, stellen sie durch die Ähnlichkeiten in ihren „guten" Reservoiren der externalisierten Bilder eine Bindung zueinander her und nehmen dann irgendeinen anderen Nachbarn als Feind oder potentiellen Feind wahr. Sofern jedoch der Nachbar der Feind einer Gruppe ist und etwas von den unerwünschten Teilen der Gruppe an sich hat, wehren die Mitglieder der Gruppe sich auf einer bewußten Ebene dagegen zuzugeben, daß der Feind in gewisser Weise wie sie ist. Hier werden dann die kleinen Unterschiede zu einer massiven Mauer zwischen den nebeneinanderstehenden Zelten, die hilft, die Ängste der Gruppe zu beschwichtigen, da das, was externalisiert und auf die „Anderen" projiziert wurde, ohne diese Mauer wieder zum eigenen Zelt zurückkehren könnte. Bei den Ritualen, die in Verbindung mit den Grenzen zwischen gegnerischen Gruppen bestehen, gibt es eine ähnliche Psychodynamik.

Grenzrituale

1986, als die Spannungen zwischen den Israelis und Jordaniern hoch waren, besuchte ich die Allenby-Brücke, die über den Jordan führt, jenen Fluß, der die beiden Länder voneinander trennt. Die Lastwagen, die über diese Brücke fuhren, sahen aus, als hätte man in der Fabrik vergessen, sie ganz fertigzustellen: Türen und Abdeckungen fehlten, und selbst die Polsterung war entfernt worden, um weniger Versteckmöglichkeiten für Schmuggelware zu lassen. Die israelischen Zollbeamten brachten Stunden damit zu, die Sitzpolster auseinander zu nehmen und wieder zusammenzubauen, um sicherzustellen, daß von Jordanien nichts eingeschmuggelt wurde. Eine weitere Vorsichtsmaßnahme war, daß die Israelis ständig und regelmäßig eine nichtasphaltierte, parallel zur Grenze verlaufende Straße kehrten, um an Fußspuren im Staub erkennen zu können, ob jemand versucht hatte, sie zu überqueren. Dazu sei jedoch noch gesagt, daß die Grenze zudem mit hochtechnischen elektronischen Überwachungsanlagen, Minenfeldern und der natürlichen Barriere des Jordans gesichert war. Auch wenn die Extravorsichtsmaßnahme in gewisser Hinsicht gerechtfertigt gewesen sein mochte, spielte hier höchstwahrscheinlich in Verbindung mit der physischen Grenze die Idee von einer psychologischen Grenze eine Rolle. Die Aktivitäten an dieser Grenze waren, abgesehen davon, daß sie militärisch realistisch waren, auch Rituale, die eine psychologische Kluft zwischen den beiden Ländern schufen. Dabei war auch der Jordan selbst eine psychologische Kluft.

Um die Bedeutung einer psychologischen Grenze und den damit verbundenen Ritualen verstehen zu können, möchte ich zunächst auf einen Aufsatz von Winnicott zurückgreifen, der einen Kreis nutzte, um eine Person darzustellen. Er schrieb: „Das Innere des Kreises enthält das gesamte Spiel der Kräfte und Objekte, welche die innere Realität des Individuums im Hier und Jetzt konstituieren" (Winnicott, 1963, dt. 1990, S. 85). 1969 (dt. 1990) fügte Winnicott dem hinzu, daß es notwendig ist, diesen Kreis zu teilen, indem man durch den Mittelpunkt des Kreises eine Linie hindurchzieht; ein Individuum, das reif genug ist, um als Kreis dargestellt zu werden, ist fähig, all die Konflikte, die von innen wie von außen kommen, in sich aufzunehmen und auszuhalten; und „obgleich entlang dieser Linie notwendigerweise beständig Krieg herrscht oder jedenfalls die Bedrohung durch Krieg, organisieren sich ... auf beiden Seiten der Linie Gruppen von ‚guten' wie auch von ‚bösen', verfolgenden Elementen" (S. 248f). „Idealisten", fuhr er fort, „reden oft so, als ob es Individuen gäbe, bei denen das Persönlichkeitsdiagramm keine Linie durch die Mitte hindurch enthalten müßte, Individuen, bei denen es nur gute Kräfte gibt, die für gute Zwecke eingesetzt werden" (S. 249). Wenn wir jemanden treffen, der frei von „bösen" Kräften und Objekten zu sein scheint, so bedeutet dies nichts anderes, als daß dieses Individuum „sich durch eine wirkliche, eine phantasierte, eine provozierte oder eine wahnhafte Verfolgung Erleichterung verschafft" (S. 249f).

Winnicott zufolge handelt es sich beim Begriff des „Individuums" um ein relativ modernes Konzept. Bis vor wenigen hundert Jahren gab es, abgesehen von einigen wenigen außergewöhnlichen Individuen, die so etwas wie Ganzheit verkörperten, so etwas wie „ganze Menschen" (Winnicott, 1969, dt. 1990, S. 248) gar nicht, sondern nur nicht integrierte Personen. Und selbst heute, sagt Winnicott, besteht die Welt hauptsächlich noch aus Individuen, die die Integration nicht erreichen und keine ganze Einheit sein können.

Winnicott konzeptualisierte die soziologische Welt als Übereinanderlagerung von Millionen von Menschen, ohne jedoch zu untersuchen, wie Großgruppenprozesse ihre eigene Einmaligkeit entwickeln. Seine Überzeugung, daß die meisten Individuen nicht integriert sind, führte dazu, daß er auch die soziologische Welt als nicht integriert wahrnahm. Kein Wunder, daß er sich für politische Trennungslinien und Grenzen interessierte. Vieles von dem, was wir als Zivilisation bezeichnen, könnte an solchen Treffpunkten, meinte Winnicott, vielleicht unmöglich werden. Er verglich das geteilte Berlin mit seinem Diagramm von einem Kreis, durch dessen Mittelpunkt eine Trennungslinie läuft, der das nicht integrierte Individuum darstellt.

Winnicott war der Meinung, daß manche politischen Teilungen wie die Grenze zwischen England und Wales unter dem Aspekt der Geographie und der Hügellandschaft betrachtet werden sollten. Demgegenüber war die Berliner Mauer jedoch von Menschenhand gemacht und häßlich und konnte mitnichten mit dem Wort „Schönheit" assoziiert werden, wenn man weiß, daß es hier ohne die Mauer in den sechziger Jahren Krieg gegeben hätte. Nichtsdestotrotz erkannte Winnicott auch ein positives Element an der Berliner Mauer. Er vertrat die Auffassung, daß eine Trennungslinie zwischen gegnerischen Kräften „den Konflikt im schlimmsten Fall einfach hinausschiebt, im besten Fall jedoch die einander entgegengesetzten Kräfte über eine lange Zeitspanne hinweg voneinander fernhält, so daß die Menschen in dieser Zeit die Kunst des Friedens einüben und damit experimentieren können. Darauf beruht der zeitweilige Erfolg einer Trennungslinie zwischen einander entgegengesetzten Kräften: daß wir uns in die Kunst des Friedens einüben können, daß Waffenruhe herrscht, so lange, bis die Mauer aufhört, Gut und Böse voneinander zu trennen" (Winnicott, 1969, dt. 1990, S. 250).

Winnicotts Verweise auf nicht integrierte Individuen und gesellschaftliche und politische Teilungen spiegeln Erkenntnisse wider, die durch die Untersuchung der inneren Welten von Patienten mit Borderline-Persönlichkeitorganisationen gewonnen wurden – jenen Patienten, bei denen eine Spaltung zwischen den libidinös besetzten Selbst- und Objektvorstellungen und den aggressiv besetzten Selbst- und Objektvorstellungen besteht. Eine nähere Betrachtung, wie sich die eigenen Selbst- und Objektvorstellungen entwickeln und integriert und kohärent werden (Jacobson, 1964, dt. 1973; Kernberg, 1976, dt. 1985; Mahler, 1968, dt. 1973; Volkan, 1976, dt. 1978), legt jedoch den Schluß nahe, daß es notwendig ist, Winnicotts Diagramm vom nicht integrierten Individuum zu modifizieren. Es wäre weniger verwirrend, wenn man einen Kreis, durch den mitten hindurch eine Linie läuft, als Darstellung eines reifen Individuums sehen würde, das eine Toleranz für Ambivalenzen erreicht hat. Da die entgegengesetzten Hälften des Kreises einander berühren, hat sich ein solches Individuum, metapsychologisch gesehen, von einer Borderline-Persönlichkeitsorganisation zu einer höheren Ebene, einer (neurotischen) Persönlichkeitsorganisation weiterentwickelt, und erfährt jetzt eine Ambivalenz in Zusammenhang mit Objekten, statt sie zu spalten. Vielleicht sollte ein Diagramm, das eine wirklich nicht integrierte Person darstellt (wie ich es 1981a gezeichnet habe), keine Linie, sondern eine definierbare Kluft zwischen den beiden Hälften des Kreises aufweisen, so daß es keine wirkliche Ambivalenz, sondern nur noch „Gut" oder „Böse" gibt.

Ein Diagramm, daß die zwei Hälften eines Kreises wohl Seite an Seite, aber nicht als einander berührend zeigt, würde auch Großgruppen darstellen, die in Konflikt miteinander liegen und in der Regel Nachbarn sind. Und es würde auch für unsichtbare Trennungen zwischen verfeindeten Gruppen stehen. Die ehemalige Berliner Mauer, die Grüne Linie in Zypern und das Niemandsland zwischen Nord- und Südkorea stellen etwa eine solche Kluft dar.

Wenn bei Großgruppen, die in Konflikt miteinander liegen, Ängste und Regression zu verzeichnen sind, genügt eine einfache Linie zwischen ihnen nicht, um die Identitäten der Antagonisten zu schützen. Jede Möglichkeit einer gegenseitigen Durchdringung muß abgewehrt werden. Unter belastungs- und spannungsgeladenen Bedingungen gewinnen physische Grenzen eine psychologische Bedeutung. Die Grenze, die als eine Kluft wahrgenommen wird, stellt eine klare Trennung zwischen den zwei Gruppen dar und erlaubt die Illusion, daß es keine Kontaminationen zwischen ihnen gibt. Diese Kluft stabilisiert auch die Projektionen und Externalisationen der eigenen Gruppe auf die andere Gruppe. Und das erklärt, warum es unter Belastungen und Spannungen eine ritualistische intensive Beschäftigung mit physischen Grenzen gibt, die in bezug auf die Identität der Gruppe auch eine psychologische Bedeutung gewinnen.

Während die physische Grenze zwischen den Vereinigten Staaten und Kanada flexibel und durchlässig ist, gibt es unter bestimmten Bedingungen in den Vereinigten Staaten eine Tendenz, wonach man es lieber sähe, wenn es bei der Grenze zwischen den Vereinigten Staaten und Mexiko etwas anders und weniger durchlässig wäre. Während des US-amerikanischen Präsidentschaftswahlkampfes wurden 1996 unter Verweis auf wirtschaftliche Sorgen und Belange Anti-Immigrationssentiments angeheizt, womit die Politiker dazu beitrugen, die Grenze zwischen den Vereinigten Staaten und Mexiko in eine psychologische Grenze zu verwandeln (Suarez-Orozco, 1996).

Wenn die Vertreter gegnerischer Parteien, die jeweils zu Sprechern ihrer eigenen Großgruppenpsychologie werden, in einen Verhandlungsprozeß treten, werden Grenzrituale klar sichtbar. In der offiziellen Diplomatie sind die Vertreter der verfeindeten Gruppen, die an den Verhandlungstisch kommen, von ihren jeweiligen Regierungen angewiesen, ein im voraus konzipiertes diplomatisches Spiel zu spielen, das in Zeitlupe und in einer „zwanghaften" Form durchgeführt wird. Selbst bei diesen Zusammenkünften sind Grenzrituale zu beobachten: Zwischen den Vertretern der beiden Gruppen muß eine psychologische Kluft aufrechterhalten werden.

Bei inoffiziellen Treffen von einflußreichen Personen aus beiden Lagern ist die Befolgung der Grenzrituale jedoch noch besser zu beobachten. Eine dritte, die Verhandlungen fördernde und erleichternde Partei kann zwischen den Vertretern der gegnerischen Parteien eine rhythmische Schwingung zwischen Zusammengehörigkeit auf der einen und Distanzieren auf der anderen Seite beobachten. Ich bezeichne dies als ein *Akkordeonphänomen* (Volkan, 1988, 1997) und nutze die Analogie des Akkordeonspielens, um diese rhythmische Schwingung zu veranschaulichen. Zusammengehörigkeit wird bis zu einem Punkt toleriert, aber allzuviel Nähe erzeugt augenscheinlich Angst, und es ist zu beobachten, wie die Vertreter der gegnerischen Parteien sich emotional und oft auch physisch voneinander trennen (indem sie beispielsweise nicht nebeneinander, sondern einander gegenüber sitzen). In Kapitel 18 werde ich noch näher auf dieses Akkordeonphänomen eingehen.

Die Bedeutung von Ritualisierungen

Klinische Beobachtungen von Ritualisierungen und ritualistischem Verhalten ermöglichen es uns, den Sinn und die Bedeutung von Großgruppenritualen besser zu verstehen, die die Großgruppenidentitäten unterstützen. Bei zwanghaft-besessenen Patienten sind Rituale ein Spiegel einer mentalen Abwehr, mit der ein Individuum sich vor den Ängsten schützt, die aus mentalen Konflikten hervorgehen. Das Ritual des Händewaschens von Lady Macbeth wird oft von Psychoanalytikern als ein Beispiel ritualistischen Handelns zur Reduzierung von Ängsten herangezogen, wobei es im Falle von Lady Macbeth jedoch so ist, daß damit symbolisch ihre Schuldgefühle abgewaschen werden.

Einer meiner Patienten zählte ritualistisch, sobald er mein Büro betrat, wieviele Bücher in meinem Regal standen. Ziel der Übung war, daß er feststellen wollte, ob sich bei der Gesamtzahl der Bücher eine gerade oder ungerade Zahl ergab. Wenn er feststellte, daß es insgesamt vierzig Bücher waren, fühlte er sich entspannt. Diese gerade Zahl vierzig stellte symbolisch ein Gleichgewicht zwischen den entgegengesetzten Kräften seiner Ambivalenz gegenüber seinem brutalen Vater her, dessen Bild auf den Analytiker projiziert wurde. Wenn sich bei der Gesamtzahl der Bücher eine ungerade Zahl ergab, war das symbolische Gleichgewicht verschwunden, und der Patient empfand die Spannung seiner Ambivalenz.

Ein anderer Analysand machte sich das Ritual zu eigen, die Sitzungen bei mir jeweils damit zu eröffnen, daß er jede negative physische und mentale Erfahrung vom vorhergehenden Tag erzählte. Dann erklärte er diese unglücklichen Umstände jeweils damit, daß er auf das schlechte Wetter oder irgendeine traurige Geschichte in der Tageszeitung verwies. Als Kind hatte er in einem Zimmer im Keller geschlafen, wo er allein gelassen worden war, um in sich zu gehen und darüber nachzudenken, warum er sich so unglücklich fühlte, und zu leugnen, daß er von seiner Mutter tatsächlich schlecht behandelt wurde. Als abgelehntes, verstoßenes Kind mußte er seine unglücklichen Gefühle wegerklären, um zu verhindern, daß er seine Feindseligkeit ihr gegenüber direkt herausließ, womit er zugleich die Hoffnung bewahrte, eine „gute Mutter" gehabt zu haben. Als sich während seiner Psychoanalyse seine Übertragungsneurose entwickelte, ging er zu einem Ritual über, das darin bestand, daß er alle schlechten Ereignisse zählte, die sich in letzter Zeit ereignet hatten, und fand dafür die gleichen intellektualisierten Entschuldigungen, die er bemühte, um Ängste aufgrund seines internalisierten Mutterbildes zu vermeiden, das jetzt auf mich projiziert wurde. Aber sein Ritual hatte auch noch ein anderes Ziel. Wenn er mit seiner Liste der negativen Ereignisse und ihren „Gründen" beschäftigt war, schloß er mich von dieser Übung aus. Was zur Folge hatte, daß ich mich in die Einsamkeitsrolle in seiner Kindheit versetzt fühlte, die ihm solche Schmerzen bereitet hatte, und ich empfand Empathie für ihn.

Die Bedeutung der Ritualisierung, die ein Psychoanalytiker bei seinen Patienten und Patientinnen beobachtet, spiegelt im wesentlichen jedoch Bemühungen im Umgang mit Ängsten wider, die auf unbewußte mentale Konflikte des

Patienten zurückzuführen sind, auch wenn solche Rituale vielleicht indirekt auch andere Botschaften vermitteln können, wie etwa im Falle jenes Patienten, der mich unbewußt „zwang", mir seine Kinderschuhe anzuziehen und Empathie für ihn zu empfinden.

Großgruppenrituale beziehen sich, wie ich bereits angedeutet habe, auf den Umgang mit Ängsten, die durch Bedrohungen einer geteilten Identität hervorgerufen werden. Die Bedeutung solcher Rituale kann weiter veranschaulicht werden, wenn wir die, wie Erikson (1977, dt. 1978) es nannte, „Ritualisierung des Alltagslebens" untersuchen. Erikson verglich seine psychoanalytische Sicht der Ritualisierung im Alltag mit der Meinung von Verhaltensforschern, denen zufolge die Ritualisierung in der Tierwelt dazu dient, unzweideutige Signale zu übermitteln, um fatale Mißverständnisse zu vermeiden. Im Gegensatz dazu gab Erikson uns zu verstehen, daß die Ritualisierung beim Menschen die Funktion hat, ihm bei der Überwindung seiner Ambivalenz zu helfen oder sie zumindest erträglich zu machen. Er war der Auffassung, daß die Ritualisierung im Grunde ein positives Phänomen ist, eine Variante der Begrüßung, mit der die Mutter auf die Anwesenheit des Kindes eingeht und damit das Selbstgefühl des Kindes nährt und zugleich ihr eigenes Selbstgefühl als Mutter unterstützt.

Vor dem Hintergrund des Verständnisses, wie sich die Ritualisierung des Alltags von den wiederholten Begrüßungen, die das Kind seitens der Mutter erfährt, weiterentwickelt, verfolgte Erikson die von der Kindheit bis ins Erwachsenenalter zutage tretenden Spielformen und beschrieb, wie sie zu irreversiblen Handlungen wurden. Die „Mikrosphäre des Spieltisches und Sportplatzes" reicht in „die Makrosphäre ‚politischen' Konflikts" hinein (S. 56). Eine der Manifestationen des Spiels ist die Nutzung des Rituals im Alltag – eine „Ritualisierung im besten Sinn", wie Erikson meinte, die „in einer lebensfähigen kulturellen Umwelt ... eine *kreative Formulierung* [repräsentiert], die sowohl *impulsiven* Überschwang als auch *zwanghafte* Selbstbeschränkung verhindern hilft, soziale Anomie ebenso wie moralistische Unterdrückung" (S. 66).

Klar, daß Erikson hier auch von den Ritualisierungen im Alltag spricht, die von den Mitgliedern einer Großgruppe geteilt werden. In solchen Aktivitäten sieht er jedoch auch einige negativen Aspekte. Eines der negativen Ergebnisse der gemeinsamen Ritualisierung des Alltagslebens führt zu Entzweiungen unter den Menschen. Erikson gelangte zu der Feststellung, daß ein Neugeborenes, das – in gewissen Grenzen – potentiell in jeder beliebigen ethnischen Gesellschaft zurechtkommen könnte, als Voraussetzung dafür in seiner Entwicklung durch Familienrituale für das Erwachsenenleben in einer bestimmten Gesellschaft „trainiert" werden muß; bei diesem Prozeß werden unweigerlich Vorurteile absorbiert, die dazu führen, daß sehr kleine Unterschiede wichtig werden und einen Befremdungseffekt haben und somit dem entgegenwirken, daß das Individuum die Bedeutung generischer Menschlichkeit ganz begreift. Darüber hinaus werden die Ritualisierungen im Alltag auch dazu genutzt, um Gefühle von Wertlosigkeit auf Außenstehende zu projizieren. Diese Funktion ist in der Adoleszenz festzustellen, wenn die verschiedenen Bestätigungsrituale wie „eine zweite Geburt" wirken, indem alle Kindheitsidentifikationen zu einer breiteren Weltanschauung integriert und alle Glaubenssysteme, Wünsche und Bilder, die unerwünscht geworden sind, als ideologisch fremd herauskristallisiert werden. Diese unerwünschten Komplexe werden dann bewußt oder auch nicht bewußt der „niedrigeren" Spezies von Menschen (Rassismus) oder anderen Fremden zugewiesen. Kafka (1983) behauptete, daß es bei Ritualen und ritualistischen Posen stets um Grenzziehungsfragen geht, wie etwa die Grenzen, die zwischen dem Individuum und der Gruppe gezogen werden, zwischen dem, was innerhalb und was außerhalb ist, zwischen dem Konkreten oder dem Konkretisierten – dem Räumlichen und dem psychologisch Zeitlichen. Wobei ich hinzufügen möchte, daß die Ritualisierung sich auch auf die Grenze zwischen Großgruppen bezieht, insbesondere wenn die Rituale von den Mitgliedern beider Großgruppen geteilt werden.

Solange die Rituale und ritualistischen Posen, die dazu dienen, Gruppen voneinander zu trennen, spielerisch sind, haben sie eine positive Funktion, indem sie Aggressionsderivate unter Kontrolle halten und die Gruppenidentität fördern. Wenn jedoch die Spannung zwischen den konkurrierenden Gruppen wächst, verlieren die Rituale zunehmend ihre spielerische Qualität. Wenn positive Rituale aufgegeben werden, werden sie durch neue und nicht-so-spielerische ersetzt, wie etwa durch Rituale, die zur Vorbereitung von Kriegen oder zu Kriegen selbst gehören. Die sogenannten Abschreckungstheorien, die während des Kalten Krieges hochgehalten wurden, können selbst als Großgruppenrituale gesehen werden, wie sie unter Belastungen und Spannungen üblich sind (siehe Kapitel 2). Solche Theorien führen auch zu ritualistischen Handlungen, wie dem Bau von mehr und mehr Nuklearwaffen während des Kalten Krieges, der eine Eigendynamik entwickelte. Die Phantasien, die bei der Entwicklung dieser Theorien im Spiel waren, wurden vergessen. McCGwire (1984) erläuterte recht ausführlich, daß bei den rüstungsstrategischen Debatten in den 1950ern zum Beispiel anerkannte Sowjetologen fehlten. Bei diesen Debatten wurden die Theorien über einen möglichen Atomkrieg vor dem Hintergrund der Annahme aufgestellt, daß die Sowjets die Absicht hätten, Europa zu erobern, wobei dann überlegt wurde, wie sie sich unter bestimmten Umständen verhalten würden. Die an diesen Debatten Beteiligten hielten sich, wie MccGwire uns erzählt, selbst für realistische Denker, dabei dachten sie abstrakt, in einem politischen Vakuum. Sie gingen von einem Strategen aus, der in „Spieltheorien" (Ritualen) dachte, und das führte zu Erwägungen des denkbar schlimmsten Falles, von *worst-case*-Szenarien, die nur teilweise der Realität entsprachen.

Maligne Ritualisierungen und Kriege

Wenn es auf der Großgruppenebene zu einer Regression kommt, wird der Feind mehr und mehr als ein Stereotyp negativer Qualitäten wahrgenommen. Der Feind wird dämonisiert, behält aber dennoch einige menschlichen Qualitäten. Bei der schlimmsten Form der negativen Stereotypisierung wird der Feind entmenschlicht (Bernard, Ottenberg und Redl, 1973). In Ruanda bezeichneten die Hutu die Tutsis zum Beispiel zunächst als das Böse und fingen später dann an, sie als *cafards*, als Schaben, zu titulieren (de Swann, 1996). Moses (1990b) fügt dem eine logische Schlußfolgerung hinzu: Eine Gruppe verliert durch die Entmenschlichung einer anderen Gruppe ihre eigene Menschlichkeit, da sie sich ansonsten anderen gegenüber nicht so grausam verhalten könnte.

Eine Gruppe, die eine andere Gruppe entmenschlicht, verhält sich in einer Weise so primitiv, daß das Verhalten in gewisser Hinsicht den Gefühlen eines Kindes gegenüber einem nicht-menschlichen oder leblosen „bösen" passenden Reservoir der externalisierten Bilder ähnelt. Wenn eine feindliche Gruppe in ein solches Reservoir verwandelt wird, verbreitert sich die psychologische Kluft zwischen den gegnerischen Gruppen; um die entmenschlichenden geteilten Ängste der Gruppe zu kontrollieren, werden die psychologischen Grenzen fester etabliert.

Auch das Prinzip der Aufrechterhaltung des Nicht-Gleichseins wird durch die Regression einer Großgruppe beeinflußt. Bei einem zwanglosen Austausch zwischen Anna Freud und Joseph Sandler (Sandler und Freud, 1983) sagte erstere: „Wir wissen, daß bei verfolgten Minderheiten, an denen Greuel verübt werden, den Greueln ein Entzug des Gefühls des Gleichseins [von seiten des Täters] vorangeht" (S. 67). Sie bezeichnete diesen Vorgang als eine Art von entmenschlichendem Prozeß, der auf das Opfer angewandt wird – in diesem Fall die zu verfolgende Minderheit. „Ohne diesen vorausgehenden Entzug oder diese vorausgehende Grenzsetzung", fügte sie hinzu, „hätte das, was geschehen ist, aufgrund von Sympathiegefühlen und Empathie und dem Gefühl des Gleichsseins, die erstickt und zunichte gemacht werden müssen, nicht geschehen können" (S. 67).

Ihre Beschreibung von diesem Prozeß trifft nicht nur für konfliktreiche Beziehungen zwischen Gruppen innerhalb von Staaten, sondern auch für Konflikte zwischen Staaten zu. Wir können sagen, daß eine Gruppe, die eine andere bedroht, diese als Feind betrachtete Gruppe auf einer Ebene zu etwas Minderwertigem macht, um Schuldgefühle zu vermeiden, daß man sie tötet, und um das geteilte, jedoch regredierte Moralitätsgefühl zu schützen. Es gibt jedoch auch noch ein tieferes Motiv: Die Gruppe, von der die Drohung ausgeht, verfolgt damit zunächst einmal das Ziel, für die Gruppe wie auch für die einzelnen Mitglieder psychologische Grenzen zu errichten, um der aus der unbewußten Erwartung entstehenden Angst zu entgehen, daß das, was externalisiert und projiziert wird, auf einen selbst wieder zurückschlägt.

Wenn maligne Rituale fortbestehen und Verhandlungen eine wachsende Krise zwischen Staaten nicht lösen können, kann eine Dämonisierung zum Krieg führen. Eine extreme Entmenschlichung des Feindes und/oder seines Führers oder seiner Führer kann zu der Forderung führen, daß der Feind eliminiert werden muß, um die Menschheit (und die Großgruppe selbst) vor der Gefahr zu retten, die von ihm ausgeht. Diese psychologischen Reaktionen, die oft inhärenter Bestandteil der Dynamik in der Interaktion von verfeindeten Großgruppen sind, gibt es jedoch nicht, ohne daß zugleich auch realistische, greifbare Sorgen und Ambitionen etwa im Sinne von territorialen Eroberungen, strategischen Sicherheitsforderungen oder ökonomischem Wohlstand vorliegen; sie entwickeln sich jedoch parallel zu diesen praktischen Kriegsursachen. Die weitreichenden logistischen Vorkehrungen, Analysen und Planungen, die mit der Vorbereitung oder Initiierung eines Krieges verbunden sind, können jedoch die Aufmerksamkeit von den begleitenden psychologischen Prozessen ablenken.

Technologische Fortschritte in der Militärwissenschaft verdunkeln vielfach die Rituale und den sportsmännischen Einsatz aller Mittel, der Teil des „aktiven Kerns" eines Krieges ist. Erikson (1977, dt. 1978) fand, daß sowohl in Kriegsspielen als auch bei der Kriegführung selbst „Gruppen von Männern" mit einer „gewissen Sportlichkeit ... zum unmittelbaren Fronteinsatz gerufen [wurden], angetan mit einem Federschmuck, der ein gewisses Artbewußtsein ausdrückte, und angeführt von auserwählten Führern, um genau bezeichnete gemeinsame Vernichtungsaktionen unter ehrenvollen Bedingungen und zu irgendwelchem höheren Ruhm durchzuführen" (S. 60). Im Golfkrieg sorgte der Einsatz innovativer Technologien dafür, daß der Krieg einem elektronischen Kriegsspiel ähnelte, das an Automaten gespielt wird.

Wenn wir Kriege aus der Perspektive von Spielen und Großgruppenritualen untersuchen, überrascht es nicht, wenn wir feststellen, daß sie von Individuen und Großgruppen als ich-syntone Aktivitäten gesehen werden können und oft gesehen werden. Zunächst einmal lösen sie beim einzelnen eine Entladung des Aggressionstriebes ohne Schuldgefühle oder als solche empfundene Schuld aus, es ist eine angenehme, lustvolle Erfahrung, eine Weile zumindest. Darüber hinaus werden die psychische Grenze und die Identität des Individuums – im Gegensatz zur Grenze des Feindes und den wahrgenommenen „bösen" Feindbildern – fester gewahrt. Seine Identifikation mit den Mitgliedern seiner Großgruppe wird verstärkt. Das Zugehörigkeitsgefühl und der Gruppennarzißmus (der den Narzißmus des einzelnen absorbiert) wachsen. Auch wenn sie die Opfer waren, sprachen die Kuwaitis nach der Befreiung mit einer „Nostalgie" von der irakischen Okkupation, da, wie bereits an früherer Stelle erwähnt, ihre Großgruppenidentität dadurch gefördert worden war.

Sobald es zu Kriegen kommt, sind die meisten Mitglieder der Gruppe erfüllt von Patriotismus, Hingabe und Treue zu ihren Ländern. Jones (1915) meinte seinerzeit, daß der Patriotismus drei Quellen entsprang: „den jeweiligen Gefühlen zum Selbst, zur Mutter und zum Vater." Wobei er der Meinung war, daß die letztgenannte die wahrscheinlich am wenigsten wichtige war. Das Staatsoberhaupt kann jedoch unbewußt als der Vater und der Staat als das Land des Vaters wahrgenommen werden. Jones glaubte, daß die Gefühle gegenüber der Mutter wichtigere Komponenten in der Liebe sind, die man für das eigene Land empfindet, und das Land wird in der Regel als weiblich aufgefaßt. In einem Kommentar, der den modernen psychoanalytischen Sichtweisen des Selbst nahekommt, fügte er hinzu, daß der Staat selbst letztendlich ein idealisiertes Selbst repräsentiert. Somit ist in dem Aufsatz von Jones also der Vorläufer der Idee von der Verbindung zwischen der individuellen Identität und der Großgruppenidentität und deren Verknüpfung miteinander zu finden, wie sie in diesem Buch beschrieben werden.

In den letzten Jahrzehnten hat der Verbreitungsgrad von massiven Kriegen zwischen souveränen Staaten, die die erste Hälfte des zwanzigsten Jahrhunderts charakterisierten, scheinbar deutlich abgenommen. Dieser Wandel war jedoch nicht auf einen Wandel in der Psychologie der Menschen, sei es auf der individuellen oder Gruppenebene, zurückzuführen. Er ist vielmehr mit dem Einfluß von Veränderungen in der äußeren Welt zu erklären. Inzwischen bieten internationale Organisationen wie die Vereinten Nationen ein Forum, auf dem Probleme ausgetauscht und Lösungen für zwischenstaatliche Konflikte gesucht werden können. Zudem werden durch wirtschaftliche Verflechtungen auch Wege für eine nicht-maligne Interaktion geebnet. Und nicht zuletzt haben die Eliten und Führer inzwischen dank der raschen Verbreitung von Nachrichten durch die moderne Informationstechnologie vieles an Macht eingebüßt, die sich früher auf das Mittel der Propaganda, auf Desinformationen und Manipulationen stützen konnten, wenn es darum ging, ihre Länder von der Notwendigkeit zu überzeugen, ihre Söhne und Töchter in den Krieg zu schicken.

Da sich die menschliche Psychologie jedoch nicht verändert hat, gibt es auch weiterhin Massengewalt, auch wenn sie derzeit mehr innerhalb von Staaten als zwischen Staaten ausgeübt wird. Die Psychodynamiken des Krieges, die ich in diesem Kapitel beschrieben habe, sind nach wie vor in Ländern wie dem ehemaligen Jugoslawien, in Ruanda und vielen anderen zu finden. Obwohl die internationale Gemeinschaft möglicherweise die einem Bürgerkrieg vorangehenden Symptome erkennt, zeigen zahlreiche Beispiele aus jüngster Zeit, daß es jedoch kaum etwas gibt, was getan werden kann, das nicht als Einmischung in die Souveränität eines Staates betrachtet wird.

14. Trauern, Politik und Diplomatie

Bei der Umkehrung der malignen und gefährlichen Rituale zwischen Großgruppen und der spielerischeren Gestaltung dieser Rituale sind die Psychodynamiken des Trauerns mit im Spiel. Die Trauer ist eine unwillkürliche menschliche Reaktion auf Veränderungen, die eintritt, wenn der Verlust von Menschen, Besitz und Idealen droht oder tatsächlich eingetreten ist. Wenn diese Reaktion ihren „normalen" Verlauf nimmt, kommt es letztlich zu einer wahren Annahme des Verlustes oder der Gefahr des Verlustes. Dann ist etwas gewonnen. Nach der schmerzlichen Erfahrung der Trauer befreit das Individuum sich von der intensiven Verhaftung gegenüber den geistigen Bildern von dem Verlorengegangenen und wird in die Lage versetzt, neue Bindungen zu entwickeln. Auch die Mitglieder einer Gruppe betrauern kollektiv geteilte Verluste.

Die Unfähigkeit oder Schwierigkeit einer Gruppe zu trauern ist ein Schlüsselfaktor bei der Entwicklung von gewählten Traumata. Die Beziehungen und Aktivitäten von Verbündeten und Feinden werden auch von Schwierigkeiten begleitet, in Zusammenhang mit aktuellen Bedrohungen und tatsächlichen Verlusten zu trauern. Solche Schwierigkeiten können zu einer politischen Kraft werden. Da die Frage des Trauerns oft in „Uns-und-Sie"-Beziehungen wie in der Politik und Diplomatie auftaucht, komme ich nochmals auf dieses Thema zurück, um es näher zu untersuchen. Ehe ich jedoch auf die Gruppentrauer eingehe, möchte ich zunächst mit einer Untersuchung des Trauerprozesses bei Individuen beginnen.

Individuelle Trauer

Ein Kind lernt in seinem zweiten Lebensjahr durch die Entwicklung einer, wie es in der Psychoanalyse heißt, *Objektkonstanz* (Hartmann, 1952, dt. 1972) das Alleinsein zu tolerieren – wonach die geistige Vorstellung vom Objekt wie der Mutter nun auch bei Abwesenheit des Objektes fortbestehen kann. Vor der Entwicklung der Objektkonstanz wird davon ausgegangen, daß das Kind unfähig ist, eine Beziehung zu der geistigen Vorstellung von einer Person oder einer Sache (dem Objekt) aufrechtzuerhalten, wenn das Kind Frustrationen erfährt, und wenn die konkrete Person oder Sache abwesend ist.

Die Fähigkeit eines Erwachsenen, geistige Bilder oder Vorstellungen von anderen in sich wachzuhalten, ermöglicht es ihm, innere Beziehungen mit anderen aufrechtzuerhalten, die häufig oder über lange Zeiträume hinweg abwesend sind. Die Beziehung zwischen der Selbstvorstellung einer Person und den geistigen Bildern oder Vorstellungen von anderen ist nicht statisch, sondern dynamisch und somit kompliziert. Oft wird sie durch den konkreten und bedeutungsvollen Kontakt mit dem abwesenden anderen gestärkt oder modifiziert. Diese Beziehungen können mit Phantasien besetzt und mit unrealistischen Erwartungen von Wunscherfüllungen durch denjenigen belastet sein, der das Bild oder die geistige Vorstellung von dem abwesenden anderen in sich trägt. Derjenige, der diese Bilder oder Vorstellungen in sich trägt, kann sich mit einigen dieser Bilder von dem anderen identifizieren und möglicherweise wie diese Bilder werden. Ein Erwachsener trägt auch einige Objektbilder oder -vorstellungen in sich, die in der Kindheit gebildet wurden, und nutzt sie im Zweifel später als realistische oder phantasierte Kriterien bei der Bildung von Liebes- oder Haßbeziehungen – das heißt, daß eine Person aufgrund ihrer Ähnlichkeit mit einer früh im Leben entwickelten Objektvorstellung in die Kategorien für Liebe oder Haß eingeordnet werden kann. Wenn die Gefahr besteht, eine solche Person zu verlieren, oder man sie tatsächlich verliert, ist auch das Schicksal der in der Kindheit gebildeten Objektbilder und -vorstellungen bedroht. Dies sind nur einige der möglichen Komplexitäten, die bestehen können, wenn psychologische Beziehungen bei einer physischen Trennung oder drohenden Trennung fortbestehen.

Abhängig von den Umständen, die die Trennung begleiten, kann ein Erwachsener, der von jemandem getrennt wird, der wichtig für ihn war, Gefühle empfinden, die auf den Trennungserfahrungen aus seiner frühen Kindheit beruhen. Solche Reaktionen werden besonders kompliziert, wenn der Verlust durch den Tod des anderen herbeigeführt wurde. Dann ist der Hinterbliebene nicht nur mit dem physischen Verlust, sondern auch mit der Notwendigkeit konfrontiert, sich mit dem Gewicht der Bedeutung auseinanderzusetzen, das dem Bild oder der Vorstellung von dem anderen beigemessen wurde.

Es würde hier über mein Ziel hinausgehen, die Trauer in der Kindheit zu untersuchen, ehe oder kurz nachdem eine Objektkonstanz etabliert wurde, oder detaillierter auf die Trauer in der Adoleszenz einzugehen, obgleich ich bereits darauf hingewiesen habe, daß die Adoleszenz (siehe Kapitel 3) ein Paradigma für die Erwachsenentrauer bietet (Wolfenstein, 1969). Der Adoleszent gibt in dem Zuge, wie er Bilder oder Vorstellungen von neuen anderen Personen erwirbt und neue Aspekte bei seinen Eltern sieht und sich sein Horizont in dieser Lebensphase erweitert, Aspekte der internalisierten Eltern auf, verliert oder modifiziert sie.

Der Trauerprozeß eines Erwachsenen nach dem Tod von jemandem, den er liebte oder haßte, ist genau beobachtet und hinreichend dokumentiert worden.

Er verläuft in Phasen, von denen die erste, die Krisenphase – die in den ersten Monaten nach dem Tod eintritt – durch Schock, Ungläubigkeit und Schmerz gekennzeichnet ist, wobei die individuellen Reaktionen verschieden sind. Der Schmerz kommt von der Suche nach, aber dem Nichtfindenkönnen des verlorenen Menschen. Das Zutagetreten von Wut in dieser ersten Phase ist psychologisch äußerst wichtig; sie ist im Grunde ein Aufschrei der Empörung und Entrüstung: „Wie konntest du es wagen, mich zu verlassen!" Diese Wut kann verlagert und zum Beispiel gegen einen Arzt oder Verwandten gerichtet werden. Aber sie bestätigt in jedem Fall, ob sie direkt ist oder verlagert wird, die Realität des Todes und ist eine Anerkennung der Trennung.

Die zweite Phase, die das ganze erste Jahr oder auch die ersten zwei Jahre nach dem Tod anhalten kann, nutzt eine Vielzahl adaptiver Mechanismen, um die Erfahrung des Verlustes mit der Realität zu integrieren, damit das Leben weitergehen kann (Pollock, 1989). Genau wie Pollock setze ich diese längere Phase mit Freuds (1917b) „Trauerarbeit" gleich, die eine langsame Rückschau und Überprüfung der Beziehung mit dem Verstorbenen und seinen Bildern oder geistigen Vorstellungen mit einschließt. Im Zuge dieser Überprüfung wird eine anfänglich regressive Desorganisation durch eine neue innere Organisation ersetzt, die in der Lage ist, die Realität umfassender zu prüfen, um die Bestätigung zu erhalten, daß der Tod mit all seinen psychologischen Implikationen tatsächlich eingetreten ist.

Eine Untersuchung, was der Trauernde mit seinen Bildern oder Vorstellungen von dem Verstorbenen macht, ist besonders aufschlußreich. Bei der Trauerarbeit ruft der Trauernde sich endlos Erinnerungen an den Verstorbenen und die Erfahrungen in Erinnerung, die er mit ihm gemacht hat. Diese Erinnerungen werden von Emotionen begleitet, die jeweils angemessen für die konkreten Erinnerungen sind – Lachen und häufiger noch Schmerz. Dieser Schmerz ist anders als der in der ersten Trauerphase; er wird durch die Bewußtmachung hervorgerufen, daß die verstorbene Person für immer weg ist. Die Erinnerungen an den Toten werden in einem Prozeß wieder gesammelt, der vergleichbar mit dem Sichten und Ablegen von Hunderten von Fragmenten eines großen Dokumentes ist. Der Trauernde ist diesen Bildern oder Vorstellungen von dem Verstorbenen zeitweilig sehr stark verhaftet, bis die Trauerarbeit ein „praktikables" Ende erreicht, von dem man sagen kann, daß es einen gangbaren Kompromiß mit der Realität darstellt, wonach die Trauer, zumindest in der Theorie, nie wirklich zu Ende ist. Unser ganzes Leben bewahren wir Bilder oder Vorstellungen von Toten in uns und beziehen uns darauf. Das praktikable Ende ist erreicht, wenn der Trauernde nicht mehr buchstäblich genötigt ist, sich Bilder oder Vorstellungen von dem Toten in Erinnerung zu rufen, sie zu prüfen und affektiv darauf zu reagieren, außer bei besonderen Anlässen wie Jahrestagen, Gedenktagen oder besonderen Tagen, die bestimmte Ereignisse markieren – Heirat, der Geburt eines Kindes oder wenn vielleicht der innige Wunsch aufkommt: „Wenn meine Mutter doch nur dieses schöne Baby sehen könnte, das genau ihre Augen hat!"

Tähkä (1984, 1993) spricht von *Erinnerungsbildung*, ein Begriff, der sich auf den geistigen Prozeß bezieht, durch den eine Person, die vorher in der äußeren Welt als existent erfahren wurde, zu einer Erinnerung an den toten Menschen – oder Besitz – wird. Tähkä (1984) sagt: „Bei diesem Prozeß verändert sich die Natur der Objektvorstellung, so wie ein Objekt, das zur Gegenwart und zum Äußeren gehört, sich zu einem verändern würde, das zur Vergangenheit und in den Bereich der Erinnerungen gehört" (S. 17f). Er betrachtet die Erinnerungsbildung als eine Form der Internalisierung. Äußere Interaktionen mit dem Verstorbenen werden jetzt durch eine innere zukunftslose Vorstellung von ihm ersetzt. Wie Tähkä (1993) feststellte, „ist die Erinnerungsbildung möglich, sobald Objekte keine Primärentwicklungsobjekte mehr repräsentieren, deren *Verlust* somit ertragen und deren Bild als die Vorstellung von einem vergangenen Objekt gespeichert werden kann" (S. 141).

Im Zuge der Trauer ergeben sich auch noch andere Internalisierungen. Klinische Beobachtungen haben gezeigt, daß sich bei einem „normalen" Verlauf der Trauer neben der Erinnerungsbildung eine *selektive* Identifizierung mit der Vorstellung von dem Verstorbenen ergibt. Mit anderen Worten, der Trauernde übernimmt unbewußt, aber selektiv bestimmte Funktionen oder Verhaltensmuster des Verstorbenen und macht sie sich zu eigen, womit er das Repertoire seiner psychologischen und sozialen Fähigkeiten bereichert. Wenn der durch den Verlust ausgelöste schmerzliche Prozeß abgeschlossen wurde, wird der Verlust in einen substantiellen Gewinn umgewandelt. Diesen Prozeß können wir zum Beispiel bei dem sorglosen Sohn eines Geschäftsmannes sehen, der sich um nichts kümmerte und mit dem Tod seines Vaters die Verantwortung oder Leitung eines Geschäftes übernimmt.

Komplikationen beim Trauerprozeß eines Individuums

Nicht alle Trauerprozesse nehmen jedoch einen normalen Verlauf. Komplikationen können sich entweder in der anfänglichen Krisenphase der Trauer oder bei der Trauerarbeit ergeben. Die klinische Erfahrung mit Patienten hat uns einige der typischen Gründe bewußt gemacht, warum der Trauerprozeß psychologisch negativ beeinflußt wird (Fenichel, 1945, dt. 1974-1977; Volkan,

1981b; Volkan und Zintl, 1993). Wenn der Tod plötzlich, unerwartet oder auf grausame Weise eintritt, kann dies bei dem Trauernden einen Zustand hervorrufen, der einer traumatischen Neurose gleicht und rasch seine üblichen Bewältigungs- und Anpassungsmechanismen überwältigt. Dieses Ergebnis wird insbesondere verschärft, wenn der Tod auf grausame Weise eingetreten ist, da der Trauernde in diesem Fall möglicherweise nicht in der Lage ist, die normale Wut der ersten Trauerphase zu erfahren. Die Wut wird mit der gewaltsamen Todesart verbunden, so daß der Trauernde möglicherweise unbewußt glaubt, seine Wut sei die Todesursache gewesen. Andere Verluste wie Prestigeverlust und der Verlust der Fähigkeit, auf einem hohen Niveau zu funktionieren, können mit einem Gefühl der Scham und Demütigung verbunden sein. Auch diese Verluste verursachen ein Trauma.

Frühzeitige komplizierte Reaktionen auf den Tod können – oder vielleicht auch nicht – zu Komplikationen bei der Trauerarbeit (der zweiten Phase) führen. Wir wissen, daß der Trauernde mit einer abhängigen Persönlichkeit zu einer ambivalenten Beziehung zu dem Toten neigt (zum Beispiel Wut auf ihn empfindet, weil er ihn so sehr braucht) und anfällig für Schwierigkeiten bei der Trauerarbeit ist. Ein anderer Trauernder idealisiert den Verstorbenen vielleicht so sehr, daß er ihn nicht „töten" kann, und auf diese Weise kann der Trauerprozeß zum Stillstand gebracht oder kompliziert werden. Ebenso kann der Trauernde auch zu wütend auf den Verstorbenen sein, um wegen ihm zu trauern, in dem Falle möchte er ihn unbewußt als Zielscheibe für seine Wut „am Leben halten". Man muß die Psychodynamik des Individuums kennen, um diese atypischen Reaktionen zu verstehen.

Wenn sich die Trauerarbeit kompliziert, identifiziert der Trauernde sich sowohl mit geliebten wie gehaßten Bildern von dem Verstorbenen, statt sich selektiv (unbewußt) mit den geliebten und bewunderten Zügen des Verstorbenen zu identifizieren. Die Aufnahme und Absorption sowohl geliebter als auch gehaßter Bilder wurden als *in toto* Identifikationen bezeichnet (Ritvo und Solnit, 1958; Smith, 1975). Die ursprüngliche Ambivalenz, die gegenüber der Person in der äußeren Welt nach ihrem Tod empfunden wurde, wird innerhalb der Selbstvorstellung des Trauernden erfahren, die dann zum Schlachtfeld wird. Wie Abraham (1916) und Freud (1917b) vor langer Zeit gezeigt haben, ist das Endergebnis einer solchen Identifikation eine Depression.

Manchmal übernimmt der Trauernde auch die Bilder oder Vorstellungen von dem Toten, identifiziert sich jedoch nicht mit ihnen, sondern empfindet sie vielmehr als einen „Fremdkörper" in sich. Ein solcher Fremdkörper wird als *Introjekt* bezeichnet. Die Bildung eines Introjekts von dem Verstorbenen erlaubt es dem Trauernden, den Trauerprozeß hinauszuschieben. Der Trauernde wird ein *ewiger Trauernder* (Volkan und Zintl, 1993). Ein ewiger Trauernder kann in sich das Gesicht und die Stimme eines toten Bruders heraufbeschwören, mit dem er gelegentlich ein Selbstgespräch führt. Im Unterschied zu Tähkäs Erinnerungsbildung, bei der die Bilder oder Vorstellungen von dem Toten sich als neutrale Einheiten entwickeln, reagiert der Trauernde auf das Introjekt, als könnte von ihm eine unabhängige Kraft ausgehen, um den Trauernden zu belohnen und seine Wünsche zu erfüllen, als operierte er wieder in einem normalen Raum- und Zeit-Rahmen. Der ewig Trauernde kämpft mit zwei Illusionen: Daß er das Introjekt für immer begraben kann und daß er es weiterhin zum Leben erwecken kann. Er kann mit ihm nur als einem aktiven Introjekt umgehen, einem Objektbild (oder einer -vorstellung), das nie eine ganze Identifikation zuläßt, obwohl es sich darum zu bemühen scheint.

Die Aufrechterhaltung eines Introjekts ist jedoch nicht das einzige Mittel, womit ein ewig Trauernder in Kontakt mit demjenigen bleibt, um den er trauert. Er mißt irgendeinem greifbaren Objekt oder einem nichtgreifbaren Phänomen wie einem Lied die magische Fähigkeit bei, auf äußerem Wege den Kontakt mit den Bildern oder Vorstellungen von dem Toten herzustellen. Ich bezeichne diese als *verbindende Objekte* und *verbindende Phänomene* (Volkan, 1972, 1981b). Sie sind eine nützliche diagnostische Indikation für das ewige Trauern, ein Beleg, daß hier nicht nur eine bestimmte Art eines Internalisierungsproduktes, das Introjekt, vorliegt, sondern auch noch ein anderes, das aus der Externalisation der Bilder oder Vorstellungen von dem Toten entstanden ist und mit den entsprechenden Bildern oder Vorstellungen vom Selbst verbunden ist. Ein verbindendes Objekt ist somit etwas tatsächlich Gegenwärtiges in der Umwelt, das psychologisch sowohl durch verschiedene Aspekte des Toten als auch durch die Selbstbilder oder die Selbstvorstellung desjenigen kontaminiert ist, der um ihn trauert.

In ihren pathologischen Formen wecken verbindende Objekte zutiefst ambivalente Reaktionen. Sie sind keine vorteilhaften, angenehmen Andenken, die dem Leben des Hinterbliebenen förderlich sind, da sie in dieser oder jener Form mit konfliktbeladenen Aspekten des Verstorbenen und des Hinterbliebenen behaftet sind. Sie ziehen den Hinterbliebenen in einen ewig währenden Kampf.

Ein junger Mann bewahrte eine alte defekte Kamera mit einem Verschlußauslösungsmechanismus auf, der wie eine Spritze am Ende eines Drahtes aussah. Dieser Apparat diente ihm als ein greifbares Objekt, das ihn mit seinem toten Vater verband. Sein Vater war lange krank gewesen, und der junge Mann hatte ihm regelmäßig Spritzen gegeben. Dieses verbindende Objekt wurde symbolisch ein Berührungspunkt für die Repräsentanz des Sohnes, der zu seinem sterbenden Vater eine extrem ambivalente Beziehung gehabt hatte, und für die Repräsentanz von dem kranken Mann selbst. Der junge Mann hob die Kamera jahrelang an einem besonderen Platz auf. Er ließ sie nie reparieren, da das praktisch der Wiederherstellung des Lebens seines Vaters gleichgekommen wäre; er warf sie nie weg, da das mit einer „Tötung" seines Vaters gleichzusetzen gewesen wäre. Statt dessen verharrte er in einer Art Schwebezustand, in dem er den toten Mann sowohl „wiederbelebte" als auch „tötete."

Verbindende Phänomene haben die gleiche Funktion wie in einem Fall, wo ein Lied das verbindende Phänomen war. Viele Jahre, nachdem ihr Vater mit einem Kopfschuß Selbstmord begangen hatte, kam die Patientin zur Psychoanalyse. Sie hatte eine extrem konfliktgeladene Beziehung zu ihm, und sie begann ihre Psychoanalyse mit Symptomen, die auf eine komplizierte Trauer hinwiesen. Diese Symptome hatten am Tag der Beerdigung ihres Vaters angefangen. Es war stürmisches Wetter, und als sein Leichnam bei strömendem Regen in die Erde hinabgelassen wurde, war der jungen Frau ein Lied in den Sinn gekommen: „Raindrops Keep Falling on My Head." Sie konnte den Song nicht mehr loswerden; er blieb den ganzen Tag über und Jahre lang danach als ein verbindendes Phänomen bei ihr. Es schloß Schichten über Schichten von Aspekten ihrer Beziehung ein – ihre traumatische und gewaltsame Beendigung, der zerschossene Kopf ihres Vaters, ihre Tränen, ihr Song, daß der Regen, der auf sie beide – die Lebende und den Toten – fiel, sie beide in einer greifbaren und eigensinnigen Weise miteinander verband.

Nicht jedes Andenken oder Erinnerungsstück, das von einem Trauernden in Ehren gehalten wird, sollte als ein verbindendes Objekt gesehen werden, das einen bedeutsamen Symbolismus und eine bedeutsame Magie besitzt. Worum es mir hier geht, ist, daß das verbindende Objekt als eine äußere Brücke zwischen den Bildern oder Vorstellungen von dem Trauernden und von dem Verstorbenen anerkannt wird, ebenso wie das Introjekt als eine innere Brücke dient. Beide bleiben unter der absoluten Kontrolle des Trauernden, so daß er die Illusion aufrechterhalten kann, den Toten jeweils wieder zum Leben zu erwecken oder ihn zu „töten." Das Ergebnis ist, daß der Trauernde in einer Schwebe zwischen den beiden Möglichkeiten bleibt.

Die Trauer von Individuen in Situationen, wo Großgruppen mit dem Feind interagieren

Trauerprozesse können auch durch unterschiedlichste politische oder militärisch bedingte Realitäten ausgelöst werden. Nachfolgend seien nur einige wenige Beispiele genannt.

Kriegswaisen: Ein Land, das Soldaten im Krieg verloren hat, trauert um den Tod seiner Söhne und Töchter, oft ohne jedes Mitleid für die gleichermaßen Betroffenen auf der Seite des Feindes, die ähnlich schmerzliche Verluste erlitten haben. Der tote Soldat wird möglicherweise bis zu dem Punkt idealisiert, an dem es im Zweifel nicht möglich ist, ihn durch einen Trauerprozeß innerlich zu „töten." Anfang der neunziger Jahre wurde auf Initiative einer Frau namens Ann Mix ein US-amerikanisches Netzwerk für Kriegswaisen des Zweiten Weltkriegs, das American World War II Orphans Network (AWON), gegründet (Hadler und Mix, 1998). Mix' Vater war im Zweiten Weltkrieg ums Leben gekommen, als sie noch ein Kind war. In ihren Fünfzigern wurde ihr schließlich bewußt, daß sie ihre Trauer um ihn noch nicht abgeschlossen hatte. Sie fand dann auch andere, Männer wie Frauen, die ähnliche Verluste erlitten hatten, und ab dem fünfzigsten Jahrestag von Pearl Harbor begannen die Waisen, sich jährlich zu treffen. Während es in den Vereinigten Staaten schätzungsweise fünfunddreißigtausend Kriegswaisen aus dem Zweiten Weltkrieg gibt, gehören davon inzwischen immerhin rund eintausend dem Netzwerk an. An den Jahrestreffen nehmen jeweils rund dreihundert Personen teil. Bei diesen Treffen teilen die Teilnehmer sich in kleine Gruppen auf, um ihre Geschichten einander mitzuteilen und miteinander zu teilen. Diese Gespräche in den Kleingruppen sind für sie äußerst hilfreich. Darüber hinaus haben sie als Gruppe Wege gefunden, um Informationen über ihre toten Väter und wie sie ums Leben kamen zu beschaffen. Allein dieses Wissen scheint schon eine heilende Wirkung zu haben. Die Waisen, die zu diesem Netzwerk gehören, haben, so kann man sagen, für sich fünf Jahrzehnte nach ihren Verlusten einen Trauerprozeß in Gang gesetzt.

Wenn Männer im Krieg starben, konnten ihre jungen Frauen, die schwanger waren oder bereits Kinder hatten, in ihrer patriotisch gesinnten Umwelt nicht richtig um sie trauern. Die toten Männer wurden als Helden idealisiert und ihre Frauen oft von den Familien ihrer toten Ehemänner abgelehnt. Da der Staat den Waisen Geld zahlte, bis sie ein bestimmtes Alter erreicht hatten, sorgten die toten Männer symbolisch weiter für ihre Nachkommen. Einige der Witwen heirateten wieder, sie machten aber insgeheim oder offen die Kinder von ihren toten Männern zu etwas „Besonderem", als seien diese Kinder Verbindungen zu ihren idealisierten toten Männern. Die Schwierigkeiten der Mütter, um ihre idealisierten Ehemänner tatsächlich zu trauern, wurde an ihre Kinder weitergegeben.

Ich habe mehrere Jahre lang an einer Reihe von AWON-Treffen und den Gesprächen in den Kleingruppen teilgenommen und etwa zwei Dutzend der Waisen interviewt. Die Mitglieder dieses Waisennetzwerkes sind zwar funktionstüchtige Erwachsene, die Positionen vom Armeegeneral bis zum Grundschullehrer bekleiden, gleichwohl hatte ich den Eindruck, daß bei den meisten von ihnen gewisse Psychodynamiken vorlagen, die denen ähneln, die bei ewig Trauernden zu beobachten sind. Jeder Waise hat sich offenbar auf seine Art diesen Psychodynamiken angepaßt. Frauen schienen in ihren Liebesbeziehungen ihren verlorenen Vater zu suchen – einige der Väter waren sogar schon vor der Geburt ihrer Töchter ums Leben gekommen. Ich stellte fest, daß es bei ihnen verbreitet war, „Vaterfiguren" wie ältere Männer oder Männer zu heiraten, die religiöse Positionen innehatten, die sie zu symbolischen Vätern machten. Viele dieser Frauen hatten mehr als nur einmal geheiratet, was darauf schließen ließ, daß sie im Zweifel das Bild ihres idealisierten Vaters suchten und bei ihren Ehemännern nicht finden konnten. Eine Frau, die ich interviewte, entzog ihrem Mann ihre sexuelle Liebe, da in ihrem Kopf Sexualität mit ihm wie ein Inzest zwischen Vater und Tochter gewesen wäre. Das gleiche wiederholte sie bei ihrem zweiten Mann und begann dann, nachdem sie geschieden war, ein zölibatäres Leben.

Waisenjungen, die nach den idealisierten Bildern ihrer Väter lebten, kamen gut zurecht. Einige hatten zum Beispiel selbst glänzende Karrieren beim Militär vorzuweisen. Andere Männer, die nicht mit den idealisierten Bildern ihrer toten Väter konkurrieren und mithalten konnten, behielten hingegen unterwürfige und depressive Charakterzüge.

Mein Punkt, wenn ich hier kurz auf die AWON-Mitglieder verweise, ist, daß ich aufzeigen möchte, daß wir selbst bei gesellschaftlich gut angepaßten Kriegswaisen des Zweiten Weltkriegs die anhaltenden Nachwirkungen von Kriegsverlusten sehen können. Die AWON-Mitglieder sind zu Trägern von Trauerschwierigkeiten geworden.

Erzwungene Immigration: Flüchtlinge, die gezwungen wurden, ihr Heimatland zu verlassen, müssen den Verlust des Landes, ihres früheren Lebensstils und der Personen betrauern, die sie zurückgelassen haben. Es gibt Unterschiede, wie freiwillige Immigranten und unfreiwillige Immigranten (wie Flüchtlinge), die ihre Heimat erzwungenermaßen verlassen mußten, sich ihren neuen Örtlichkeiten anpassen (Volkan, 1993). Diese Unterschiede beruhen vor allem darauf, wie diese beiden Typen mit ihren Ängsten umgehen. Die erstgenannten erleben zwar Schmerzen, können jedoch mehr oder weniger effektiv trauern. Wenn der Immigrant Erfolg hat, kann er unbewußt Dinge aus der Vergangenheit „selektieren" und sie mit Dingen aus seinem Leben in dem neuen Land zusammenbringen und mischen. Akhtar (1992) betrachtet die Anpassung des Immigranten an ein neues Land als eine *dritte Individuation*, nach der ersten und zweiten, die in der Kindheit und während der Adoleszenz stattfinden.

Statt ihren Schmerz oder normale Trauer zum Ausdruck zu bringen, besteht bei Flüchtlingen demgegenüber die Tendenz, wegen des Verlustes von Teilen des Selbst, die die frühere Identität waren, und wegen des Verlustes von Investitionen in das Land und die Menschen, die man zurücklassen mußte, „Verfolgungsschuld" (persecutory guilt) zu erfahren (Grinberg, 1992, S. 70). Und wenn Flüchtlinge Verfolgungsschuld erfahren, „... wird das Zeitgefühl oft von den Merkmalen des Primärprozesses (unbewußt) beherrscht. In solchen Fällen finden wir oft ein Zeitgefühl, bei dem Vergangenheit und Gegenwart durcheinandergebracht werden. Die Hauptemotionen, die bei Verfolgungsschuld im Spiel sind, sind Ressentiments, Schmerz, Verzweiflung, Furcht, Selbstvorwürfe usw." (Grinberg, 1992, S. 79). Erzwungene Immigration kann geistige Störungen hervorrufen, die ein ganzes Leben lang anhalten können.

Trauern um den Feind: Die Konzepte des ewigen Trauerns und der verbindenden Objekte sind besonders wichtig zum Verständnis der Reaktionen von Individuen in politisch bedingten Situationen – wenn zum Beispiel die Beziehung zwischen Feinden in einer Art von unantastbarem Schwebezustand bleibt. Die mit ewigem Trauern verbundenen Mechanismen treten zutage, wenn die Betroffenen in politisch bedingten Krisen anfangen, um den Feind und seine Verluste zu trauern, wobei dieser Prozeß jedoch durch die zugleich existierenden feindseligen Gefühle gegenüber dem Feind kompliziert wird. Das war zum Beispiel bei einem zypriotischen Türken der Fall, der kurz nach dem Krieg 1974 auf der Insel ein Geschäft in einer Bar aufgemacht hatte, die der ursprüngliche griechische Besitzer geräumt hatte, als er von der türkischen Armee vertrieben worden war. Dieser zypriotische Türke fand den Paß des zypriotischen Griechen und trug ihn ständig bei sich, er wurde sehr nervös, wenn er ihn nicht jederzeit griffbereit hatte und anfassen konnte. Er war zu einem verbindenden Objekt geworden, und sein Gefühl der Verbundenheit mit dem unbekannten Griechen wurde des weiteren durch die Tatsache gefördert, daß der Paß kein Photo enthielt. Somit konnte der Türke viele Phantasien auf den Fremden projizieren, dessen Verschwinden er symbolisch, wenn auch unbewußt, verursacht und dessen Rolle er geerbt hatte.

Tod von Führern: Der Tod eines politischen Führers, der symbolisch die Eltern einer Großgruppe oder idealisierte Aspekte von Individuen in der Großgruppe repräsentierte, muß erst betrauert werden, ehe neue Führer voll akzeptiert werden können. Es gibt individualisierte Reaktionen auf Führer; ein

Führer ist zugleich jedoch auch eine Übertragungsfigur, die von der ganzen Großgruppe geteilt wird. Der Tod eines Führers kann, abhängig von den Umständen, die zum Zeitpunkt eines solchen Ereignisses für die Großgruppe bestehen, eine gemeinsame Gruppentrauer auslösen, von der einzelne Aspekte unbewußt sein können.

Nachdem eine blutige Revolution seine Regierung gestürzt hatte, wurde Nicolae Ceauşescu und seiner Frau Elena etwa neun Stunden lang der „Prozeß gemacht", und dann wurden sie erschossen. Während sich in anderen ehemaligen kommunistischen Ländern Osteuropas umwälzende Veränderungen vollzogen, offenbarte Rumänien in den Folgejahren eine Art von Paralyse. Bei zwei Reisen, die ich 1993 und 1994 nach Rumänien unternahm, interviewte ich viele Rumänen ausführlich, von Regierungsbeamten bis zu gewöhnlichen Bürgern, und stellte dabei fest, daß in den Interviews gemeinsame Themen zur Sprache gebracht wurden. Darüber hinaus beobachtete ich das rumänische Parlament bei Sitzungen, sprach mit Ungarn, die in Transsylvanien lebten, und las, was in der rumänischen Presse geschrieben wurde. Vor dem Hintergrund all dieser Erfahrungen gelangte ich zu dem Schluß, daß Ceauşescu als toter Führer weiterhin die rumänische Politik beeinflußte. Die Rumänen hatten den Einfluß des Diktators so tief assimiliert, daß sie trotz ihrer bewußten Begeisterung, daß Ceauşescu tot war, sein gemeinhin geteiltes geistiges Bild nicht so leicht „töten" konnten. Sie teilten eine unbewußte Schuld und Scham, daß sie so lange mit ihm gelebt und sein Bild internalisiert hatten. Einzelheiten über Rumäniens komplizierte Trauer, und wie Ceauşescus Tod die Verknüpfung zwischen individuellen und Großgruppenreaktionen auf den Tod zeigt, sind an anderer Stelle zu finden (Volkan, 1997).

Großgruppentrauer

Es gibt zwar Unterschiede zwischen den mentalen Prozessen des Individuums und der Großgruppe, aber auch entschiedene Ähnlichkeiten zwischen der Art und Weise, wie ein Individuum und eine Großgruppe auf Verluste reagieren. Im Falle von Ceauşescus „Tötung" gab es unbewußte Schuld- und Schamgefühle, aber das bewußte Gefühl war ein Gefühl der Erleichterung. Die erste Trauerphase wie auch die Trauerarbeit vollzogen sich in Rumänien auf eine undramatische Weise. Nichtsdestotrotz, ein Unterschied zwischen der individuellen und Großgruppentrauer in der Krisenphase ist, daß der von einer Gruppe geteilte Schmerz und die geteilte Wut einen unkontrollierbaren Punkt erreichen können. Ein Beispiel hierfür ist, wie Jamit nach dem Rückzug der

Israelis aus dem Sinai 1982 einplaniert und dem Erdboden gleichgemacht wurde.

Jamit war die größte und wohlhabendste israelische Siedlung im Sinai und sehr nahe an der israelischen Grenze errichtet worden. Obwohl nach den politischen Abkommen die Rückgabe der israelisch besetzten Gebiete im Sinai festgelegt war, wurde Jamit zu einem Symbol, daß es „kein Zurück" für das israelische Volk gab. Der Rückzug von dort ging nicht ruhig vonstatten; es kam zu Zusammenstößen zwischen israelischen Protestierenden, von denen viele in dem fanatischen *Gusch Emunim* (Block der Getreuen) und der rechtsextremen *Kah*-Bewegung von Rabbi Meir Kahane organisiert waren, und der israelischen Armee. Trotz des Gewaltpotentials gab es wenige Verletzte, da es ein stillschweigendes Einvernehmen darüber gab, daß kein Schuß fallen sollte. Die israelische Armee setzte im Bedarfsfall einen weißen Schaum ein, der per Schlauch gespritzt wurde.

Nach dem Rückzug wurden die Siedlungen von Jamit einplaniert und dem Erdboden gleichgemacht. Warum griffen die Israelis zu einem solchen massiven Zerstörungsakt? Natürlich gab es die Sorge, die Gebäude könnten als Stützpunkte von Terroristen oder anderen feindlichen Kräften genutzt werden. Aber jenseits von Fragen der „realen Welt" mögen auch einige unbewußte Faktoren maßgebend für diesen Akt gewesen sein – Faktoren in Zusammenhang mit Israels Trauer um den „Verlust" des Sinai. Auch wenn er den Israelis nicht gehörte, wurde er mit dem Bild eines starken und erfolgreichen Israels assoziiert. Jenseits von den politischen und militärischen Zwecken, die bei der Einplanierung Jamits im Spiel waren, kann es auch eine Gelegenheit zur Entladung von Wut gewesen sein, ohne den Verlust von Leben in Kauf nehmen zu müssen. Dieser Akt war möglicherweise psychologisch hilfreich, um den Verlust des Sinai zu „verwirklichen". Diese Theorie wurde im übrigen durch die Kommentare der israelischen Teilnehmer bei einer von der APA geförderten Gesprächsrunde unterstützt, die kurze Zeit danach in Ägypten stattfand.

Monumente: So wie einzelne Trauernde nach dem Tod eines geliebten Menschen ihre verbindenden Objekte nutzen, errichten Großgruppen nach dramatischen Verlusten Monumente, die in ihre Jahrestagsreaktionen mit eingeschlossen werden. Monumente sind die verbindenden Objekte einer Großgruppe – sie sind äußerst wichtig für den Umgang mit der Gruppentrauer.

Monumente wie die massiven Marmorstatuen zu Ehren gefallener Soldaten oder die kalten unzerstörbaren Metallgebilde, die zum Gedenken vergangener Führer errichtet werden, sind jedoch mehr als nur einfache Verbindungen zu den Verstorbenen. Durch ihre Unzerstörbarkeit sind sie psychologische

Container, in denen die gebliebenen ungelösten Affekte der gemeinsamen Trauer einer Gruppe versiegelt sind. Die Schlüssel zu diesen verschlossenen Containern wurden weggeworfen. Genau wie ein Kind mit seinen gleichaltrigen Kameraden die psychischen Mechanismen teilt, durch die passende Reservoire der externalisierten Bilder gebildet werden, so zeigt der Erwachsene, indem er die Monumente mit allen anderen der Gruppe teilt, daß er genau den gleichen Mechanismus nutzt. Was in den Monumenten eingeschlossen ist, sind die geistigen Repräsentanzen von dem, was verlorengegangen ist, und die entsprechenden Bilder oder Repräsentanzen der trauernden Gruppe. Gemeinsame Monumente helfen, den Trauerprozeß zu einem praktischen Ende zu bringen; als „verschlossene Container" kann man sich realistisch auf sie beziehen und eine Beziehung zu ihnen haben, wodurch die erfolgreiche Externalisation ungelöster Aspekte der Trauer gefördert wird.

Als der Entwurf für das Vietnamkriegsdenkmal von dem einundzwanzigjährigen May Ying Lin vorgelegt wurde, gab es Proteste. Einige monierten, daß es unterirdisch war, was von Scham zeuge, und daß es schwarz war, was ebenso die Farbe der Scham zeige (Scruggs, 1985). Als das Projekt jedoch vollendet war, entwickelte die schwarze Granitwand eine Eigendynamik. Lin wollte, daß die Menschen, die das Denkmal besuchen, „in" die Erde hinabsteigen, um so eine Verbindung zwischen den Lebenden und den Toten herzustellen. Die Bedeutung des Monumentes in bezug auf die Gruppentrauer wurde von Kurt Volkan (1992) untersucht. Er verweist darauf, wie der erste Impuls der Besucher darin besteht, zunächst die in den schwarzen Granit gemeißelten Namen zu berühren. Dabei sehen die Besucher in dem polierten Stein gleichzeitig ihre eigenen Spiegelbilder. Er schreibt:

> Als ein Spiegelbild des Todes ermöglicht es das Denkmal den Lebenden, durch Sehen und Berühren mit den Toten zu verschmelzen. Als ein Spiegelbild der Psychodynamiken der Trauer zeitigte Lins Kreativität ein Ritual, das als solches beschwichtigend und wohltuend ist; die Besucher wiederholen jedesmal, wenn sie kommen und gehen, den Stein berühren und wieder loslassen ..., symbolisch den Trauerprozeß und bewältigen ihn damit. Diese Wand kann so persönlich wie eine Mutter sein, die um ihren verlorenen Sohn weint, oder so öffentlich wie eine Nation, die um eine vergangene Geschichte weint, die noch gelöst werden muß (S. 76f).

Mit den Jahren, die verstreichen, werden die an einem Jahrestag an den Monumenten vollzogenen Rituale nicht mehr gebraucht, und die heilende Kraft der verflossenen Zeit bringt auch eine Veränderung der Funktion der Monumente mit sich. Einige werden zu Touristenattraktionen oder zu ob ihrer Ästhetik gerühmten Kunstwerken, andere symbolisieren schließlich unzählige geteilte Empfindungen. In Denkmäler, die am Ende den Status einer stabilen stillen Gruft erreicht haben – jene, die Bilder von Verlust und „erfolgreich" externalisierte innere Prozesse enthalten –, kann unter bestimmten Umständen „eingebrochen" werden. Das heißt, ihre wirkliche psychologische Bedeutung, wie auch die Abwehr dagegen, kann reaktiviert werden. Wie es dazu kommt, können wir oft bei Revolutionen oder zivilen Unruhen sehen. Da zivile Unruhen sich oft gegen die bestehende Ordnung richten, und da historische Monumente oft Teil der (psychologisch) stabilisierenden Kräfte innerhalb dieser Ordnung sind, können in solchen Zeiten oft Gewalttätigkeiten gegen nationale Monumente beobachtet werden. Die „verschlossenen Container" werden somit beschädigt, wodurch alte ungelöste Trauer wieder freigesetzt und die neue Trauer verstärkt wird, die infolge der durch die revolutionären Umtriebe herbeigeführten Veränderungen erwächst. Angesichts dieses Phänomens, das oft in revolutionären Phasen zutage tritt, bin ich der Meinung, daß Monumente in sich das Potential enthalten, entweder zur Reaktivierung oder Lösung der geteilten Trauer beizutragen.

Geteilte Schuld- und Schamgefühle: Manchmal behindern geteilte Schuld- und Schamgefühle die Gruppentrauer. Alexander und Margarete Mitscherlich (1975) untersuchten in ihrem Buch *Die Unfähigkeit zu trauern. Grundlagen kollektiven Verhaltens* die Gründe, warum das deutsche Volk nach dem Ende des Zweiten Weltkrieges außerstande war, voll und ganz um die eigenen Verluste zu trauern. Der wichtigste Grund von allen war das implizite Bewußtsein, daß die Trauer auch gleichbedeutend damit gewesen wäre, die Verantwortung für die Kriegsverbrechen Hitlers und der Nazis zu übernehmen, was zwangsläufig Schuld- und Schamgefühle geweckt hätte. Wiederholte offizielle und öffentliche Erklärungen, mit denen die deutsche Verantwortung anerkannt wurde, und Gesten wie Willy Brandts Besuch im Warschauer Ghetto helfen den Deutschen weiterhin, sich von dem psychologischen Einfluß der Nazi-Zeit zu befreien. Dies ist jedoch keine leichte Aufgabe, da die geistigen Prozesse, die damit verbunden sind, weitestgehend unbewußt sind und somit nicht auf „Befehl" gestoppt werden können. Fünf Jahrzehnte nach dem Ende des Zweiten Weltkrieges scheint es nun in Deutschland eine neue Publikationswelle zu geben, die sich mit der Nazi-Geschichte und deren nachhaltigem Einfluß auf die Folgegenerationen beschäftigt. Dabei wird auch auf ein Legat der Scham verwiesen (siehe zum Beispiel Broszat und Ehrlich, 1987; Kempowski, 1993; Heimannberg und Schmidt, 1992). Gleichwohl ist mir jedoch keine tiefere Untersuchung bekannt, die die Scham für Nazi-Eltern oder -Großeltern mit einer politischen Ideologie in Deutschland in Verbindung brächte.

Ein weiteres Beispiel von geteilter Scham, die mit der Anerkennung eines historischen Verbrechens verbunden ist, ist in Japan zu finden. Das von der japanischen Armee 1937 in China verübte Massaker an schätzungsweise zweihundertsechzigtausend bis dreihundertfünfzigtausend nicht am Kampf beteiligten Personen in der Stadt Nanking (heute Nanjing genannt) wurde von der japanischen Regierung nicht öffentlich anerkannt. Diese Greueltat wurde als Reaktion auf einen Geheimbefehl verübt, der unter dem Siegel von Prinz Asaka, dem Onkel von Kaiser Hirohito, japanischen Streitkräften erteilt worden war. Der Befehl lautete: „Alle Gefangenen töten." Die Chinesen wurden entmenschlicht und chinesische Frauen in die sexuelle Sklaverei gezwungen (Chang, 1997; Schell, 1997).

In Zusammenhang mit dem japanischen „Leugnen" des Nanking-Massakers gibt es einige Punkte, die mit der realen Welt zusammenhängen. Anders als die Juden, die es Deutschland unmöglich machten, den Holocaust zu „vergessen", widerstrebte es den Chinesen, mit Nachdruck Ansprüche gegen Japan geltend zu machen, da die chinesische Kommunistische Partei darauf bedacht war, seitens Tokio diplomatische Anerkennung zu gewinnen. Hinzu kam, daß der Westen sich während des Kalten Krieges mit Japan verbündete, während das kommunistische China unter Mao Tse Tung als „böse" wahrgenommen wurde. Aber es gab auch psychologische Gründe. Schell (1997) verweist bei der Untersuchung dieser psychologischen Gründe auf die sogenannten asiatischen Werte bzw. die auf dem Konfuzianismus beruhende „Scham"-Kultur Japans (im Gegensatz zu den auf dem Christentum beruhenden „Schuld"-Kulturen). Eine Kultur, die von Scham durchdrungen ist, behindert die Erinnerung, die Trauer und die Vergebung.

Stille Trauer: Wie bereits an früherer Stelle gesagt, kann die Unfähigkeit oder Schwierigkeit einer Gruppe zu trauern, einen Prozeß massiver generationsübergreifender Weitergaben auslösen, als würden die Individuen einer künftigen Generation die Aufgabe des Trauerns vollenden, die ihre Vorfahren nicht erfüllen konnten. Wenn eine künftige Generation schließlich mit der Trauer beginnt, ist diese Generation weit von denen entfernt, die ursprünglich den geteilten Verlust erfahren haben. In solchen Situationen müssen Personen, die einen Trauerprozeß durchleben, sich nicht unbedingt auch irgendwelcher Emotionen bewußt sein, die zum Trauerprozeß gehören; es ist ihnen nicht bewußt, daß sie von einem solchen Prozeß beeinflußt werden.

Der Trauerprozeß kann an bestimmten gesellschaftlichen oder politischen Aktivitäten beobachtet werden, die auf eine neuerliche Inaugenscheinnahme und Prüfung vergangener geteilter Bilder von historischen Ereignissen, Personen, Überzeugungen oder Ideologien hinweisen. Ein Beispiel für diese stille Trauer habe ich bereits gegeben, als ich von den Türken sprach, die um den

Verlust des Osmanischen Reiches trauerten, nachdem der Bann von Atatürks „Zauber" sich zu lösen begonnen hatte (d.h., sein Bild für sie allmählich realistischer zu werden begann). Einige Türken wurden zwar von anderen Faktoren wie politischem oder ökonomischem Profitdenken beeinflußt, aber der Versuch, osmanische Traditionen und Überzeugungen sowie verschiedene Aktivitäten „wiederzuentdecken", die die traditionellen osmanischen Bräuche und Eigenarten den westlichen Werten gegenüberstellten, spiegelten, psychodynamisch gesehen, eine stille Gruppentrauer wider.

Eine stille Gruppentrauer ist zwangsläufig mit Fragen der realen Welt verknüpft, und das Phänomen kann politische Entscheidungen und Entscheidungsfindungen innerhalb der Gruppe beeinflussen. Da Regierungen sich bezeichnenderweise jedoch lediglich mit praktischen und unmittelbar anstehenden Fragen und Problemen beschäftigen, gibt es nur wenige staatlicherseits geförderte und durchgeführte Programme, die darauf abzielen, einer Großgruppe hinsichtlich der emotionalen Aspekte zu helfen, die mit gesellschaftlichen Unruhen und Umbrüchen verbunden sind.

15. Traumatisierte Gesellschaften: Das Nachkriegs-Kuwait

Es kann beträchtliche Zeit dauern, bis ein von einer Großgruppe geteiltes großes Unglück zum gewählten Trauma und zum Großgruppenmerkmal wird. Oft müssen wir viele Jahrhunderte zurückblicken, um das ursprüngliche Ereignis zu finden, das in dem Zuge, wie es von Generation zu Generation weitergegeben wurde, im Zweifel erhebliche Wandlungen und verschiedenste Interpretationen durchgemacht hat. In manchen Fällen ist es jedoch möglich, diesen Prozeß in seinem aktiven Ablauf zu beobachten.

Eine traumatisierte Gruppe leidet unter einem schweren Riß in der Plane des Großgruppenzeltes. Die Gruppe wird von einer anderen Gruppe zum Opfer gemacht und gedemütigt und erfährt den Verlust von Menschenleben, Land und gemeinsamem Selbstwertgefühl. Wenn die Krise vorbei ist, leiden viele einzelne Mitglieder der Gruppe unter einer *posttraumatischen Streßstörung* (*post-traumatic stress disorder*, PTSD). Auf der Gruppenebene können neue gemeinhin geteilte gesellschaftliche Muster zutage treten, die kollektive Anpassungsversuche widerspiegeln. Da das Trauma jedoch schwer ist und die Betroffenen sich sowohl auf der individuellen wie auch kollektiven Ebene hilflos fühlen, erweisen adaptive Mechanismen sich im Zweifel als unwirksam oder schwierig umzusetzen. Wenn Regierungen und nicht-staatliche Organisationen sich darum bemühen möchten, sowohl auf individuelle als auch gesellschaftliche Traumata einzugehen, müssen Veränderungen in den Gruppenprozessen und die Entwicklung neuer gesellschaftlicher Muster untersucht werden.

Kuwait: Anfängliche Beobachtungen

Kuwait, während der irakischen Invasion und nach der Befreiung, ist ein Beispiel einer traumatisierten Gesellschaft, in der ein gewähltes Trauma etabliert wird. Dieses Land, etwas kleiner als Israel und mit einer Bevölkerung von weniger als zwei Millionen Menschen – von denen achtzig Prozent in der Hauptstadt Kuwait City leben –, ist eine Einwanderergesellschaft. Im achtzehnten Jahrhundert verschlug es drei Familien, die auf der Suche nach einem besseren Leben waren, von der nordzentralarabischen Halbinsel in diesen Landstrich. Im Laufe der Jahrhunderte schlossen sich diesen ersten „Kuwaitis" weitere, aus Arabien und Persien stammende Immigranten an, die dann zusammen die kuwaitische „ethnische" Identität begründeten. Viele andere, wie Palästinenser, Filipinos und

Südasiaten, die danach nach Kuwait kamen, um hier als Arbeiter, Gehilfen oder Diener zu arbeiten, wurden hingegen nicht als Bürger des Landes betrachtet und durften nicht wählen. Fast die Hälfte der Vorkriegsbevölkerung waren Nicht-Kuwaitis oder Kuwaitis „zweiter Klasse." Damals wie im heutigen Nachkriegskuwait war es unmöglich, ein Staatsbürger zu sein, wenn man nicht blutsverwandt mit den ursprünglichen kuwaitischen Immigranten war. Um die kuwaitische Staatsbürgerschaft zu erhalten, mußte man seine Ahnenreihe in Kuwait bis in den Anfang des neunzehnten Jahrhunderts nachweisen können.

Seit 1759 werden die Kuwaitis von den Sabahs regiert, einer der drei Gründerfamilien. Ab 1899, als der osmanische Einfluß in der Region verschwand, standen die Kuwaitis unter britischem Schutz, wobei die Briten die Außenpolitik und nationale Verteidigung übernahmen. Kuwait blieb bis 1961, als es die Unabhängigkeit von Großbritannien gewann, britisches Protektorat. Vor der Entdeckung der Erdölvorkommen schlugen sich die Kuwaitis sozial, wirtschaftlich und politisch mehr recht als schlecht durch. Nachdem 1946 die Erdölexporte begonnen hatten, profitierten – jenseits der Familie Sabah – auch die kuwaitischen Bürger von dem Wohlstand, den das Erdöl brachte. Während des Iran-Irak-Krieges unterstützten die Kuwaitis den Irak, und viele entwickelten positive Gefühle gegenüber Saddam Hussein, dem irakischen Führer. Ein Ergebnis dessen war, daß kuwaitische Öltanker oft von iranischen Streitkräften unter Beschuß genommen wurden. Und ab Juli 1987 wurden kuwaitische Tanker im Persischen Golf dann von US-amerikanischen Kriegsschiffen eskortiert.

Am Abend des 1. August 1990 ging das kuwaitische Volk, sich in Sicherheit wähnend, schlafen, um am nächsten Morgen, nach dem Aufwachen, entsetzt festzustellen, daß ihr Land von über einhunderttausend Mann zählenden und stark bewaffneten irakischen Truppen besetzt worden war. Dem Emir und anderen kuwaitischen Führern gelang es, sich nach Saudi-Arabien abzusetzen, wo sie eine Exilregierung etablierten. Am 28. August erklärte Saddam Hussein Kuwait zur neunzehnten irakischen Provinz. Der Rest ist Geschichte. Auf den Bildschirmen konnten wir verfolgen, wie der verbale Schlagabtausch zwischen US-Präsident Bush und Saddam Hussein soweit eskalierte, daß es unter der Ägide der USA zu einem Zusammenschluß von Streitkräften kam, aus dem dann die „Operation Wüstensturm" wurde. Wir erlebten die erstaunliche Technologie der modernen Kriegsmaschinerie und sahen emotionslose und sterilisierte Versionen des Todes und der Zerstörung, die mehr einem Videospiel als dem brutalen Kampfgeschehen ähnelten, das wir mit früheren Kriegen verbinden. Zum zweiten Mal in der Geschichte wurde Bagdad zerstört (das erste Mal war es 1258 von den Mongolen zerstört worden). Das irakische Volk litt extrem, und die Folgewirkungen werden noch Generationen lang zu spüren sein. Aber nach sieben Monaten brutaler Besatzung durch die irakischen Truppen wurde Kuwait schließlich befreit.

Während der Besatzung seines Landes hatte das kuwaitische Volk unter Tod, Folter, Demütigung, Verlusten und Gefühlen der Hilflosigkeit zu leiden, die ein solches Trauma begleiten. In Blitzesschnelle war die Welt, die die Kuwaitis bis dahin gekannt hatten, auf den Kopf gestellt worden, und sie wurden grausam terrorisiert und absolut entmenschlicht. Während der Besatzung wurden Geschäfte, Museen, Krankenhäuser, der Zoo und einige Privatwohnungen geplündert und zerstört. Die Strände wurden mit Gräben, Minen und anderen Hindernissen gesichert, die eine Invasion der von den USA geführten alliierten Truppenverbände verhindern sollten. Und bei ihrem Rückzug aus Kuwait setzten die Irakis die kuwaitischen Ölfelder in Brand, wodurch ein Inferno entstand, das den Himmel mit Qualm und Ruß verdüsterte. Der von Kuwait City nach Basra im Süden des Irak führende Highway wurde mit seinem Friedhof an zerstörten und liegengelassenen Militärfahrzeugen in „Todes-Highway" umbenannt. Die Masse der abgestellten Panzer und Lastwagen sah wie eine durch Bombardierungen von oben durchlöcherte, durchbohrte und zerrissene Metallfläche aus.

Für W. Nathaniel Howell, Jr. war das Ende seiner Amtszeit als Botschafter der Vereinigten Staaten in Kuwait absehbar, als die Invasion stattfand. Seine Frau war bereits in die Vereinigten Staaten abgereist, und er war wie so viele andere auf die dramatischen Ereignisse von 1990 nicht vorbereitet gewesen. Trotz vieler Drohungen der Irakis weigerten Howell und sein kleiner Stab sich, das Botschaftsgebäude und -gelände in Kuwait City zu räumen. Etwa einen Monat, ehe der Luftkrieg begann, und nachdem allen US-amerikanischen Staatsbürger die Ausreise aus Kuwait gestattet worden war, gelang es ihm und seinem Stab, der irakischen Belagerung zu entkommen. Ein Jahr später wurde er vom Außenministerium pensioniert und schloß sich als Fakultätsmitglied dem CSMHI an. Unter seiner Führung arbeitete das CSMHI mit dem Social Development Office of the Amiri Diwan of the State of Kuwait zusammen, um die gesellschaftlichen Folgewirkungen der irakischen Okkupation beim kuwaitischen Volk zu untersuchen. Ein Team des CSMHI unternahm insgesamt drei Forschungsreisen nach Kuwait, zwei 1993 und eine 1994. Bei der ersten Reise war ich mit dabei.

Als wir in Kuwait City mit seinen modernen Gebäuden und der modernen Infrastruktur ankamen, war ich überrascht, wie wenig Anzeichen von äußeren Schäden zu sehen waren. Was 1990 zerstört worden war, war 1993 schon wieder voll instandgesetzt. Ich sah in der Stadt nur zwei Häuser, die noch Spuren des Krieges trugen – Schußlöcher in den Wänden, verbrannte Fenster, gerissene

Wände. Es war, als hätte man sich bemüht, das Trauma und die Kriegsverluste kollektiv zu leugnen, indem jede Spur davon ausradiert wurde. Was mich emotional berührte, war der augenscheinliche Verlust von etlichen Bäumen, die einige der Hauptstraßen in Kuwait City zu beiden Seiten säumten. Manche waren wohl den Flammen zum Opfer gefallen, aber die meisten wahrscheinlich durch Vernachlässigung während der Invasion zugrunde gegangen. Kuwait wurde schließlich auf einer Wüste gebaut. Die toten Bäume waren durch neue Bäume ersetzt worden, die wesentlich kleiner als die ursprünglich vor vielen Jahren gepflanzten waren. Es gab somit einen Bruch in der Einheitlichkeit, der in mir als ein Symbol des Traumas auf vielen Ebenen haften blieb.

In einem gewissen Sinne erinnerte mich dies an den Bruch oder die Lücken in genetischem Material, die zu Erbschäden führen können – wenn eine Lücke in einem Gen mit dem falschen Material gefüllt wird, kann dies zu Mutationen führen, die von dem Elternteil an das Kind weitergegeben werden und sich möglicherweise mehrere Generationen lang nicht körperlich manifestieren. Im psychologischen Sinne erinnerte es mich an ein Individuum, dessen normales Leben durch ein Trauma, das schwer zu überbrücken ist, zerstört wird oder zerbricht, was zu pathologischen Verhaltensweisen führt, die den Versuch widerspiegeln, das Trauma nochmals „zurückzuholen", um es zu revidieren. Hier war der „Fluß" der Bäume unterbrochen, was eine Disjunktion im kollektiven Selbstgefühl Kuwaits symbolisierte. Ansonsten gab es in Kuwait City, außer den zwei Häusern, von denen ich bereits sprach, jedoch nichts, was an die Schrecken erinnert hätte, die sich hier abgespielt hatten.

Als unser Team aus Kuwait City hinaus und auf den „Todes-Highway" Richtung Norden auf die irakischen Grenze zufuhr, sahen wir Hunderte Wracks von Panzern und anderen Militärfahrzeugen, die man einfach an beiden Seiten des Highways liegengelassen hatte und die jetzt bewegungslos wie Tierkadaver unter der Wüstensonne dastanden – ein gewaltiger Kontrast zu den kosmetischen Korrekturen, die man in der Hauptstadt Kuwait unternommen hatte. In der Stadt gingen die Menschen ihrer Arbeit nach: Auf den Marktplätzen drängten sich die Käufer. Ich fragte mich, was mit den Gefühlen der Hilflosigkeit, der ohnmächtigen Wut und den unerträglichen Schmerzen und Höllenqualen angesichts der Verluste und Demütigung bei den Menschen geworden war. Wie paßten sie sich innerlich der Katastrophe und den Verlusten an, die sie erst kürzlich erlebt und erlitten hatten? Einen ersten Eindruck, daß die Kuwaitis eine traumatisierte Gesellschaft waren, gewann ich, als wir mit unserem Team begannen, bei Besuchen in verschiedenen Diwaniyas Daten zu sammeln.

Das Wort *Diwaniya* steht gleichzeitig für einen Ort und eine wichtige gesellschaftliche Institution. Als Ort steht es für einen großen Raum, in dem rundum an den Wänden niedrige Sitzbänke aufgestellt sind. Früher hatten nur reiche kuwaitische Familien solche großen Räumlichkeiten, wobei es inzwischen jedoch in vielen Haushalten, reichen und nicht so reichen, solche Räume gibt. Die Diwaniyas sind unter den Namen der jeweiligen Gastgeber bekannt. Manche stehen im Ruf, Versammlungsorte für Gleichgesinnte zu sein, zum Beispiel für Liberalere oder Konservativere, für eher USA-freundlich Gesinnte oder weniger freundlich Gesinnte. Der Besitzer einer solchen Einrichtung tritt am Abend, wenn die Männer aus anderen benachbarten Familien zu Besuch kommen, als Gastgeber auf. Nur Männer, in den traditionellen *Dishdasha* gekleidet (den traditionellen knöchellangen hemdsähnlichen Umhängen), nehmen an diesen Diskussionen teil, wobei sie mit verschränkten Beinen, mit dem Rücken gegen die Wand gelehnt, auf den niedrigen Bänken sitzen. Der Gastgeber sitzt an einem zentralen Platz, ebenfalls mit dem Rücken an die Wand gelehnt. Die Mitte des Raumes, der gewöhnlich mit einem Teppich ausgelegt ist, bleibt leer. Ehe ich meine erste Diwaniya betrat, hatte ich mir vorgestellt, einer Gruppe von Männern, vielleicht zwei Dutzend, zu begegnen, die in einem in der Wüste aufgebauten Zelt sitzen, Kaffee trinken oder andere traditionelle alkoholfreie Getränke zu sich nehmen und miteinander diskutieren. Inzwischen saßen sie natürlich in einem Gebäude zusammen, im wesentlichen hatte sich die Tradition im Laufe der Jahrhunderte jedoch nicht sonderlich geändert. Einige der Diwaniyas, die ich besuchte, waren sehr schön, mit reichverzierten geometrischen Holzarbeiten an den Decken und Türen.

Als gesellschaftliche Institution spielen die Diwaniyas im Leben der Kuwaitis eine bedeutende Rolle. Howell (1993) schreibt:

> Gesellschaftlich hat die Diwaniya eine wesentliche integrative Funktion erfüllt und erfüllt sie weiterhin, sie fördert den Meinungsaustausch, bietet eine Plattform, um Übereinstimmungen zu finden und untermauert Kuwaits Verbundenheit zur parlamentarischen Praxis. Die Diwaniya war historisch eine männliche Institution, wobei es heute jedoch auch parallele Institutionen für Frauen gibt (S. 119).

Da ich kein Arabisch spreche, setzte sich immer ein englischsprachiger Kuwaiti neben mich, der für mich übersetzte oder mir die Diskussionen bei den zahlreichen Diwaniyas erklärte, die ich im Laufe einer Woche besuchte. Bei anderen Anlässen unterhielten die Kuwaitis sich um unseres Teams willen in Englisch. Die Diskussionen drehten sich zwangsläufig um gesellschaftliche und politische Fragen.

Es dauerte nicht lange, bis ich die emotionalen „Stürme" bemerkte, die unter der Oberfläche des Lächelns und der freundlichen Gesten der Kuwaitis tobten, während sie ihre würdevollen traditionellen Rituale pflegten. Es gab Hinweise darauf, daß man versuchte, die Demütigung der Okkupation wiedergutzumachen und ein Trauern in Gang zu setzen: Die Kuwaitis erzählten bestimmte Witze über die irakische Invasion. Die Witzeerzähler waren ansonsten oft eher düstere und ernste Menschen, die es für gewöhnlich nicht zu genießen schienen, andere zu unterhalten. Ich hatte das Gefühl, daß irgendein innerer Druck sie zwang, diese Witze zu erzählen und zu lächeln. Der typische Witz bezog sich auf die Dummheit der irakischen Soldaten, im Vergleich zu den überlegenen Kuwaitis. In einem Witz sah ein irakischer Soldat zum Beispiel zum erstenmal in seinem Leben einen Geldautomaten, der an der Außenwand einer Bank angebracht war, worauf der Soldat meinte: „Ich hatte ja gehört, daß Kuwait ein reiches Paradies sei, aber daß Geld aus den Wänden fließt, hatte ich nicht erwartet."

Bei einer Diwaniya erzählte mir ein Mann mittleren Alters spontan, nachdem er erfahren hatte, daß ich Psychiater war, von Menschen, die offensichtlich unter den Symptomen einer posttraumatischen Streßstörung (PTSD) litten. Ich hatte das Gefühl, daß er selbst diese Symptome hatte, zog es jedoch vor, von den Problemen der anderen zu sprechen, da er mich nicht damit behelligen wollte, mir seine eigene traurige Geschichte zu erzählen. Er schien sich insbesondere Sorgen um seine Kinder zu machen, die seine Demütigung durch einige irakische Soldaten miterlebt hatten.

Bei einer posttraumatischen Streßstörung bleibt die internalisierte Version eines Traumas noch lange, nachdem die überwältigende physische Gefahr verschwunden ist, im Kopf des Opfers gegenwärtig. Die betroffene Person durchlebt das Trauma in Tagträumen oder Träumen immer wieder oder leidet unter Gedächtnisschwund oder wird hyperwachsam oder abgestumpft und dissoziiert von der Idee der Gefahr. Ihre Reaktionen auf andere werden oft durch ihre Reaktionen gegenüber ihren Peinigern, die sie zum Opfer machten, vergiftet, und sie ändert immer wieder die Bedeutung, die sie sich selbst, anderen und den Ereignissen beimißt. Sie verhält sich, als hätte sie ein inneres Theater in sich, in dem die verschiedenen Akteure (Opfer, Peiniger und Retter) fortlaufend ein erschreckendes Stück aufführen. Die posttraumatische Streßstörung behindert den normalen Lebensfluß, das Denken und Entscheidungsfindungen.

Der Mann, der vor seinen Kindern gedemütigt worden war, erzählte von vielen kuwaitischen Männern, die Schuldgefühle hatten, da es ihnen während der Okkupation nicht gelungen war, für ihre Kinder auch weiterhin starke Väter zu bleiben. Das Elternbild der Kinder als von zuverlässigen Beschützern, wurde zerstört, als sie ihre Eltern in dem hilflosen und gedemütigten Zustand sahen.

Ich erfuhr, daß es bei den Greueln auch zu Vergewaltigungen von kuwaitischen Frauen gekommen war. Als ein anderer Mann, der wesentlich jünger als der erste Informant war, mir erzählte, daß er gerade, während seiner Anpassung an das befreite Kuwait, den Termin für seine Hochzeit verschoben hatte, fragte ich mich, ob seine Entscheidung etwas mit seinen Gefühlen in Zusammenhang mit den vergewaltigten „Schwestern" und „Müttern" zu tun hatte. Hatte er sein Gefühl bezüglich vergewaltigter Frauen verallgemeinert, und hielt diese Verallgemeinerung ihn unbewußt davon ab, eine „entwertete" Frau zu heiraten? Wenn das stimmte, so stand fest, daß dies insgesamt einen tiefgreifenden Effekt auf die von der Okkupation befreite kuwaitische Gesellschaft haben würde.

In einigen Häusern und auch in bestimmten Schulgebäuden hatten Folterungen stattgefunden. Inzwischen waren alle diese Orte wieder instandgesetzt und wurden wiederum zur Unterbringung und Ausbildung von Kindern und Jugendlichen genutzt. Wußten die Kinder und Jugendlichen, was in ihren Schulen oder in ihren Häusern passiert war? Die Erwachsenen waren, wie ich hörte, sehr darauf bedacht, solche Informationen von den Kindern fernzuhalten. Aber gelegentlich werden Informationen auch auf nicht-verbalem Wege weitergegeben.

Es gab Kuwaitis, denen es bei der Invasion gelungen war, das Land zu verlassen. Andere waren zu dem Zeitpunkt aufgrund von Geschäfts- oder Vergnügungsreisen außer Landes gewesen, und mancher von ihnen mußte schließlich feststellen, daß er ohne Geld dastand, nachdem die kuwaitische Währung mit einemmal nicht mehr angenommen wurde. Einige hatten hingegen genügend Dollar, D-Mark oder welche Währung auch immer, um bequem im „Exil" zu leben. Die meisten Kuwaitis blieben jedoch in Kuwait, und manche kämpften gegen die einfallenden Streitkräfte. Es soll mindestens sechzig Widerstandsgruppen gegeben haben, von denen jede etwa fünfzig Mitglieder gehabt haben soll. Einige der Widerstand Leistenden wurden gefangengenommen, gefoltert und getötet. In Kuwait City lebten auch, wie an früherer Stelle bereits erwähnt, sehr viele Nicht-Kuwaitis. Für die in Kuwait lebenden Palästinenser galt, daß sie im allgemeinen von vielen Kuwaits mit einemmal als „Feind" angesehen wurden. Wobei daran erinnert werden muß, daß Jassir Arafat Saddam Hussein unterstützte.

Im befreiten Kuwait schien der Wunsch nach einer Regenerierung und Neuerung nach all der Zerstörung, die man erlebt hatte, sehr stark zu sein. Ging diese Regenerierung und Neuerung Hand in Hand mit der Entwicklung einer „neuen" kuwaitischen „ethnischen" Identität? Wie konnten die fragmentierten Elemente, diejenigen, die den Irakis Widerstand geleistet hatten, und jene, die das Land verlassen hatten und erst nach der Befreiung zurückgekehrt waren, wieder integriert werden? Ich hatte das Gefühl, daß die neuerliche Integration möglicherweise die Projektion von „unerwünschten" Elementen auf „Außenseiter" wie jene „Verräter"-Palästinenser erhöhte, die in Kuwait lebten, und auch auf diejenigen, die gar keine Verräter waren. (Schätzungen zufolge soll nur ein Viertel der vierhunderttausend Palästinenser tatsächlich mit den Irakis kollaboriert haben.) Diese Dynamik erhöhte jedoch den Zusammenhalt innerhalb der kuwaitischen Gemeinschaft. Bei den meisten Diwaniyas war man voll des Lobes und voller Dankbarkeit gegenüber Präsident Bush und Botschafter Howell. Da ich jedoch das unbewußte Bedürfnis nach geteilten, gemeinsamen Projektionen spürte, überraschte es mich nicht, Äußerungen wie zumindest bei einer Diwaniya zu hören, wonach man der Meinung war, daß das, was Kuwait widerfahren war, ein Verschulden der USA und Israels war. Diese Art der „Identifizierung mit dem Angreifer", als sei es besser, mit dem arabischen Bruder, dem Irak, eins zu sein, als sich dessen Übergriffe gegen Kuwait einzugestehen, brachte eine Verwirrung zwischen der alten kuwaitischen „ethnischen Identität" und der sich neu herauskristallisierenden, von einem Trauma umhüllten Identität zum Ausdruck.

Die „Identifizierung mit dem Angreifer" ist ein psychoanalytischer Begriff, der 1936 von Anna Freud geprägt wurde. Es ist ein wesentliches Konzept für das Verständnis der Identitätsentwicklung in der Kindheit. Ein männliches Kind konkurriert zum Beispiel im ödipalen Alter – zwischen drei und fünf Jahren – mit seinem Vater und dem Bild von seinem Vater um die Liebe seiner Mutter. In seiner (weitestgehend unbewußten) Phantasie erwartet es, wegen dieses Konkurrierens bestraft zu werden – Kastration durch seinen Vater oder dessen Ersatz. Für das Kind sind der Vater und das Bild des Vaters die Angreifer. An einem Punkt gibt das Kind dann nach einem bangen Kampf das Konkurrieren auf und identifiziert sich statt dessen mit dem Angreifer. Das ermöglicht es ihm dann, wie sein Vater zu sein und seine männliche Identität weiterzuentwickeln. Der Vater kann jetzt seine Frau haben, und das Kind kann, wenn es ein Mann ist, eine eigene Frau haben.

Der Begriff der Identifizierung mit dem Angreifer wird auch, allerdings in einem modifizierten Sinne, in der Psychologie der Großgruppen verwendet. Im Gegensatz zu dem, was bei normaler Entwicklung in der Psychologie des männlichen Kindes zu beobachten ist, hat die Identifizierung mit dem Angreifer in der Großgruppenpsychologie oft eine „negative" Nebenbedeutung. Eine Großgruppe teilt unbewußt eine Identifizierung mit jenen, die sie geschlagen und gedemütigt haben, und/oder mit dem Führer des Feindes. Was wiederum dazu führen kann, daß die Großgruppe „hart" wird und, wenn sich die Gelegenheit dazu bietet, die „Anderen" schlecht behandelt, die nicht so stark sind und als der neue Feind wahrgenommen werden.

Während des Irak-Iran-Krieges unterstützten die USA Saddam Hussein, weil man der Meinung war, daß er die östliche Flanke der arabischen Welt vor Ayatollah Khomeni und seiner Art von muslimischem Fundamentalismus und anti-westlichen Einstellungen beschützen konnte. Einige muslimische Fundamentalisten hielten Hussein jedoch für einen Marxisten, der gottlos und respektlos den islamischen Ayatollah angriff. Mit der Zeit änderte sich Husseins Bild jedoch langsam, selbst für viele Fundamentalisten. Vor der Invasion Kuwaits war Hussein für viele Araber, einschließlich Kuwaitis, ein Rollenmodell. Ein arabischer Psychiater, mit dem ich befreundet war, erklärte mir einmal, Hussein sei der einzige arabische Führer, der einen „Urschrei" gegen die westliche Welt herausließ, die die Moslems unfair und stereotyp behandelte. Mein Freund hielt mir vor Augen, daß die USA, mit den sechs Prozent der Weltbevölkerung, die sie stellen, dreißig Prozent des weltweiten Energieverbrauchs für sich beanspruchen. Dann fragte er: „Wären die USA im Golf in den Krieg gezogen, wenn die Kuwaitis Bananen angebaut statt auf Ölfeldern gesessen hätten?" Hussein war eine „Autoritätsfigur", die nach den Erwartungen vieler Araber die Erdöleinnahmen zum Nutzen der Araber, und insbesondere der Armen, verwenden würde. Das war die gemeinhin geteilte Auffassung von Hussein, ob er diese Sicht nun verdiente oder nicht. Nach der Invasion Kuwaits wurde Hussein dann insbesondere für die Kuwaitis ein Bösewicht und Schurke. Die Kuwaitis fühlten sich von ihm betrogen. Widersprüchliche Wahrnehmungen führen, insbesondere in einer Zeit der Hilflosigkeit, in der Regel zu unbewußten Komplikationen, wozu auch die Entwicklung von Elementen der Identifizierung mit dem Angreifer gehört.

Ein komplizierender Faktor war dieser: Während der Invasion hatten die Erwachsenen Angst, vor ihren Kindern abfällige Bemerkungen über Hussein zu machen, damit die Kinder solche Dinge nicht versehentlich oder unfreiwillig an die Invasoren weitergeben könnten. Sie taten so, als würden sie Hussein unterstützen. Nach der Befreiung begannen die Erwachsenen dann jedoch, ihre wahren Gefühle zu zeigen, was für die Kinder höchstwahrscheinlich verwirrend war. Konnten solche Verwirrungen zu generationsübergreifenden Konflikten zwischen den Erwachsenen, die wütend und hilflos waren, und den Kindern führen, die Angst hatten und sich unbeschützt fühlten?

Diagnose

Der erste Besuch des CSMHI in Kuwait diente dazu, erste Eindrücke zu sammeln und Fragen zu stellen, die beantwortet werden mußten. Danach wurde ein formaleres Programm entwickelt, um die unsichtbaren gesellschaftlichen Prozesse in Kuwait zu verstehen. Abgesehen davon, daß wir auch weiterhin die Diskussionen bei verschiedenen Diwaniyas beobachteten, konzentrierte sich die Methodik auf psychoanalytische Interviews, die wir mit einhundertfünfzig Kuwaitis aus einem möglichst breiten Spektrum führten – Männern und Frauen, Jungen und Alten, hochgebildeten und weniger gebildeten sowie traditionell und kosmopolitisch orientierten Personen.

Forschungen, die sich primär auf Fragebogenerhebungen stützen, können nur einen Überblick über allgemein bewußt erfahrene Trends in einer Gesellschaft liefern. Um unter die Oberfläche zu gelangen, beschlossen wir, psychoanalytische Interviews zu führen, um verborgene Emotionen, Empfindungen, Phantasien und Ängste zutage zu fördern. Die Interviews schlossen die Eruierung von Kindheitserfahrungen, Objektbeziehungen, Träumen, inneren Konflikten und Abwehrmechanismen gegen Ängste der Probanden mit ein. Das Ziel war, die Verknüpfung zwischen den in der inneren Welt der Probanden ablaufenden Prozessen und dem zu sehen, was sie äußerlich während der Invasion und der nachfolgenden Befreiung erfuhren. Anhand der Datensammlung aus den Interviews konnten die geteilten Emotionen, Empfindungen, Phantasien, Ängste und Abwehrmechanismen systematisiert und ihre Rolle in den gesellschaftlichen Prozessen dokumentiert werden.

Während der beiden Reisen, die das CSMHI-Team 1993 und 1994 nach Kuwait unternahm, wurden über einhundertfünfzig Interviews geführt. Die bei diesen extensiven Forschungsarbeiten gewonnenen Erkenntnisse unterstützten die vorläufigen Konzeptualisierungen, zu denen ich bei der ersten Reise 1993 gelangt war, und die auch das Zögern des jungen Mannes zu heiraten mit einschlossen.

Zunächst einmal stellte das Forschungsteam fest, daß es ein verallgemeinertes Leugnen der Trauer gab. Es gibt noch immer viele Kuwaitis, deren Schicksal und Verbleib nach wie vor unbekannt ist. Das Nichtwissen um das Schicksal solcher Verwandter und Freunde schien das Hinausschieben des effektiven Trauerns der Gruppe und selbst eines Ingangsetzens der Trauer zu nähren. Die schnelle Säuberung und Instandsetzung der Hauptstadt unterstützte das gemeinsame, geteilte Leugnen der entsetzlichen Dinge, die sich während der Invasion ereignet hatten.

Die Komplikationen bei der Trauer waren auch mit einer unerwarteten Erkenntnis verbunden: Trotz der Schrecknisse der Okkupation sprachen manche Kuwaitis von dieser Phase in ihrer Geschichte mit einem Gefühl, das nur als Nostalgie bezeichnet werden konnte. Die Nostalgie bezog sich auf die Einheit und Einigkeit unter den Kuwaitis, die während der Invasion im Land geblieben waren. Unter den entsetzlichen Bedingungen hatten sie ein Gefühl der Zusammengehörigkeit gehabt, das sie jetzt scheinbar wieder herbeisehnten. Es gibt nichts, was so, wie von „Anderen" angegriffen zu werden, die Bindung an die ethnische, nationalistische oder sonstige Großgruppenidentität verstärkt. Mit physischer Gefahr konfrontiert, schließen sich die Mitglieder einer Gruppe nicht nur um des physischen Überlebens, sondern auch um des psychologischen Überlebens willen zusammen. Letzteres bezieht sich auf das Überleben der Gruppenidentität oder eine gemeinsam in Angriff genommene Modifikation der Gruppenidentität, die wiederum die Identität des Individuums schützt. Die Nostalgie, die die Interviewer in der Nachbefreiungsphase bei den Kuwaitis beobachteten, konnte als ein geteilter, gemeinsamer Wunsch, den „Genuß" der verstärkten Großgruppenidentität und das „Verschmelzen" der einzelnen unter einem Zelt wieder zurückzuholen, erklärt werden. In Schreckenszeiten war die Großgruppenidentität die Mutterhenne mit einem großen Flügel geworden.

Das Interviewerteam stellte fest, daß das Leben der Kuwaitis und ihre geteilte Identität nach der Euphorie der Befreiung komplexer geworden war und sich auch verändert hatte. Da sie als Opfer in ihrem Leid vereint waren, hatten sie ein zusätzliches Netzwerk, das sie miteinander verband. Diese Verbindung wurde von einer Gefährdung und Lockerung oder Festigung einiger der früheren traditionellen Verbindungen begleitet. Die Interviewer stellten eine intensive Auseinandersetzung fest, die auf die Frage hinauszulaufen schien: „Was heißt es, jetzt ein Kuwaiti zu sein?" Die Interviewer erlebten ein „ethnisches" Zelt, das selbst, nachdem die Wucht des Sturms vorbei war, immer noch wackelte; einige Böen waren immer noch zu spüren. Da die Zeltstütze, die Führung, der Schlüssel für die Stabilität des Zeltes ist, gab es auch direkte oder indirekte Hinweise auf Erwartungen, die an die kuwaitische Führung gestellt wurden. Nach der Befreiung gab es schon bald sehr viele Diskussionen in der US-amerikanischen und westlichen Presse über die Nachkriegsliberalisierungen und weitere Demokratisierung in Kuwait. Die meisten konnten jedoch nicht die Rolle der Traditionen in diesem Land und das politische Geschick der Sabahs verstehen. Die herrschende Familie behauptete wiederum ihre Autorität. Die Interviewer stellten fest, daß die Meinungen über die Führung im allgemeinen positiv und hoffnungsvoll waren und die Zeltstütze zu stärken schienen. Gleichzeitig war die Führung jedoch so genau unter die Lupe genommen und einer potentiellen Kritik durch die Bürger ausgesetzt worden, wie man es bisher noch nicht erlebt hatte – so daß wir sagen können, daß die Verbindung zur Führung gleichzeitig sowohl gestärkt als auch gelockert wurde.

Eine weitere geteilte Institution, die den Sturm beruhigt, ist die traditionelle Religion der Gruppe. Gott hatte zugelassen, daß die Kuwaitis litten. Sie mußten sich nochmals mit ihrem Glauben auseinandersetzen, um eine „Erklärung" dafür zu finden. Sie verständigten sich schließlich auf die Erklärung, daß Gott das Volk um eines stärkeren „Zusammenhalts" willen hatte leiden lassen. Diese geteilte Verbindung zur Religion schien sich gefestigt zu haben. Was von einem Kuwaiti am besten zum Ausdruck gebracht wurde:

> Wir sind stolz auf diese Invasionserfahrung ... Diese Erfahrung habe ich meinem Gott zu verdanken. Sie sehen, ich liebe Ihn noch immer. Das ist es, was Er will. Diese Erfahrung zeigt, wer ein wahrer Moslem ist. Ich glaube, diese Erfahrung hat die Menschen Gott nähergebracht. Sie hat unsere Bindung an den Islam gestärkt (Howell, 1995, S. 158).

Auf der Grundlage der bei den Interviews gesammelten Daten faßte Howell (1995) die in Kuwait nach der Befreiung vorherrschenden Gruppenidentitätsfragen zusammen. Er schrieb:

> Es ist für die Kuwaitis oder eine andere traumatisierte Gruppe in der Tat unmöglich, ihre Vorkrisenidentität wieder anzunehmen, so als ob nichts passiert wäre. Die irakische Okkupation und alles, was damit zusammenhängt, sind zweifellos Teil der kuwaitischen Geschichte und Identität. Die wichtige Frage ist, ob sie in unverdauter oder unverdaulicher Form auch Teil der nationalen Identität sein werden, oder ob sie durch einen positiven Prozeß der Trauer so inkorporiert werden, daß ein Gefühl der Ganzheit und des Wohlbefindens wiederhergestellt wird. Was geschah, kann nicht und wird nicht vergessen werden, auch wenn es heruntergespielt wird, es kann jedoch, wenn es richtig verarbeitet wird, problemloser in die persönlichen und kollektiven „Geschichten" integriert werden (S. 164).

Eine höchst interessante und politisch wichtige Erkenntnis hängt mit der Identifizierung mit dem Angreifer und der intensiven Auseinandersetzung mit dem Bild von Saddam Hussein im befreiten Kuwait zusammen. Ein Kuwaiti bemerkte zum Beispiel: „Saddam ist ein großer Führer, der Schlimmes gemacht hat." Ein anderer Kuwaiti erzählte, daß er in einem seiner Wagen ein Bild von Hussein mit seinem Vater hatte. Er führte das Bild auf dem Armaturenbrett mit, so daß jeder, der in den Wagen sah, es sehen konnte. Während er das Bild betrachtete, meinte er:

> Als die Okkupation stattfand, war es ein Glücksbild für uns, da die Irakis sehr abergläubisch waren. Wenn sie den Wagen anhielten, verhielten sie sich, als sei Saddam persönlich dort bei uns, und sie wichen zurück, wurden sprachlos und ließen uns passieren. Während der Okkupation überließ ich meiner Schwiegermutter das Bild für ihren Wagen. Da sie eine Frau war, wußte ich, daß es sie beschützen würde. Sie wurde nie von irakischen Soldaten belästigt (Saathoff, 1995, S. 173).

Die kuwaitischen Werte, was den Respekt vor Frauen und das Beschützen von Kindern anging, waren erschüttert. Besonders beunruhigend waren die Verletzungen der Intimsphäre der Familie. Was einige Kuwaitis veranlaßte, ihre Heirat hinauszuschieben. Es schien auch Schwierigkeiten in den Beziehungen zwischen Vätern und Söhnen zu geben. Die Väter fühlten sich schuldig, daß sie ihre Kinder nicht beschützten, was wiederum dazu führte, daß die Identifizierungen der Söhne mit ihren Bildern von ihren Vätern Schaden nahmen, da die Jungen die Demütigung der Älteren miterlebten. Die Identifizierung mit Hussein war somit unbewußt eine Abwehr gegen die unter den Kindern und Jugendlichen verbreitete Angst. Als eine Grundschule ein Stück über den Golfkrieg aufführte, meinte ein Kind, es sei das Faszinierendste gewesen, das es je gesehen hätte. Und es fügte hinzu:

> Der Junge, der die Rolle von Saddam spielte, war mit Abstand das charismatischste Mitglied des Ensembles, und er hatte das Publikum völlig in der Hand. Er wurde wiederholt bejubelt und erhielt die größte Ovation am Ende (Saathoff, 1996, S. 188).

Nach der irakischen Okkupation in Kuwait erreichten die bei kuwaitischen Jugendlichen und Adoleszenten zu verzeichnenden Gewalt- und gewaltfreien Verbrechen neue Rekordhöhen (Saathoff, 1996). Das CSMHI-Team gelangte zu dem Schluß, daß die während der Okkupation aufgetretenen Störungen der Eltern-Kind-Beziehungen die Hauptursache für die Steigerung der jugendlichen Delikte war. Nach der Befreiung Kuwaits wurden die Kinder in Schulen zurückgeschickt, die als Verhör- und Folterzentren genutzt worden waren. Die Schulen waren zwar wieder instandgesetzt worden, viele Eltern wußten jedoch, was sich dort abgespielt hatte, wollten es ihren Kindern jedoch nicht sagen. Dennoch wußten die Kinder und Jugendlichen, was sich hier zugetragen hatte. Die Nicht-Verbalisierung des Traumas, der Hilflosigkeit und der Leugnung des Verlustes war in ein verhaltensmäßiges Ausagieren durch die Jugendlichen und Adoleszenten verwandelt worden.

Saathoff (1996), selbst Mitglied des CSMHI-Teams, hatte insbesondere bei Kindern ein geteiltes Gefühl von einer „endlosen Gegenwart" (S. 190) festgestellt. Der sichtbare Schrecken der brennenden Ölfelder, die die Irakis bei ihrem Rückzug hinterlassen hatten, machte jedes Zeitgefühl zunichte. Monatelang waren die Tage durch den dicken Rauch verdunkelt und die Nächte durch die Flammen der brennenden Ölquellen erhellt, was bei der Verwirrung der Kinder, was Vergangenheit, Gegenwart und Zukunft anging, eine Rolle zu spielen schien. „Bilder von Tod und Zerstörung", schrieb Saathoff, „rahmten die Vergangenheit, Gegenwart und Zukunft" (S. 190). Al-Baqsami (1995), ein kuwaitischer Schriftsteller, beschrieb die in Kuwait herrschende Zeitverwirrung, indem er an Salvador Dalis Gemälde *Die Beständigkeit der Erinnerung* erinnerte, worin Uhren erweichen, schmelzen und zerfließen. Diese Feststellung hat etwas mit dem Konzept des Zeitkollapses zu tun, den ich an früherer Stelle beschrieben habe.

Das CSMHI-Team fand auch Zeichen von positiven Lösungen im Umgang mit dem geteilten Trauma der Kuwaitis. Darunter waren mutige Geschichten, die mit Blick auf die Internalisierung der Hilflosigkeit und Demütigung der Gruppe wohl mildernd wirken. Es gab auch Geschichten von vielen Kuwaitis, die subversive Taktiken gegen Husseins Soldaten nutzten (Howell, 1993). Irakische Soldaten pflegten an verschiedenen Kontrollpunkten zum Beispiel Wagen anzuhalten und zu stehlen, was ihnen beliebte. Da man wußte, daß die Soldaten dazu neigten, Flaschen mit Orangensaft oder anderen Getränken aus dem Kofferraum ihrer Wagen zu nehmen, würzten einige Kuwaitis diese in Flaschen abgefüllten Säfte mit Rattengift. Neben den rund sechzig bewaffneten Widerstandsgruppen ließen Gruppen von kuwaitischen Studenten ihr Studium an US-amerikanischen Universitäten ruhen, um sich ihren Streitkräften anzuschließen oder bei den von den USA geführten alliierten Streitkräften als landeskundige Führer und Dolmetscher zu dienen. Weitere Zeichen, die im befreiten Kuwait auf einen Wiederaufbau der Identität hindeuteten, waren auch die inzwischen eingerichteten psychohygienischen Dienste für Personen, die unter PTSD litten. Darüber hinaus kamen auch spontan neue oder verjüngte Diwaniyas auf, die die Funktion von Unterstützergruppen hatten, in denen die Mitglieder traumatische Erinnerungen miteinander teilen konnten.

Als das CSMHI seine Diagnose der gesellschaftlichen Prozesse in Kuwait nach der Befreiung zusammenfaßte, schlugen wir vor, mit den Kuwaitis bei der Entwicklung eines Programmes zum Umgang mit der verallgemeinerten Leugnung der Trauer und Demütigung zusammenzuarbeiten. Ein Vorschlag an die kuwaitische Regierung war, bestimmte Dinge zum Gedenken an diejenigen zu schaffen, die ihr Leben während der Okkupation und der Befreiung Kuwaits verloren hatten – Monumente, Gedenkstätten und/oder jährliche Denkfeiern. Darüber hinaus vertraten wir die Meinung, daß es hilfreich sei, Geschichten und Erinnerungen aus einem möglichst breiten Spektrum des kuwaitischen Volkes zu sammeln und sie in Arabisch und Deutsch zu veröffentlichen. Howell (1993) war der Ansicht, daß „mit einer größeren Sammlung solcher persönlichen Erzählungen eine autoritative und kathartische Aufzeichnung der Erfahrungen der Gesellschaft geliefert würde" (S. 118). Insbesondere hielten wir es jedoch für notwendig, Programme zu finden, um den Jungen zu helfen, über ihre Gefühle in Zusammenhang mit der Invasion zu sprechen, um möglichst zu verhindern, daß sie Träger des Traumas mit allen psychologischen Implikationen wurden. Unser Angebot zur Zusammenarbeit wurde jedoch abgelehnt. 1997 hatte das CSMHI-Team dann die Gelegenheit, am runden

Tisch mit einem Dutzend junger kuwaitischer Diplomaten zu diskutieren, die an der University of Virginia ausgebildet wurden. Dabei gewannen wir den Eindruck, daß die Kuwaitis – ungeachtet allen intellektuellen Wissens über die Ereignisse in Kuwait – weiterhin ihre Hilflosigkeit und die Notwendigkeit des Trauerns leugneten. Es bleibt abzuwarten, in welche Richtung dieses „im Werden begriffene gewählte Trauma" in Kuwait gehen wird.

Traumatisierte Gesellschaften und Entscheidungsfindungen

Zeitverwirrungen, Leugnung der Trauer und Hilflosigkeit, Störungen der internalisierten Objektbeziehungen wie auch der zwischenmenschlichen Beziehungen, die Identifizierung mit dem Angreifer, geteilte anhaltende Ängste und Regression sind Elemente, die in traumatisierten Gesellschaften Einfluß auf Entscheidungsfindungsprozesse nehmen. Auch diejenigen, die Führer sind, sind aller Wahrscheinlichkeit nach traumatisiert oder reagieren zumindest auf die gesellschaftlichen Prozesse. Dennoch wird von solchen Führern und den Gruppen, die sie repräsentieren, erwartet, daß sie als „rationale Akteure" funktionieren.

Bei der Hilfe, die traumatisierten Gesellschaften von ausländischen Regierungen und nicht-staatlichen Organisationen angeboten wird, geht es meist um den Versuch, vornehmlich mittels rechtlicher Vereinbarungen und politischer Anstrengungen zur Prävention von weiterer Gewalt wieder ein Gefühl der Sicherheit und Ordnung herzustellen. Bei den Bemühungen um den Wiederaufbau von traumatisierten Gesellschaften werden jedoch Erkenntnisse, die eine psychoanalytische Diagnose der Situation liefern kann, sehr oft nicht berücksichtigt. Bei der Zusammenarbeit mit Diplomaten und anderen Personen, die sich darum bemühen, traumatisierten Gesellschaften zu helfen, können Psychoanalytiker jedoch hilfreiche Beobachtungen und Erklärungen der Widerstände gegenüber Veränderungen sowie der Widerstände gegen die Annahme der Hilfsangebote anderer liefern. Es bleibt zu hoffen, daß sich in Zukunft eine derartige Zusammenarbeit zwischen Psychoanalytikern und Diplomaten entwickeln wird, um gemeinsam Programme zu konzipieren, die wirksam auf traumatisierte Gesellschaften eingehen.

Einige subtile Formen psychologisch nutzbringender Diplomatie gibt es jedoch bereits. Michail Gorbatschow entschuldigte sich zum Beispiel offiziell, als er noch Präsident der Sowjetunion war, für die Rolle, die die Sowjets bei den Massakern im Wald von Katyn während des Zweiten Weltkrieges in Polen gespielt hatten, womit er die Idee der Vergebung in der diplomatischen Welt herausstellte. Daß die Frage der Vergebung in der internationalen Arena in den Mittelpunkt gestellt wurde, hatte es auch schon früher gegeben. Montville (1991) liefert eine lange Liste von ähnlichen Vorgehensweisen und erzählt auch von einem Fall, wo das Opfer statt der Peiniger oder Täter um Vergebung bat. Gemeint ist die Geschichte von Irene Laure, die im Zweiten Weltkrieg dem Widerstand gegen die Nazis im Süden Frankreichs angehörte und später Mitglied der Verfassungsgebenden Versammlung in Marseille und Generalsekretärin der nationalen Organisation sozialistischer Frauen in Frankreich war. Da ihr Sohn von der Gestapo gefoltert worden war, hatte sie einen erbitterten Haß auf die Deutschen. Montville beschreibt, wie Laure bei einer internationalen Konferenz zufällig Claritta von Trott, der Witwe von Adam von Trott, begegnete, der nach dem Attentatsversuch auf Hitler vom 20. Juli 1944 von den Nazis hingerichtet worden war. Nachdem sie mit der deutschen Frau gesprochen hatte, die auch ein Opfer des Nazismus war, bat Laure, bei einer Sitzung vor dem Plenum sprechen zu dürfen. Sie sagte: „Ich habe Deutschland so gehaßt, daß ich sehen wollte, wie es von der Landkarte Europas ausradiert wird. Ich habe jedoch gesehen, daß mein Haß falsch ist. Ich möchte alle hier anwesenden Deutschen um Vergebung bitten" (Montville, 1991, S. 183). Laure reiste später durch ganz Deutschland und trat während ihrer elfwöchigen Reise bei über zweihundert öffentlichen Veranstaltungen auf. Montville zufolge hat Laures Initiative durchaus eine Rolle bei den französisch-deutschen Annäherungen gespielt.

In der heutigen Zeit haben wir das Beispiel der Wahrheits- und Versöhnungskommission, die in Südafrika unter dem Vorsitz von Erzbischof Desmond Tutu arbeitet und sich im Prinzip ebenso auf den Grundsatz der Vergebung stützt, in dem Fall der Vergebung von Verbrechen, die während der Apartheid-Ära begangen wurden. Tutus charismatische Persönlichkeit und seine Fähigkeit zu tolerieren, daß Menschen „böse" und „sehr gut" sind (siehe Interview: „The Crimes of the Apartheid", *Newsweek*, 17. November 1997, S. 17) haben meines Erachtens eine Schlüsselrolle bei den Erfolgen der Kommission gespielt. Er war auch ein „Leuchtstab" für die Arbeit der Kommission und Zielscheibe sehr vieler Feindseligkeiten der südafrikanischen Schwarzen, in deren Augen die Kommission eine pro Weiße eingestellte Kommission war.

Die Vergebung ist ein Konzept, das psychoanalytisch noch nicht untersucht wurde. Klar ist, daß es mit dem Trauerprozeß verbunden ist. Ohne einen Abschluß der Trauerarbeit kann es keine aufrichtige Bitte um Vergebung und keine aufrichtige Annahme der Entschuldigung des anderen geben. Beide, Opfer und Peiniger bzw. Täter, müssen ihre Trauerarbeit und die Wiedergutmachung der Demütigung oder Schuldgefühle abschließen. Wenn der Opferstatus Teil der Gruppenidentität des Individuums geworden ist, wird das Opfer keine Atmosphäre erzeugen, in der der Peiniger oder Täter um Vergebung bitten kann. Wenn das Opfer seine Trauer abschließt und die Repräsentanzen von Verlusten in „Erinnerungsbildung" (Tähkä, 1984, 1993) umwandelt, dann sind die Grundlagen geschaffen, daß das Opfer die Bitte um Vergebung des anderen annehmen kann. Ansonsten wird die Bitte um Vergebung eine magische Geste, die nichts bringt.

16. Offizielle Diplomatie: Die Perspektive eines Psychoanalytikers

Im vorhergehenden Kapitel habe ich die Meinung vertreten, daß Psychoanalyse und Diplomatie bei der Konzipierung von Programmen zum Wiederaufbau von traumatisierten Gesellschaften zusammenarbeiten können. Es gibt natürlich auch noch andere Bereiche für eine Zusammenarbeit. So können zum Beispiel die durch die Untersuchung der Großgruppenpsychologie und der „Uns"- und „Ihnen"-Rituale gewonnenen Informationen bestimmte Hindernisse erhellen, denen man bei Verhandlungen begegnet.

Diplomaten, die zur Erleichterung der Verhandlungen zwischen verfeindeten Gruppen eingeschaltet werden, reagieren bisweilen frustriert, wenn kleine Unterschiede sich bei den Verhandlungen zu erheblichen Hindernissen entwickeln. Psychoanalytiker können hier hilfreich sein, um Strategien zu entwickeln, die es ermöglichen, sowohl die individuellen Identitäten als auch die Gruppenidentitäten zu wahren und jene Ängste zu vermeiden, die auftreten können, wenn von den gegnerischen Gruppen zuviel „Gleichsein" wahrgenommen wird. Darüber hinaus kann die Psychoanalyse die Diplomatie auch hinsichtlich der Bedeutung von psychologischen Grenzen beraten – so kann die „Zusammengehörigkeit" zwischen ethnischen Gruppen zum Beispiel besser funktionieren, wenn irgendeine Form von psychologischer Grenze zwischen den gegnerischen Parteien gewahrt wird. Und Psychoanalytiker können auch Berater sein, wenn Übertragungs- und Gegenübertragungsreaktionen zwischen den gegnerischen Parteien einen sehr unangenehmen und kritischen Punkt erreichen.

In Bereichen, in denen es chronische Konflikte zwischen zwei Großgruppen gibt, können die Vermittler oft frustriert reagieren, da die Führer oder Diplomaten der gegnerischen Gruppen ständig nur über vergangene Ereignisse reden, statt sich auf die aktuellen Fragen zu konzentrieren. Die Vermittler möchten, daß die Vertreter der miteinander in Konflikt liegenden Gruppen „auf den Balkon kommen", während diese jedoch darauf beharren, „im Keller zu bleiben." Der Keller ist der Ort, wo die gewählten Traumata residieren. Psychoanalytiker können argumentieren, daß der Eingangspunkt zu solchen chronischen Bereichen sich im Keller befindet, wo die Arbeit an gewählten Traumata geleistet wird, damit eine zeitliche Annäherung zwischen den gewählten Traumata und den aktuellen Fragen erfolgen kann.

Trotz bedeutsamer Bereiche einer möglichen Zusammenarbeit haben diese beiden Disziplinen in der Praxis jedoch keine beständige Arbeitsbeziehung entwickelt. Allein dadurch, wie diese beiden Gebiete in der Regel praktiziert werden, wird schon per se ein natürliches Hindernis geschaffen, welches eine Zusammenarbeit von Psychoanalytikern und Diplomaten verhindert. Ein Psychoanalytiker wird bei seiner klinischen Arbeit in einen langen Prozeß eingebunden, der das Ziel hat, dem Patienten dabei zu helfen, Konflikte zu lösen, realistischer im Alltagsleben zu sein und flexibler und verspielter zu werden, ohne übermäßige Ängste, Depressionen oder Schuldgefühle zu erfahren. Das Ziel des Psychoanalytikers ist, eine bestmögliche Lösung für die Probleme des Patienten zu finden. Ein Psychoanalytiker muß naturgemäß durch seinen Beruf auch Geld verdienen und bezieht hoffentlich eine persönliche Befriedigung daraus, anderen zu helfen, aber darüber hinaus wird er vornehmlich nicht von Eigeninteressen geleitet.

Demgegenüber geht es in der Diplomatie, abgesehen möglicherweise von jenen Aspekten, bei denen es nur um die Förderung einer kulturübergreifenden Verständigung geht, im wesentlichen darum, in einer gegebenen Situation die „nationalen Interessen" zu definieren und um den Schutz und die Erweiterung ebendieser Interessen zu feilschen und zu verhandeln. Obwohl andere natürlich von der Politik, die durch die Diplomatie umgesetzt wird, profitieren können, erfüllt sie im wesentlichen einen Selbstzweck. In manchen Fällen kann es im nationalen Interesse sein, einen Konflikt zu fördern, aufrechtzuerhalten oder zu ignorieren, statt eine Lösung zu suchen. Manche Psychoanalytiker, die mit Diplomaten gearbeitet haben, waren entsetzt, wenn die Diplomaten kurze, einfache und schnelle Ratschläge oder Lösungen verlangten. Ein Ansatz, der der Ausbildung und dem Denken des Psychoanalytikers zuwiderläuft, da er sich in der klinischen Praxis auf vielfältige innere und äußere Motivationen und deren Verknüpfung miteinander konzentriert und einen offenen Prozeß, mit offenem Ausgang, befürwortet. Andererseits ziehen die meisten Psychoanalytiker sich auch nicht die Schuhe der Diplomaten an und haben kein empirisches Wissen über die diplomatische Ausbildung und Praxis und die diplomatischen Traditionen. Psychoanalytiker müssen die Ziele von Diplomaten klar verstehen, wenn eine Zusammenarbeit zwischen ihnen jemals fruchtbar sein soll. Hinzu kommt, daß ein Psychoanalytiker durch die psychoanalytische Ausbildung weder darauf vorbereitet noch gerüstet ist, auch als Berater in diplomatischen Angelegenheiten zu fungieren. Er muß über fundierte Kenntnisse über die anstehenden Fragen und die Geschichte der beteiligten Gruppen verfügen und in der Lage sein, eine interdisziplinäre Zusammenarbeit zu tolerieren und zu genießen.

Seit zwanzig Jahren habe ich Diplomaten in der Praxis beobachtet und dabei einiges über ihre Methoden und Zielsetzungen gelernt. Ich hoffe, daß die Sicht und Meinung eines Außenstehenden nicht als anmaßend betrachtet, sondern insbesondere im Rahmen dieses Buches begrüßt wird.

Beschreibung

Bei der offiziellen Diplomatie geht es um die Handhabung und Pflege der Beziehungen zwischen Staaten und anderen Organisationen, die politische Macht, aber keine rechtliche Anerkennung als Staat haben, wie zum Beispiel die Palästinensische Befreiungsorganisation (PLO). Barston (1988) schreibt, daß

> es aus staatlicher Sicht bei der Diplomatie um Beratung, Gestaltung und Durchsetzung der Außenpolitik geht. Sie ist als solches das Mittel, mit dem Staaten durch ihre offiziellen und sonstigen Repräsentanten wie auch andere Akteure durch Briefwechsel, persönliche Gespräche, den Austausch von Meinungen, Lobbying, Besuche, Drohungen und sonstige ähnliche Aktivitäten spezielle oder weitergehende Interessen zu artikulieren, abzustimmen und sicherzustellen versuchen.
> Bei der Diplomatie wird oft unterstellt, daß es um friedliche Aktivitäten geht, wobei sie jedoch zum Beispiel auch im Krieg oder bei bewaffneten Konflikten tätig werden oder bei der Orchestrierung bestimmter Gewaltakte genutzt werden kann, wie etwa bei den Bemühungen um die Genehmigung zum Überfliegen eines Gebietes wegen eines Flugangriffs (S. 1).

Wir können nur vermuten, daß irgendeine Vorläuferform der Diplomatie auch schon praktiziert wurde, als die Menschheit begann, soziale Gruppierungen zu entwickeln, wobei man sich mit einer Gruppe identifizierte und die anderen mit Abscheu und Angst betrachtete. Es ist davon auszugehen, daß es auch damals schon Anlässe gegeben haben muß, wenn der frühgeschichtliche Mensch nicht unmittelbar in Kämpfe verwickelt war und die Dienste eines Vorläufers von dem brauchte, was in den modernen Gesellschaften heute die Diplomaten sind. Die Wurzel des Wortes Diplomatie, das von dem griechischen Wort *diplomata* abgeleitet wurde, bedeutet „gefaltete Dokumente" und läßt darauf schließen, daß die frühen Diplomaten möglicherweise Botschafter waren, die offizielle Verhandlungsdokumente anzubieten hatten. Vor dem Hintergrund der Entwicklung sozialer Gruppierungen, des theoretischen Wissens und der technologischen Fortschritte stellte die Diplomatie sich schließlich Zug um Zug auf die Befriedigung der Bedürfnisse und Erfordernisse der heutigen fortschrittlichen Zivilisationen und sozio-politischen Organisationen ein.

Regeln und Regularien, die die moderne Diplomatie bestimmen, gehen bis ins fünfzehnte Jahrhundert zurück, als ständige Missionen zwischen Großgruppen etabliert wurden. Beim Wiener Kongreß (1814-1815) wurden Ränge des diplomatischen Status und ein Konzept der diplomatischen Immunität festgelegt, das auf drei Privilegien basierte: (1) *droit de chapelle*, (2) *droit de quartier* und (3) *droit de l'hôtel.* In der genannten Reihenfolge geht es dabei um das Recht, die Religion des eigenen Heimatlandes weiterhin praktizieren zu dürfen, die Immunität vor einer Verhaftung durch die örtliche Polizei und die Garantie, daß der jeweilige Wohnsitz nicht der örtlichen Gesetzgebung und Besteuerung unterliegt.

Die Aufgaben der offiziellen Diplomatie können in sechs allgemeine Bereiche klassifiziert werden (Barston, 1988):

1. Gestellung einer offiziellen Vertretung: Dies ist die erste und wichtigste Aufgabe. Durch ihre Botschaften erklärt, erläutert und verteidigt eine Nation ihre Politik und wird die Politik des Gastgeberlandes entsprechend interpretiert oder verhandelt.
2. Dienste als Horchposten: Eine Botschaft beobachtet und erkennt die Schlüsselfragen und -probleme, die aus den Mustern der innen- oder außenpolitischen Ereignisse erwachsen, und übermittelt diese Informationen an ihre eigene Regierung, und zwar insbesondere wenn die Entwicklungen abträglich oder nachteilig für deren Interessen sind.
3. Schaffung der Grundlagen für neue diplomatische Initiativen.
4. Reduzierung von Spannungen im Falle von Konflikten, sofern dies angezeigt und ratsam ist.
5. Steuerung und Handhabung der durch Punkt vier herbeigeführten Veränderungen.
6. Schaffung, Entwurf und Abänderung vieler internationaler Regeln von normativem und regulierendem Charakter, die dem internationalen System eine Struktur geben.

Bei ihren Bemühungen, Konflikte zwischen Staaten und anderen „Akteuren" ohne Zuhilfenahme von Streitkräften zu lösen, gehen die offiziellen Diplomaten nach festgelegten Ritualen und gemäß den jeweiligen örtlichen Sitten und Gepflogenheiten vor. Die offizielle Diplomatie offenbart in der Tat eine gewisse Starre und Steifheit: Noch immer haben Derivate des politischen Gedankenguts von Männern wie Niccolo Machiavelli, Thomas Hobbes, John Locke, Karl Marx, Friedrich Engels, Mao Tse Tung und Herbert Marcuse wie auch konservative oder liberale Verhaftungen Bestand. Alte Theorien wie das bis auf Thukydides zurückgehende Gleichgewicht der Kräfte färben die modernen Abschreckungstheorien.

In der offiziellen Diplomatie kommunizieren die Vertreter einer Nation mit denen einer anderen Nation auf traditionell sanktionierten Wegen. Iklé (1964) spricht von fünf Kategorien diplomatischer Verhandlungen. Ihm zufolge halten die meisten Nationen zum Beispiel am Gebrauch der *offiziellen Note* als dem klassischen schriftlichen Kommunikationsmittel fest, das bei den verschiedensten Gelegenheiten von routinemäßigen Verwaltungsangelegenheiten bis zur Genehmigung (oder Verweigerung) von Überflugprivilegien genutzt wird. Bei bestimmten Ritualen gibt es auch kulturelle Abwandlungen (Barston, 1988). Nach den japanischen Gepflogenheiten wird eine Note zum Beispiel immer nur mit Initialien versehen und nicht unterschrieben, in der dritten Person abgefaßt und mit dem formalen Ausdruck größter Höflichkeit eingeleitet und geschlossen. Darüber hinaus ist es üblich, daß ein diplomatischer Unterhändler sein Pendant der Gegenseite etwa mit „mein geschätzter Kollege jenseits des Tisches" anspricht, egal, wie tief er den Betreffenden und dessen Nation im Grunde vielleicht auch verabscheuen mag, und ob die hier erörterte Krise vielleicht durch ein blutiges Massaker entstanden ist, von dem der Redner persönlich betroffen war.

Es gibt akzeptierte Rituale, wenn die Diplomaten gegnerischer Gruppen zusammenkommen. Die Diplomatie basiert vor allem auf zwanghaften Mustern, wonach man sich darum bemüht zu verhindern, daß Ängste intellektuelle Erwägungen und Betrachtungen behindern. Bei diesem zwanghaften Prozeß werden unweigerlich Verzerrungen aufgrund von Vorurteilen und Übertragungen absorbiert, insbesondere wenn die Großgruppenzelte, denen die Diplomaten angehören, erschüttert und ins Wanken geraten sind. Unter sehr belasteten und angespannten Bedingungen ist es bei offiziellen Verhandlungen so, daß jeder Faden in der Plane des Gruppenzeltes herausgestellt wird und die Motivationen beherrscht. Was dann noch zu stärkeren Ritualisierungen führt, wobei die „Verspieltheit" und die Suche nach kreativen Lösungen sich dann oft in Widerstände gegenüber Veränderungen oder dem langsamen Prozeß einer Veränderung auflösen. Und selbst jene Diplomaten, die vielleicht kreativ verhandeln möchten oder „Order" von ihren Regierungen haben, möglichst ein Abkommen zu erreichen, verfallen im Zweifel auf verstärkte oder starrere Ritualisierungen.

Da der einzelne Diplomat, derweil er sich an die politischen Richtlinien und Mandate seiner Regierung und das durch den Wiener Kongreß vorgeschriebene Protokoll hält, sich auf seinen eigenen persönlichen Stil, seinen Charakter, seine Intelligenz und seinen Charme oder die Fähigkeit zu beeindrucken verlassen muß, ist die Praxis der Diplomatie in meinen Augen eine wahre Kunst. Trotz der technologischen Revolutionen unseres Informationszeitalters ist im Geschäft der menschlichen Interaktion nichts so erfolgreich wie die menschliche Berührung, und die psychologische Konstitution des Praktikers wird, ob sie bewußt zum Tragen kommt oder nicht, in jedem Fall in seiner diplomatischen Rolle widergespiegelt. Ebenso wie es obsessive Diplomaten gibt, die sich auf winzige Details konzentrieren, um die präzise Bedeutung einer Äußerung feilschen und deren etwaige verschiedenen Interpretationen untersuchen, gibt es jene Diplomaten, die die einmalige Gabe haben, genau das auszudrücken, was andere nur schwer in Worte kleiden können. Der offizielle Diplomat bringt in jedem Fall eine persönliche Komponente in die komplexe Aufgabe der menschlichen Interaktion hinein, die nicht zu unterschätzen ist.

Der Wandel der Zeit hat auch einen Wandel in der Funktion und Macht von Institutionen mit sich gebracht, die für die Außenpolitik zuständig sind. Was wiederum Einfluß auf die traditionellen Wege der Verhandlungen zwischen Gruppen aus gegnerischen Staaten hat. 1983, als das elektronische Informationszeitalter ernsthaft begann, stellte Abba Eban, der frühere israelische Außenminister, fest, daß der Zusammenbruch der Verschwiegenheit und Intimsphäre in der Diplomatie zusammen mit der aufkommenden Verbreitung alles durchdringender Medien, die eine globale Berichterstattung von den Ereignissen lieferten, indes auch die zwischenstaatlichen Beziehungen beeinflußte. Er meinte, „das Zeitalter der Gipfelpolitik", das die direkten, persönlichen Begegnungen zwischen den Führern gegnerischer Nationen betont, sodann auch die Funktion solcher außenpolitischen Entscheidungsorgane wie der Außenministerien verändern werde. Ein Ergebnis dessen ist, daß die Rolle von Botschaftern und außenpolitischen Vertretungen an Gewicht verloren hat oder zumindest stark modifiziert wurde und die traditionellen Rituale der Diplomatie verändert. Wenn ein Diplomat weiß, daß er auf lange Sicht nicht die Macht hat, eine Entscheidung zu treffen, daß dieser Akt einem Vorgesetzten überlassen bleibt, hat dies zur Folge, daß der Diplomat bei seinen beruflichen Aktivitäten einen zwanghaften Standpunkt beibehält. Was im Zeitalter der Gipfelpolitik in der Konsequenz heißt, daß die Persönlichkeitsorganisationen von Führern und ihre persönlichen Rituale in der Beziehung zu anderen Führern eine wichtigere Rolle spielen und gewichtigere Auswirkungen haben werden.

Moralität und offizielle Diplomatie

Vasquez (1986) schrieb, „die beharrlichste philosophische Frage", die die offiziellen Diplomaten seit jeher geplagt hat, ist, „ob die Außenpolitik eines Staates auf den Normen und Prinzipien moralischen Verhaltens basieren sollte" (S. 1). In der offiziellen Diplomatie heißt es, *Fiat justittia, pereat mundus* (Laßt Gerechtigkeit walten, auch wenn die Welt dabei untergeht), und sie bemüht sich, die Wählerschaft für sich zu gewinnen und bei der Stange zu halten, indem durch Abwertung der gegnerischen Gruppe oder gegen einen Widersacher zu den Waffen gegriffen wird, ruhmreiche und ehrenvolle Bilder heraufbeschworen werden. Oft werden religiöse, ökonomische, gesellschaftliche und nationalistische Fragen dazu benutzt, um die „Wahrhaftigkeit" der eigenen Position und die „unmoralischen" Aspekte der gegnerischen Meinungen und Vorgehensweisen zu unterstreichen. Die Kreuzzüge der Christen und die heiligen Kriege der Muslime wurden jeweils zu hehren Zwecken hochstilisiert, bei denen der Allmächtige als Partner mitbeteiligt war. Als die Türken 1974 auf Zypern landeten, wurde der Krieg, der darauf folgte, als eine „Friedensoperation" bezeichnet, deren Ziel die Wiedergutmachung von bitterem Unrecht war. Ähnlich wurde der US-amerikanische Einfall in Panama 1989, der auf Kosten zahlloser unschuldiger Opfer zur Festnahme eines Drogenbosses führte, in Anlehnung an Thomas von Aquin als „Operation Gerechte Sache" bezeichnet. Obwohl die Begriffe von Moralität, Gerechtigkeit und Ehre zwar für die Bemühungen des Menschen stehen können, den rücksichtslosen Egoismus zu intellektualisieren und zu rechtfertigen, der sein Geburtsrecht zu sein scheint, kann ihre präzise Definition nicht nur zweideutig, sondern auch verfälscht werden, wenn der Verlust der Macht, des Selbstwertgefühls und der Selbstbestimmung droht, die oft mit der Reaktivierung von gewählten Traumata und anderer Fäden der Großgruppenidentität verbunden sind.

Psychoanalytische Ideen über die Moralität des einzelnen können etwas Licht in die Debatte bringen, ob Nationen oder andere Großgruppen sich in internationalen Angelegenheiten an die grundlegenden Anstandsnormen halten sollten oder könnten. In der Psychoanalyse ist das Konzept der Moralität mit dem Überich verbunden, das aus einer Kombination von Kompromißbildungen entsteht, die weitestgehend aus den Konflikten im ödipalen Alter hervorgehen. Einige dieser Kompromißbildungen hängen mit der Moralität zusammen, andere nicht. Die eigene Moralität basiert jedoch auf mehr als dem, worauf Eltern und Lehrer beharren, oder als auf religiösen Ermahnungen und Vorschriften. Brenner (1983) ist der Überzeugung, daß die im ödipalen Alter gebildete Moralität eine Frage des Fühlens, Denkens und Verhaltens vor dem Hintergrund der Vermeidung von Strafe ist. Die ödipalen Konflikte des Kindes sind mit der Angst verbunden, die geliebten Menschen und/oder ihre Liebe zu verlieren und bestraft zu werden. Das Kind wird dann in der Form „moralisch", wie seine Phantasien es ihm diktieren, um Ängste und depressive Gefühle auf ein Minimum zu reduzieren. Kinder können sich mit ihren Wahrnehmungen von einem verbietenden Elternteil identifizieren oder sich aus jeder Konkurrenz zurückziehen, um auf diese Weise eine erwartete Strafe zu vermeiden. Und da der Anfang der Moralität mit Angst oder depressiven Gefühlen verbunden ist, gilt, je mehr Ängste und depressive Gefühle das Kind hat, desto strenger ist das Überich, das es entwickelt: Das Ergebnis ist ein zwingendes Moralitätsgefühl, das dem zwingenden Bedürfnis, Strafe zu vermeiden, gleichkommt. Wenn man sich diese Prämisse vor Augen hält, überrascht es nicht, festzustellen, daß man sich in Situationen, in denen regressive Neigungen bestehen, nicht auf das Moralgefühl verlassen kann.

Natürlich bleibt ein Kind nicht für immer in der ödipalen Phase. In dem Zuge, wie Kinder heranwachsen, entwickeln sie feinere und ausgeklügeltere angstreduzierende Mechanismen und Moralkodices, die nichts mit der Furcht vor Strafe zu tun haben. Darüber hinaus berücksichtigen sie auch den Moralkodex der jeweiligen Gruppe, an die sie sich schließlich gebunden und der sie sich zur Treue und Loyalität verpflichtet fühlen, wobei der Kodex der Gruppe dann entweder ihren psychologischen Bedürfnissen entspricht oder abgelehnt wird.

In spannungs- und belastungsreichen Zeiten zwischen Nationen kann es bei den gegnerischen Großgruppen zu einer Massenregression kommen, bei der eine kollektiv erfahrene unbewußte Furcht zu einer Furcht vor den „Anderen" verdichtet wird. Was in der Konsequenz dazu führt, daß die Kompromißbildungen, auf denen der von der Gruppe geteilte Moralkodex basiert, gestört werden und sich neue „Moralitäten" im Umgang mit Antagonisten entwickeln, die in der Regel an diesem Punkt Stereotypen sind. Die „Moralität" der US-Regierung erlaubte 1942 zum Beispiel die Internierung von japanischen Amerikanern, weil es Loewenberg (1995) zufolge in der USA zu einer Massenregression gekommen war. Die Entscheidung der Regierung war irrational und illegal. „Sie gründete nicht in der Realität, da es nicht einen einzigen nachgewiesenen Fall von Spionage durch einen japanischen Amerikaner gab. Sie war irrational, da die relativ großen japanischen Nisei- und Sansei-Populationen der exponierten Hawaii-Inseln nicht interniert wurden" (Loewenberg, 1995, S. 167).

Eine Nation oder ethnische Gruppe, die aus ihrer Sicht im Laufe der Zeit zum Opfer gemacht und gepeinigt wurde, offenbart vielfach, was Mack (1979) als den *Egoismus des Geopferten* bezeichnete, ein Art von gerechter Empörung, die jedes Mitgefühl für das Leiden eines verwundeten Feindes, wie schwer es auch sein mag, in ihrem gemeinsamen Konflikt verhindert. Das Gefühl, daß der Feind seinen Schmerz verdient, kann hinter den Verhandlungen lauern, die zu einem faden diplomatischen Austausch ritualisiert werden, auch wenn dieser Austausch sich oberflächlich um eine intellektuelle und zivilisierte Lösung eines Kampfes bemüht, der ebenso grausam wie primitiv als auch elementar ist oder zu werden droht. In einer solchen, ob ökonomisch oder politisch bedingten Krisenzeit, in der die Frage der Moralität regrediert ist und im Sinne von Kompromissen weiter aufs Spiel gesetzt wird, wird die internationale Diplomatie vielfach durch diesen primitiven Ausdruck innerer menschlicher Konflikte und einer entsprechenden Abwehr dagegen belastet. In dem Zuge, wie diese Kompromißbereitschaft zunimmt, wird die Interpretation des Konzeptes der „nationalen Sicherheit" soweit modifiziert, daß auch Veränderungen der Anstandsnormen hingenommen werden, um die Ängste und depressiven Gefühle zu vermeiden, die von den Mitgliedern einer Gruppe geteilt würden. Fest steht nichtsdestotrotz, daß der Mensch zwar dazu neigt, einen Feind zu „schaffen", in der Realität jedoch manche Führer und Gruppen auch „böse" werden und andere sich vielleicht zu Recht moralisch entrüsten und ihre Vernichtung suchen.

Emotionen

Moderne Politstrategen und Berater von Entscheidungsträgern scheinen Wert darauf zu legen, in ihren Schlußfolgerungen und Ratschlägen „wissenschaftlich" zu sein. Nichtsdestotrotz gilt, daß die Entscheidungsträger, wenn sie mit politischen Analytikern und Beratern zusammenkommen, auf Einflüsse reagieren, die aus zu vielen Richtungen kommen, wodurch eine wissenschaftliche Bewertung der anstehenden Fragen und Probleme schwierig und oft unmöglich wird. Es gibt nationale politische Richtlinien, die der Entscheidungsträger ebenso wie seine Sympathien und Abneigungen gegenüber Beratern und den Entscheidungsträgern in anderen Ländern berücksichtigen muß. Das eigene Prestige steht auf dem Spiel, und er konkurriert im Zweifel mit anderen Entscheidungsträgern in Zusammenhang mit der Frage, was funktionieren oder nicht funktionieren wird. Zudem gibt es auch falsche Vorstellungen oder Wahrnehmungen. So kann das Gefühl eines Führers, berechtigte Ansprüche zu haben, von einem anderen Entscheidungsträger als eine verhängnisvolle Entwicklung verstanden werden. Solche Fragen und Probleme machen die offizielle Diplomatie zu einer Art von Kunst. Über wie viele Informationen ein Diplomat auch verfügen mag, seine Sensitivität für den weniger greifbaren Faktor der emotionalen Reaktion ist bei der Kunst der diplomatischen Verhandlung dennoch immer noch von höchster Bedeutung. Und obwohl Emotionen Verhandlungen oft behindern, können sie die Erreichung von Abkommen auch fördern. Ein Beispiel hierfür lieferte das Gipfeltreffen von Camp David, das im September 1978 zwischen dem US-Präsidenten Jimmy Carter und dem ägyptischen Präsident Anwar as Sadat und dem israelischen Premierminister Menachem Begin stattfand.

Durch die vielen veröffentlichten Erinnerungen und Verhandlungsnotizen wissen wir sehr viel darüber, was sich in Camp David ereignete (Carter, 1982; Dayan, 1981; Quandt, 1986). Gut gerüstet für das Gipfeltreffen der drei Weltführer, hatte das US-amerikanische Team das Hauptziel, die Realpolitik im Nahen Osten zu untersuchen. Einen Monat vor dem Gipfel wurden vom US-Außenministerium und dem Nationalen Sicherheitsrat, die beide sowohl zusammen als auch unabhängig voneinander arbeiteten, lange Papiere vorbereitet. Zusätzlich zu diesen formalen Analysen des Konfliktes zwischen den Israelis und Ägyptern und den formalen Erwartungen, was möglicherweise erreicht werden könnte, wurden von Sadat, Begin und anderen Mitgliedern des israelischen und ägyptischen Teams Persönlichkeitsprofile erstellt, von denen der ehemalige Präsident Carter Jahre später, 1994, in einem Gespräch mit mir einräumte, daß er sehr davon profitiert habe.

Quandt (1986) lieferte eine denkbar umfassende, tägliche Beschreibung dessen, was während der dreizehn Tage in Camp David passierte. Und während er sich einerseits gezwungen sah, festzuhalten, wie viele Emotionen – von Wut bis zu überschwenglicher Begeisterung – zum Ausdruck kamen, und wie die Teilnehmer Freundschaften mit anderen oder auch Mißtrauen gegenüber anderen entwickelten, und wie Frustrationen und Hoffnungen durch Halsstarrigkeit und Drohungen zum Vorschein kamen, betonte Quandt nichtsdestotrotz die „logische" Handhabung und Abwicklung der Sitzungen, der diplomatischen Manöver und des scharfsinnigen und pfiffigen Feilschens der Kontrahenten. Aber trotz dieser Betonung berichtete Quandt dann im weiteren, daß Begin und Sadat nach den ersten zehn Tagen im wahrsten Sinne des Wortes noch nicht miteinander sprachen, und daß es bei den entscheidenden Fragen keinen Durchbruch gegeben hatte.

Als die letzten Verhandlungstage begannen, mußte jeder Führer für sich entscheiden, auf welche Kompromisse man sich einlassen sollte. Am elften Tag drängte Carter in einem Brief, den er sowohl an Sadat als auch an Begin adressierte, die beiden gegnerischen Führer, ihre konstruktivsten Empfehlungen auf den Tisch zu legen, da der Gipfel in zwei Tagen zu Ende gehen würde. Ganz auf eine Niederlage eingestellt, bereitete Quandt für Carter eine, wie er es nannte, „Mißerfolgsrede" vor. Die Geschichte zeigte jedoch, daß es in letzter Minute noch einen Durchbruch gab, der die Unterzeichnung der Camp David-Abkommen ermöglichte, die einen Wendepunkt in den Friedensverhandlungen zwischen den Israelis und Ägyptern markierten. Welche Erklärung wird uns für diese abrupte Wende zum Positiven geliefert? Wurde die US-amerikanische Diplomatie in Camp David nach einer „wissenschaftlichen" Methode geführt? Wurde der Durchbruch in letzter Minute durch wohldurchdachte diplomatische Manöver erreicht? Oder hing er letztlich von der „Kunst" des ehemaligen US-Präsidenten Carter und seines Teams und von den Emotionen der drei Führer ab?

Zweifellos spielten vielfältige Faktoren eine Rolle. Es gab jedoch auch einen menschlichen Faktor, der von Quandt nicht genannt wurde. Da er ein offizieller Diplomat war, kam es ihm vielleicht nicht in den Sinn, daß ein zufälliges Ereignis, das Begin zu Tränen rührte, eine Rolle beim Ausgang des Camp David-Treffens gespielt haben könnte. Aus der Sicht der offiziellen Diplomatie war dieses Ereignis ein Tropfen in einem Meer voller offizieller diplomatischer Aktivitäten, voll von dem nicht endenden Fluß an Papieren, voll von Feilschen und Verhandeln, von Sicherheitsbelangen und Zwangsvorstellungen und Verranntheiten. Präsident Carter berichtete demgegenüber jedoch sehr wohl darüber. Und ich hörte die Geschichte auch aus erster Hand von dem ehemaligen Nahost-Experten im Außenministerium, Harold Saunders (1984a), der in Camp David mit dabei war. Demnach war etwa folgendes passiert:

Am letzten Tag des Gipfeltreffens sah es ganz so aus, als würden alle Friedensanstrengungen scheitern und Begin unnachgiebig bei seiner Weigerung bleiben, irgendein Abkommen zu unterzeichnen. Und trotz des äußerlich angenehmen und liebenswürdigen Rahmens bei diesem Gipfel, herrschte eine schwere, drückende Atmosphäre. Quandt schrieb, daß in der Tat „Witze über die ‚Gefängnis'- und ‚Konzentrationslager'-Atmosphäre gemacht wurden" (1986, S. 235). Dennoch wurden Photos von den drei Führern zusammen gemacht, und Begin bat seine Kollegen, drei davon zu signieren, damit er sie seinen Enkelkindern geben könnte. Präsident Sadat hatte die Bilder bereits signiert, als Präsident Carter, nachdem er sich die Namen von Begins Enkelkindern hatte geben lassen, seinen Namenszug mit einem persönlichen Zusatz versah und damit in Begins Kabine ging, um die signierten Photos abzugeben. Carter (1982) wußte, wie niedergeschlagen Begin über das Scheitern der Gespräche in letzter Minute gewesen war, und erinnerte sich:

> Ich überreichte ihm die Photos. Er nahm sie und dankte mir. Dann warf er zufällig einen Blick darauf und sah, daß der Name seiner Enkeltochter auf dem obersten stand. Er sprach ihn laut aus und schaute sich dann jedes Photo einzeln an, wobei er den Namen des Enkelkindes, den ich darauf geschrieben hatte, nachsprach. Seine Lippen zitterten, und Tränen stiegen ihm in die Augen. Er erzählte mir etwas von jedem Kind und vor allem von einem, das sein Liebling zu sein schien. Wir waren beide emotional gerührt, während wir einige Augenblick so ruhig über Enkelkinder und über Krieg sprachen (S. 399).

Und explizit nach diesem Vorfall hatte Begins Haltung sich mit einemmal merklich verändert. Rogers (1984) gelangte zu dem Schluß, durch seine Geste hätte Präsident Carter Preminierminister Begin nonverbal die Botschaft übermittelt, daß er, Begin, ihm als Mensch dennoch sehr am Herzen lag, auch wenn die Konferenz gescheitert war. Rogers zufolge besagte seine unausgesprochene Botschaft: „Ich schätze und achte diejenigen, die Sie lieben. Ich denke an ihre

Zukunft in der Welt, die wir schaffen. Ich denke an die Möglichkeit des Krieges und die Folgen, die er für sie hätte" (S. 9).

Carter sprach von einem anschließenden „Liebesfest", das danach zwischen Begin und Sadat stattgefunden habe, und in dieser euphorischen Atmosphäre – als das Akkordeon zwischen den gegnerischen Parteien zusammengedrückt war – wurden denn auch die Camp David-Abkommen unterzeichnet. Es ist keine Frage, wie wichtig diese Unterzeichnung war, gleichwohl wissen wir heute, daß einige bedeutsamen Fragen nie gelöst wurden und daß Aspekte der Abkommen von den Betroffenen später unterschiedlich interpretiert wurden.

Regression

Aus psychoanalytischer Sicht bewegt jedes Individuum sich auf einem Entwicklungskurs, der unter normalen Umständen insbesondere in den frühen Jahren chronologisch determiniert ist. Bei einem Patienten, mit dem er in einer klinischen Situation konfrontiert ist, erkennt der Psychoanalytiker oft, daß der Hilfesuchende mehr oder minder „festgefahren" (fixiert) oder auf der Entwicklungsleiter eine Sprosse zurückgegangen (regrediert) ist, die er in seinem früheren Leben längst hätte hinter sich gelassen haben müssen. Die Aufgabe des Analytikers besteht dann darin, den Patienten auf die Ebene der Fixierung oder Regression oder sogar auf ein noch früheres Entwicklungsniveau zurückzuholen, um ihm so die Chance zu geben, mit Hilfe des Analytikers auf dieser Ebene seine Fragen und Probleme aufzuarbeiten. Ein Vorgang, der als *therapeutische Regression* bezeichnet wird, worunter zu verstehen ist, daß sie bei beiden Parteien, sowohl beim Patienten als auch beim Analytiker, stattfindet, der dem Patienten auf einer regredierten Ebene „begegnen" muß. Ihr Ziel ist also, von hier aus wieder neu mit einer Weiterentwicklung zu beginnen; sie ersetzt das Chaos der Regression, die ein Patient anfänglich zeigt, wenn er in die Behandlung kommt.

Wie bereits an früherer Stelle erwähnt, kommt es auch bei Großgruppen zu Regressionen, und die Haltungen der verhandelnden Repräsentanten spiegeln diese Regression wider. Unterhändler neigen stärker dazu, an den Fäden festzuhalten, die in die Planen ihrer Großgruppenzelte gewebt sind, häufiger Externalisationen und Projektionen zu benutzen und sich hartnäckiger davor zu schützen, daß ihre Externalisationen und Projektionen wieder zu ihnen zurückkehren bzw. auf sie zurückfallen (Boomerang-Effekt). Diese Abwehrmechanismen führen zu einem geringeren Mitgefühl für die Probleme der gegnerischen Gruppe und erzeugen Widerstände gegenüber Meinungsänderungen und der Bereitschaft zu Kompromissen. Es gibt jedoch kein Konzept bzw. keine Technik für eine therapeutische Regression innerhalb der diplomatischen Interaktionen. Wenn die im Konflikt miteinander liegenden Parteien um die Hilfe eines dritten „neutralen" Teams aus einem anderen Land bitten, können die Vertreter der dritten Partei bei den malignen Effekten der Regression bei den Repräsentanten der gegnerischen Gruppen ansetzen und eingreifen. Bezeichnend ist, daß die gegnerischen Parteien nicht durch eine therapeutische Regression, auf die eine Weiterentwicklung folgt, zu einer Einigung gelangen, sondern vielmehr, indem sie darauf zurückgreifen, Aspekte der bestehenden Konflikte zu leugnen und zu verdrängen und sich von den zum Konflikt gehörenden Emotionen zu isolieren und die Annahme der Verhandlungsbedingungen rationalisieren.

Wenn zwischen den gegnerischen Gruppen Vereinbarungen erreicht und unterzeichnet werden, verschwinden die bei der Krise zutage getretenen und durch die Regression verschärften Konflikte und Emotionen nicht, sondern werden nur in den Hintergrund geschoben. Diese Konflikte und Emotionen können zu einem späteren Zeitpunkt wieder auf- und hervorbrechen und eine neue Krise heraufbeschwören. Durch Rechtsstaatlichkeit bzw. die geltenden Gesetze und die Auseinandersetzung mit der Realität, wonach zum Beispiel allein die finanziellen Mittel fehlen, um in einer kriegsähnlichen Situation zu verharren, werden die im Konflikt liegenden Parteien gezwungen, sich langsam den in den Abkommen festgelegten Bedingungen anzupassen und Frieden zu bewahren. Nichtsdestotrotz bleibt, daß die rechtskräftigen Dokumente die Beziehungen der Feinde nicht nennenswert verändern, was die inneren Empfindungen und geistigen Erfahrungen angeht. Erst neue Ereignisse, wie eine Freundschaft zwischen den Führern verfeindeter Gruppen (wie sie in den zwanziger Jahren nach dem türkisch-griechischen Krieg zwischen Kemal Atatürk aus der Türkei und Eleutherio Venizelos aus Griechenland zustande kam) oder ein innerer Wandel oder eine Revolution innerhalb einer Großgruppe (wie es in der Sowjetunion der Fall war, nachdem Michail Gorbatschow an die Macht gekommen war) führen auf einer psychologischen Ebene zu einer Veränderung der Wahrnehmungen, Empfindungen, Emotionen und Erwartungen, die an den anderen gestellt werden.

Übertragungsverzerrungen

Ein Phänomen, das mit dem Zutagetreten von Emotionen bei offiziellen Zusammenkünften eng verwandt ist, ist die bei den Entscheidungsträgern auftretende Erfahrung der Übertragungsverzerrung von anderen: Ihre vorher gebildeten Feindbilder, die durch Kindheitserfahrungen in ihren eigenen Familien und ihren Großgruppen beeinflußt wurden, werden auf den jetzigen Feind projiziert.

Itzkowitz (1997), ein psychoanalytisch ausgebildeter Historiker, stellte fest, daß Historiker im allgemeinen oft wenig über die Entscheidungsfindungsprozesse wissen, die zu der Politik führten, die sodann für mitunter verhängnisvolle historische Ereignisse verantwortlich war. Seiner Meinung nach sind Diplomaten und andere Entscheidungsträger sich oft jener unbewußten Prozesse nicht bewußt, die diesen Entscheidungen zugrunde liegen. Und das gilt besonders, sagt er, im Bereich ethnischer Konflikte. Bei seinen Recherchen, wie es damals eigentlich dazu kam, daß die Briten letztlich die Ressourcen bereitstellten, die die Griechen brauchten, um 1919 ihre Streitkräfte in Anatolien landen zu können, stieß Itzkowitz zufällig auf ein wortgetreues Protokoll von einem Treffen, das während der Friedensverhandlungen in Paris in dem Haus stattgefunden hatte, in dem der damalige US-Präsident Woodrow Wilson während der Verhandlungen residierte (Link, 1988). Neben Wilson waren bei diesem Treffen der britische Premierminister Lloyd George, der französische Ministerpräsident Georges Clemenceau und Griechenlands Eleutherio Venizelos mit dabei. Itzkowitz schrieb:

> Bei diesem Treffen kam im Laufe der Unterredung die Frage auf, ob die Griechen und die Italiener fähig und in der Lage waren, eine Mandatsmacht zu sein. Lloyd George meinte, die Italiener seien eine effizientere exekutive Rasse als die Griechen und seien dies in der Geschichte auch immer gewesen. Die Griechen hatten mehr Ideen, aber die Römer seien die überlegene exekutive Nation gewesen. Zuvor hatte Präsident Wilson bei dem Gespräch bereits gesagt, er habe von Leuten, die die Türken gut kannten, gehört, daß sie ein gefügiges Volk seien. Sie seien ganz in Ordnung, solange man sie nicht mit Autoritätsbefugnissen betraute. Unter der Führung einer freundlich gesinnten Macht könnten sie sich als ein gefügiges Volk erweisen. An diesem Punkt versuchte Präsident Wilson herauszufinden, ob seine Kollegen im Viererrat damit einverstanden waren, den Griechen die Mandatsmacht in Smyrna [Izmir] zu übertragen. Lloyd George entgegnete, seine einzige Angst sei, daß die mohammedanische Bevölkerung sehr rabiat sei, und er bezweifele, ob die Griechen damit fertig würden.

Itzkowitz berichtete weiter, daß stereotypes Denken

> ... das Gesprächsniveau von Männern über die Qualitäten anderer war, von Männern, die für den Neuentwurf der Landkarte Europas nach dem bis dahin verheerendsten Krieg in der Weltgeschichte verantwortlich waren, wonach es denn auch kein Wunder ist, daß das ehemalige Jugoslawien heute in einem solchen desolaten Zustand ist. Und demnach kann es auch nicht überraschen, daß es genügend Arbeit für alle von uns gibt, die versuchen möchten, dazu beizutragen, ethnische Konflikte und deren Folgewirkungen zu reduzieren.

17. „Inoffizielle Diplomatie"

Im letzten Jahrhundert haben sich einige Aspekte der Diplomatie geändert, andere nicht. Obwohl der Kalte Krieg weite Teile der Welt in den internationalen Beziehungen in einem spezifischen Muster zu blockieren schien, hat die Diplomatie in vieler Hinsicht kaum noch Ähnlichkeit mit der Kunst, wie sie Ende des neunzehnten Jahrhunderts von Staatsmännern praktiziert wurde. Nicholson (1963) wies zum Beispiel darauf hin, daß jene kleinen Elitegruppen von Männern nach dem Aufkommen von „demokratischen" Konzepten in den internationalen Beziehungen nicht mehr die einzigen „Spieler" in der Diplomatie sein konnten; Führer, Staatsmänner und hochrangige Bürokraten sind inzwischen gezwungen, sich öffentlich der Wählerschaft in ihren Staaten zu erklären. Auf der internationalen Bühne gibt es inzwischen mehr Treffen, mehr Verhandlungen und mehr Verträge wie auch mehr öffentliches Engagement und mehr Berichterstattung durch die Medien. Eban (1983) stellte fest, daß die Rolle von Privatpersonen und Organisationen sogar noch weiter in das einst heilige Territorium der Diplomatie eingriff: „Quäker, Kirchenführer, Leiter von Friedensforschungsinstitutionen, Professoren, Parlamentsmitglieder und Journalisten haben allesamt versucht, Konflikte zu lösen oder zu mindern, die den offiziell akkreditierten Emissären bei ihren Bemühungen entglitten sind" (S. 386). Obwohl diese „inoffizielle Diplomatie" gerade in den letzten zwei bis drei Jahrzehnten enorm zugenommen hat, spürte Eban ihre Wurzeln sogar noch weiter zurück auf: Präsident Dwight D. Eisenhower hatte seinerzeit erklärt, daß Privatbürger, die das Vertrauen ihrer Regierungen genossen, dazu beitragen könnten, den Weg für offizielle Verhandlungen zu bereiten.

Eisenhowers Einstellung war ungewöhnlich; die meisten Führer hielten die sogenannten inoffiziellen Diplomaten für „lästige Personen, die sich in fremde Angelegenheiten mischten", auch wenn sie gute Absichten hatten. Nach dem Scheitern des Gipfeltreffens 1959 zwischen Eisenhower und Chruschtschow unterstützte Eisenhower die Dartmouth-Konferenz – inoffizielle Zusammenkünfte von einflußreichen US-Amerikanern und Sowjets, die ursprünglich von Norman Cousins, dem damaligen Herausgeber der *Saturday Review*, organisiert worden waren. (Der Name der Tagungsreihe geht auf die Tatsache zurück, daß das erste Treffen am Dartmouth College in Hanover, New Hampshire, stattfand.)

Die Entwicklung der Dartmouth-Konferenz, wie Saunders (1991) sie beschrieb, entsprach der Zunahme und dem wachsenden Einfluß einer speziellen Art der inoffiziellen Diplomatie. Während die frühen Konferenzen ein zwangloses Forum für einen Meinungs- und Informationsaustausch waren, beschlossen die Teilnehmer Anfang der achtziger Jahre, kleine Projektgruppen mit einem gezielteren Schwerpunkt einzurichten, und sich darüber hinaus auch zwischen den Vollversammlungen zu treffen. 1986 wurde eine Arbeitsgruppe zu politischen Beziehungen gegründet, die die Prozesse von *Glasnost* und *Perestroika* beeinflußte. Ähnlich wichtig wurde die Pugwash-Konferenz, als die Sowjets begannen, Gelehrte und Wissenschaftler mit politischem Einfluß zu entsenden. Beide Konferenzen fungierten bei den diplomatischen Verhandlungen, insbesondere zwischen den USA und der Sowjetunion, als „Brücken".

Während des Kalten Krieges waren auch Unternehmer aus der Wirtschaft als inoffiziell Beteiligte in den diplomatischen Prozeß eingespannt (Levinson, 1979, dt. 1978; Goldman, 1975; Berman und Jones, 1977). Armand Hammer von der Occidental Petroleum Corporation hatte zum Beispiel Verbindungen zu den Sowjets, die bis in die zwanziger Jahre zurückgingen, und fungierte als Verbindungsmann zwischen den zwei Supermächten. Darüber hinaus gab es auch „private Verhandlungen", wie jene, an denen Wolfgang Vogel beteiligt war, ein Deutscher, der in den Agentenaustausch zwischen dem Osten und dem Westen einbezogen war, bei dem es auch zur Freilassung von Anatolij Scharansky kam. Solche privaten Verhandlungen erhielten ein breites Publikum, wenn sie in die Berichterstattung der Medien einbezogen wurden. Die Medien sorgten vor allem in den demokratischen Ländern dafür, daß die offizielle Diplomatie soweit wie nur möglich „in der Öffentlichkeit" blieb. John Scali, ein Rundfunkkorrespondent, war zum Beispiel „hinter den Kulissen" als Mittler bei der kubanischen Raketenkrise eingeschaltet. Wie er später berichtete (Scali, 1987), erhielt er am 26. Oktober 1962, dem vierten Tag nach Beginn der Krise, einen Telefonanruf von einem Mann, der sich als Mr. X ausgab und in Wirklichkeit ein Oberst des KGB an der sowjetischen Botschaft in Washington namens Alexander Fomin war. Dieser Anruf machte Scali zu einer wichtigen Figur in der Krise, da er zum Mittler beim Austausch der Lösungsvorschläge wurde. Aber es waren nicht nur die sowjetisch-amerikanischen oder Ost-West-Beziehungen, die inoffizielle Diplomaten animierten, sich einzuschalten und mitzuwirken. Einem anderen bekannten Journalisten, Walter Cronkite vom Columbia Broadcasting System (CBS) ist es zum Beispiel zu verdanken, über Satellit Israels Menachem Begin und Ägyptens Anwar as Sadat zusammengebracht zu haben.

Ende der siebziger Jahre wurde schließlich eine organisiertere Form der inoffiziellen Diplomatie ins Leben gerufen. Vertreter von Friedensinstitutionen und „Professoren" – wie Eban (1983) die beteiligten Akademiker bezeichnete – hatten inzwischen praktische Erfahrungen gewonnen, wie man die Politik mitgestalten konnte. Herbert Kelman von der Harvard University begann, meist auf diskrete Weise (Kelman, 1972, 1979, 1987) hochrangige Araber und Israelis zu Gesprächen zusammenzubringen, die er als „Interaktive Problemlösungs-Workshops" bezeichnete. 1980 begann die American Psychiatric Association mit ihrer Reihe von inoffiziellen Treffen zwischen Arabern und Israelis, die, wie bereits in Kapitel 1 erwähnt, bis 1986 fortgeführt wurden. Kurz danach habe ich das CSMHI gegründet. Zu jener Zeit gab es natürlich auch noch andere nicht-staatliche Organisationen, die in der inoffiziellen Diplomatie aktiv waren. Nichtsdestotrotz waren wir, als wir das CSMHI als ein interdisziplinäres Zentrum gründeten, das sich auf die inoffizielle Diplomatie konzentrierte, mit der Frage konfrontiert: „Was ist inoffizielle Diplomatie?" 1987 habe ich an der University of Virginia eine Konferenz organisiert, um über dieses Thema nachzudenken, und habe dazu viele Personen eingeladen, die durch ihre Arbeit auf diesem Gebiet bekannt waren, um zu hören, welche Einsichten und Erkenntnisse sie zu der Frage zu bieten hatten, verbunden mit der Bitte, ihre entsprechenden Vorgehensweisen oder Operationstechniken zu beschreiben. Zu der Liste gehörten Psychiater und Diplomaten aus dem Kreis der von der American Psychiatric Association gesponserten arabisch-israelischen Dialoge, wie der Psychiater Demetrios A. Julius und ich sowie ehemalige Diplomaten wie Joseph V. Montville und Harold H. Saunders. Und zu den Teilnehmern gehörten unter anderem auch John W. Burton, Edward E. Azar, Herbert C. Kelman und Richard T. Arndt (siehe Volkan, Julius und Montvielle, 1990; Volkan, Montville und Julius, 1991).

Im Laufe unserer ausführlichen Diskussionen über dieses Thema gelangte ich zu dem Schluß, daß es keine allgemeingültige Definition der inoffiziellen Diplomatie, sondern viele individuelle Ansätze dazu gab. Einige schlossen psychologische Konzepte mit ein, viele jedoch auch nicht, indes sie nichtsdestotrotz bemerkenswert mit ihren nicht-traditionellen und human-orientierten Ansätzen zu internationalen Beziehungen waren. So war Burton, der 1947 der ständige Leiter des australischen Außenministeriums und 1955 Hoher Kommissar für Ceylon war, zum Beispiel von den Theorien der „menschlichen Bedürfnisse" (Lederer, 1980, dt. 1981) beeinflußt, wonach die gegebenen gesellschaftlichen Bedingungen mitunter radikale institutionelle Veränderungen verlangen. Burton (1991) beschreibt einen Konflikt als:

> eine Beziehung, in der jede Partei die Ziele, Werte, Interessen oder Verhaltensweisen des anderen als widersprüchlich zu den eigenen und unvereinbar mit den eigenen empfindet. Der Begriff schließt erstens die Beziehungen zwischen den Parteien in Verbindung mit einem Disput, ihre Wahrnehmungen und falschen Wahrnehmungen, ihre gemeinsamen und ihre unterschiedlichen Werte sowie ihre Ziele und Motivationen und zweitens die politische, soziale, wirtschaftliche und institutionelle Umwelt mit ein, in der der Disput ausgetragen wird (S. 82).

Burton ist der Überzeugung, daß die in Konfliktsituationen Beteiligten „in ihren jeweiligen institutionellen Umwelten auf allen gesellschaftlichen Ebenen zwanghaft um die Befriedigung primordialer und universaler Bedürfnisse kämpfen – um Bedürfnisse wie Sicherheit, Identität, Anerkennung und Entwicklung" (Burton, 1991, S. 83). Seine Konfliktlösungsbemühungen setzen somit bei der Forderung nach einer institutionellen Reorganisation statt der Forderung nach einer Änderung der Einstellungen und Haltungen und der erzwungenen Konformität innerhalb bestehender Verhaltensnormen an (Burton, 1987, 1991). Die Idee, Nutzen aus der Psychoanalyse zu ziehen, ist für Burtons Ideen nicht oder kaum relevant, da sein Ansatz zwar analytisch ist, jedoch nicht auf unbewußte Faktoren eingeht.

Burtons Ansatz stand im Mittelpunkt der Arbeiten des Zentrums für Konfliktlösungen an der George Mason University in Northern Virginia, wo er von Mitte bis Ende der achtziger Jahre tätig war. Das Zentrum für Konfliktlösungen erweiterte nichtsdestotrotz Burtons Ideen und entwickelte sich zu einem renommierten Ort, an dem heute künftige inoffizielle Diplomaten ausgebildet werden (Mitchell und Banks, 1996). Die Ausbildung schließt Psychologie, nicht jedoch die Psychoanalyse mit ein.

Herbert C. Kelman, eine Sozialpsychologe, der Professor für Gesellschaftsethik an der Harvard University war, als er an der Zusammenkunft am CSMHI teilnahm, bezog sich sehr stark auf die Pionierleistungen Burtons und seiner Mitarbeiter (d.h., mit einer Schwerpunktsetzung auf die Bedürfnisse). Maßgebend mitbeeinflußt war Kelmans Denken darüber hinaus jedoch auch noch von Jerome Frank (1944a, b), einem Psychiater, der gesellschaftliche Prozesse untersucht und viele psychoanalytische Konzept genutzt hatte. Zusammen mit einem seiner Mitarbeiter (Frank und Ascher, 1951) griff er die Idee der *korrektiven emotionalen Erfahrung* der Psychoanalytiker Alexander und French (1946) auf, die in den vierziger Jahren in den USA einflußreiche psychoanalytische Lehrer waren. Bei der korrektiven emotionalen Erfahrung geht es darum, daß ein Analytiker sich bewußt anders verhält als die Figuren, die in der Kindheit eines Patienten maßgebend waren, und den Patienten somit die Erfahrung machen läßt, daß er „lernen" kann, daß bestimmte Ereignisse zu anderen und anpassungsfähigeren Ergebnissen führen können. Alexander und French wurden damals wegen ihrer Ideen von den klassischen Analytikern heftig kritisiert. Frank und Ascher nutzten dieses Konzept aber dennoch in ihren psychotherapeutischen Gruppensitzungen und beeinflußten sodann wiederum Kelmans Arbeit. Kelman nutzte diesen Ansatz, als er inoffiziell Vertreter gegnerischen Großgruppen, insbesondere zypriotische Türken und zypriotische Griechen sowie Palästinenser und Israelis zusammenbrachte.

Wobei er jedoch klar feststellte, daß seine Arbeit in der internationalen Arena sich in grundsätzlicher Hinsicht von einem rein therapeutischen Modell unterschied. Er schrieb:

> Der Sinn und Zweck von Problemlösungs-Workshops und den entsprechend damit verbundenen Aktivitäten ist, Veränderungen auf der Systemebene herbeizuführen – d.h. auf der Ebene des größeren Konfliktsystems. Sie sind spezifisch auf eine nachdrückliche Einflußnahme auf die politische Debatte und die politischen Prozesse in den in Konflikt miteinander liegenden Gesellschaften ausgerichtet. Aus unserer Sicht sind die Veränderungen in den individuellen Haltungen und Empfindungen, die wir zu bewirken hoffen, vor allem ein Mittel zur Veränderung auf der Systemebene statt ein Selbstzweck (Kelman, 1991, S. 153).

Die einzelnen nahmen an den Konfliktlösungsdialogen teil, weil sie mehr über die Konflikte zwischen Gruppen erfahren und lernen wollten. Die Moderatoren oder Mittler versuchten nicht, „über die nationalen Trennungslinien hinweg zwischenmenschliches Vertrauen unter den Teilnehmern" zu schaffen. „Ein derartiger Versuch wäre weder realistisch noch überhaupt erstrebenswert gewesen" (Kelman, 1991, S. 153). Den Moderatoren, die neutral blieben, ging es vielmehr darum, ein allgemeines Vertrauen in die dritte neutrale Partei zu schaffen. Als allgemeine Konzeptualisierung kommt Kelmans Ansatz der Methode des CSMHI (siehe nächstes Kapitel) sehr nahe, die sich jedoch insofern von seinem Ansatz unterscheidet, als hier auch unbewußte Widerstände gegen Veränderungen berücksichtigt, ein psychoanalytisch geschultes Verständnis der Komponenten der Großgruppenidentität (die sieben Fäden) genutzt und ein interdisziplinäres Team als Moderatoren bzw. Mittler entwickelt und gebildet wird.

Durch solche zwanglosen Zusammenkünfte mit verschiedenen Mitgliedern der „inoffiziellen diplomatischen" Gemeinde und durch viele inoffizielle Interaktionen wurde klar, daß eine Vielzahl von theoretischen und praktischen Überlegungen in einem breiten Spektrum internationaler Aktivitäten genutzt werden. Der Wert jedes Ansatzes könnte nur ermittelt werden, wenn jeder Beteiligte im einzelnen detailliert seine Methodologie beschreiben würde. Aber dennoch können auch einige allgemeine Beschreibungen als globale Richtlinien dienen.

Beschreibungen der inoffiziellen Diplomatie

Viele ehemaligen Diplomaten und Autoren mit einer langen und erfolgreichen Erfahrung in der offiziellen Diplomatie, wie beispielsweise Harold Saunders (1984b, 1991, 1995), weisen darauf hin, daß jeder Verhandlungsprozeß zwischen gegnerischen Nationen oder großen Feindgruppen in zwei Phasen verläuft. In der ersten, die weitestgehend politischer Natur ist, werden Grundlagen durch, wie es manchmal heißt, „vertrauensbildende" Maßnahmen geschaffen, die von den jeweiligen Führern und anderen einbezogenen Entscheidungsträgern sanktioniert sind, um auf Hindernisse einzugehen, die der Lösung von Konflikten im Wege stehen. In der zweiten Phase werden dann die faktischen Verhandlungen auf den Grundlagen geführt, die in der ersten Phase geschaffen wurden.

In die vertrauensbildende Phase können „inoffizielle" Personen oder nichtstaatliche Organisationen einbezogen werden. Saunders (1991) wies neben dem Wert, der solchen Personen oder Organisationen zukommt, jedoch auch nachdrücklich auf die damit verbundenen Gefahren und Grenzen hin. Zu den negativen Aspekten gehörte für ihn die Möglichkeit, daß inoffizielle Personen sich als offizielle, von ihren Regierungen legitimierte Autoritäten ausgeben könnten, obgleich viele erfolgreiche inoffizielle Beteiligte ihre Rolle nicht mißbraucht haben. Nichtsdestotrotz ist Saunders der Überzeugung, daß organisierte inoffizielle diplomatische Treffen „erfrischende Ideen" liefern können (Saunders, 1991, S. 61). Der Normalfall zeigt, daß Führer und andere Entscheidungsträger sich in der Regel, nachdem eine diplomatische politische Richtlinie erst einmal entwickelt wurde, nicht ratsuchend an solche Quellen außerhalb ihrer Kreise wenden. Sofern diese Politik nach ihrer Umsetzung jedoch nicht funktioniert, suchen sie sehr wohl nach erfrischenden Ideen. Saunders zufolge spiegelte Gorbatschows Rede, die er im Dezember 1988 vor den Vereinten Nationen hielt, erfrischende Ideen wider, die in den Gesprächsrunden bei der Dartmouth-Konferenz entstanden waren.

Während es bei den Gesprächsreihen im Rahmen der Dartmouth-Konferenz keine dritte neutrale Partei gab, war bei anderen Gelegenheiten, wo verschiedene in Konflikt befindliche Großgruppen beteiligt waren, ein neutrales Team von „inoffiziellen Diplomaten" dabei, die politisch einflußreiche Bürger von zwei gegnerischen Gruppen für eine Tagungsreihe zusammenbrachten. Die neutrale Gruppe fungiert als Katalysator und sorgt dafür, daß die Antagonisten sich kennenlernen und ihre Meinungen austauschen können. Solche Begegnungen meiden natürlich die Öffentlichkeit und finden oft an einem abgeschiedenen Ort statt; dabei wird jede nur denkbar Vorsorge getroffen, um sicherzustellen, daß die Teilnehmer nicht der Kritik aus ihren eigenen Gruppen oder anderweitigen Drohungen von Repressalien von anderen ausgesetzt werden. Die Hoffnung dabei ist, daß auf diese Weise ein inoffizielles, aber einflußreiches Netzwerk zwischen den gegnerischen Parteien errichtet werden kann, und daß die bei den einzelnen Treffen gewonnenen Erkenntnisse effektiv an die entsprechenden Gesandten der jeweils vertretenen Regierungen oder Autoritäten weitergegeben werden können. Obwohl die Teilnehmer per Definition mit konträren Ansichten zu diesen Treffen kommen, wird bei dieser ersten Verbindung allein schon sehr viel durch die Gelegenheit gewonnen, hier zwanglos zusammenzukommen und gangbare persönliche Beziehungen aufbauen zu können. Und da es sich bei den Teilnehmern für gewöhnlich um einflußreiche Mitglieder der Gesellschaft handelt, wird jede positive Veränderung in ihren Ansichten und/oder jede menschliche Wärme, die in der Gruppe erzeugt wird, hoffentlich dazu beitragen, im weiteren auch die Regierungspolitik zu beeinflussen und zumindest die individuellen aggressiven Haltungen zu reduzieren. Kurz, das Ziel ist, die Situationen zu humanisieren, die von unglaublich hartnäckigem Haß und Verachtung geprägt sind.

Saunders (1995), der ein Veteran vieler inoffizieller Dialoge ist, hat darauf hingewiesen, daß bei Initiativen dieser Art, wenn sie erfolgreich moderiert werden, Fortschritte in mehreren Stufen erzielt werden. Die erste Stufe ist die Entscheidung des Teilnehmers, sich an dem Dialog zu beteiligen; auf der zweiten Stufe zeigen die Teilnehmer die Schlüsselfragen und -probleme in der Beziehung zwischen den gegnerischen Gruppen auf; auf der dritten Stufe untersuchen und sondieren sie die Dynamiken dieser Beziehung und beginnen vielleicht, Wege und Möglichkeiten zu sehen, um sie ändern; auf der vierten entwerfen die gegnerischen Repräsentanten Szenarien, die die konfliktreiche Natur der Beziehung tatsächlich ändern könnten; und nachdem der Wille, etwas zu ändern, dann da ist und die konkreten Mittel zur Veränderung erwogen wurden, werden die Szenarien schließlich in die Tat umgesetzt. Saunders ist also der Überzeugung, daß ein bedeutungsvollerer Dialog eingeführt werden kann, wobei eine effektive, in zwanglosem Rahmen geführte Kommunikation zwischen hochrangigen Teilnehmern zu einer wirklichen Veränderung führen kann.

Einige „inoffiziellen Diplomaten" arbeiten demgegenüber mit Basisorganisationen zusammen, um sie zu einer Stimme gegen die Gewalt oder zu einem Instrument zur Förderung multiethnischer Beziehungen zu entwickeln. Wovor Eban (1983) jedoch warnte: „Wenn eines gewiß ist, dann, daß durch inoffizielle Kontakte, die völlig losgelöst vom offiziellen Kommunikationssystem sind, kaum etwas gewonnen werden kann" (S. 386). Es muß einen Punkt geben, an dem die inoffizielle Diplomatie mit der offiziellen diplomatischen Welt Kontakt hat oder aufnimmt. Diese entscheidende Verbindung zwischen inoffiziellen und offiziellen Initiativen kann auf verschiedene Weisen hergestellt werden. Eine Methode ist der Ansatz des „steten Tropfens", bei dem eine neutrale Gruppe die Initiative ergreift, einflußreiche, aber nicht unbedingt zur Regierung gehörende Personen von gegnerischen Gruppen zusammenzubringen – Journalisten, Akademiker, Bürgermeister, Führungspersönlichkeiten aus zivilen Bereichen und persönliche Freunde von Regierungsbeamten oder

Staatsmännern. Die erfolgreiche Interaktion zwischen den Teilnehmern einer Gruppe und ihre Interaktion mit den Teilnehmern der gegnerischen Gruppe zieht die Aufmerksamkeit von Diplomaten, gewählten und ernannten offiziellen Personen und hochrangigen Bürokraten auf sich, die dann eingeladen werden können, ebenfalls auf einer inoffiziellen Ebene daran teilzunehmen. Ein weiterer Weg ist, Berichte über den Sachstand der Dialoge durch verschiedene Medien oder durch offizielle Berichte zu verbreiten, die von inoffiziellen Teilnehmern verfaßt werden.

Montville (1987) verwendet den Begriff der *Gleis-Zwei-Diplomatie* für eine spezifische Art der inoffiziellen Diplomatie, die zum Teil aufgrund seiner Teilnahme an der von der APA gesponserten arabisch-israelischen Dialogreihe entwickelt wurde, bei der er als Mitglied des Teams mit dabei war. Er beschreibt die Gleis-Zwei-Diplomatie als informelle Interaktionen zwischen einflußreichen Mitgliedern gegnerischer Gruppen mit dem Ziel, im Sinne einer Lösung des Konfliktes Strategien zur Beeinflussung der öffentlichen Meinung und zur Mobilisierung von menschlichen und materiellen Ressourcen zu entwickeln. Andere wie der ehemalige Botschafter John McDonald und seine Mitarbeiter verwenden den Begriff der *vielgleisigen Diplomatie*, um ähnliche inoffizielle Projekte zu beschreiben (McDonald und Diamond, 1996).

Aber welche Namen der inoffiziellen Diplomatie auch immer gegeben werden, sie sind kein Ersatz und wollen auch kein Ersatz für die offizielle Diplomatie sein. Gleichwohl können inoffizielle diplomatische Bemühungen für die faktischen Führer, Politiker und Regierungsorganisationen äußerst nützlich sein. Die inoffizielle Diplomatie, die eine neutrale dritte Partei nutzt, ein Team, das die Kommunikation zwischen den Gruppen moderiert und erleichtert, ist besonders nützlich im Umgang mit langwährenden, ethnischen oder internationalen Konflikten. Die Feindseligkeiten zwischen Arabern und Israelis, Protestanten und Katholiken in Nordirland sowie Türken und Griechen in Zypern sind nur einige Beispiele für chronische Konflikte, bei denen die inoffizielle Diplomatie die Spannungen gemindert hat und weiterhin mindern kann. Obwohl die Ängste, die hier bei jeder Seite im Spiel sind, in politischen, ökonomischen und rechtlichen Fragen und Problemen begründet sind, ist jede auch „psychologisiert" worden und bezieht jede auch die „ethnischen Zelte" der gegnerischen Seiten mit ein. Die offizielle Diplomatie ist somit auf Probleme gestoßen, bei denen es sowohl um ein volles Verständnis der Konflikte als auch um das Aushandeln dauerhafter Lösungen geht. Im nächsten Kapitel wird eine spezielle, auf psychoanalytischen Erkenntnissen basierende Technik der inoffiziellen Diplomatie beschrieben.

18. Das Baum-Modell: Psychopolitische Dialoge und Förderung eines gutnachbarlichen Verhaltens und einer gutnachbarlichen Koexistenz

Die Arbeit der meisten Praktiker der „inoffiziellen Diplomatie" dreht sich um die Eröffnung und Aufrechterhaltung von Dialogen zwischen gegnerischen ethnischen oder sonstigen Großgruppen, ob sie innerhalb eines Staates oder in benachbarten Staaten leben. Die Natur und Inhalte solcher Dialoge wie auch die entsprechenden konkreten Schritte, die sie erleichtern möchten, sind von einem moderierenden Team zum anderen verschieden. Ähnlich reicht bei diesen Dialogen auch das Spektrum der Teilnehmer, entsprechend der Philosophie und Methodologie des Praktikers und der politischen Realitäten, um die es geht, von Vertretern der Basis bis zu einflußreichen Mitgliedern einer Gemeinschaft oder Regierung. Gleichwohl ist jeder praktische Versuch, bei der Lösung von Spannungen und Konflikten zu helfen, mit den gleichen Problemen konfrontiert: Nachdem ein Dialog initiiert wurde, stellt sich die Frage, wie ein polarisierter und verhärteter Konflikt in einen gemeinsam geteilten Konflikt umgewandelt werden kann. Wie kann man den Fortschritt, der erreicht wurde, institutionalisieren und eine Stagnation oder eine Rückentwicklung verhindern? Wie kann man die bei den Dialogen gewonnenen Erkenntnisse in konkretes Handeln umsetzen, das Auswirkungen für die jeweils betroffenen Gesellschaften hat? Was kann getan werden, um eine friedliche Koexistenz und ein gutnachbarliches Verhalten zwischen gegnerischen Gruppen aufrechtzuerhalten, nachdem die Mittler die Region verlassen haben?

In diesem letzten Kapitel beschreibe ich das *Baum-Modell*, einen vom CSMHI entwickelten umfassenden Ansatz zum Abbau von Spannungen zwischen Großgruppen, zum Aufbau von Institutionen und zur Förderung der Demokratisierung und Koexistenz. Das Baum-Modell schließt psychoanalytische Erkenntnisse mit ein. Es macht sich die in diesem Buch beschriebenen theoretischen Konzeptualisierungen zunutze, wie etwa die sieben Fäden der Großgruppenidentität und die Bedeutungen der Ritualisierungen zwischen Großgruppen. Es kann zudem durch die Teilnahme von Psychoanalytikern, die den Prozeß des Baum-Modells leiten, in der Praxis angewandt werden. Mit ihren klinischen Erfahrungen, die sie einbringen können, spüren und beobachten Psychoanalytiker unbewußte Aspekte des Konfliktes und machen sie den Teilnehmern bewußt. Das psychoanalytische klinische Wissen ist letztlich die Grundlage der Aktivitäten, die das interdisziplinäre Team des CSMHI unternimmt.

Einer der einmaligen Aspekte des Baum-Modells ist, daß hierbei ein interdisziplinäres Mittlerteam genutzt wird, dem Psychoanalytiker, Psychiater, (ehemalige) Diplomaten, Historiker und andere Gesellschafts- und Verhaltenswissenschaftler angehören. Durch die Einschaltung eines so mannigfaltigen Teams können die Komplexitäten der Fragen der realen Welt, wie politische, wirtschaftliche, rechtliche und militärische Spannungen als solche, aber auch durch eine psychoanalytische Linse untersucht werden. Es wird also auch unbewußten psychologischen Faktoren Beachtung geschenkt, die möglicherweise den Blick für realistische Betrachtungen verstellen, zu irrationalen Handlungen führen und Widerstände gegenüber Veränderungen und Fortschritten zu adaptiven Verhandlungen erzeugen.

Das Baum-Modell beschreibt einen *Prozeß* – der mit der Zeit wächst und sich wie ein Baum verzweigt. Er beginnt mit einer Diagnose der Probleme durch das Mittlerteam, wird durch die Etablierung eines „Hintergrundes der Sicherheit" (Sandler, 1960) für eine Reihe von psychopolitischen Dialogen zwischen einflußreichen Vertretern der entsprechenden Gruppen (einschließlich Entscheidungsträgern, die in inoffizieller Eigenschaft an den Sitzungen teilnehmen) fortgeführt und arbeitet dann auf eine „Impfkampagne" hin, um vergiftete Emotionen abzubauen (Volkan und Harris, 1992, 1993), zunächst innerhalb der Dialoge selbst und dann in zunehmend größeren Gruppen auf der Gemeinde-, Regierungs- und gesellschaftlichen Ebene. Um letzteres zu erreichen, werden Anstrengungen zur Umsetzung praktischer Projekte und dem Aufbau von Institutionen unternommen, die (als neue Zweige des Baumes) zurückbleiben werden, wenn die Mittler sich wieder verabschieden und abreisen, damit die aus den Dialogen gewonnenen Einsichten und neuen Einstellungen weiterwachsen und sich entwickeln.

Diagnose

Großgruppenprobleme (d.h. ethnische Probleme) müssen vor Ort diagnostiziert werden. Ehe wir in das Zielgebiet reisen, studiert unser interdisziplinäres Team die Geschichte und Kultur der antagonistischen Gruppen, sammelt Informationen über die aktuelle Situation und identifiziert mögliche Probleme. Dabei werden Experten konsultiert, lokale Zeitungen, sofern sie verfügbar sind, sondiert und andere Quellen genutzt. Am Ende dieser Vorbereitungszeit erstellen wir eine Liste der Probleme und nehmen Kontakt mit Personen vor Ort auf, die uns empfangen und weitere Kontakte vermitteln und Informationen beschaffen können, sofern sie nicht bereits durch Gruppen geliefert wurden, die die Teilnahme des Mittlers angefordert haben. Sobald wir dann vor Ort sind, führen wir eine Reihe von Interviews mit einem breiten Spektrum von Personen durch – Regierungsbeamten, Parlamentariern, führenden Persönlichkeiten, Medienvertretern, Wissenschaftlern und Gelehrten (Historikern, Psychologen und anderen), Vertretern von nicht-staatlichen Organisationen und Durchschnittsbürgern jeden Alters. Die Interviews sind insofern psychoanalytisch, als wir versuchen, die innere Welt der Individuen zu verstehen, mit denen wir sprechen. Wir erkundigen uns danach, wie Ereignisse von ihnen im Erwachsenenalter nach ihren Kindheitserfahrungen wahrgenommen und empfunden werden, und wir sammeln Traum- und Phantasiematerial. Das Ziel ist, durch die offenen und unbewußten Erfahrungen des Individuums mit dem gesellschaftlichen Trauma und der Veränderung die Verknüpfung von äußeren und inneren Prozessen und die Ingangsetzung von Abwehr- und Anpassungsmechanismen aufzuzeigen. Wenn alle diese Interviews abgeschlossen sind (siehe Apprey, 1996; Howell, 1993, 1995; Saathoff, 1995, 1996; Thomson, 1993; Volkan, 1992, 1995a, 1997), untersuchen wir gemeinsame Themen, sowohl offene wie verdeckte, um angstauslösende Fragen wie auch gemeinsame Phantasien und Erwartungen hinsichtlich der eigenen Gruppe und der Feindgruppe zu identifizieren.

Jeder ethnische Konflikt hat seine „heißen" Orte. Dazu zählen Nationalfriedhöfe, Gedenkstätten für diejenigen, die bei Großgruppenkonflikten gestorben sind, und andere historisch wichtige symbolische Schauplätze. Der Besuch solcher Orte mit Personen, die in Konflikt miteinander liegen, ermöglicht es dem Mittlerteam, schnell zum Kern dessen zu kommen, was diese Orte repräsentieren, und warum sie im Rahmen des Konfliktes als „heiß" empfunden werden. Beispiele für solche Orte, die wir besucht haben, waren etwa der Nationalfriedhof in Lettland, von dem Letten, nachdem sie ihre Unabhängigkeit wiedergewonnen hatten, russische Leichen entfernen wollten, und die ehemaligen sowjetischen Militärbasen in Paldiski und Pärnu in Estland, die jetzt verlassen sind und riesigen Müllhalden gleichen. Ich übertreibe vielleicht ein wenig, wenn ich sage, daß der Besuch solcher Orte für die Großgruppenpsychologie das ist, was das Erzählen von Träumen für ein Individuum ist, das sich einer Psychoanalyse unterzieht, da beides einen direkten Weg zu verborgenen und symbolischen Aspekten der psychologischen Umwelt aufzeigen kann.

Wir definieren, wie die sieben Fäden der Großgruppenidentität gefördert werden, wie zum Beispiel gewählte Ruhmesblätter und gewählte Traumata genutzt werden, um einen Zeitkollaps zu verursachen. Wir erforschen bestehende Gruppenrituale in Zusammenhang mit der gegnerischen Gruppe und schätzen den Grad der Entmenschlichung des Feindes wie auch das Angstniveau innerhalb der Gruppe selbst ein. Unterdessen verlieren wir die gegebenen Realitäten und die Führer-Anhänger-Beziehung in den für die zu untersuchende Gruppe spezifischen politischen Systemen nicht aus den Augen.

Nachdem das Sammeln, Sichten und Sondieren der relevanten Daten abgeschlossen ist, wird eine Diagnose erstellt und eine Liste der Fragen und Probleme der realen Welt und der „verborgenen Skripte" (Scott, 1990; Harris, 1994) zusammengestellt, die unter der Oberfläche liegen. Während es schwierig sein mag, ersteres im praktischen Sinne zu lösen, sorgen die verborgenen Skripte, die zur Gruppenidentität und anderen kollektiven Motivationen gehören, für Widerstände und behindern eine effektive Diskussion der Fragen und Probleme der realen Welt. Die Esten waren zum Beispiel offenkundig euphorisch, nachdem sie 1991 ihre Unabhängigkeit von der Sowjetunion zurückerlangt hatten. Aber nachdem wir einflußreiche estnische und russische Teams mit nach Paldiski (einer umstrittenen ehemaligen sowjetischen Marinebasis) genommen, und nachdem wir zwei Jahre, nachdem die Esten ihre Unabhängigkeit wiedergewonnen hatten, Interviews mit Esten geführt hatten, stellten wir fest, daß bei den Esten nach wie vor eine grundlegende Angst bestand, als ethnische Gruppe zu „verschwinden". Die Deportationen und Ermordungen, die die Esten während der Sowjetjahre hatten hinnehmen müssen, waren offenbar ein gewähltes Trauma. Und wir stellten zudem fest, daß sie nach ihrer legalen Trennung von der Sowjetunion ein sogar noch durchdringenderes gewähltes Trauma reaktiviert hatten. Dieses gewählte Trauma bezog sich nicht auf ein konkretes Ereignis, sondern mehr darauf, daß man jahrhundertelang unter der Herrschaft verschiedener fremder Mächte gelebt hatte. Als die Esten begannen, sich ihre Zukunft als kleine, aber unabhängige Nation vorzustellen, wurde paradoxerweise die gemeinsame Furcht vor einer „Invasion" wieder in einem erhöhten Maße reaktiviert. Die Angst vor einer Fremdherrschaft tauchte aufgrund der Tatsache wieder auf, daß jeder dritte Bewohner Estlands Russe war, und wurde durch eine als solche empfundene wirtschaftliche Invasion durch westeuropäische und US-amerikanische Unternehmen und Konzerne verdichtet, die durch die wachsende Zahl westeuropäischer Autos und US-amerikanischer Fastfood-Restaurants symbolisiert wurde. Während diese Situation die Probleme der „realen Welt" darstellte, sorgte die Empfindung, daß Estland verschwinden würde, für Widerstände gegenüber der Erwägung einer Politik, die entweder auf eine Assimilation oder Integration „nicht-estnischer" Personen ausgerichtet wäre. Wenn estnisches und russisches „Blut" sich „vermischen" würde, würde die Einmaligkeit des estnischen Volkes vielleicht nicht überleben, dem es, trotz seiner geringen Zahl und der widrigen Bedingungen, gelungen war, sein Identitätsgefühl zu wahren. Von den 1.5 Millionen Menschen, die in Estland leben, sind 61.5 Prozent ethnische Esten und 30.3 Prozent russischer Abstammung. Die Diagnose wies dann auf die Notwendigkeit hin, den Esten zu helfen, reale Fragen und Probleme von phantasierten Ängsten zu unterscheiden, damit sie anpassungsfähiger mit der Integration der Russen umgehen konnten.

Im Schema des Baum-Modells stellen die Diagnose des Konfliktes und die Kontakte, die mit Einzelpersonen, staatlichen und nicht-staatlichen Organisationen sowie allgemeinen und religiösen Führungspersönlichkeiten und Aktivisten aufgenommen werden, die Wurzeln des Baumes dar. Zudem sind finanzielle Unterstützungen natürlich notwendig, um den Baum mit „Wasser" zu versorgen, damit er durch die Initiierung eines langfristigen Dialogs wachsen kann, der mindestens mehrmals im Jahr oder, wenn möglich, häufiger bei gemeinsamen Treffen fortgeführt wird.

Auf psychoanalytischen Erkenntnissen beruhende psychopolitische Dialoge

Konflikte zwischen Nationen oder Gruppen innerhalb eines multiethnischen Staates bewirken oft, daß diese Nationen oder Gruppen anfälliger für politische Angriffe werden, die Bemühungen um anpassungsfähige Diskussionen und eine anpassungsfähige Politik zunichte machen können. Wie bei einem Baum kann ein gesundes Wachstum innerhalb einer Großgruppe durch den Druck vereitelt werden, der durch entfachte ethnische oder nationalistische Animositäten erzeugt wird. Oder das Wachstum kann verlangsamt werden, da zuviel Energie auf kontraproduktive Fragen und Probleme verwendet wird, was daran erinnert, wie das Wachstum eines Baumes durch „Wurzelschößlinge" gehemmt wird, jene dem Wachstum des Baumes abträglichen Seitentriebe, die sich unten am Stammansatz bilden. Um diesen Gefahren entgegenzuwirken, ist es entscheidend, die in Konflikt liegenden Gruppen in psychopolitische Dialoge einzubinden, die sich auf Teilnehmer stützen, die während der diagnostischen Phase ausgewählt werden. Aus diesem Grund werden Personen aus gegnerischen Gruppen, die in ihren jeweiligen Kreisen einflußreich sind und in inoffizieller Eigenschaft an den Dialogen teilnehmen, für eine längere Sitzungsreihe zusammengebracht.

Psychopolitische Dialoge sind keine akademischen Konferenzen. Dabei werden keine akademischen Vorträge gehalten oder akademische Papiere vorgelegt. Jedes Treffen wird zwar mit Plenarsitzungen eröffnet und geschlossen, die eigentliche Arbeit wird jedoch in kleinen Gruppen geleistet. Dabei sind Mittler oder Moderatoren, die über Fachkenntnisse in den Psychodynamiken von Kleingruppendiskussionen verfügen (in der Regel also Kliniker), von entscheidender Bedeutung, da sie vor einem sicheren Hintergrund funktionsfähige „Arbeitsgruppen" (Bion, 1961, dt. 1971) einrichten und unbewußte Widerstände erkennen und damit umgehen können.

Mein Verständnis der Kleingruppendynamiken wurzelt in einer Lehrmethode, die ich als „die Feldarbeitsmethode" bezeichne und Ende der sechziger und Anfang der siebziger Jahre am Department of Psychiatry an der University of Virginia's School of Medicine entwickelt habe (Volkan und Hawkins, 1971a, 1971b, 1972). Der Lehrrahmen bestand aus einer Kleingruppe von etwa acht Assistenzärzten der Psychiatrie, die regelmäßig mit mir (dem Lehrer/Führer) und gelegentlich mit den von mir hingezogenen weiteren Ärzten insgesamt über zweihundertfünfundzwanzig Stunden im Jahr zusammenkamen. Die Kleingruppen beobachteten (hinter einer verspiegelten Glasscheibe) die Sitzungen eines Assistenzarztes bei der Behandlung zahlreicher stationärer Patienten. Diese Feldarbeit schloß simultane Diskussionen mit dem Führer mit ein, so daß die Assistenzärzte fragen und auf der Stelle Einsichten gewinnen und Neues hinzulernen konnten. Das Lernen der Gruppe war ein Prozeß, der sich in absehbaren Phasen vollzog. Ich wiederholte dieses Programm in fünf aufeinanderfolgenden Studentenjahrgängen und gewann dabei eine beachtliche Erfahrung mit den Psychodynamiken von kleinen Lerngruppen.

Die Erfahrung, die Psychodynamiken bei diesen Gruppen von Assistenzärzten zu steuern, war wesentlich für die spätere Koordinierung der psychopolitischen Gesprächsgruppen. Als Führer hatte ich Techniken zum Umgang mit Ängsten entwickelt, lieferte Interpretationen, wenn die Assistenzärzte zum Ziel der Projektionen der Patienten wurden, half, das intellektuelle Verständnis mit der emotionalen Erfahrung zusammenzubringen, ging mit Widerständen gegenüber dem Lernen um, ermutigte zur Wißbegierde und fungierte als Rollenmodell. Im Umgang mit diesen Lerngruppen bestand das Ziel natürlich nicht darin, den Teilnehmern eine Therapie zu bieten, sondern ihnen zu helfen, neue Kanäle für die Konzeptualisierung dessen zu öffnen, was sie beobachteten, und in einer verspielteren, kreativen und therapeutischen Weise auf angstauslösende Fragen und Probleme zu reagieren.

Zusätzliche Informationen über die Dynamiken in Kleingruppen gingen auf die Untersuchungen von Patienten in der Gruppentherapie zurück. Ich habe hier auch von den Pionierleistungen von Psychoanalytikern wie Foulkes und Anthony (1957), Bion (1961, dt. 1971) und Abse (1974) profitiert. Bions

Untersuchungen von kleinen Arbeitsgruppen verdeutlichen zum Beispiel, daß Gruppen auf einem reifen Niveau operieren, wann immer ihre Mitglieder mit der Erfüllung einer spezifischen Aufgabe beschäftigt sind – wenn sie denn auch korrekterweise als eine Arbeitsgruppe bezeichnet werden können. Sofern eine Kleingruppe jedoch nicht in einer reifen Form funktionieren kann und es zu einer Regression kommt, ist sie anfällig dafür, sich in ihrem Verhalten von bestimmten unbewußten Phantasien leiten zu lassen. In diesem Fall steigern die Gruppenmitglieder zum Beispiel möglicherweise ihr Mißtrauen gegenüber anderen und nehmen den Führer als einen omnipotenten Retter wahr. Ohne eine Aufgabe, auf die man sich stillschweigend oder direkt verständigt hat, kann eine Arbeitsgruppe nicht etabliert werden, und die Kleingruppe ist dann nicht mehr als eine Ansammlung von Individuen. Wichtig ist, daß der Führer einer Arbeitsgruppe effektiv in Kontakt mit der realen Welt bleibt, da er andernfalls noch zu den Phantasien der Gruppenmitglieder beitragen wird.

Während Bions Kleingruppendynamiken nützlich in Gruppen von acht bis zwölf Personen sind, die aus individuellen therapeutischen Zwecken zusammenkommen, haben psychopolitische Kleingruppensitzungen jedoch einen ganz anderen Zweck. Ihr Ziel ist, den Mitgliedern zu einem besseren Verständnis ihrer Großgruppenkonflikte zu verhelfen. Im Unterschied zu den Lern- oder Therapiegruppen werden psychopolitische Gesprächsgruppen von zahlreichen Führern beeinflußt, was ihre Psychodynamiken verändert. Jede Gesprächsgruppe umfaßt gegnerische Unterabteilungen (wie Israelis, Ägypter und Palästinenser oder Esten, Russen und in Estland lebende Russen), von denen jede ihre eigenen erklärten oder implizierten Führer hat. Zudem wurde jede Kleingruppe von einem US-amerikanischen Mittler oder Moderator geleitet. Und die Gruppenmitglieder spürten auch den Einfluß von politischen Führern, die bei den Zusammenkünften nicht dabei waren.

Da der Hauptschwerpunkt auf der Psychologie der Großgruppeninteraktion lag, wie sie bei den Dialogen neu inszeniert wurde und zum Tragen kam, wurden die Kleingruppendynamiken, die die Teilnehmer als Individuen betrafen, nur berücksichtigt, wenn sie sich störend bemerkbar machten. Voraussetzung, um bei den Dialogen eine Arbeitsgruppe schaffen zu können, war, genau zu beobachten, wie die Mitglieder ihre ethnischen Gewänder trugen und welche Projektionen sie auf die Gewänder der anderen vornahmen. Wenn die Teilnehmer über sich selbst sprachen, halfen die Mittler aufzuzeigen, wie diese persönlichen Geschichten die Geschichte der jeweiligen Großgruppe widerspiegelte, zu der der Betreffende gehörte, und die jeweiligen emotionalen Investitionen in Ereignisse und geistige Repräsentanzen zu veranschaulichen. Wenn die Geschichte der Großgruppe so auf eine persönliche Ebene gebracht wird, kann sie intimer geteilt werden, was wiederum dazu beiträgt, die verhärteten Positionen der Großgruppen aufzubrechen und zu lockern.

Wenn Mittler in die laufenden psychopolitischen Dialoge mit den Vertretern gegnerischen Großgruppen involviert sind, werden sie zu Zielscheiben der Externalisationen und Projektionen der Teilnehmer. In dem Fall haben Mittler mit einer weitreichenden psychohygienischen Erfahrung einen Vorteil, da sie gewohnt sind, die Externalisationen und Projektionen (Übertragung) ihrer Patienten aufzufangen und damit umzugehen. Zutage treten können auch Gegenübertragungen – irrationale Erwartungen auf seiten der Mittler. Durch den unmittelbaren Kontakt und das Messen mit politisch wichtigen Personen können die Mittler zum Beispiel ein Gefühl von unbotmäßiger Omnipotenz bekommen. Wir wissen um dieses Phänomen und sind nach jahrzehntelanger Feldarbeit gefeiter davor, Gegenübertragungsreaktionen zu unterliegen. Um mit solchen psychologischen Phänomenen umzugehen, setzen wir in der Regel einen Psychoanalytiker oder Psychiater und einen Diplomaten zusammen, die dann gemeinsam die Kleingruppensitzungen leiten.

Obwohl die Teilnehmer und Mittler auch außerhalb der „geschlossenen Türen" der Dialoge interagieren und viele Daten durch gesellschaftliche Aktivitäten und individuelle Gespräche gesammelt werden, die während der Sitzungsperiode stattfinden, ermöglicht die Arbeit in den Kleingruppen es den gegnerischen Parteien, neue Wege zur Betrachtung der Probleme zu finden, die sie schließlich als gemeinsame Probleme erkennen. Nachfolgend seien einige Schlüsselschritte und -strategien aufgezeigt, die den bei solchen Dialogen ablaufenden Prozeß verdeutlichen, die ich durch meine Teilnahme an drei Projekten der „inoffiziellen Diplomatie" gesammelt habe: bei dem arabisch-israelischen Dialog, der zwischen 1979 und 1986 unter der Schirmherrschaft der American Psychiatric Association mit dem Ziel geführt wurde, neue Ansätze für die nach dem Camp David-Abkommen weiter fortbestehenden Probleme zu finden; bei den zypriotisch-türkischen und zypriotisch-griechischen Dialogen, die zwischen 1988 und 1990 unter der Schirmherrschaft des kanadischen Institute for International Peace and Security organisiert wurden, um auf die anhaltenden Spannungen einzugehen, unter denen Zypern seit seiner Unabhängigkeit 1960 zu leiden hat; und bei der über zwei Jahre dauernden Dialogreihe (die 1993 in Gang gesetzt und etwa im Viermonatsturnus fortgesetzt wurde) zwischen Esten, Russen und in Estland lebenden Russen, die in Zusammenarbeit zwischen dem Center for the Study of Mind and Human Interaction (CSMHI) und dem Carter Center durchgeführt wurde. Während ich die arabisch-israelischen Sitzungen und die Dialoge in Estland leitete bzw.

mitleitete, war ich bei den zypriotisch-türkischen und zypriotisch-griechischen Zusammenkünften lediglich als Beobachter dabei.

Verschiebung auf einen Minikonflikt: Gleich zu Beginn einer Gesprächstagung kann sich abrupt eine hochexplosive Situation entwickeln. Bezeichnend für eine solche Situation ist ein Gefühl der Dringlichkeit, ein Druck, der die Aufmerksamkeit und Energie aller Beteiligten absorbiert, obwohl der Inhalt dieser „Krise" im wesentlichen unbedeutend ist im Vergleich zu den hervorstechenden Aspekten des ethnischen oder nationalen Konfliktes, um den es ursächlich bei der Gesprächstagung geht. Sie erinnert an die ausgedehnten Debatten, „wer wo" am Konferenztisch „sitzt", die vor wichtigen Verhandlungen zwischen Nationen immer wieder stattfinden. Ich bezeichne sie als *Minikonflikte* (Volkan, 1988), die scheinbar unerklärlich und widersinnig wie die Maskeraden sind, die einer elisabethanischen Tragödie vorausgehen und ein kondensiertes und symbolisch vielsagendes Handlungsschema von dem liefern, was später in dem Stück auf dramatische Weise noch erforscht wird. Durch den Minikonflikt werden viele der dringlichen Sorgen und Probleme, die mit den Spannungen der Großgruppen verbunden sind, auf einen punktuelleren und zugänglicheren Bereich reduziert.

Bei einem Dialog zwischen Israelis, Ägyptern, Palästinensern und vermittelnden US-amerikanischen Teilnehmern kam es zum Beispiel zu einem Minikonflikt, um die Teilnehmer vor der hitzigen Diskussion über eine problematische Entwicklung zu „schützen", die sich gerade in dem anhaltenden arabisch-israelischen Konflikt abgezeichnet hatte. Bei dem „Problem" ging es um die Frage der Ehefrauen, da die Ehefrauen, die die Teilnehmer begleitet hatten, von der Teilnahme am Dialog selbst ausgeschlossen worden waren. Ein Palästinenser verlangte jedoch, daß seine Frau trotz allem inoffiziell an der Sitzung teilnehmen durfte, und diese unerwartete Entwicklung gewann sehr schnell entscheidendes Gewicht und spitzte sich zu einem kritischen Punkt zu. Die größeren Fragen und Probleme wurden vernebelt und waren scheinbar vergessen.

Bei einer anderen Tagung, bei der Israelis, Ägypter, Palästinenser und US-Amerikaner nach der Ermordung von Dr. Issam el-Sartawi in Portugal, dem damaligen durch alle Welt ziehenden Gesandten der PLO, für einige Tage in der Schweiz zusammenkamen, kam es über die Schweigeminute zu seinem Gedenken zu einem Minikonflikt: Die Israelis wollten diese Ehre keinem Verbündeten von Jassir Arafat erweisen, und diese Krise mußte erst gelöst werden, ehe die Verhandlungen beginnen konnten, ansonsten drohten beide Seiten die Tagung zu verlassen.

Solche Vorkommnisse brachten mich zu der Überzeugung, daß Minikonflikte mit dem Mechanismus der Verschiebung verknüpft sind. Obwohl einzelne Persönlichkeiten für die Verursachung solcher Zerreißproben prädisponiert sein mögen, glaube ich, daß diese frühen Krisen einen laufenden Gruppenprozeß repräsentieren. Das individuelle wie auch das Selbstgefühl der Großgruppe sind unter solchen Umständen allein schon durch die physische Nähe geschärft und bedrohen somit das paradoxe Gleichgewicht, das zwischen Feinden aufrechterhalten wird – sie „brauchen" einander, müssen jedoch das Gefühl vermeiden, daß sie sich zu „nahe" oder einander zu ähnlich sind, so daß immer eine gewisse Distanz gewahrt werden muß. Durch die Schaffung von Minikonflikten werden Derivate der Aggression auf ein Ereignis verschoben, das im Grunde belanglos im Vergleich zur Größenordnung des anliegenden nationalen oder ethnischen Konfliktes ist. Genau wie die Intellektualisierung fungiert ein Minikonflikt als Abwehrmechanismus, um die Ängste zu verdecken, die mit dem Kern des eigentlichen, realen Konfliktes verbunden sind.

Während ein Minikonflikt den Dialog scheinbar entgleisen läßt, trägt er paradoxerweise dazu bei, einen Führer zu etablieren. Solche multiethnischen oder multinationalen Zusammenkünfte stellen nicht von vornherein eine Arbeitsgruppe dar, und ein Minikonflikt kann dafür sorgen, daß sich innerhalb der Mittlergruppe eine Führerschaft herauskristallisiert. Wie bereits an früherer Stelle erwähnt, gibt es bei solchen Zusammenkünften zahlreiche Führer, wenn jedoch der Leiter des Mittlerteams in der Lage ist, den Minikonflikt zu „lösen", verschafft er sich Autorität und kann die Teilnehmer wieder dazu bringen, zusammenzuarbeiten und damit das Augenmerk wieder auf die anliegenden realen Fragen und Probleme zu lenken. Beim ersten Beispiel in Zusammenhang mit der Forderung eines Palästinensers, daß seine Frau an der Sitzung teilnehmen durfte, wurde der Minikonflikt damit gelöst, daß ich als Leiter der US-amerikanischen Gruppe erklärte, daß alle Ehefrauen willkommen waren. (Wobei in Wirklichkeit dann keine einzige diese Einladung annahm und an den Sitzungen teilnahm.) Beim zweiten Beispiel wurde der Minikonflikt damit beendet, daß ich erklärte, die Teilnehmer könnten während der Schweigeminute eines jeden gedenken, den sie ehren wollten. Die Israelis beschlossen sodann, sich mit dieser Geste zufriedenzugeben, erklärten jedoch offen, daß sie nicht Dr. Sartawi, sondern statt dessen einen jüngst gefallenen Israeli, Emil Grunzweig, ehren würden, der in der israelischen Friedensbewegung aktiv gewesen war. Wer sich in der „inoffiziellen Diplomatie" betätigen möchte, sollte die Natur des jeweiligen Minikonfliktes verstehen, und der („geschaffene") Führer muß ernsthaft, mit Selbstvertrauen und selbstsicherem Auftreten und mit Respekt gegenüber den Großgruppenempfindungen der Teilnehmer darauf eingehen.

Das Echo-Phänomen: Wenn Vertreter gegnerischer Seiten eine Diskussion eröffnen, ist bei dem Austausch oft das Echo der jüngsten Ereignisse zu hören, die ihre Großgruppen betreffen, wodurch die Emotionen weiter angeheizt werden, die die Widerstände gegenüber adaptiven Diskussionen verschlimmern. Ich habe bei solchen Zusammenkünften im Rahmen der „inoffiziellen Diplomatie" erlebt, wie der Schatten einer jüngsten militärischen oder politischen Entwicklung auf die Arbeitsgruppe fiel. Dabei ist es im Zweifel notwendig, diesen Schatten und seine Bedeutung für die Gesprächsgruppe zu erkennen und zu assimilieren, ehe eine realistische Verhandlung möglich ist. Foulkes und Anthony (1947), Abse (1974) sowie Volkan und Hawkins (1972) haben dieses Echo in klinischen Settings festgestellt: Eine Lerngruppe, die über einen Patienten spricht, läßt eine jüngste Facette seiner Situation wieder aufleben, um sich empathisch (und meistenteils unbewußt) mit seinen Problemen zu identifizieren.

Nachdem die Frage mit der Schweigeminute zum Gedenken von Dr. Sartawi und Emil Grunzweig erledigt war, stellte ich fest, daß, als die Tagung mit einer Plenarsitzung begann, viele aggressiven Bemerkungen zu hören waren, der Affekt jedoch flach war. Angesichts meiner eigenen inneren Ängste, die ich bemerkte, dachte ich darüber nach, wie der Schatten der Ermordungen jeden Ausdruck von Emotionen, besonders von aggressiven Emotionen hemmte; ich stellte fest, daß die Angst vor den angesichts des arabisch-israelischen Konfliktes vorhandenen Aggressionen der Teilnehmer in ihnen möglicherweise eine unbewußte Identifizierung mit den Mördern auslöste. Darüber hinaus bemerkte ich, daß der Ausdruck von aggressiven Emotionen durch die offene Angst zurückgehalten worden war, wir könnten am Ende das Schicksal der zwei Ermordeten teilen. Als wir zum Abendessen in ein Restaurant gingen, wurden realistische Sicherheitsvorkehrungen getroffen. Ich saß dort zwischen einem israelischen Psychoanalytiker und einem palästinensischen Anwalt. Als der letztere den Wunsch äußerte, etwas über Schizophrenie zu erfahren, kamen der israelische Psychoanalytiker und ich seiner Bitte nach, indem wir ihm auf der Grundlage unseres fachlichen Wissens Auskunft gaben. Der Anwalt wollte dann wissen, ob John Hinckley, der ein Attentat auf den damaligen Präsidenten Ronald Reagan versucht hatte, schizophren war, und beklagte, daß es unmöglich war, die Gesellschaft vor „verrückten Killern" zu schützen. (Dieser Palästinenser wurde 1985 tragischerweise dann selbst im Gazastreifen brutal ermordet, wobei die *Palestinian Weekly* (6. Dezember 1985) den Mord unter anderem der Abu Nidal-Gruppe zuschrieb.)

Nach dem Essen erzählte Elias Frej, der palästinensische Bürgermeister von Bethlehem, mit Humor von den Sicherheitsvorkehrungen in einem Londoner

Hotel, in dem er unlängst mit seiner Frau abgestiegen war. Offensichtlich hatte sich die Unterhaltung, wenn auch indirekt, an seinem, genau wie an meinem Tisch um Sicherheit, Schutz und die Angst vor Attentaten gedreht. Ich spürte, daß der Schatten der Morde an Dr. Sartawi und Emil Grunzweig über uns hing, und äußerte meine Interpretation auch am nächsten Tag bei der Plenarsitzung und machte einige Vorschläge, wie dieser Schatten vertrieben werden könnte, damit ein konzentrierterer Dialog stattfinden konnte.

Der Einfluß von äußeren Ereignissen auf die Teilnehmer eines psychopolitischen Dialogs ist nicht immer indirekt; wann immer eine Seite durch einen gerade erfolgten militärischen oder politischen Schritt beunruhigt oder aufgebracht ist, müssen die dadurch geweckten Gefühle erst herausgelassen werden, ehe die Verhandlungen beginnen können. Bei einer Tagung in Estland (zwischen Russen, Esten und in Estland lebenden Russen) fand das Echo von Wladimir Schirinowskis wachsender Popularität in jener Zeit seinen Widerhall in einer zunehmenden Angst bei den estnischen Teilnehmern. Schirinowski war gerade in Finnland gewesen, wo er skeptische Bemerkungen über die estnische Unabhängigkeit hatte fallenlassen und für Rußland eine nationalistische Politik im „nahen Ausland" propagiert hatte, was die Esten als bedrohlich empfanden. Die Ängste der Esten vor einer neuen Welle der russischen Aggressivität und erhitzte Diskussionen beherrschten die Tagung, bis es dem Mittlerteam gelang, die estnischen Teilnehmer damit zu beruhigen, daß ihnen versichert wurde, daß Schirinowskis Ansichten von den am Dialog beteiligten Russen nicht geteilt wurden.

Offizielle Diplomaten geben sich jede denkbare Mühe bezüglich einer strategisch geschickten Terminplanung von offiziellen Sitzungen, dennoch treten mitunter unvorhergesehene Ereignisse ein, nachdem der Sitzungstermin vereinbart und eine Agenda festgelegt wurde. Das Echo-Phänomen weist darauf hin, daß solchen Vorkommnissen große Aufmerksamkeit geschenkt werden muß, auch wenn sie keinen direkten Bezug zur Agenda einer offiziellen Zusammenkunft zu haben scheinen. Es gibt zudem auch Reaktionen auf Ereignisse persönlicherer Natur, die eindeutig mit dem Echo-Phänomen zusammenhängen. Diplomaten berücksichtigen zwar den potentiellen Einfluß von einem jüngsten militärischen oder diplomatischen Ereignis, sie übersehen jedoch oft Ereignisse persönlicher Natur. Ein Beispiel hierfür lieferte Rothstein (1972), ein Psychiater, der zur Warren-Kommission gehörte, die die Ermordung John F. Kennedys untersuchte. Rothstein berichtete von einem Treffen, das zwischen dem damaligen Präsidenten Lyndon B. Johnson und dem damaligen Ministerpräsidenten Alexej Kossygin in New Jersey, kurz nachdem Kossygins Frau gestorben war, stattgefunden hatte. Rothstein dachte über die Folgen dieses Todes für das Ergebnis der Begegnung nach:

> Konnte es sein, daß Ministerpräsident Kossygin keine Gefühle oder Gedanken, welcher Art auch immer, wegen des Todes seiner Frau hatte, während er mit Präsident Johnson zusammen war, oder konnte er diese Gefühle, während er an den Gesprächen teilnahm, völlig ausklammern und abgeschottet halten? (S. 147)

Das Echo-Phänomen tritt auf verschiedenen Ebenen – auf der Ebene von Arbeitsgruppen wie auch der persönlichen Ebene – zutage und kann inoffizielle oder offizielle Verhandlungsprozesse ebenso sehr beeinflussen, wie ein beunruhigender Traum die Ereignisse an den darauffolgenden Tagen färben kann.

Konkurrieren um gewählte Traumata und gewählte Ruhmesblätter: Bei einem Dialog kommt es bei den Mitgliedern der gegnerischen Gruppen oft zu einem Wetteifern um das jeweils erfahrene historische Leid (gewählte Traumata), und sie stärken ihr Selbstwertgefühl, indem sie auf die Ruhmesblätter in ihrer Geschichte verweisen (Moses, 1982; Volkan, 1988). Da gewählte Traumata wirksamer für die Förderung des Gruppenzusammenhaltes sind, sind die Auflistungen von vergangenen narzißtischen Verletzungen, die eine Gruppe erlitten hat, beliebter und augenfälliger als die Verweise auf vergangene Erfolge. Hinzu kommt, daß durch die Hinweise auf gewählte Traumata die in der Vergangenheit empfundene Hilflosigkeit wieder in Erinnerung gerufen wird, wodurch sich das Gefühl von einer gegenwärtigen Gefahr verstärkt, insbesondere, wenn die eigene Gruppe passiv bleibt (Wangh, 1983). Dies spielt auch eine Rolle bei der intensiven Beschäftigung mit vergangenen Gruppenverletzungen. Ich habe den Eindruck, daß dieses Konkurrieren bei den inoffiziellen Zusammenkünften besonders am Anfang unwillkürlich und nach dem Prinzip des „Egoismus des Geopferten" (Mack, 1979) aufzutreten scheint. Es gibt keine Empathie für die Verluste und Verletzungen des Antagonisten.

Bei der estnisch-russischen Dialogreihe trugen die Esten wiederholt ihr Leid vor, das sie durch die Russen erfahren hatten, wobei es um die Bombardierung Tallinns (der estnischen Hauptstadt) 1940 durch die Sowjets ging, um Statistiken über Esten, die nach Sibirien deportiert, inhaftiert, getötet oder aus ihren Häusern vertrieben worden waren, und um die Demütigung, wie sie gezwungen worden waren, Russisch zu lernen und andere ethnischen Traditionen unter der Sowjetisierung aufzugeben. Die Russen zählten demgegenüber die vielen Fortschritte und Vorteile auf, die die Esten unter der sowjetischen Schutzherrschaft erfahren und gewonnen hatten, wie die Industrialisierung oder Modernisierung, und klagten über die unverdiente Demütigung, der sie jetzt durch ihre ehemaligen Untergebenen ausgesetzt waren. Direkt oder indirekt verwiesen die Russen auf ihr Legat als Söhne und Töchter eines mächtigen Reiches, das viele wichtige Errungenschaften vorzuweisen hatte, womit sie ihr gemeinsames Selbstwertgefühl stärkten und zugleich die Erinnerungen von gewählten Ruhmesblättern hochhielten.

Ein ähnlicher Austausch war bei der Tagungsreihe zwischen zypriotischen Griechen und zypriotischen Türken zu beobachten. Obwohl es bei den Gesprächen, an denen ich teilnahm, eigentlich darum gehen sollte, gemeinsam festzustellen, was jetzt und in der Zukunft getan werden konnte, erging man sich bei dem Austausch über Vorfälle aus der Vergangenheit. Die Teilnehmer türkischer Abstammung verwiesen immer wieder auf die Ereignisse von 1963, die dazu führten, daß man ihnen nur noch drei Prozent des Landes auf Zypern beließ, während sie vorher fünfunddreißig Prozent bewohnt hatten. Und die Teilnehmer griechischer Abstammung käuten wiederum ihre Berichte von der türkischen militärischen Intervention in Zypern von 1974 immer wieder, die dann zur Teilung der Insel in den türkischen Sektor im Norden und griechischen Sektor im Süden führte.

Bei einem solchen Austausch kann von einer realistischen Integration dessen, was „sie" uns angetan haben, was „wir" ihnen angetan haben, was „wir" für sie getan haben, und umgekehrt, kaum die Rede sein. Wenn man diesen Austausch unkontrolliert laufen läßt, werden beide Seiten ihre gewählten Traumata und Ruhmesblätter immer wieder von hinten nach vorne und wieder zurück in einem endlosen Wetteifern aufzählen, bei dem es keinen „Sieger" geben kann. Wie frustrierend eine solcher Austausch auch sein mag, er ist nichtsdestotrotz für den Prozeß als solchen notwendig. Durch aktives Zuhören absorbiert das Mittlerteam die Gefühlsergüsse der Parteien, vermeidet es jedoch, Partei zu ergreifen, und wird zu einem Modell für empathisches Zuhören. Wenn die gegnerischen Gruppen anfangen, einander zu „hören", können realistischere Diskussionen folgen. Durch die gegenseitige Anerkennung des Leides des jeweils anderen wird eine positive Atmosphäre für Fortschritte in der Verhandlung geschaffen.

Das Akkordeon-Phänomen: Nachdem man sich mit gewählten Traumata und gewählten Ruhmesblättern etwas Luft gemacht hat – wenn die empathische Kommunikation beginnt –, beginnen die gegnerischen Gruppen einander nahezukommen. Auf diese Nähe folgt dann jedoch ein plötzlicher Rückzug voreinander, und dann wird wiederum Nähe hergestellt. Dieses Muster wiederholt sich zahlreiche Male. Ich vergleiche es mit dem Akkordeonspielen – dem Zusammendrücken und wieder Auseinanderziehen eines Akkordeons. Derivate des Aggressionstriebes sind hauptsächlich verantwortlich dafür; jede Partei bringt bei solchen Sitzungen ihre historischen Verletzungen und Konflikte mit und empfindet sowohl bewußt als auch unbewußt Gefühle der

Aggression gegenüber „dem Feind". Die anfängliche Distanzierung ist somit ein Abwehrmanöver, um aggressive Haltungen und Gefühle unter Kontrolle zu halten, da die Kontrahenten ansonsten, wenn sie zusammenkämen, einander vielleicht, zumindest in der Phantasie, Schaden zufügen oder wiederum zu Zielscheiben für Vergeltungsmaßnahmen werden könnten. Wenn die gegnerischen Teams jedoch in einen Raum gesperrt sind, wo sie sich gemeinsam intensiv bewußt um Frieden bemühen, müssen sie, zusammengepreßt in einer Art illusorischer Vereinigung, ihre aggressiven Gefühle leugnen. Sobald die Situation allzu bedrückend wird, wird sie als gefährlich empfunden, so daß es erneut wiederum zu einer Distanzierung kommt.

Bei der arabisch-israelischen Gesprächsreihe gab es eine plötzliche Eintracht unter den gegnerischen Teilnehmern, als die Antagonisten voller Begeisterung feststellten, welche Ähnlichkeiten zwischen ihnen bestanden. Bei diesen einträchtigen Phasen waren Äußerungen wie: „Wir sind alle Brüder und Schwestern, Nachkommen eines gemeinsamen Großvaters, Abraham!" zu hören. Aber es dauerte dann nicht lange, bis die Teilnehmer der gegnerischen Gruppen sich ihrer Unterschiede wieder vergewisserten und sich voneinander distanzierten, und so setzte sich dann der Kreis widersprüchlicher Haltungen fort.

Ähnlich gaben bei einer Sitzung in Rahmen der estnisch-russischen Gesprächsreihe die gegnerischen Vertreter beider Seiten den Extremisten im jeweiligen Lager die Schuld an den Problemen zwischen den beiden Ländern. Damit rückten die Teilnehmer von beiden Seiten zusammen und schienen äußerst freundlich gesinnt und einvernehmlich zu sein. Solche Gefühle der Zusammengehörigkeit sind jedoch illusionär, denn wenn zwei gegnerische Gruppen den Punkt erreichen, an dem sie „freundlich" gesinnt sind, verursacht die Empfindung, daß sie sich weitaus ähnlicher sind, als sie vorher glaubten, Ängste. Hier war das Prinzip der Aufrechterhaltung des Nichtgleichseins bedroht. Wenn ein Konflikt „heiß" ist, hängt die Identität jeder Gruppe von der Überzeugung ab, daß sie „gut" und ihr Feind „böse" ist. Sobald diese zentralen Unterscheidungen jedoch verwischt werden, versucht jede Gruppe, ihre Identität zu bewahren und entzieht sich wiederum der Nähe.

Eine effektivere Diskussion der Fragen und Probleme der realen Welt kann nicht stattfinden, wenn man dieses Akkordeonspielen nicht weiter zuläßt, damit das pendelartige Schwingen in den Gefühlen letztlich durch realistischere und stabilere Konzeptualisierungen ersetzt werden kann. Eine Vereinbarung, die in einer Phase vorzeitiger Nähe erreicht wurde, als die gegnerischen Gruppen räumlich „zusammengequetscht" waren, wird höchstwahrscheinlich gebrochen oder widerrufen werden, wenn die Gruppen sich wieder voneinander distanzieren.

Externalisationen, Projektionen und projektive Identifikation: Ein Team, das zu einer der in Konflikt miteinander liegenden Gruppen gehört, versucht, seine Identität zu definieren, indem es seine unerwünschten Teile auf den Feind externalisiert und unerwünschte Gedanken, Empfindungen und Wünsche projiziert. Es sind zum Beispiel nicht *wir*, die die Unruhestifter sind, sondern *sie*. Externalisationen auf die gegnerische Gruppe spiegeln eine klare „Wir"- und „Sie"-Dichotomie rigider Positionen wider – wir sind „gut", sie sind „böse".

Bei Projektionen kann es um eine komplexere Beziehung zwischen zwei Teams gehen, wobei sich ein Muster zeigt, das dem Mechanismus der *projektiven Identifikation* ähnelt, den Psychoanalytiker bei einzelnen Patienten beobachten. Auf der Gruppenebene projiziert dann ein Team seine eigenen Wünsche, wie die gegnerische Seite denken, fühlen oder sich gegenüber jener Seite verhalten sollte. Das erste Team identifiziert sich dann mit jenem Team, das seine Projektionen aufgenommen hat – letzteres wird dann so wahrgenommen, als verhielte es sich tatsächlich gemäß den Erwartungen des ersteren, worauf das erstere sodann entsprechend reagiert. Ein Team wird hier im Endeffekt zum Sprecher für das andere Team, und da dieser Prozeß unbewußt stattfindet, ist das erste Team tatsächlich von seinen Äußerungen über den Feind überzeugt. Die „Beziehung", die sich daraus ergibt, ist jedoch nicht „real", sondern basiert nur auf den Prozessen auf seiten einer Partei. Es ist hilfreich, diese Prozesse an einigen Beispielen zu veranschaulichen, da eine projektive Identifikation hartnäckige Widerstände gegenüber einem Dialog hervorrufen kann, auf die eingegangen werden muß, ehe Fortschritte erzielt werden können.

Bei einem Treffen begannen die ägyptischen Teilnehmer zum Beispiel, lange Erklärungen darüber abzugeben, wie die Israelis fühlen, denken oder reagieren, wovon sie überzeugt sind und wovon nicht, was sie möchten und warum, und so weiter und so fort, statt über ihre eigenen Ansichten zu sprechen. Worauf die Israelis dann so reagierten, daß sie umgekehrt ihre Zusammenfassungen vortrugen, was die Ägypter denken, fühlen und wollen. Während es so aussah, als ginge man hier aufeinander ein, sprachen beide Seiten in Wirklichkeit zu sich selbst und führten einen Dialog zwischen ihrer eigenen Position und dem, was nach ihrer Überzeugung (oder Erwartung oder Phantasie) die Position des anderen war. Daraufhin schalteten sich dann die Mittler ein und stellten für die Gruppe klar, daß das, was die Ägypter über die Israelis sagten, im Zweifel das war, was sie sich ihrerseits wünschten oder was sie fürchteten, was die Israelis denken oder tun könnten, und daß das gleiche umgekehrt für die Israelis in bezug auf die Ägypter zutraf. Das projektive Verhalten beider

Seiten mochte in der Realität wurzeln und auf genuinen Sorgen beruhen, es konnte jedoch auch daneben und übertrieben oder sogar völlig falsch sein. Sofern beide Seiten demgegenüber für sich selbst sprechen durften, konnten sie falsche Wahrnehmungen modifizieren und ihre Projektionen zähmen. Wir baten die Ägypter, den Israelis zu gestatten, über ihre eigenen Gefühle, Gedanken und ihr Handeln zu berichten, damit die Ägypter eine „Realität" wahrnehmen konnten, die nicht durch phantasierte und projizierte Erwartungen gefärbt war; und die gleiche Bitte wurde an die Israelis gestellt.

Ein weiteres Beispiel: Bei den von kanadischer Seite geförderten Dialogen bezüglich Zypern erklärten die zypriotischen Griechen, die zypriotischen Türken kämen nicht gut mit den Festlandtürken zurecht, oder die zypriotischen Türken seien mit der Präsenz der türkischen Armee in Nordzypern nicht einverstanden. Das mochte für eine kleine Zahl der zypriotischen Türken tatsächlich zutreffen, es war aber vor allem ein Spiegel dessen, wie die zypriotischen Griechen sich ihrerseits die Situation wünschten, dennoch waren sie nicht mit weniger Gewißheit davon überzeugt und empfahlen auf der Grundlage dieser „Fakten" politische Maßnahmen. Es fiel den zypriotischen Griechen somit schwer, wirklich zuzuhören, wenn die zypriotischen Türken ihre eigenen Meinungen äußerten, da die zypriotischen Griechen immer schon „wußten", was die zypriotischen Türken dachten, und alle gegenteiligen Informationen schlechterdings nicht berücksichtigen wollten.

Persönliche Geschichten: In solchen Gesprächsrunden warten die Teilnehmer unweigerlich auch mit persönlichen Geschichten auf, die einen Bezug zum aktuellen Großgruppenkonflikt haben. Diese persönlichen Geschichten spiegeln anfänglich oft eine „Uns"- und „Ihnen"- (oder „Mir"- und „Ihnen"-) Psychologie nach einem Schwarzweißschema wider – der andere wird als rundum „böse" gesehen, während die eigene Gruppe als rundum „gut" wahrgenommen wird. Im Zuge der Empathie, die sich entwickelt, beginnen diese Geschichten dann jedoch auch, Ambivalenzen mit einzuschließen. Ambivalenzen bedeuten, daß man beginnt, die Identität des anderen als eines ganzen Menschen anzuerkennen, der sowohl ähnlich als auch unähnlich ist, gemocht als auch nicht gemocht wird; der andere beginnt, menschlicher zu werden. Ein Este erzählte folgende Geschichte:

> Ich möchte Ihnen erzählen, was „Integration" ist [die Integration der Esten und russischsprachigen Bevölkerung in Estland, nachdem Estland seine Unabhängigkeit wiedergewonnen hatte]. Als ich vier Jahre alt war, wurden meine Familie und einige sowjetischen Offiziere „integriert." Wir wurden in unserer Wohnung gezwungen, in einem Zimmer zu leben, damit die sowjetischen Offiziere in allen anderen Zimmern leben konnten. Darüber hinaus scherten die neuen Mitbewohner bei uns zu Hause sich

nicht einmal darum, Estnisch zu lernen, um sich mit uns zu verständigen, sondern verlangten von uns, Russisch zu lernen und die russische Kultur zu übernehmen. Sie brachten auch ihre Frauen und Kinder mit, aber auch sie lernten kein Estnisch.

In dieser Geschichte ist die „Uns"- und „Ihnen"- sowie „Opfer"- und „Peiniger"-Thematik klar. Dennoch erzählte derselbe Este am nächsten Tag dann eine Geschichte, die seine Mutter ihm erzählt hatte. Als kleines Mädchen hatte seine Mutter regelmäßig ein russisches Militärkrankenhaus (während des Ersten Weltkrieges) besucht und Socken für russische Soldaten gestrickt. In seine Wahrnehmung von der anderen Gruppe hatte sich (wieder) eine Ambivalenz eingeschlichen. Neben der Feindseligkeit hatte es auch freundschaftliche Beziehungen zwischen Russen und Esten gegeben, dieser Este war jedoch unsicher, wann es sie wieder geben würde. Im Volksmund, fügte er hinzu, seien die Deutschen der historische Feind Estlands, und meinte weiter, die Esten bräuchten eine „Selbstanalyse", um sich von den Gefühlen zu befreien, die sie auf die Russen projizierten.

Bei der Gesprächsrunde zwischen zypriotischen Griechen und zypriotischen Türken wurde eine aufrichtige Würdigung der Verletzungen des anderen möglich, als ein Türke und ein Grieche eine ähnliche Geschichte erzählten. Beide beschrieben ihre Tortur, als sie während des Krieges 1974 in Zypern von ihren Familien getrennt wurden. Beide wußten nicht, ob ihre Lieben noch am Leben oder tot waren, und beide waren verzweifelt wegen der Ungewißheit, wie es ihren Familien ging, mit denen sie schließlich jedoch wieder zusammenkamen. Durch ihre gemeinsame Erfahrung wurde eine Empathie zwischen ihnen hergestellt, und statt weiter der anderen Seite die Schuld an allem zu geben, räumten sie ein, daß unschuldige Menschen auf beiden Seiten durch den Konflikt zu leiden hatten.

Ein solcher Austausch ermöglicht es den Teilnehmern zu sehen, wie ihre persönlichen Identitäten mit ihren Großgruppenidentitäten verknüpft sind, und welche Ereignisse sie dazu gebracht haben, an ihren spezifischen politischen Positionen und Ideologien festzuhalten. Persönliche Geschichten ermöglichen es dem Mittlerteam auch, im weiteren Diskussionen anzuregen, die Mitglieder des gegnerischen Teams indirekt zu bitten, ähnliche Geschichten zu erzählen und ein empathisches Verständnis zu untermauern. So entwickeln die Mitglieder des gegnerischen Teams Empathie sowohl für die Person als auch für deren ethnische Gruppe. Persönliche Geschichten beeinflussen zudem auch die Perspektiven innerhalb einer Gruppe. Die zu einer Gruppe gehörenden Teilnehmer teilen typischerweise bestimmte Empfindungen, aber durch solche persönlichen Geschichten kann klarwerden, daß die Mitglieder nicht annähernd so homogen sind wie ursprünglich angenommen. Wenn ein Teilnehmer in der Lage ist, auch Unterschiede innerhalb seiner eigenen Gruppe zu erkennen, wächst seine Flexibilität im Umgang mit vielen anderen komplexen Aspekten des Gesamtkonflikts (Apprey, 1997).

Verborgene Skripte: Es gibt oft praktische und rationale Überlegungen, die es den Teilnehmern zweier gegnerischer Teams schwermachen, ein Problem zu lösen. Unter der Oberfläche solcher pragmatischer oder logischer Probleme sind jedoch oft verborgene Widerstände zu finden, die verhindern, daß die Parteien zu einer Einigung gelangen, selbst wenn die praktischen Hindernisse überwunden werden können. Sobald jedoch ein gewisses Maß an Empathie hergestellt wurde, kann das „verborgene Skript" (Scott, 1990; Harris, 1994) ans Licht gebracht und offen auf den Tisch gelegt werden.

Nachdem Estland seine Unabhängigkeit wiedergewonnen hatte, entwickelte sich die Frage, wer estnischer Staatsbürger werden konnte, zu einem kritischen Problem. Die Esten verlangten unter anderem von einem Nicht-Esten, als Kriterium für die Staatsbürgerschaft eine Sprachprüfung abzulegen. Die meisten Russen, die nach der Loslösung von der Sowjetunion in Estland lebten, konnten weder estnisch sprechen noch schreiben, und es war keine Frage, daß hinter der geforderten Sprachprüfung verborgene Skripte steckten. Die Prüfung war nicht standardisiert worden und setzte nur ein persönliches Prüfungsgespräch zwischen einem estnischen Prüfer und dem (russischen) Bewerber voraus.

Im Laufe der Gesprächsreihe gab es viele rationale Diskussionen im Zusammenhang mit diesen Sprachprüfungen. Die russischsprachigen Teilnehmer wollten, daß die Esten Kurse anboten, um sich auf diesen Teil der Voraussetzungen für die Staatsbürgerschaft vorbereiten zu können. Die Esten entgegneten, daß ihnen die Mittel fehlten, um eine solche Maßnahme umzusetzen. Auf beiden Seiten waren sich viele darin einig, daß die Prüfung standardisiert werden sollte, einige schlugen ein Prüfungsgremium, andere eine multiethnisch besetzte Kommission vor, die das Programm konzipieren und die Prüfungen abhalten sollte. Am Ende lagen etliche Optionen zur Überwindung von Hindernissen, zumindest in der Theorie, auf dem Tisch, aber dennoch war kein Fortschritt in Sicht. Wir merkten schließlich, daß es andere Gründe für die Obsession mit der Sprachprüfung gab. Die Esten wollten die Prüfungen schlechterdings nicht standardisieren oder systematisieren, weil sie wollten, daß die russischsprachigen Menschen Estland allesamt verließen. Sollte die Sprachprüfung offiziell institutionalisiert werden, hieße das für die Esten, daß damit auch die Anwesenheit eines erheblichen Prozentsatzes der russischsprachigen Bevölkerungsteile in Estland institutionalisiert würde. Auf einer anderen Ebene war die Sprachprüfung in ihrer nicht-standardisierten Form ein Racheinstrument der Esten gegen die Russen.

Auf der anderen Seite wollten die in Estland lebenden Russen in Wirklichkeit auch kein Estnisch lernen: Es waren aber nicht nur einfache, praktische Gründe, die sie davon abhielten – es wäre vielmehr auch ein schmerzliches Eingeständnis gewesen, daß ihnen in einem Land, in dem sie vorher das Sagen hatten, jetzt nur noch ein Minderheitenstatus zuerkannt wurde. Die russischsprachigen Teilnehmer waren nicht bereit, diesen Statusverlust anzuerkennen. Wir verbalisierten diese verborgenen Bedeutungen und ermöglichten damit ein tieferes Verständnis der Fragen und Probleme, und damit konnte dann eine realistischere Diskussion weitergeführt werden.

Nicht-Gleichsein und kleine Unterschiede: So wie der Tagungsraum sich zum Labor für den Großgruppenkonflikt entwickelt, treten in den Kleingruppendiskussionen Aspekte der Großgruppenrituale hervor. Wenn die Parteien aufrichtig mehr Empathie füreinander entwickeln, kann sich eine Beunruhigung oder Angst breitmachen, wenn sie sich selbst und ihre Gruppe als dem Feind ähnlich wahrzunehmen beginnen. Da die Externalisation und Projektion unerwünschter Aspekte jeder Seite durch die Empfindung, daß die andere Gruppe der eigenen Gruppe ähnlich ist, instabil werden, wird die Bedeutung kleiner Unterschiede sodann im Zweifel hochgespielt, um ihre getrennten Identitäten zu wahren. Kleine Unterschiede fungieren somit als eine Grenze, die die gegnerischen Parteien trennt, damit ihre jeweiligen Identitäten intakt bleiben. Scheinbar triviale Verschiedenheiten können dann ein monumentales Gewicht gewinnen und positive Diskussionen zunichte machen.

Bei einem Treffen, bei dem die estnischen und russischen Teilnehmer zum Beispiel zunehmend ähnliche Ansichten zu äußern schienen, stand mit einemmal ein Este abrupt auf, um kundzutun, daß einer der russischsprachigen Teilnehmer heute Geburtstag hatte. Alle wurden aufgefordert, gemeinsam „Happy Birthday" zu singen. Während dies oberflächlich eine kameradschaftliche Geste zu sein schien, war sie im Grunde ein Akt der Abwehr. Denn es sah ganz so aus, als hätte die Tatsache, daß man einer Einigung so nahegekommen war, diesen Teilnehmer beunruhigt, wobei er in Wirklichkeit jedoch auf die Ängste der Teilnehmer beider Seiten reagierte. Indem der Geburtstag zur Sprache gebracht wurde, konnten die Teilnehmer davon abgelenkt werden, eine Vereinbarung zu treffen, und damit verschieden bleiben. Ein weiteres anschauliches Beispiel: Als die zypriotischen Türken und zypriotischen Griechen sich in der Gesprächsrunde einander näherkamen, verlagerte sich die Diskussion plötzlich auf die Zubereitung von Baklava, wobei es um die kleinen Unterschiede zwischen den türkischen und griechischen Rezepten ging – nach dem einen wird Zucker, nach dem anderen Honig verwendet. In solchen Situationen interpretiert das Mittlerteam die Bedeutung der kleinen Unterschiede und deren Gewichtigkeit im Dialog und beruhigt die Teilnehmer der gegnerischen Teams, daß eine gemeinsame Vereinbarung nicht gleichbedeutend mit dem Verlust der eigenen Gruppenidentität ist.

Den Konflikt symbolisieren und damit „spielen": Im Laufe der Tagungsreihe kann aus dem Dialog heraus ein Symbol oder eine Metapher hervorgehen, welche/es wichtige Aspekte des Konfliktes repräsentiert. Die Teilnehmer beginnen, mit dieser Metapher zu spielen, sie wie einen Ball herumzukicken. Die Metapher nimmt die Aufmerksamkeit der Teilnehmer gefangen und verwandelt diffuse Emotionen und eine undeutliche Realität in ein konkreteres Verständnis des Problems. Die spielerische Metapher verbindet die Teilnehmer und ermöglicht es ihnen, im Spiel etwas zu teilen, derweil man sich gleichzeitig mit einem kritischen Problem auseinandersetzt. Im Zuge des weitergehenden Spiels beginnen vergiftete Emotionen zu verschwinden. Und darauf kann dann eine realistische Diskussion der Fragen und Probleme folgen. Wichtig ist, festzuhalten, daß das Mittlerteam die Metapher oder das „Spielzeug" nicht etwa einführt oder „fabriziert", damit die Teilnehmer „spielen" können – sie muß von den Teilnehmern selbst geschaffen oder eingebracht werden.

Bei einer Sitzung in Estland führte ein Russe eine Metapher ein, wonach er Rußland mit einem freundlichen Elefanten verglich – groß und stark, aber nicht aggressiv. Worauf ein estnischer Teilnehmer meinte, wenn Rußland ein Elefant sei, dann sei Estland ein Kaninchen. Es sei für das Kaninchen und den Elefanten schwierig, meinte dieser zweite Teilnehmer, eine Beziehung zu haben, selbst wenn beide freundlich zueinander waren, da das Kaninchen gar nicht anders konnte, als sich davor zu fürchten, daß der Elefant auf es trat. Ein anderer Teilnehmer meinte dann, wenn dies so sei, dann seien die russischsprachigen Menschen in Estland wie Elefanteneier im Nest des Kaninchens – sie konnten ausgebrütet werden und das Kaninchen samt seinem Heim vernichten, oder alternativ konnte der Elefant auch kommen, um sie zu beschützen, wenn er glaubte, sie würden bedroht.

Wenn angstauslösende Beziehungen symbolisiert werden und damit gespielt wird, gelangen die Teilnehmer zu einem besseren Verständnis von Aspekten ihrer Beziehung miteinander. Und sie beginnen auch ihre Wahrnehmung voneinander zu modifizieren. Durch die Elefanten-Kaninchen-Metapher verbesserte sich zum Beispiel das Bild, das die Russen von den Esten hatten: Wenn sie ihnen bis dahin nur als undankbar für die „Hilfe" erschienen waren, die sie in der „Vergangenheit" von der Sowjetunion erhalten hatten, begriffen sie nun, daß sie einfach nur „vorsichtig" waren. Sie spürten, daß die Esten aus einer Notwendigkeit heraus achtsam sein mußten und gegenüber den Russen nicht zu freundlich sein durften.

Trauern: Gegnerische Parteien kommen mit Aspirationen, Hoffnungen und Meinungen, die vielfach verhärtet und unrealistisch sind, zu den inoffiziellen diplomatischen Sitzungen. Ein erfolgreicher Dialog hat das Ziel, solche Positionen „zu zähmen" und zu lockern, was jedoch schwierig ist, wenn Verluste, die zu einer geänderten Position oder einem geänderten Status geführt haben, nicht betrauert werden. Die neutrale Gruppe muß sensitiv gegenüber dem Trauer-Befreiungsprozeß sein, dessen Derivate unterstützt und gefördert werden müssen, damit Veränderungen akzeptabel werden.

Bei der Gesprächsreihe zwischen Ägyptern und Israelis, an der ich teilnahm, fand ein Treffen unmittelbar nach dem Rückzug der Israelis aus dem Sinai statt. Bei der Sitzung zeigten die Ägypter ihre Verärgerung über den Widerwillen der Israelis, den Sinai an Ägypten zurückzugeben: Die Israelis sprachen häufig vom „Zurückgeben des Sinai", worauf die ägyptischen Teilnehmer verärgert entgegneten: „Wie können Sie sagen, daß ‚er zurückgegeben' wurde, wenn er Ihnen doch überhaupt nie gehört hat?" Das Mittlerteam versuchte daraufhin, den Ägyptern zu erklären, daß die Israelis vom Sinai eine geistige Vorstellung hatten, wonach er nicht nur ein Stück Land, sondern eine physische und mentale Pufferzone zwischen ihnen und ihrem Feind war. Ehe die Israelis eine realistischere Wahrnehmung gegenüber dem Sinai entwickeln konnten, mußten sie zunächst den Verlust einer Art psychologischer (Kuschel- bzw.) Sicherheit und Geborgenheit gebender Decke betrauern. Solche Klärungen halfen, ein vergiftetes Element in dieser Sitzung aus dem Weg zu räumen, und ermöglichten es den Ägyptern sogar, wiederum eine gewisse humanisierende Empathie für die Israelis zu entwickeln.

Auch in Estland wurden die geistigen Vorstellungen von vergangenen Verletzungen während der Sowjetzeit, wie die Deportation von Esten nach Sibirien, nicht effektiv betrauert. In dem Maße, wie die geistige Vorstellung von solchen destruktiven Ereignissen von einer Generation zur nächsten weitergegeben wurde, änderte sich ihre Funktion, und sie wurde in der geteilten Phantasie der Esten absorbiert, wonach sie eine schwindende ethnische Gruppe waren. Selbst nach der Wiedererlangung ihrer Unabhängigkeit blieb dieses Gefühl der Gefährdung bestehen und beeinflußte politische Entscheidungen. Das US-amerikanische Team brachte diese Beobachtung zur Sprache, um die Trauer über vergangene Verluste in Gang zu setzen, womit dann die Annahme der gegenwärtigen Realität und eine Zähmung der geteilten Phantasie (das Verschwinden) ermöglicht wurde.

Zeitliche Erweiterung und Umgang mit generationsübergreifenden Weitergaben: Wenn ein gewähltes Trauma aus der Vergangenheit reaktiviert wird, werden die dazugehörigen Emotionen und Wahrnehmungen so empfunden, als hätte das Trauma gerade erst stattgefunden – die zur Vergangenheit gehörenden Emotionen und Wahrnehmungen fallen mit den zur Gegenwart gehörenden Emotionen und Wahrnehmungen zusammen und werden sogar noch auf die Zukunft projiziert. Erinnerungen, Gefühle und Erwartungen fallen zusammen (Zeitkollaps). Wenn Diskussionen über die geistigen Vorstellungen von individuellen Traumata oder den gewählten Traumata einer Gruppe unter der Leitung eines Mittlerteams zugelassen werden, führt dies zu einer zeitlichen Erweiterung: Gefühle und Fragen bezüglich der Vergangenheit werden von den aktuellen, gegenwärtigen Problemen abgesondert. Und wenn dies geschieht, können die gegenwärtigen Probleme realistischer diskutiert werden.

Bei einer Tagung in Estland erzählte Arnold Rüütel, der estnische Führer in der Zeit, als Estland noch Teil der Sowjetunion war, wie er gezwungen worden war, länger als zwei Stunden auf Michail Gorbatschow zu warten, weil dieser verspätet bei einem Termin erschienen war, bei dem über den Wunsch der Esten nach Unabhängigkeit von der Sowjetunion gesprochen werden sollte. Er hatte diesen Vorfall (der über fünf Jahre zurücklag) als demütigend empfunden und schien seine Meinung von den an dem Dialog beteiligten Russen geprägt zu haben, da er rigide an starken nationalistischen Einstellungen festzuhalten und sich von den russischen Teilnehmern zu distanzieren schien. Die Mittler räumten empathisch die demütigende Natur dieser vorhergehenden Erfahrung mit dem Sowjetsystem ein, und später schien der estnische Politiker denn auch seine anti-russische Haltung, die rhetorisch und in der Interaktion zum Ausdruck kam, zu zähmen, wonach er dann weniger steif und scharf, sondern freundlicher mit den russischen Teilnehmern umging. Es sah so aus, als sei er von der Bürde, seine vergangenen und gegenwärtigen Gefühle gegenüber den Russen in Einklang zu bringen, befreit oder entlastet worden, so daß es ihm möglich war, jetzt, nachdem die Zeit sich „erweitert" hatte, besser mit der gegenwärtigen Beziehung zwischen den beiden Ländern umzugehen. Und die Erfahrung, die er hier durchmachte, hatte wiederum Einfluß auf die anderen estnischen Teilnehmer, die an dieser zeitlichen Erweiterung teilzuhaben schienen.

Ähnlich erklärte eine junge Estin zu Beginn einer Gesprächsreihe resolut, daß ihre Generation sich sehr von der ihres Großvaters (der sehr anti-russisch war) unterschied und besser mit den Problemen der Integration der russischstämmigen Bevölkerung in Estland umgehen konnte. Im Laufe des Gespräches, als sie dann dazu angehalten wurde, ihre eigenen Wahrnehmungen und Gefühle in bezug auf die in Estland lebenden Russen zu untersuchen, gelangte sie dann jedoch zu der Erkenntnis, daß sie durchaus auch einige der gewählten Traumata der Generation ihres Großvaters zum Ausdruck brachte. Die Erkenntnis, daß sie unbewußt die „Sprecherin" ihres Großvaters war, daß, trotz einiger tatsächlicher Unterschiede in ihren Generationen, die Traumata und entsprechenden Einstellungen an sie weitergegeben worden waren, half ihr, eine weniger „kontaminierte" Einstellung zu den Russen zu finden.

Übertragung, Gegenübertragung und das Potential für persönliches Wachstum: Ehe ich meine Liste der technischen und praktischen Konzepte abschließe, die im Verhandlungsprozeß bei solchen inoffiziellen Tagungsreihen zum Tragen kommen, möchte ich noch auf zwei weitere psychoanalytische Konzepte eingehen, die meines Erachtens zwangsläufig auch in der offiziellen Diplomatie in Erscheinung treten.

Bei der *Übertragung* geht es um die Gefühle, Einstellungen und Gedanken, die man gegenwärtig gegenüber jemandem vor dem Hintergrund vergangener Erfahrungen und Gefühle in Verbindung mit wichtigen anderen Personen aus der Kindheit wie Eltern, Geschwistern und Lehrern hat. Das Wiederauftauchen solcher Überreste aus der Vergangenheit erfolgt unbewußt. Es kommt täglich, bei allen möglichen Interaktionen zwischen Menschen zu Übertragungen, wobei der Patient in der klinischen Psychoanalyse jedoch eine starke Übertragung (*Übertragungsneurose*) gegenüber dem Psychoanalytiker entwickelt. Durch diese Erfahrung und ihre Interpretation durchlebt der Patient neue Versionen seiner Kindheitserfahrungen und modifiziert die damit verbundenen Konflikte. Und umgekehrt werden bei diesem Prozeß auch die Einstellungen, Gefühle und Gedanken des Psychoanalytikers zu seinem Patienten (*Gegenübertragung*) beeinflußt und können als Indikationen für therapeutische Manöver genutzt werden.

In Workshops, die im Rahmen der inoffiziellen Diplomatie stattfinden, treten viele Manifestationen von Übertragungen und Gegenübertragungen zutage, da ethnische und nationale Fragen rohe Emotionen aufwühlen, eine nochmalige Überprüfung der Identität und Bindungen auslösen und real oder in der Phantasie den Kontakt mit Personen in Machtpositionen herstellen. Psychologisch geschulte Teilnehmer sollten in der inoffiziellen Diplomatie jedoch davon absehen, über die Bedeutung solcher Manifestationen zu „spekulieren" und solche Treffen als therapeutische Übungen zu sehen. Erkenntnisse über die

Psychologie solcher Begegnungen sollten einfach nur zur Förderung eines Kommunikations- und Planungsprozesses genutzt werden, um zu verhindern, daß der ethnische oder nationale Konflikt, der untersucht und behandelt werden soll, in einer maladaptiven Form zum Ausdruck gebracht wird.

Obwohl die Teilnahme an solchen Sitzungen keine Therapie ist, werden hier gleichwohl Identitätsprobleme, starke Emotionen und die Psychologie von Verlusten und Gewinnen berührt. Sie kann sich somit für einen Teilnehmer als bereichernd erweisen, der seine eigenen Emotionen tolerieren und zulassen kann, daß er seine Mitmenschen am Ende in einem neuen Licht sieht. Die Erfahrung kann sogar die Einstellung eines Teilnehmers zur Menschheit insgesamt verändern. Die Teilnahme von Psychoanalytikern – und anderen mit tiefenpsychologischen Kenntnissen – trägt dazu bei, jene heilsame Atmosphäre zu schaffen, die notwendig für den Umgang mit oder die Lösung von aktuellen Konflikten ist. Und dies gilt insbesondere für jene chronische Art von Konflikten, bei denen der psychologisch starke Einfluß ethnischer und nationaler Rituale denkbar hartnäckig ist und den Friedensprozeß behindert.

Die Psychologie der Mittler oder Moderatoren: Im Unterschied zu den antagonistischen Gruppen sieht das Mittlerteam sich nicht mit einem Feind konfrontiert, so daß es weniger anfällig für eine Regression sein dürfte. Die Reife seines Ansatzes hängt jedoch von der klaren Definition seiner Aufgabe, der Entwicklung einer funktionierenden Arbeitsgemeinschaft unter den Mitgliedern und einer nicht-regredierten Beziehung zu seinem Leiter (Führer) und der Unterstützung durch ihn ab. Es ist somit wichtig, daß das neutrale Team bereits vor der inoffiziellen Tagung eine Zeitlang zusammenarbeitet, um sich zu einer Arbeitsgruppe zu entwickeln und die Fragen und Probleme voll und ganz zu verstehen, um die es zwischen den Parteien geht. Sofern die Mittlergruppe aus Personen aus so unterschiedlichen Disziplinen wie Psychoanalyse, Politikwissenschaft, Diplomatie und Geschichte zusammengesetzt ist, ist es unumgänglich und ein Muß, ihre beruflichen Unterschiede durchzuarbeiten und sich auf eine gemeinsame verständliche Sprache zu einigen.

Sobald der Dialog beginnt, wird der Leiter des Mittlerteams zugleich auch als Leiter der gesamten Tagung wahrgenommen, so daß es wichtig ist, daß er eine Führungsrolle aufbaut und den Führern der antagonistischen Parteien hilft, ihre Aufgaben zu definieren.

Es ist durchaus möglich, daß einige Mitglieder des Mittlerteams aufgrund ihrer eigenen individuellen oder Großgruppenidentität eine der antagonistischen Gruppen gegenüber der anderen bevorzugen. Statt diese Neigung zu leugnen, wäre es besser zu versuchen, daran etwas zu ändern, indem man den gegnerischen Gruppen als Modell dient und Projektionen und „abkühlende" Emotionen absorbiert.

Darüber hinaus sollten das Mittlerteam und sein Leiter sich auch der Grundannahme-Potentiale bei den gegnerischen Parteien und der Tatsache bewußt sein, daß auch das Mittlerteam in ihre Grundannahme mit einbezogen ist. So kann eine Partei zum Beispiel eine übertriebene Beschreibung von ihrem Leid als Opfer liefern, um die Sympathie und das Mitgefühl des Mittlerteams zu gewinnen; darüber hinaus können Grundannahmen, die auf Mißtrauen beruhen, auch die Motive des Mittlerteams in Frage stellen. Nicht nur, daß solche inoffiziellen Dialoge keine Therapiegruppen darstellen, auch jeder Versuch, sie als Therapiegruppen zu behandeln, führt zwangsläufig zu einer Katastrophe. Die Aufgabe eines psychopolitischen Dialogs besteht darin, mit den psychologischen Kräften umzugehen, die eine effektive Kommunikation zwischen antagonistischen ethnischen oder nationalen Gruppen verhindern, und die Suche nach adaptiven Lösungen zu fördern.

Aufbau von Institutionen

Durch eine längere Gesprächsreihe (bei dem arabisch-israelischen Dialog kamen wir sechs Jahre lang etwa dreimal im Jahr für jeweils vier aufeinanderfolgende Tage zusammen; in Estland kamen wir über zweieinhalb Jahre lang etwa alle vier Monate für vier aufeinanderfolgende Tage zusammen) können starre und oft feindselige Positionen aufgebrochen und gelockert werden, wodurch sich das Gespräch von Beschuldigungen und Gegenbeschuldigungen zu Erklärungen der jeweiligen Positionen beider Seiten verlagern und sodann in der Folge eine wirkliche Verhandlung stattfinden kann. Da die Teilnehmer durch Identitätsfragen dazu gebracht wurden, solche verhärteten Positionen zu entwickeln, werden sie weder die Notwendigkeit zu einer Veränderung einsehen noch den Willen dazu haben, solange sie nicht erkennen und einsehen, daß die bisherigen Strategien nicht funktioniert haben. Auf diese Situation muß eingegangen werden – durch Zähmung der Projektionen, Identifizierung verborgener Skripte, Modifizierung eines Schwarzweißdenkens, das Ingangsetzen eines Trauerprozesses und die Erweiterung des psychologischen Zeitrahmens der Teilnehmer. Manche Aspekte der psychopolitischen Dialoge, die ich zuvor beschrieben habe, wie die Nutzung eines Minikonflikts oder die Äußerung von gewählten Traumata, sind typischer für den ersten Tag oder die ersten zwei Tage einer Tagung und/oder die ersten Treffen bei einem längerfristigen Dialog. Andere Aspekte wie eine aufrichtige Trauer oder eine zeitliche Erweiterung treten hingegen in der Regel erst zutage, wenn die Gruppenarbeit bereits über mehrere Sitzungen fortgeschritten ist. Obwohl im Laufe einer Gesprächsreihe auch weiterhin Emotionen aufflackern und Widerstände auftreten werden, sind die Parteien inzwischen jedoch besser gerüstet, um miteinander sprechen, einander zuhören und aufeinander eingehen zu können, und sind bemüht, divergierende Meinungen zu klären. Um auf das Konzept vom Baum zurückzukommen: Abgeschottet von gefährlichen Erschütterungen durch die Umwelt, ermöglicht der Prozeß der psychopolitischen Dialoge es, daß sich ein gesunder Stamm entwickeln kann, womit dann auch neue Zweige wachsen können.

An diesem Punkt werden die Teilnehmer dann gebeten, eine Liste der realen Probleme zusammenzustellen, mit denen man sich auseinandersetzen muß, damit die Beziehungen sich verbessern und Krisen vermieden werden können. Vor dem Hintergrund der zuvor in dem Prozeß gewonnenen neuen Einsichten können die Teilnehmer dann gebeten werden, die Dynamiken der problematischen Aspekte ihrer Beziehungen und folgende Elemente des Problems zu untersuchen: Inwieweit jede Gruppe zu dem Problem beigetragen hat, inwieweit die Interessen jeder Gruppe betroffen sind, in welche Richtung eine konstruktive Veränderung gehen könnte und wo man vielleicht auf einen gemeinsamen Nenner kommen kann.

Informationen über die aus diesen psychopolitischen Dialogen gewonnenen neuen Erkenntnisse und geplanten Aktivitäten werden an offizielle Stellen weitergegeben. In Estland war das sogar relativ einfach, da ein ehemaliger Präsident, ein ehemaliges Kabinettsmitglied und der Führer einer politischen Partei sowie sechs estnische Parlamentarier unter den estnischen Teilnehmern waren. Aus Moskau hatten wir Parlamentarier und Beamte aus dem Außenministerium mit dabei. Der russische Botschafter in Estland nahm persönlich an unseren Sitzungen teil. Darüber hinaus haben wir häufig den US-amerikanischen Botschafter in Tallinn und andere offizielle Personen der US-amerikanischen Botschaft wie auch Botschafter und offizielle Kreise aus den skandinavischen Ländern in Kurzform über den Sachstand informiert und oft verschiedene Ministerien in Estland besucht. Auf diese Weise wurden die Früchte unserer Bemühungen an die offiziellen Stellen weitergegeben.

Erkenntnisse aus den psychopolitischen Dialogen wurden zudem auch am Runden Tisch des estnischen Präsidenten vorgelegt. Dieser Runde Tisch wurde im Januar 1993 durch den Präsidenten Estlands ins Leben gerufen und bezog Mitglieder aus drei Gruppen mit ein: (1) die russischsprachige Vertreterversammlung (vertritt die Interessen von Nicht-Staatsbürgern wie auch Unternehmens- und Gewerkschaftsinteressen); (2) der Verband von Ethno-Kulturellen Minderheitenorganisationen (der 1988 zur Aufrechterhaltung der Traditionen der in Estland lebenden kleinen ethnischen Gruppen wie Ungarn, Schweden, Juden, Letten usw. mit einer erzieherischen, ausbildungsmäßigen und kulturellen Schwerpunktsetzung gegründet wurde); und (3) die Reichsversammlung Estlands (das Parlament).

Als Estland seine Unabhängigkeit wiedergewann, war klar, daß die estnische Regierung vor realistischen Problemen mit Blick auf die Nicht-Esten stehen würde, von denen die meisten kein Estnisch sprachen. Da war zum Beispiel das Problem der Staatsbürgerschaft. Der Runde Tisch wurde als eine inoffizielle Gruppe verstanden, die vom Präsidenten als Beratungsgremium ernannt worden war. Der Runde Tisch traf nur Entscheidungen und legte Empfehlungen vor, wenn man sich einvernehmlich darauf geeinigt hatte. Man kam monatlich, manchmal auch häufiger zusammen. Vor 1995 hatten der Premierminister und der Außenminister jeweils mehrfach den Rat der Gruppe gesucht.

Nachdem die Dinge in Estland dann begonnen hatten, sich zu regeln, schwand die Bedeutung des Rundes Tisches. Nichtsdestotrotz, als er noch aktiv war und regelmäßig unter dem Vorsitz von Ants Paju, einem damaligen Assistenten des Präsidenten, tagte, nahmen drei seiner Mitglieder auch an der psychopolitischen Gesprächsreihe teil und brachten damit die in unseren Sitzungen gewonnenen Erkenntnisse auch in die Beratungen des Runden Tisches ein. Darüber hinaus trafen sich einige Mitglieder des US-amerikanischen Teams mit Paju, der ein guter Freund wurde. In der übrigen Zeit, die das CSMHI noch in Estland blieb, war er zwar kein Mitglied der psychopolitischen Gespräche mehr, er war uns jedoch durch die verschiedenen wichtigen Positionen, die er innehatte, eine große Hilfe.

Sodann ist die Gründung einer *lokalen Kontaktgruppe*, die in Zusammenarbeit zwischen dem Mittlerteam und Teilnehmern von jeder am Konflikt beteiligten Partei ausgewählt wird, notwendig, um die Entwicklung der Aktionsszenarien zu konkreten Projekten zu koordinieren. Die Mittler halten die Kontaktgruppe dann dazu an, als eine Einheit zu interagieren und eine neue „Arbeitsgruppe" zu bilden, damit die beteiligten Teilnehmer nicht wiederum auf den Punkt zurückfallen, daß sie ihre Ängste und Erwartungen auf die Mitglieder der Kontaktgruppe der anderen Seite projizieren. Sie werden somit als Boten der Empathie und Modelle für eine effektive Kommunikation bei den Dialogen zu Erweiterungen des Mittlerteams.

Das Ziel der Kontaktgruppe besteht letztlich darin, sich zu einer nicht-staatlichen Organisation zu entwickeln, die sich intensiv um einen Prozeß der Verständigung und des Verständnisses zwischen den Gruppen und durch den Aufbau einer gemeinschaftlichen Unterstützung um die Reduzierung und

Prävention von ethnischen Spannungen bemüht. Durch die Assimilierung der Techniken der Vermittler und mit ihrem tieferen Verständnis von den sowohl bewußten als auch unbewußten Wurzeln des Konfliktes zwischen den Gruppen, denen sie angehören, kann die Kontaktgruppe weiterhin, nachdem das Mittlerteam sein direktes und regelmäßiges Engagement beendet hat, für die nötige Führung und Leitung sorgen und auch auf der Basis ihrer eigenen Spendenquellen arbeiten.

Sehr wichtig für den Aufbau solcher Institutionen ist das Timing. Verfrühte Versuche, solche Institutionen zu schaffen, können sich langfristig als kontraproduktiv erweisen, da die Mitglieder malignen ethnischen oder nationalistischen Einstellungen erliegen können. In vielen inzwischen wiederum unabhängig gewordenen Staaten der post-kommunistischen Welt brauchten einige Konzepte – wie das Konzept des Privateigentums, des individuellen, eigenständigen Denkens und der individuellen Verantwortung, der wohlfahrtlichen Dienste sowie des Bürgerlichen Gesetzbuches mit seinem Begriff von Recht und Ordnung – ihre Zeit, um sich zu entwickeln und genügend Erfahrung damit sammeln zu können, um assimiliert zu werden.

Šebek (1994), ein Kliniker aus der Tschechischen Republik, beschrieb die innere Welt von Menschen in einer post-totalitären Gesellschaft. Er stellte zum Beispiel fest, daß die vorherigen Massenanpassungen des Ichs und Überichs an ein totalitäres Klima nicht einfach aufgegeben und „vergessen" werden können, nachdem eine neue demokratische Regierung etabliert wurde. Sie bleiben ein unbewußter Teil der menschlichen Psyche. Es kommt zu einem Zusammenprall zwischen der psychischen Selbstvorstellung unter der früheren äußeren Welt auf der einen und der neu erworbenen Selbstvorstellung unter der offeneren post-totalitären Umwelt auf der anderen Seite:

> Das in der totalitären Gesellschaft verwendete Konzept der Moralität ist in der post-totalitären Gesellschaft nicht mehr haltbar. Die frühere Befolgung und Übereinstimmung mit der Ideologie der totalitären Gesellschaft und Identifikation mit der Obrigkeit muß durch die Respektierung der Menschenrechte, des Privateigentums und der Freiheit anderer ersetzt werden (Šebek, S. 106).

Es braucht nach dem Zusammenbruch eines kommunistischen oder totalitären Regimes selbstredend seine Zeit, um rechtliche, ökonomische und politische Institutionen und Praktiken umzuwandeln. Aber alle, die sich in der offiziellen und inoffiziellen Diplomatie betätigen, müssen sich vor Augen halten, daß die inneren Welten der Menschen, die diese Gesellschaften ausmachen, ebenso umgewandelt werden müssen. Ähnlich müssen auch ehemalige Feinde einen psychologischen Wandel durchmachen, nachdem ein Konflikt beendet wurde, da die gegnerische Gruppe jetzt wiederum humanisiert wurde und kein passendes Ziel für Externalisationen und Projektionen mehr bietet.

Der nächste Schritt für die Kontaktgruppe, sobald sie kohäsiv ist, besteht darin, mögliche neue „Zweige" zu erkennen, um weitere praktische Projekte untersuchen, organisieren und umsetzen zu können – und einen Teil des „Stammes" an einem anderen Ort (wie einer anderen Stadt oder Gemeinde) zu reproduzieren. Das ist der wirkliche Test für die Kontaktgruppe, da sie in der Lage sein muß, mit den gleichen problematischen Dynamiken wie auch mit den neuen Herausforderungen umzugehen, die die Projektumwelt im einzelnen stellt und mit denen das ursprüngliche Mittlerteam konfrontiert war. Die Mittler müssen somit darauf vorbereitet sein, kontinuierlich Anleitungen, Ermutigung und Rat zu geben und anderweitig vorübergehend Hilfe zu leisten. Führung und Anleitung werden zudem auch durch die fortgesetzte Unterstützung der psychopolitischen Dialoge und die wachsenden Netzwerke aus Individuen und Organisationen geboten, die durch die Dialoge miteinander verbunden sind.

Beispiele von „Baumzweigen" aus Estland

In Estland führte das CSMHI nach dem Abschluß der über den Zeitraum von mehr als zwei Jahren geführten psychopolitischen Dialoge in den darauffolgenden drei Jahren drei lokale Projekte als Zweige des Baumes durch. Die drei Orte wurden gezielt für spezifische Projekte zur Unterstützung des Aufbaus von demokratischen Institutionen ausgewählt: Mustamäe (ein Vorort von Tallinn), Klooga, ein kleines Dorf, rund vierzig Kilometer von Tallinn entfernt, und Mustvee, eine Stadt am Peipsi-See, an der Grenze zwischen Estland und Rußland gelegen. In jedem Ort setzt sich die Bevölkerung jeweils etwa zur Hälfte aus Esten und zur Hälfte aus Russen zusammen, wobei jeder jedoch seine einmaligen Probleme hat, die die Vielfalt der Probleme in den Beziehungen zwischen Esten und den in Estland lebenden Russen widerspiegeln.

Durch die Kontaktgruppe in Estland wurden an jedem Ort jeweils zehn estnische und zehn russische Bürger ausgewählt. Sie erhielten eine einfache Anweisung: Sie sollten sich einmal im Monat treffen und über die Entwicklung eines Projektes diskutieren, von dem beide Seiten in der Gemeinde profitieren sollten. Wenn Einigkeit darüber erzielt wurde, was für ein Projekt es sein sollte, würde es bis zu einem bestimmten Betrag aus Geldern finanziert, die von den Mittlern bereitgestellt werden. Sie sollten sich weiter regelmäßig treffen, bis das Projekt abgeschlossen ist. Ihre monatlichen Sitzungen sollten insgesamt drei Jahre fortgesetzt werden.

Das CSMHI-Team wählte vor Ort Partner, meistenteils Psychologen, aus und schulte sie in der Methodologie, damit sie bei diesen monatlichen Treffen eine Führungsfunktion übernehmen konnten. Die CSMHI-Gruppe besuchte jeden Ort dreimal im Jahr, um eine Supervision durchzuführen. Das Hauptziel war natürlich, in jeder Gemeinschaft ein Katalysator für die Entwicklung von demokratischen und anpassungsfähigen Methoden zum Umgang mit Problemen zu sein wie auch eine Handhabe gegen mögliche ethnische Spannungen zu liefern. Während der Arbeit an diesen drei Orten förderte das CSMHI-Team auch weiterhin die Beziehungen mit den Teilnehmern der psychopolitischen Gesprächsreihe und hielt sie über die Entwicklungen auf dem Laufenden. Gelegentlich besuchten sie zusammen mit unserem Team auch die Orte.

In Mustamäe engagierten sich die zwanzig Teilnehmer rasch in einem Dialog, der sich, ausgehend von ihrem bereits bestehenden Interesse an der „Integration" und anderer Fragen in Verbindung mit estnischen und russisch-estnischen Kindergärten, auf die kulturelle Vielfalt und Demokratie konzentrierte. Anderthalb Jahre lang trafen ein estnischer Psychologe und sein russisch-estnischer Mitarbeiter sich einmal im Monat mit estnischen und russischen Lehrern und Eltern und führten mit ihnen Sitzungen auf der Grundlage der zuvor von mir beschriebenen Prinzipien der psychopolitischen Dialoge durch. Das CSMHI-Team schloß sich dreimal im Jahr diesen Sitzungen an, um sie zu beobachten und zu supervidieren. Die Teilnehmer organisierten sich schließlich zu einer nicht-staatlichen Organisation und engagierten sieben Lehrer, um russischen Kindergärtnerinnen Estnisch-Unterricht zu erteilen und ließen ein psychologisch fundiertes Buch mit Sprachübungen drucken, das Schülern helfen sollte, Estnisch zu lernen.

Während die Fortschritte in dieser Gruppe geradezu beeindruckend zu sein schienen, waren dennoch psychologische Interferenzen zu sehen. Viele Esten glaubten, nachdem ihr Land wieder unabhängig war, wenn es in den Kindergärten zur Integration käme, würden die estnischen Kinder am Ende Russisch, nicht aber die russischen Kinder Estnisch lernen. Die Esten sagten zum Beispiel, daß, selbst wenn nur vier russische Kinder in eine Klasse mit sechzehn estnischen Kindern kamen, die Russen dominierten. Wir gelangten zu dem Schluß, daß diese Überzeugung, die auch schon bei den ursprünglichen psychopolitischen Dialgen zutage getreten war, auf der estnischen Internalisierung des Opferstatus und der Projektion ihrer eigenen Aggression auf die Russen basierten. Das erwies sich tatsächlich als zutreffend, da die russischen Kinder in Mustamäe keine aggressiven Neigungen zeigten und wißbegierig, verspielt und erpicht darauf waren, Estnisch zu lernen.

In Klooga, einer heruntergekommenen Gegend in der Nähe eines ehemaligen sowjetischen Militärstützpunktes, war die Situation eine völlig andere. Hier waren die Esten die Neuhinzugezogenen, während die Russen in den ehemaligen militärischen Siedlungen den „alteingesessenen" Bevölkerungsteil stellten. Bei den ansässigen Russen, die meist keine Staatsbürger waren, handelte es sich hauptsächlich um junge Frauen mit Kindern, die zurückgelassen worden waren, als die Basis geschlossen wurde. Der weitere Verbleib vieler Ehemänner ist unbekannt. Klooga war somit eine „Müllhalde" unerwünschter Personen: Esten mit geringem Einkommen, die aus der Hauptstadt umgesiedelt wurden, und die sitzengelassenen Ehefrauen und Kinder des sowjetischen Militärpersonals. Dieser Aspekt der Realität wurde durch die äußeren Bedingungen in Klooga noch verdichtet: Hier fehlte jede Infrastruktur – es gab keine Müllabfuhr, keinen Gesetzesvollzug und keine regelmäßige Versorgung der Heizungen durch das marode Heizkraftwerk. Es gab kein wirkliches Gemeinschaftsgefühl, und die ethnischen Spaltungen waren gravierend. In Klooga bestand die Zielsetzung somit darin, eine Gemeinschaft zu entwickeln, ohne dabei interethnische Konflikte zu entfachen.

Als wir in Klooga zu arbeiten begannen, hatten wir kaum Hoffnung auf viel Erfolg. Es sollte sich herausstellen, daß wir uns geirrt hatten. Da die Menschen in Klooga wenig Hoffnung für die Zukunft hatten, war unser Team für sie eine wirkliche Quelle der Hilfe. Sie nutzten unser Team, als sei es eine äußere integrierende Ich-Funktion. In dieser Gemeinschaft schlossen Russen und Esten sich zusammen, organisierten eine politisch informierte, demokratische nichtstaatliche Organisation und wählten eine russische Frau zu ihrer ersten Leiterin. Mit unserer finanziellen Hilfe mieteten sie die alte örtliche sowjetische Bibliothek an und renovierten sie und machten sie zu einem Gemeindezentrum. Sowohl Männer als auch Frauen, sowohl Esten als auch Russen wollten zusammen ein „Heim" bauen. Probleme in Zusammenhang mit den estnischen Militärübungen, die in der Nähe von Klooga durchgeführt werden und eine Verbindung zu seiner sowjetischen Vergangenheit darstellen, wie auch das anhaltende Mißtrauen zwischen den Männern und Frauen in der Gemeinschaft werden auch weiterhin noch Vermittlungen notwendig machen.

In Mustvee, einer ländlichen Stadt, die vom Fischfang und der Landwirtschaft lebt, leben Esten und Russen (zumeist Altgläubige, Mitglieder einer orthodoxen Sekte, die sich vor über vierhundert Jahren in der Gegend angesiedelt haben) seit Generationen friedlich nebeneinander. Viele Einwohner sprechen sowohl Russisch als auch Estnisch. In der Sowjetzeit war das Leben durch die zentrale Kontrolle einfach und vorhersehbar: Ein Lkw kam vorbei, um die im Peipsi-See gefangenen Fische und die auf den umliegenden landwirtschaftlichen Betrieben geernteten Zwiebeln und Gurken abzuholen und nach St. Petersburg zu bringen. Mit der Unabhängigkeit hatte Mustvee seinen wichtigsten Markt verloren, und die Entscheidungen wurden nun nicht mehr von den sowjetischen Behörden getroffen und vorgegeben, was zu Verunsicherungen und Frustrationen führte, die die einst „ruhige" Beziehung zwischen Esten und Russen zu polarisieren begannen. Hier bestand das Ziel darin, den Bewohnern zu helfen, weiterhin friedlich miteinander zu leben.

An jedem der drei Orte war die psychologische Internalisierung des Sowjetsystems nicht zu übersehen, aber in Mustvee war sie am augenscheinlichsten. Als zehn Esten und zehn Russen (meistenteils Altgläubige) sich zu treffen begannen, um über die Entwicklung eines Gemeinschaftsprojektes miteinander zu reden, neigten die Teilnehmer dazu, Reden zu halten, statt sich auf einen wirklichen Dialog mit den anderen einzulassen. Hinzu kam, daß die anderen Teilnehmer, während ein Mann oder eine Frau dastand und eine Rede hielt, sich untereinander unterhielten und kein Interesse an den Erklärungen des Redners oder der Rednerin zeigten. Sie schienen nur die Prozedur einer „demokratischen" Versammlung über sich ergehen zu lassen und erwarteten, daß am Ende doch irgendeine Autoritätsperson die Entscheidungen für sie traf. Sie brauchten sowohl als Individuen wie auch als Gemeinde Hilfe, um zu „lernen", eigenständig Entscheidungen zu treffen. Bei einem anderen Beispiel erlebten die Mittler, als sie das Gebiet auf die Realisierungsmöglichkeiten eines Gemeinschaftsprojektes hin in Augenschein nahmen, daß der neue estnische Bürgermeister von Mustvee nervös und ängstlich in Zusammenhang mit der anstehenden Entscheidung über den Kauf von neuen Abwasserrohren war. In der Vergangenheit hatte ein sowjetischer Ingenieur diese Dinge in der Stadt überwacht, sich bei allem an seine Vorschriften gehalten und das Rohr nach strengen Richtlinien installiert. Langsam wurde dann auch in Mustvee eine örtliche nicht-staatliche Organisation aufgebaut, die sich auf ein Gemeinschaftsprojekt zur Förderung des Tourismus konzentrierte.

Als die örtlichen Projekte soweit abgeschlossen waren, brachten wir Vertreter aus den drei Orten nach Tallinn, wo sie bei einer Tagung, bei der auch viele ehemalige Mitglieder der psychopolitischen Dialoge sowie der Minister für Ethnische Angelegenheiten und Regierungsbeamte sowie Vertreter der Medien mit dabei waren, ihre Geschichten und die erzielten Fortschritte darstellten. Nach dieser Tagung traf eine Gruppe vom CSMHI mit dem estnischen Premierminister Mart Siimann zusammen. Wir konnten dem Premierminister zeigen, daß unsere drei Modelle für die Integration, den Aufbau von Gemeinschaften und Gemeinschaftseinrichtungen und eine friedliche Koexistenz auch auf andere Teile Estlands übertragen werden konnten. Der preisgekrönte kanadische Filmemacher Alan King arbeitete eng mit dem CSMHI zusammen und verfilmte die Geschichte von Klooga und die Früchte unserer Anstrengungen für eine Dokumentation. Der Film trägt den Titel *The Dragon's Egg* und wurde im Herbst 1998 erstmals gezeigt.

Abschließende Bemerkungen

Dieses letzte Kapitel veranschaulicht Aspekte der praktischen Anwendung der Erkenntnisse des CSMHI in der Großgruppenpsychologie, die aus den inoffiziellen Begegnungen zwischen Vertretern von in Konflikt miteinander liegenden Gruppen entwickelt wurden, wobei ein interdisziplinäres Team des CSMHI als Mittlerinstanz fungierte. Wir hoffen, daß unsere gemeinsamen interdisziplinären Anstrengungen zu einem tieferen Verständnis der Großgruppenpsychologie und zur Entwicklung einer neuen Beobachtungs- und Wahrnehmungsmethode beigetragen und zwischen Disziplinen wie der Geschichte, Diplomatie und Psychoanalyse ein dauerhaftes „Verbindungsfenster" geöffnet haben.

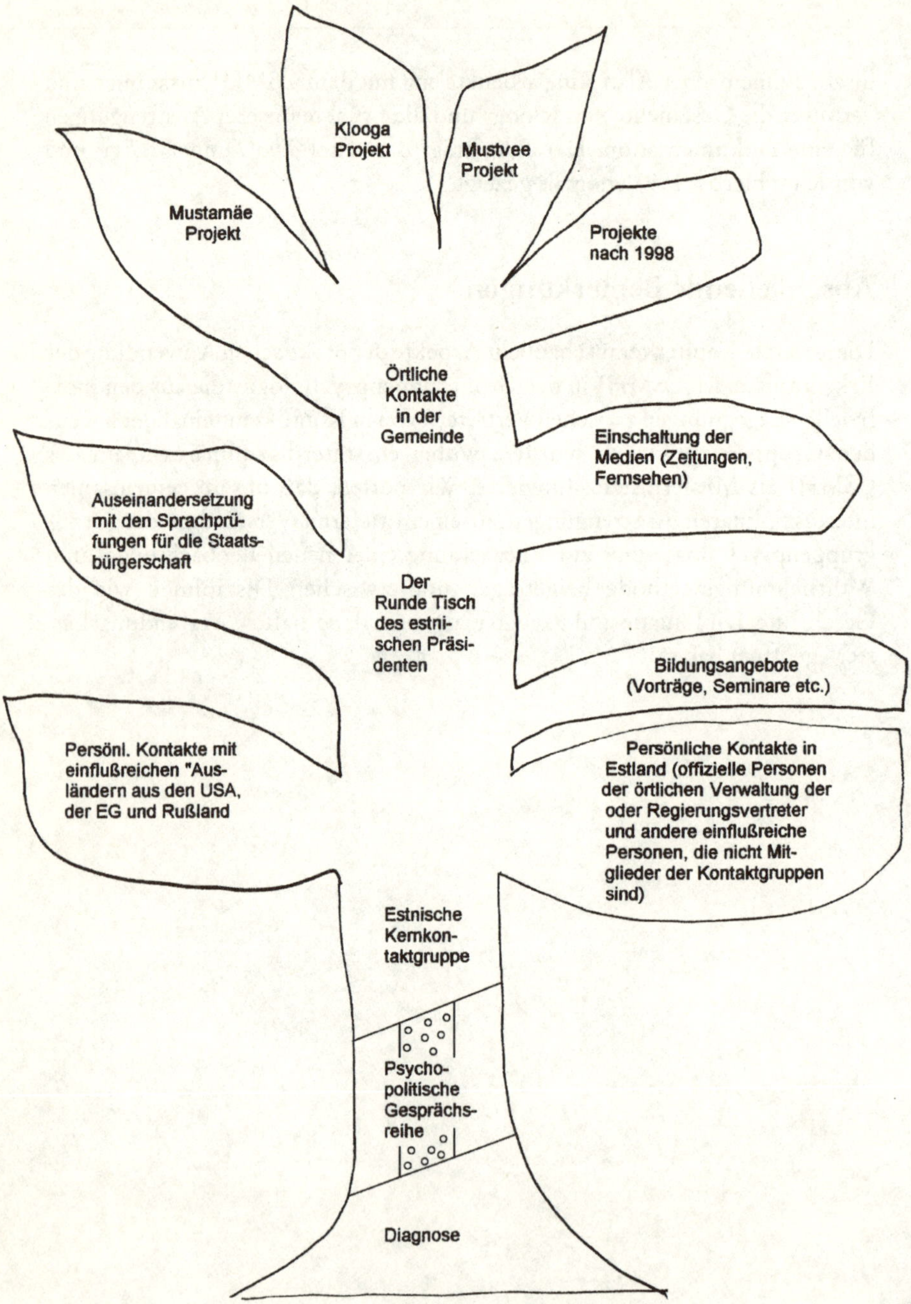

Das „Baum-Modell" des CSMHI, wie es in Estland angewendet wurde.

Bibliographie

Abraham, K. (1916), „The first pregenital stage of libido", in: *Selected Papers*, Hg. D. Bryan und A. Strachey, New York 1960, S. 248ff; *Gesammelte Schriften*, 2 Bde., Frankfurt 1983.

Abse, D. W. (1974), *Clinical Notes on Group-Analytic Psychotherapy*, Charlottesville, VA.

Abse, D. W. und Jessner, L. (1961), „The psychodynamic aspect of leadership", *Daedalus*, 90, S. 693ff.

Abse, D. W. und Ulman, R. B. (1977), „Charismatic political leadership and collective regression", in: *Psychopathology and Political Leadership*, Hg. R. S. Robins, New Yorleans, S. 35ff.

Achen, C. H. und Snidal, D. (1989), „Rational deterrence theory and comparative case studies", *World Politics*, 41, S. 143ff.

Afetinan, A. (1930), „Hürriyet [Freiheit]", in: *M. Kemal Atatürk'ten Yazchklarum [Schriften von M. Kemal Atatürk]*, Hg. A. Afetinan, Istanbul 1971.

Afetinan, A. (1959), *Atatürk Hakkında Hatıralar ve Belgeler [Erinnerungen und Dokumente betreffs Atatürk]*, Ankara.

Ainsworth, M., Bell, S. M. und Stayton, D. (1974), „Infant-mother attachment and social development: Socialisation as a product of reciprocal responsiveness to signals", in: *The Integration of the Child into a Social World*, Hg. M. Richards, Cambridge, S. 99ff.

Akhtar, Salman (1992), *Broken Structures: Severe Personality Disorders and Their Treatment*, Northvale, NJ.

Akhtar, Salman, Kramer, S. und Parens, H. (Hgs.), (1996), *The Internal Mother: Conceptual and Technical Aspects of Object Constancy*, Northvale, NJ; *Die innere Mutter: Zur theoretischen und klinischen Bedeutung der Objektkonstanz*, Frankfurt 1997.

Al-Baqsami, T. (1993), *Cellar Candles*, Kuwait City, Reprint in *Mind and Human Interaction* 6, S. 179ff.

Alexander, F. und French, T. M. (1946), *Psychoanalytic Theory*, New York.

Allen, B. (1996), *Rape Warfare: The Hidden Genocide in Bosnia-Herzegovina and Croatia*, Minneapolis, MN.

Allison, G. T. (1971), *The Essence of Decision: Explaining the Cuban Missile Crises*, Boston.

Anzieu, D. (1971), „L'illusion groupale", *Nouvelle Revue de Psychânalyse*, 4, S. 73ff.

Anzieu, D. (1984), *The Group and the Unconscious*, London.

Apprey, M. (1987), „The unraveling of incest in a transgenerational context, part 1 – ‚I hate light blacks: They are sneaky': A pregnant adolescent's protest at father's anonymity", in: *From Metaphor to Meaning, vol. II: Papers in Psychoanalytic Anthropology*, HGG. H. F. Stein und M. Apprey, Charlottesville, VA, S. 55ff.

Apprey, M. (1993), „The African-American experience: Forced immigration and transgenerational trauma"; *Mind and Human Interaction*, 4, S. 70ff.

Apprey, M. (1996), „Heuristic steps for negotiating ethnonational conflicts: Vignettes from Estonia", *New Literary History*, 17, S. 199ff.

Apprey, M. (1997), „Ethnonational conflicts in Estonia", Vortrag bei der Jahresversammlung der American Psychiatric Association, San Diego, Kalifornien, 17. Mai.

Arlen, M. J. (1975), *Passage to Ararat*, New York.

Arndt, R. T. (1995), „New diplomacy in the postimperial world", *Mind and Human Interaction*, 6, S. 144ff.

Aydemir, S. S. (1969), *Tek Adam [Der erste Mensch]*, 3 Bde., Istanbul.

Aydemir, S. S. (1974), Persönliches Gespräch.

Barber, J. (1977), *The Presidential Character: Predicting Performance in the White House*, 2. Ausgabe, Englewood Cliffs, NJ.

Barkun, M. (1995), „Religion, militias, and Oklahoma City: The mind of conspiratorialists", Vortrag bei der Jahresversammlung der American Academy of Religion, Philadelphia, 18. November.

Barner-Barry, C. und Rosenwein, R. (1985), *Psychological Perspectives on Politics*, Englewood Cliffs, NJ.

Barston, R. P. (1988), *Modern Diplomacy*, London.

Bateson, M. D. (1972), *Our own Metaphor: A Personal Account of a Conference on the Effects of Conscious Purpose on Human Adaptation*, New York.

Bauer, O. (1907), *Die Nationalitätenfrage und die Sozialdemokratie*, Reprint, Wien 1975.

Bell, S. (1970), „The development of the concept of object as related to infantmother attachment", *Child Development*, 41, S. 219ff.

Berman, M. R. und Jones, J. E. (1977), *Unofficial Diplomats*, New York.

Bernard, W. W., Ottenberg, p: und Redl, F. (1973), „Dehumanization: A composite psychological defense in relation to modern war", in: *Sanctions for Evil: Sources of Social Destructiveness*, Hg. N. Sanford und C. Comstock, San Francisco, S. 102ff.

Biedermann, H. (1989), *Knaurs Lexikon der Symbole*, München.

Bion, W. R. (1961), *Experiences in Groups*, London; *Erfahrungen in Gruppen und andere Schriften*, Stuttgart 1971.

Blos, Peter (1979), *The Adolescent Passage: Developmental Issues*, New York.

Booth, W. C. (1986), „Pluralism in the classroom", *Critical Inquiry*, 12, S. 468ff.

Bowlby, J. (1969), *Attachment and Loss*, Bd. 1, New York; *Bindung*, München 1975.

Boyer, L. B. (1986), „On man's need to have enemies: A psychoanalytic perspective", *Journal of Psychoanalytic Anthropology*, 9, S. 101ff.

Brazelton, T., Koslowski, B. und Main, N. (1974), „The origins of reciprocity: The early motherinfant interaction", in: *The Effects of the Infant on its Caregiver*, Hg. M. Lewis und L. Rosenblum, New York, S. 49ff.

Brenner, C. (1983), *The Mind in Conflict*, New York.

Breuer, Joseph und Freud, Sigmund (18983-1895), *Studien über Hysterie*, Gesammelte Werke, Bd. I, S. 77ff

Broszat, M. und Ehrlich, E. (1987), *Alltag und Widerstand: Bayern im Nationalsozialismus*, München.

Burns, J. M. (1978), *Leadership*, New York.

Burton, J. W. (1987), *Resolving Deep-Rooted Conflict: A Handbook*, Lanham, MD.

Burton, J. W. (1991), „Conflict resolution as a political system", in: *The Psychodynamics of International Relationships, Vol. II: Unofficial Diplomacy at Work*, Hg. V. D. Volkan, J. W. Montville und D. A. Julius, Lexington, MA, S. 71ff.

Butler, T. (1993), „Yugoslavia mon amour", *Mind and Human Interaction*, 4, S. 120ff.

Cain, A. C. und Cain, B. S. (1964), „On replacing a child", *Journal of the American Academy of Child Psychiatry*, 3, S. 443ff.

Carter, J. (1982), *Keeping Faith*, New York.

Carter, J. (1994), Persönliches Gespräch.

Chang, I. (1997), *The Forgotten Holocaust of World War II*, New York.

Chasseguet-Smirgel, J. (1984), *The Ego Ideal*, New York; *Das Ich-ideal*, Frankfurt 1987.

Chasseguet-Smirgel, J. (1996), „Blood and nation", *Mind and Human Interaction*, 7, S. 31ff.

Cvijić, J. (1986), *Balkansko Poluostrvo i juznoslevenske zemle*, Belgrad (berichtet in: T. A. Emmert (1990), *Serbian Golgotha: Kosovo, 1389*, New York).

Dayan, Mosche (1981), *Breakthrough: A Personal Account of the Egypt-Israel Peace Negotiations*, New York; *Die Mission meines Lebens. Bericht über die ägyptischisraelischen Friedensverhandlungen 1977-1979*, München 1981.

de Swann, A. (1996), „Widening evils of disidentification: On the psycho- and sociogenesis of the hatred of distant strangers: Reflections on Rwanda", Vortrag bei der Tagung über Civilization and Its Enduring Discontents: Violence and Aggression in Psychoanalytic and Anthropological Perspective, Bellagio, Italien, 4. September.

De Vos, G. (1975), „Ethnic pluralism: Conflict and accommodation" in: *Ethnic Identity: Cultural Continuities and Change*, Hg. G. De Vos und L. Komanucci-Ross, Palo Alto, S. 5ff.

Deklava, K. G. und Post, J. M. (1995), „Poet of Death: The World of Dr. Radovan Karadzić", Vortrag bei der Jahresversammlung der International Society of Political Psychology 1995 in Washington, DC, 4.-10. Juli.

Deutsch, Helene (1942), „Some forms of emotional disturbance and their relationship to schizophrenia", *Psychoanalytic Quarterly*, 11, S. 301ff.

Eban, A. (1983), *The New Diplomacy: International Affairs in the Modern Age*, New York.

Ecevit, Bülent (1976) *Ecevit'in Şiirleri*, Hg. M. Kemal, Istanbul; *Ich meißelte Licht aus Stein – Gedichte und zwei Essays*, Stuttgart 1978.

Elbirlik, K. (1980), „Organ loss, grieving and itching", *American Journal of Psychotherapy*, 84, S. 523ff.

Emde, R. N. (1988a), „Development terminable and interminable. I. Innate and motivational factors from infancy", *International Journal of Psycho-Analysis*, 69, S. 23ff.

Emde, R. N. (1988b), „Development terminable and interminable. II. Recent psychoanalytic theory and therapeutic considerations", *International Journal of Psycho-Analysis*, 69, S. 283ff.

Emde, R. N. (1991), „Positive emotions for psychoanalytic theory: Surprises from infancy research and new directions", *Journal of American Psychoanalytic Association* (Beilage), 39, S. 5ff.

Emin, A. (1922), „Büyük Millet Meclisi Başkumandanı Mustafa Kemal Pasa ile bir mûlâkat" [Ein Interview mit Mustafa Kemal Pasa, Präsident der Nationalversammlung und Oberbefehlshaber], *Vakit*, 10. Januar.

Emmert, T. A. (1990), *Serbian Golgotha: Kosovo, 1389*, New York.

Erikson, E. H. (1956), „The problem of ego identification", *Journal of the American Psychoanalytic Association*, 4, S. 56ff; „Das Problem der Ich-Identität", in: *Identität und Lebenszyklus*, Frankfurt 1978.

Erikson, E. H. (1966), „Ontogeny of ritualization", in: *Psychoanalysis: A General Psychology*, Hg. R. Loewenstein, New York, S. 601ff; „Die Ontogenese der Ritualisierung", in: *Psyche*, 22. Jg., Heft 7, 1968.

Erikson, E. H. (1977) *Toys and Reasons: Stages in the Ritualization of Experience*, New York; *Kinderspiel und politische Phantasie. Stufen in der Ritualisierung der Realität*, Frankfurt 1978.

Etzioni, A. (1967), „Mixed scanning: A ‚third' approach to decisionmaking", *Public Administration Review*, 27, S. 385ff.

Fenichel, O. (1945), *The Psychoanalytic Theory of Neurosis*, New York; *Psychoanalytische Neurosenlehre*, Olten, 3 Bde., 1974-1977.

Foulkes, S. H. und Anthony, E. J. (1957), *Group Psychotherapy*, London.

Frank, J. D. (1944a), „Experimental studies of personal pressure and resistance: I. Experimental production of resistance", *Journal of General Psychology*, 30, S. 23ff.

Frank, J. D. (1944b), „Experimental studies of personal pressure and resistance: II. Methods of overcoming resistance", *Journal of General Psychology*, 30, S. 43ff.

Frank, J. D. und Ascher, E. (1951), „Corrective emotional experiences in group therapy", *American Journal of Psychiatry*, 108, S. 126ff.

Freud, Anna (1936), *Das Ich und die Abwehrmechanismen*, Frankfurt 1984.

Freud, Sigmund (1900), *Die Traumdeutung*, G. W., Bd. VII, S. 1ff.

Freud, Sigmund (1901), *Bruchstück einer Hysterieanalyse*, G. W., Bd. V, S. 163ff.

Freud, Sigmund (1905), *Drei Abhandlungen zur Sexualtheorie*, G. W., Bd. V, S. 29ff.

Freud, Sigmund (1913), *Totem und Tabu*, G. W., Bd. I, S. 3ff.

Freud, Sigmund (1917a), *Das Tabu der Virginität*, G. W., Bd. XII, S. 161ff.
Freud, Sigmund (1917b), *Trauer und Melancholie*, G. W., Bd. X, S. 428ff.
Freud, Sigmund (1920), *Jenseits des Lustprinzips*, G. W., Bd. XIII, S. 3ff.
Freud, Sigmund (1921), *Massenpsychologie und Ich-Analyse*, G. W., Bd. XIII, S. 73ff.
Freud, Sigmund (1923), *Das Ich und das Es*, G. W., Bd. XIII, S. 237ff.
Freud, Sigmund (1926a), *Hemmung, Symptom und Angst*, G. W., Bd. XIV, S. 113ff.
Freud, Sigmund (1926b), „Ansprache an die Mitglieder des Vereins B'nai B'rith", G. W., Bd. XVII, S. 51ff.
Freud, Sigmund (1927), *Zukunft einer Illusion*, G. W., Bd. XIV, S. 325ff.
Freud, Sigmund (1930), *Das Unbehagen in der Kultur*, G. W., Bd. XIV, S. 421ff.
Fromm, Erich (1955), *The Sane Society*, New York; *Wege aus einer kranken Gesellschaft*, G. W., Bd. IV, S. 1ff.
Furman, R. (1998), „The pilgrims: myth and reality", *Mind and Human Interaction*, in Druck.
Gökçen, S. (1974), Persönliches Gespräch.
Göksel, F. (1975, Persönliches Gespräch.
Gaddini, R. (1978), „Transitional objects origins and the psychosomatic symptom", in: *Between Reality and Fantasy*, Hg. S. Grolnick, L. Barkin und W. Muensterberger, New York, S. 110ff.
George, A. L. (1969), „The ‚operational code': A neglected approach to the study of political leaders and decisionmaking", *International Studies Quarterly*, 23, S. 190ff.
Gerst, M. S. und Tenzel, J. H. (1972), „The psychological attitudes of Greek and Turkish Cypriots toward one another", Vortrag bei der 125. Jahresversammlung der American Psychiatric Association, Dallas, TX, 1. Mai.
Gittler, J. B. (1977), „Toward defining an ethnic minority", *International Journal of Group Tensions*, 7, S. 4ff.
Glass, J. (1989), *Private Terror/Public Life: Psychosis and Politics of Community*, Ithaca, NY.
Goldman, M. I. (1975), *Détente and Dollars*, New York.
Greenacre, P. (1969), „The fetish and the transitional object", in: *Emotional Growth*, Bd. 1, New York, S. 315ff.
Greenspan, S. I. (1989), *The Development of the Ego: Implications for Personality Theory, Psychopathology and the Psychotherapeutic Process*, Madison, CT.
Grinberg, L. (1992), *Guilt and Depression*, London.
Grolnick, S. A. und Lengyel, A. (1978), „Etruscan burial symbols and the transitional process", in: *Between Reality and Fantasy: Transitional Objects and Phenomena*, Hg. S. A. Grolnick, L. Barkin und W. Muensterberger, New York, S. 381ff.
Gutman, Roy (1993), *A Witness to Genocide*, New York; *Augenzeuge des Völkermords. Reportagen aus Bosnien*, Göttingen 1994.
Hadler, S. J., Mix, A. B. und Christman, C. L. (1998), *Lost in the Victory: Reflections of American War Orphans of World War II*, Denton, TX.
Hamilton, J. W. (1969), „Object loss, dreaming, and creativity: The poetry of John Keats", *Psychoanalytic Study of the Child*, 24, S. 488ff.
Hamilton, J. W. (1978), „Some remarks on certain vicissitudes of narcissism", *International Review of Psycho-Analysis*, 5, S. 275ff.
Harris, M. (1994), „Reading the mask: Hidden transcripts and human interaction", *Mind and Human Interaction*, 5, S. 155ff.
Hartmann, H. (1952), „The mutual influences in the development of ego and id", in: *Essays on Ego Psychology*, New York, S. 155; *Ich-Psychologie: Studien zur psychoanalytischen Theorie*, Stuttgart 1972.
Heimannberg, B. und Schmidt, C. J. (1992), *Das kollektive Schweigen. Nationalsozialistische Vergangenheit und gebrochene Identität in der Psychotherapie*, Köln.

Herron, C. (1991), *Forever Johnnie*, New York.
Herzfeld, M. (1986), *Ours Once More: Folklore, Ideology, and the Making of Modern Greece*, New York.
Hopkins, A. (1991), „Pearl Harbor, day of infamy", *Time*, 2. Dezember, 138, S. 30ff.
Horowitz, D. L. (1985), *Ethnic Groups in Conflict*, Berkeley.
Howell, W. N. (1993), „Tragedy, trauma ... and triumph: Reclaiming integrity and initiative from victimization", *Mind and Human Interaction*, 4, S. 111ff.
Howell, W. N. (1995), „'The evil that men do ...': Societal effects of the Iraqi occupation of Kuwait", *Mind and Human Interaction*, 6, S. 150ff.
Howell, W. N. (1996), Persönliches Gespräch.
Iklé, F. C. (1964), *How Nations Negotiate?*, New York.
Ishkhanian, R. (1991), „The law of excluding the third force", in: *Armenia at Crossroads, Democracy and Nationhood*, Hg. G. J. Libaridian, Watertown, MA, S. 9ff.
Itzkowitz, N. (1977), „Contributions of the psychoanalytically trained historian to the work of the Center for the Study of Mind and Human Interaction", Vortrag vor dem Foreign Policy Forum, International Research and Exchanges Board, Washington, D.C., 6. November.
Jacobson, Edith (1964), *The Self and the Object World*, New York; *Das Selbst und die Welt der Objekte*, Frankfurt 1973.
Janis, I. L. und Mann, L. (1977), *Decision Making: A Psychological Analysis of Conflict, Choice, and Commitment*, New York.
Jervis, R. N., Lebow und J. G. Stein (1985), *Psychology of Deterrence*, Baltimore.
Jones, Ernest (1915), „War and individual psychology", in: *Essays in Applied Psychoanalysis*, Bd. 1, New York, S. 55ff.
Julius, D. A. (1990), „The genesis and perpetuation of aggression in international conflicts", in: *The Psychodynamics of International Relationships, Vol. I: Concepts and Theories*, Hg. V. D. Volkan, D. A. Julius und J. V. Montville, Lexington, MA, S. 97ff.
Julius, D. A. (1991), „The practice of track two diplomacy in the Arab-Israeli conferences", in: *The Psychodynamics of International Relationships, Vol. II: Unofficial Diplomacy at Work*, Hg. V. D. Volkan, J. V. Montville und D. A. Julius, Lexington, MA, S. 193ff.
Kafka, J. S. (1983), „Challenge and confirmation in ritual action", *Psychiatry*, 46, S. 31ff.
Kakar, S. (1996), *The Colors of Violence: Cultural Identities, Religion, and Conflict*, Chicago.
Kaplan, R. D. (1993), *Balkan Ghosts: A Journey Through History*, New York; *Die Geister des Balkan. Eine Reise durch die Geschichte und Politik eines Krisengebietes*, Hamburg 1993.
Kecmanovic, D. (1996), *The Mass Psychology of Ethnonationalism*, New York.
Kelman, H. C. (1972), „The problemsolving workshop in conflict resolution", in: *Communication in International Politics*, Hg. R. L. Merritt, Urbana, S. 168ff.
Kelman, H. C. (1979), „An interactional approach to conflict resolution and its application to Israeli-Palestinian relations", *International Interactions*, 6, S. 99ff.
Kelman, H. C. (1987), „The political psychology of the Israeli-Palestinian conflict: How can we overcome the barriers to a negotiated solution?", *Political Psychology*, 8, S. 347ff.
Kelman, H. C. (1991), „Interactive problem-solving, the uses and limits of a therapeutic model for the resolution of international conflicts", in: *The Psychodynamics of International Relationships, Vol. II*, Hg. V. D. Volkan, J. Montville und D. Julius, Lexington, MA, S. 145ff.
Kempowski, Walter (1993); *Das Echolot. Ein kollektives Tagebuch Januar-Februar 1943*, München.
Kernberg, Otto F. (1975), *Borderline Conditions and Pathological Narcissism*, New York; *Borderline-Störungen und pathologischer Narzißmus*, Frankfurt 1978.

Kernberg, Otto F. (1976), *Object Relations Theory and Clinical Psychoanalysis*, New York; *Objektbeziehungen und Praxis der Psychoanalyse*, Stuttgart 1985.
Kernberg, Otto F. (1980), *Internal World and External Reality: Object Relations Theory Applied*, New York; *Innere Welt und äußere Realität*, Stuttgart 1988.
Kernberg, Otto F. (1984), *Severe Personality Disorders: Psychotherapeutic Strategies*, New York; *Schwere Persönlichkeitsstörungen: Theorie, Diagnose und Behandlungsstrategien*, Stuttgart 1990.
Kernberg, Otto F. (1989) „Mass psychology through the analytic lens", Vortrag bei der Tagung „Through the Looking Glass: Freud's Impact on Contemporary Culture", Philadelphia, 23. September.
Kestenberg, J. und Brenner, I. (1996), *The Last Witness: The Child Survivor of the Holocaust*, Washington, DC.
Kincade, W. H., Sonnenberg, S. M. und Ferrari, P. L. (1984), „The psychology of deterrence: Nuclear weapons and national behavior", Vortrag bei der von der Carnegie Endowment for International Peace und der Washington School of Psychiatry gesponserten Conference on the Psychology of Deterrence, Washington, DC, 10.-11. Oktober.
Kinross, L. (1965), *Ataturk, A Biography of Mustafa Kemal, Father of Modern Turkey*, New York.
Kinross, L. (1977), *The Ottoman Centuries: The Rise and Fall of the Turkish Empire*, New York.
Klaus, M. und Kennell, J. (1976), *Maternal-Infant Bonding: The Impact of Early Separation or Loss on Family Development*, St. Louis; *Mutter-Kind-Bindung: Über die Folgen einer frühen Trennung*, München 1987.
Kohn, H. (1944), *Idea of Nationalism*, New York; *Die Idee des Nationalismus: Ursprung und Geschichte bis zur Französischen Revolution*, Frankfurt 1962.
Kohut, Heinz (1971), *The Analysis of the Self: A Systematic Approach to the Psychoanalytic Treatment of Narcissistic Personality Disorders*, New York; *Narzißmus: Eine Theorie der psychoanalytischen Behandlung narzißtischer Persönlichkeitsstörungen*, Frankfurt 1973.
Kris, B. (1943), „Some problems of war propaganda", *Psychoanalytic Quarterly*, 12, S. 381ff.
Kubie, L. S. (1965), „The outgoing of racial prejudice", *Journal of Nervous and Mental Disease*, 141, S. 265ff.
Kupchan, C. A. (1995), „Introduction: Nationalism resurgent", *Nationalism and Nationalities in the New Europe*, Hg. C. A. Kupchan, Ithaca, NW.
Lederer, K. (Hg.) (1980), *Human Needs: A Contribution to the Current Debate*, Cambridge, MA; *Menschliche Bedürfnisse und Parteipolitik*, Berlin 1981.
Levinson, C. (1979), *Vodka-Cola*, London; *Wodka-Cola, die gefährliche Kehrseite der wirtschaftlichen Zusammenarbeit zwischen Ost und West*, Hamburg 1978.
Lewis, R. (1971), *Everyday Life in Ottoman Turkey*, London.
Libaridian, G. J. (1991), *Armenia at the Crossroad: Democracy and Nationhood in the Post-Soviet Era*, Watertown, MA.
Lifton, R. (1971), „Protean man", *Archives of General Psychiatry*, 24, S. 298ff.
Lind, J. E. (1914), „The dream as a simple wishfulfillment in the Negro", *Psychoanalytic Review*, 1, S. 295ff.
Link, A. S. (Hg.) (1998), *The Papers of Woodrow Wilson*, Princeton, NJ.
Loewald, H. (1960), „On the therapeutic action of psychoanalysis", *International Journal of Psycho-Analysis*, 41, S. 16ff.
Loewenberg, P. (1995), *Fantasy and Reality in History*, London.
Lorenz, K. Z. (1963), *Zur Naturgeschichte der Aggression*, Reprint München 1992.
Mack, J. E. (1984), „Cultural amplifiers in ethnonationalistic affiliation and differentiation", Vortrag vor dem Committee on International Relations bei der Herbstversammlung der Group for the Advancement of Psychiatry (GAP), Cherry Hill, NJ, 10. November.

Mack, J. E. (1979), Vorwort in: *Cyprus – War and Adaptation: A Psychoanalytic History of Two Ethnic Groups in Conflict*, von V. D. Volkan, S. ixff, Charlottesville, VA.
Mack, J. E. (1990), „The psychodynamics of victimization among national groups in conflict", in: *The Psychodynamics of International Relationships, Vol. I: Concepts and Theories*, Hg., V. D. Volkan, D. A. Julius und J. V. Montville, Lexington, MA, S. 119ff.
Mahler, M. S. (1968), *On Human Symbiosis and the Vicissitudes of Individuation*, New York; *Symbiose und Individuation*, Stuttgart 1973.
Mahler, M. S. und Furer, M. (1966), „Development of symbiosis, symbiotic psychosis, and the natur of separation anxiety", *International Journal of Psycho-Analysis*, 47, S. 559f.
Manning, S. W. (1960), „Cultural and value factors affecting the Negroes' use of agency services", *Journal of Social Work*, 5, S. 3ff.
Markides, K. C. (1977), *The Rise and Fall of the Cyprus Republic*, New Haven.
Marković, M. S. (1983), „The secret of Kosovo", in: *Landmarks in Serbian Culture and History*, Hg. V. D. Mihailovich, Pittsburgh, PA, S. 111.
McGwire, M. (1984), „Dilemmas and delusions of deterrence", *World Policy Journal*, Sommer, S. 745ff.
McDonald, J. und Diamond, L. (1996), *Multi-Track Diplomacy: A Systems Approach to Peace*, 3. Ausgabe, West Hartford, CT.
Meltzoff, A. und Moore, K. (1977), „Initiation of facial and manual gestures by human neonates", *Science*, 198, S. 75ff.
Melzig, H. (1944), *İnönü Diyorki [İnönü Sprechen]*, Istanbul.
Mintz, I. L. (1971), „The anniversary reaction: A response to the unconscious sense of time", *Journal of the American Psychoanalytic Association*, 19, S. 720ff.
Mitchell, C. und Banks, M. (1996), *Handbook of Conflict Resolution: The Analytic Problem-Solving Approach*, New York.
Mitscherlich, Alexander (1971), „Psychoanalyse und die Aggression großer Gruppen", *Psyche*, 25, S. 463ff, und in: *Gesammelte Schriften*, Bd. V, Frankfurt 1983, S. 69ff.
Mitscherlich, Alexander und Mitscherlich, Margarete (1975), *Die Unfähigkeit zu trauern. Grundlagen kollektiven Verhaltens*, Neuauflage München 1994.
Modell, A. H. (1968), *Object Love and Reality: An Introduction to a Psychoanalytic Theory of Object Relations*, New York; *Objektliebe und Realität: Einführung in eine psychoanalytische Theorie der Objektbeziehungen*, Frankfurt 1982.
Modell, A. H. (1976), „The ‚holding environment' and the therapeutic action of psychoanalysis", *Journal of the American Psychoanalytic Association*, 24, S. 285ff.
Monteiro, C. (1997), „Cultural issues in healing: Interventions in conditions of war in Angola", Vortrag beim Workshop „Psychosocial Needs of Children in Situations of Armed Conflicts", Nairobi, 28. April – 3. Mai.
Montville, J. V. (1987), „The arrow and the olive branch: A case for Track Two Diplomacy", in: *Conflict Resolution: Track Two Diplomacy*, Hg.. J. W. McDonald, Jr. und D. . Bendahmane, Washington DC, S. 5ff.
Montville, J. V. (1991), „Psychoanalytic enlightenment and the greening of diplomacy", in: *The Psychodynamics of International Relationships, Vol. II: Unofficial Diplomacy at Work*, Hg. V. D. Volkan, J. V. Montville und D. A. Julius, Lexington, MA, S. 177ff.
Moore, B. E. und Fine, B. D. (1990), *Psychoanalytic Terms and Concepts*, New Haven.
Moses, R. (1982), „The Group self and the Arab-Israeli conflict", *International Review of Psycho-Analysis*, 9, S. 55ff.
Moses, R. (1990a), „Shame and entitlement: Their relation to political process", in: *The Psychodynamics of International Relationships, Vol. I: Concepts and Theories*, Hg. V. D. Volkan, D. A. Julius und J. V. Montville, Lexington, MA, S. 131ff.
Moses, R. (1990b), „On dehumanizing the enemy", in: *The Psychodynamics of International Relationships, Vol. I: Concepts and Theories*, Hg. V. D. Volkan, D. A. Julius und J. V. Montville, Lexington, MA, S. 111ff.

Moses-Hrushovski, R. (1994), *Deployment: Hiding Behind Power Struggles as a Character Defense*, Northvale, NJ.
Murphy, R. F. (1957), „Intergroup hostility and social cohesion", *American Anthropologist*, 59, S. 1018ff.
Myers, H. J. und Yochelson, L. (1948), „Color denial in the Negro", *Psychiatry*, 11, S. 39ff.
Nicholson, H. (1963), *Diplomacy*, London.
Nodia, G. (1994), „Nationalism and Democracy", in: *Nationalism, Ethnic Conflict and Democracy*, Hg. L. Diamond und M. Plattner, Baltimore.
Novick, J. und Kelly, K. (1970), „Projection and externalization", *Psychoanalytic Study of the Child*, 25, S. 69ff.
Orwell, George (1945), „Notes on nationalism", in: *Collected Essays, Journalism and Letters of George Orwell*, Bd. 3, Hg. S. Orwell und I. Angus, New York, S. 361ff.
Pao, P.N. (1979), *Schizophrenic Disorders: Theory and Treatment from a Psychodynamic Point of View*, New York.
Parens, H. (1979), *The Development of Aggression in Early Childhood*, New York.
Parushev, P. (1973), *Atatürk, Demokrat Diktator [Atatürk demokratischer Diktator*, Istanbul.
Peterson, W. (1980), „Concepts of ethnicity", in: *Harvard Encyclopedia of Ethnic Groups*, Hg. S. Thermstrom, Cambridge, MA, S. 234ff.
Piaget, J. (1962), *Meine Theorie der geistigen Entwicklung*, Neuauflage, Frankfurt 1983.
Pinderhughes, C. A. (1969), „The Origins of racism", *International Journal of Psychiatry*, 8, S. 934ff.
Pinderhughes, C. A. (1979), „Differential bonding: toward a psychophysiological theory of stereotyping", *American Journal of Psychiatry*, 136, S. 33ff.
Pinderhughes, C. A. (1982), „Paired differential bonding in biological, psychological, and social systems", *American Journal of Psychiatry*, 139, S. 5ff.
Pines, M. (1985), *Bion and Group Psychotherapy*, London.
Pollock, G. H. (1975), „On mourning, immortality, and utopia", *Journal of the American Psychoanalytic Association*, 23, S. 334ff.
Pollock, G. H. (1989), *The Mourning-Liberation Process*, 2 Bde., Madison, CT.
Poznanski, E. O. (1972), „The ‚replacement child': A saga of unrecorded parental grief", *Behavioral Pediatrics*, 81, S. 1190ff.
Quandt, W. B. (1986), *Camp David: Peacemaking and Politics*, Washington, DC.
Ritvo, S. und Solnit, A. (1958), „Influences of early motherchild interaction on the identification process", *Psychoanalytic Study of the Child*, 13, S. 64ff.
Rogers, C. R. (1984), „One alternative to nuclear planetary suicide", *Counseling Psychologist*, 12, S. 3ff.
Rokeach, M. (1984), „Belief system theory of stability and change", in: *The Great American Values Test: Influencing Behavior and Belief through Television*, Hg. S. J. Ball-Rokeach, M. Rokeach und J. W. Grube, New York, S. 17ff.
Rothstein, D. A. (1972), „The assassin and the assassinated – A nonpatient subject of psychiatric investigation", in: *Dynamics of Violence*, Hg. J. Fawcett, Chicago, S. 145ff.
Saathoff, G. (1995), „In the hall of mirrors: One Kuwaiti's captive memories", *Mind and Human Interaction*, 6, S. 170ff.
Saathoff, G. B. (1996), „Kuwait's children: Identity in the shadow of the storm", *Mind and Human Interaction*, 7, S. 181ff.
Sandler, J. (1960), „The background of safety", *International Journal of Psycho-Analysis*, 41, S. 52ff.
Sandler, J. und Freud, A. (1983), „Discussions in the Hampstead Index of the ego and the mechanisms of defense", *Journal of the American Psychoanalytic Association*, Beilage, 31, S. 19ff.
Saunders, H. H. (1984a), Persönliches Gespräch.

Saunders, H. H. (1984b), „When citizens talk: A look at unofficial dialogue in relations between nations", *Kettering Review*, 2, S. 49ff.
Saunders, H. H. (1991), „Officials and citizens in international relationships: The Dartmouth Conference", in: *The Psychodynamics of International Relationships, Vol. II: Unofficial Diplomacy at Work*, Hg. V. D. Volkan, J. V. Montville und D. A. Julius, Lexington, MA, S. 41ff.
Saunders, H. H. (1995), „Sustained dialogue on Tajikistan", *Mind and Human Interaction*, 6, S. 123ff.
Scali, J. (1987), „Backstage mediation in the Cuban missile crisis", in: *Conflict Resolution: Track Two Diplomacy*, Hg. J. W. McDonald, Nr. und D. B. Bendahmane, Washington, DC.
Schell, O. (1997), „The rape of Naking: *The forgotten holocaust of World War II* von Iris I. Chang", *New York Times Book Review* 14. Dezember, S. 16f.
Schiffer, I. (1973), *Charisma: A Psychoanalytic Look at Mass Society*, New York.
Scott, J. C. (1990), „Domination and the art of resistance", New Haven, CT.
Scruggs, J. (1985), *To Heal a Nation*, New York.
Scruton, R. (1982), *A Dictionary of Political Thought*, New York.
Šebek, M. (1994), „Psychopathology of everyday life in the posttotalitarian society", *Mind and Human Interaction*, 5, S. 104ff.
Smith, J. H. (1975), „On the work of mourning", in: *Bereavement: Its Psychological Aspects*, Hg. B. Schoenberg, I. Gerber und A. Weiner, New York. S. 18ff.
Sollenberg, M. (1997), *States in Armed Conflict 1996*, Uppsala, Schweden.
Spitz, R. A. (1965), *The First Year of Life: A Psychoanalytic Study of Normal and Deviant Development of Object Relations*, New York; *Vom Säugling zum Kleinkind*, Stuttgart 1972.
Stein, H. F. (1990), „The international and group milieu of ethnicity: Identifying generic group dynamic issues", *Canadian Review of Studies in Nationalism*, 17, S. 107ff.
Stein, J. (1988), „Building politics into psychology: The misperception of threat", *Political Psychology*, 9, S. 245ff.
Stein, J. und Tanter R. (1980), *Rational Decisionmaking: Israel's Security Choices*, Columbus, OH.
Steinberg, B. (1996), *Shame and Humiliation: Presidential Decision-Making on Vietnam*, McGill-Queen University Press.
Stern, D. (1985), *The Interpersonal World of the Infant*, New York; *Die Lebenserfahrung des Säuglings*, Stuttgart 1992.
Suárez-Orozco, M. M. (1996), „Immigrants and refugees in the postnational space", Vortrag bei der Tagung über „Civilization and Its Enduring Discontents: Violence and Aggression in Psychoanalytic and Anthropological Perspective", Bellagio, Italien, 4. September.
Tähkä, V. (1984), „Dealing with object loss", *Scandinavian Psychoanalytic Review*, 7, S. 13ff.
Tähkä, V. (1993), *Mind and Its Treatment: A Psychoanalytic Approach*, Madison, CT.
Tehranian, M. (1993), „Ethnic discourse and the new world dysorder", in: *Communication and Culture in War and Peace*, Hg. C. Roach, London.
Tenzel, J. H. und Gerst, M. S. (1972), „The psychology of crosscultural conflict: A case study", Vortrag bei der 125. Jahresversammlung der American Psychiatric Association, Dallas, TX, 1. Mai.
Tesal, K. (1975), Persönliches Gespräch.
Thomson, J. A. (1993), „Latvian vignettes", *Mind and Human Interaction*, 4, S. 191ff.
Tolpin, M. (1972), „On the beginning of a cohesive self: An application of the concept of transmuting internalization to the study of the transitional object and separation anxiety", *The Psychoanalytic Study of the Child*, 26, S. 316ff.

Tucker, R. C. (1970), „The theory of charismatic leadership", in: *Philosphers and Kings: Studies in Leadership*, Hg. D. A. Rustow, New York, S. 69ff.
Tuncak, A. (1974, Persönliches Gespräch.
Vasquez, J. A. (1986), „Morality and politics", in: *Classics of International Relations*, Hg. J. A. Vasquez, Englewood Cliffs, NJ, S. 1ff.
Vitols, M. M., Walters, H. G. und Keeler, M. H. (1963), „Hallucinations and delusions in white and Negro schizophrenics", *American Journal of Psychiatry*, 120, S. 472ff.
Volkan, Kevin (1995), *Dancing Among the Maenads: The Psychology of Compulsive Drug Use*, New York.
Volkan, Kurt (1992), „The Vietnam War memorial", *Mind and Human Interaction*, 3, S. 73ff.
Volkan, V. D. (1972), „The linking objects of pathological mourners", *Archives of General Psychiatry*, 47, S. 215ff.
Volkan, V. D. (1973), „Transitional fantasies in the analysis of a narcissistic personality", *Journal of the American Psychoanalytic Association*, 21, S. 351ff.
Volkan, V. D. (1976), *Primitive Internalized Object Relations: A Clinical Study of Schizophrenic, Borderline and Narcissistic Patients*, New York; *Psychoanalyse der frühen Objektbeziehungen*, Stuttgart 1978.
Volkan, V. D. (1979), *Cyprus – War and Adaptation: A Psychoanalytic History of Two Ethnic Groups in Conflict*, Charlottesville, VA.
Volkan, V. D. (1981a), „Transference and countertransference: An examination from the point of view of internalized object relations", in: *Object and Self: A Developmental Approach – Essays in Honor of Edith Jacobson*, Hg. S. Tuttman, C. Kaye und M. Zimmerman, New York, S. 429ff.
Volkan, V. D. (1981b), *Linking Objects and Linking Phenomenon: A Study of the Forms, Symptoms, Metapsychology and Therapy of Complicated Mourning*, New York.
Volkan, V. D. (1982), „A young woman's inability to say no to needy people and her identification with the frustrator in the analytic situation", in: *Technical Factors in the Treatment of the Severely Disturbed Patient*, Hg. P. L. Giovacchini und L. B. Boyer, New York, S. 439ff.
Volkan, V. D. (1987), *Six Steps in the Treatment of Borderline Personality Organization*, Northvale, NJ.
Volkan, V. D. (1988), *The Need to Have Enemies and Allies: From Clinical Practice to International Relationships*, Northvale, NJ.
Volkan, V. D. (1991a), „Official and unofficial diplomacy: An overview", in: *The Psychodynamics of International Relationships, Vol. II: Unofficial Diplomacy at Work*, Hg. V. D. Volkan, J. V. Montville und D. A. Julius, Lexington, MA, S. 1ff.
Volkan, V. D. (1991b), „Psychological processes in unofficial diplomacy meetings", in: *The Psychodynamics of International Relationships, Vol. II: Unofficial Diplomacy at Work*, Hg. V. D. Volkan, J. V. Montville und D. A. Julius, Lexington, MA, S. 207ff.
Volkan, V. D. (1991c), „On chosen trauma", *Mind and Human Interaction*, 4, S. 3ff.
Volkan, V. D. (1992), „Ethnonationalistic rituals: An introduction", *Mind and Human Interaction*, 4, S. 3ff.
Volkan, V. D. (1993), „Immigrants and refugees: A psychodynamic perspective", *Mind and Human Interaction*, 4, S. 63ff.
Volkan, V. D. (1995a), „Totem and taboo in Romania: A psychopolitical diagnosis", *Mind and Human Interaction*, 6, S. 66ff.
Volkan, V. D. (1995b), *The Infantile Psychotic Self: Understanding and Treating Schizophrenics and Other Difficult Patients*, Northvale, NJ.
Volkan, V. D. (1997), *Bloodlines: From Ethnic Pride to Ethnic Terrorism*, New York.
Volkan, V. D. und Akhtar, S. (Hg.) (1997), *The Seed of Madness: Constitution, Maternal Environment, and Fantasy in the Organization of the Psychotic Core*, Madison, CT.
Volkan, V. D. und Ast, G. (1992), *Eine Borderline-Therapie*, Göttingen.

Volkan, V. D. und Ast, G. (1994), *Spektrum des Narzißmus*, Göttingen.
Volkan, V. D. und Ast, G. (1997), *Siblings in the Unconscious*, Madison, CT.
Volkan, V. D. und Harris, M. (1992), „Negotiating a peaceful separation: A psychopolitical analysis of current relationships between Russia and the Baltic Republics", *Mind and Human Interaction*, 4, S. 20ff.
Volkan, V. D. und Harris, M. (1993), „Vaccinating the political process: A second psychopolitical analysis of relationships between Russia and the Baltic States", *Mind and Human Interaction*, 4, S. 169ff.
Volkan, V. D. und Hawkins, D. R. (1971a), „A fieldwork case in the teaching of clinical psychiatry", *Psychiatry in Medicine*, 2, S. 160ff.
Volkan, V. D. und Hawkins, D. R. (1971b), „The ‚Fieldwork' method of teaching and learning clinical psychiatry", *Comprehensive Psychiatry*, 12, S. 103ff.
Volkan, V. D. und Hawkins, D. R. (1972), „The learning group", *American Journal of Psychiatry*, 128, S. 1121ff.
Volkan, V. D. und Itzkowitz, N. (1984), *The Immortal Atatürk: A Psychobiography*, Chicago.
Volkan, V. D. und Itzkowitz, N. (1993), „‚Istanbul, not Constantinople': The Western world's view of the Turk", *Mind and Human Interaction*, 4, S. 129ff.
Volkan, V. D. und Itzkowitz, N. (1994), *Turks and Greeks: Neighbours in Conflict*, Cambridgeshire, England.
Volkan, V. D., Julius, D. A. und Montville, J. V. (Hg.) (1990), *The Psychodynamics of International Relationships, Vol. I: Concepts and Theories*, Lexington, MA.
Volkan, V. D. und Kavanaugh, J. G. (1978), „The cat people", in: *Between Reality and Fantasy: Transitional Objects and Phenomena*, Hg. S. Grolnick, L. Barkin und W. Muensterberger, New York, S. 291ff.
Volkan, V. D. und Masri, A. (1989), „The development of female transsexualism", *American Journal of Psychotherapy*, 43, S. 92ff.
Volkan, V. D., Montville, J. V. und Julius, D. A. (Hg.) (1991), *The Psychodynamics of International Relationships, Vol. II: Unofficial Diplomacy at Work*, Lexington, MA.
Volkan, V. D. und Zintl, E. (1993), *Life After Loss: The Lessons of Grief*, New York. (Deutsch: Gießen 2000, in Vorbereitung)
Vulliamy, E. (1994), *Seasons in Hell: Understanding Bosnia's War*, New York.
Waelder, R. (1930), „Das Prinzip der mehrfachen Funktion", *International Zeitschrift der Psychoanalyse*, 16, S. 286ff.
Waelder, R. (1971), „Psychoanalysis and history", in: *The Psychoanalytic Interpretation of History*, Hg. B. B. Wolman, New York, S. 3ff.
Wangh, M. (1983), „On obstacles to the working through of the Nazi Holocaust experience and on the consequences of failing to do so", *Israeli Journal of Psychiatry and Related Sciences*, 20, S. 147ff.
Weber, M. (1925), *Wirtschaft und Gesellschaft. Grundriß der verstehenden Soziologie*, 2 Bde., Tübingen, Neuauflage, 1956.
Weich, M. (1978), „Transitional Language", in: *Between Reality and Fantasy: Transitional Objects and Phenomena*, Hg. S. Grolnick, L. Barkin und W. Muensterberger, New York, S. 411ff.
Weiner, M. (1978), *Sons of Soil: Migration and Ethnic Conflict in India*, Princeton, NJ.
Werner, H. und Kaplan, B. (1963), *Symbol Formation*, New York.
White, M. J. (Hg.) (1980), *Managing Public Systems: Analytic Techniques for Public Administration*, Scituate, MA.
Wilkerson, C. B. (1970), „Destructiveness of myths", *American Journal of Psychiatry*, 126, S. 1087ff.
Winnicott, D. W. (1953), „Transitional objects and transitional phenomena", *International Journal of Psycho-Analysis*, 34, S. 89ff; „Übergangsobjekte und Übergangsphänomene", in: *Von der Kinderheilkunde zur Psychoanalyse*, Frankfurt 1985, S. 300ff.

Winnicott, D. W. (1963), „The value of depression", in: *D. W. Winnicott: Home Is Where We Start From*, Hg. C. Winnicott, R. Shepherd und M. Davis, New York, S. 70ff; „Der Wert der Depression", in: *Der Anfang ist unsere Heimat*, Stuttgart 1990.
Winnicott, D. W: (1969), „Berlin Walls", in: *D. W. Winnicott; Home Is Where We Start From*, Hg. C. Winnicott, R. Shepherd und M. Davis, New York, S. 221ff; „Berliner Mauern", in: *Der Anfang ist unsere Heimat*, Stuttgart 1990.
Winnicott, D. W. (1971), *Playing and Reality*, London; *Vom Spiel zur Kreativität*, Stuttgart 1973.
Wolfenstein, M. (1969), „Loss, rage and repetition", *Psychoanalytic Study of the Child*, 24, S. 432ff.
Young, K. (1969), *The Greek Passion: A Study in People and Politics*, London.
Zaleznik, A. (1984), „Charismatic and concensus leaders: A psychological comparison", in: *The Irrational Executive*, Hg. M. F. R. Kets de Vries, New York, S. 112ff.

Namensregister

Sachregister

Über den Autor

Dr. Vamık D. Volkan ist Psychoanalytiker und Professor für Psychiatrie an der University of Virginia. Er ist zudem Leiter und Gründer des Center for the Study of Mind and Human Interaction (CSMHI) an der Universität, einem interdisziplinären Zentrum, an dem Psychoanalytiker, Psychiater, Psychologen, ehemalige Diplomaten, Historiker und Politikwissenschaftler zur weiteren Untersuchung der Großgruppenpsychologie, einschließlich nationaler und ethnischer Konflikte, zusammengebracht werden. Darüber hinaus ist er als Lehranalytiker und Supervisor am Washington Psychoanalytic Institute in Washington, D. C., tätig.

Dr. Volkans Interesse an den psychologischen Ursachen und Konsequenzen von Großgruppenkonflikten wurde 1977 letztlich durch eine Bemerkung geweckt, die der damalige ägyptische Staatspräsident Anwar as Sadat in einer Rede vor der israelischen Knesset machte. Sadat meinte, das Problem zwischen Arabern und Israelis sei zu siebzig Prozent psychologischer Natur. Als Mitglied und in der Folge Vorsitzender des American Psychiatric Association's Committee on Psychiatry and Foreign Affairs nahm Dr. Volkan an einer sechsjährigen Gesprächsreihe teil, die Anfang der achtziger Jahre einflußreiche Israelis, Ägypter und Palästinenser aus dem Westjordanland und dem Gazastreifen an einen Tisch brachte. Um auf den bei diesen Dialogen gewonnenen Erkenntnissen und Erfahrungen weiter aufzubauen, gründete Dr. Volkan 1988 das CSMHI. 1989 gründete er die vierteljährlich erscheinende Zeitschrift des CSMHI, *Mind and Human Interaction*.

Dr. Volkan hat in der UdSSR, in Rumänien, der Slowakei, in Ungarn, Zypern, Tunesien, Albanien, Georgien, der Türkei und in Kuwait psychopolitische Arbeit geleistet. Im Sog des Zusammenbruchs der Sowjetunion hat sich die Arbeit von Dr. Volkan und des CSMHI dann vor allem auf die Baltischen Staaten, insbesondere auf Estland, konzentriert. Dr. Volkan ist seit 1990 Mitglied des Carter Center's International Negotiation Network (INN) und war von 1983 bis 1984 Präsident der International Society of Political Psychology. Für seine Beiträge, die er auf diesem Gebiet geleistet hat, wurde ihm 1994 der Nevitt-Sanford-Preis der Gesellschaft verliehen. Aufgrund seiner herausragenden Beiträge, die er zum Forschungsstand und Verständnis des Holocaust und Genozids geleistet hat, wurde er zudem 1995 von der American Orthopsychiatric Association mit dem Max-Hayman-Preis ausgezeichnet; und 1996 erhielt er von der American Anthropological Association's Society of Psychological Anthropology für seine Arbeit in Rumänien den L.-Bryce-Boyer-Preis.

1997 hielt Dr. Volkan vor der Wiener Psychoanalytischen Vereinigung den Anna-Freud-Vortrag; bei diesem Vortrag handelte es sich um eine Untersuchung des Krieges in Bosnien-Herzegowina aus psychoanalytischer Sicht. Dr. Volkan ist Autor, Co-Autor sowie Herausgeber von über dreißig Büchern. Dies ist sein viertes in Deutsch erscheinendes Buch.

Dr. Volkan, US-amerikanischer Staatsbürger, wurde als Kind türkischer Eltern auf Zypern geboren. Nach Abschluß seiner medizinischen Ausbildung in Ankara, Türkei, wanderte er 1957 in die Vereinigten Staaten aus. Er lebt derzeit in Charlottesville, Virginia.

Dezember 2000 · ca. 220 Seiten
Broschur
DM 39,80 · öS 291,–
SFr 37,– · EUR 20,35
ISBN 3-89806-044-6

Die Möglichkeit, politische oder ökonomische Macht auszuüben, nährt Größen- und Allmachtsphantasien. Umgekehrt bahnen Karrierestreben und Rücksichtslosigkeit den Weg zu den Schaltzentralen der Macht. In detaillierten Fallstudien – u. a. über den Skinhead Max, den Pädophilen Ivo, Ministerpräsident Uwe Barschel, Ex-Bundeskanzler Helmut Kohl und Serbenführer Slobodan Milosevic – analysiert der Autor die Verflechtungen zwischen der individuellen Psychopathologie und den ethnischen, religiösen und kulturellen Identitätskonflikten der Gruppe.

Gewaltherrschaft und Krieg bedeuten immer tiefgreifende individuelle und gesellschaftliche Traumatisierungen, die transgenerational weitergegeben werden. Am Beispiel der Auseinandersetzung mit dem Nationalsozialismus, die in den beiden deutschen Staaten recht unterschiedlich verlief, demonstriert der Autor einerseits, wie prägend die Schatten einer traumatischen Vergangenheit sein können. Er zeigt andererseits aber auch Möglichkeiten auf, sich mit der eigenen unheilvollen Vergangenheit konstruktiv auseinanderzusetzen.

PSV
Psychosozial-Verlag

»Bibliothek der Psychoanalyse«
im Psychosozial-Verlag
herausgegeben von Hans-Jürgen Wirth